新完譯

대동기문

중

姜斅錫 編著
李民樹 譯

명문당

大東奇聞(中)

目　次

□ **제5부 : 선조(宣祖)～인조(仁祖)**

《宣祖朝》

《光海朝》

□ 제5부 : 선조(宣祖)~인조(仁祖)

《宣祖朝》

우성전(禹性傳)이 요승(妖僧) 베기를 청하다

우성전(禹性傳)은 단양(丹陽) 사람이니 자는 경선(景善)이요 호는 추연(秋淵)이다.

신유(辛酉)에 진사(進士)가 되고 갑자(甲子)에 요승(妖僧) 보우(普雨) 베기를 청하고, 무진(戊辰)에 문과에 급제하여 한원(翰苑) 옥서(玉署)[1]에 뽑혀 들어갔다. 수원유수(水原留守)로 나갔을 때 소첩(訴牒) 수천 장이 들어왔는데 다 보고 나더니 하나도 남기지 않고 다 묶어서 태워 버리니 소송(訴訟)을 낸 자는 얼굴빛을 잃고, 아전들은 해괴히 여겼다.

그러나 종이를 오려 소첩(訴牒)의 수대로 각각 소자(訴者)의 이름을 쓰고 소(訴)에 따라 제목을 써서 수천 장을 하나도 틀리지 않게 하니 아전과 백성들이 신(神)으로 여겨 감히 속이지 못하고, 부임한 지 누어 달에 치행(治行)이 크게 행해졌다.

임진(壬辰)에 의병(義兵)을 일으켜 이름을 추기군(秋氣軍)이라 하고 손수 용산(龍山)의 적을 쳐서 적의 곡식을 빼앗아 점령하여

---

1) 玉署 : 옥당(玉堂). 홍문관(弘文館)을 말함.

근왕병(勤王兵) 여러 군사를 구제했다. 왜병이 평양(平壤)에서 패하고 돌아오자 성전(性傳)은 그 남은 적군을 치는데 삼강(三江) 위에서 교전(交戰)하여 적의 소혈(巢穴)을 모두 불태우고 계속하여 숭례문(崇禮門) 밖에 주둔하니 사람들이 그곳을 우수현(禹守峴)이라 했다. 시호는 문강(文康)이다.

이기(李墍)의 대사헌마(大司憲馬)

이기(李墍)는 한산(韓山) 사람이니 자는 가의(可依)요 호는 송와(松窩)이다.

병오(丙午)에 생원(生員)이 되고 을묘(乙卯)에 문과에 급제하여 대사헌(大司憲)으로 종로(鍾路) 십자가(十字街)를 지나는데 말이 피로해서 자주 자빠지는데도 갈도(喝道)[1]하는 자가 이를 생각지 않고 드디어 빠른 걸음으로 큰 소리를 치니 온 시중 사람들이 모두 크게 웃었다. 이후로 당시 사람들이 말이 피로해서 자빠지는 것을 보고 대사헌마(大司憲馬)라고 했다. 〈동유사우록(東儒師友錄)〉

강사상(姜士尙)을 문비재상(打鼻宰相)이라고 하다

강사상(姜士尙)은 진주(晉州) 사람이니 자는 상지(尙之)요 호는 월포(月浦)이다. 계묘(癸卯)에 진사(進士)가 되고 명종(明宗) 병오(丙午)에 문과에 급제하고, 선조(宣祖) 무인(戊寅)에 우상(右相)에 배(拜)했다.

매양 말하기를,

"국가가 다스려지고 어지러운 것은 하늘에 있는 것이지 사람의

---

1) 喝道 : 귀한 사람이 행차할 때 별배(別陪)가 큰 소리로 길가는 사람에게 길을 피하게 함.

힘에 있는 것이 아니다."
했다. 벼슬에 있을 때 공론(公論)을 떠벌리지 않고 사정(私情)에
좇지 않았으며 그 자연(自然)에 맡기면서 술마시기를 좋아했다.
사람들이 시사(時事)를 물으면 다만 코만 만지고 대답하지 않으니
당시에 문비재상(捫鼻宰相)이라고 했다.〈상신록(相臣錄)〉

성혼(成渾)의 집을 이홍로(李弘老)가 거짓 가리키다

성혼(成渾)은 청송(聽松) 수침(守琛)의 아들이니 자는 호원(浩
源)이요 호는 우계(牛溪) 또는 묵암(默庵)이다. 17세에 사마시(司
馬試) 양장(兩場)에 급제했으나 병으로 인해 복시(覆試)에는 나가
지 않았다.
　무진(戊辰)에 유일(遺逸)을 천거하라고 명하자 경기관찰사(京畿
觀察使) 윤현(尹鉉)이 성혼(成渾)을 보고하여 계유(癸酉)에 지평
(持平)에 임명되었다.
　임진(壬辰)에 임금이 서쪽으로 거둥하게 되어 임진강(臨津江)을
지나다가 임금이 묻기를,
　"여기에서 성혼(成渾)의 집이 얼마나 되느냐?"
하자 이홍로(李弘老)가 거짓으로 가까운 언덕의 조그만 집을 가리
키면서 말하기를,
　"저것이 성혼(成渾)의 집입니다."
했다.
　"어찌해서 와보지 않느냐?"
하고 임금이 묻자 홍로(弘老)가 말하기를,
　"저가 이 때를 낭하여 어찌 즐겨 와뵙겠습니까?"
했다.
　임금이 의주(義州)에 도착해서 홍로(弘老)는 우계(牛溪)가 세자
(世子)의 부름을 받고 갔다는 말을 듣고 임금께 말하기를,
　"성혼(成渾)이 무거운 인망(人望)을 지고 이미 세자(世子)에게로

돌아갔으니 일을 할 수 없게 되었습니다."

하고, 우계(牛溪)가 행조(行朝)에 도착했다는 말을 듣고 또 말하기를,

"모(某)가 온 것은 세자(世子)를 위하여 선위(禪位)를 도모하려 하는 것입니다."

했다.

계사(癸巳) 10월에 대가(大駕)가 서울로 돌아가는데 우계(牛溪)는 병으로 수레를 따르지 못하다가 갑오(甲午) 2월에 비로소 들어가 뵙자 임금은 하교하기를,

"당초에 변이 창황한 가운데에 나와서 거가(車駕)가 경(卿)의 집 앞을 지나게 되었거늘 경은 와보지 않더니 스스로 죄가 중한 것을 알고 죽으려 해도 죽지 못하여 경(卿)이 이제 와보니 감격함을 이기지 못하겠노라."

했다.

이에 우계(牛溪)가 소(疏)를 올려 스스로 탄핵하자 임금이 또 교서(敎書)를 내려,

"나와 일이 이에 이르렀으니 경(卿)은 마땅히 내 죄를 용서하고 변방의 일에 힘쓰라. 경(卿)의 힘을 입어 이 적을 소탕한다면 내 감히 경(卿)의 덕에 보답지 않을 것이며, 하늘에 계신 조종(祖宗)의 영혼이 어찌 명명(冥冥)한 속에서 감동이 없겠는가. 눈물이 몹시 흐르는 것을 이길 수 없노라."

했다.

무술(戊戌)에 졸하니 나이 64세였다. 좌참찬(左參贊)을 증직(贈職)했고 시호는 문간(文簡)이며, 문묘(文廟)에 배향했다. 〈송자대전(宋子大全)〉

이산해(李山海)는 독서망식(讀書忘食)

이산해(李山海)는 한산(韓山) 사람이니 자는 여수(汝受)요 호는

아계(鵝溪)이다.

난 지 겨우 한 달이 넘자 능히 글자를 터득하더니, 어떤 사람이 쇠스랑(三齒鈀)을 메고 마루 아래를 지나가는 것을 보고 가리키면서 말하기를,

"이것은 산(山) 자이다."

했다.

5세에 숙부(叔父) 토정(土亭)이 그 독서망식(讀書忘食)하는 것을 생각하고 병이 날까 두려워하여 글 읽는 것을 그치고 밥을 먹으라 하고 운(韻)을 불렀더니 말이 떨어지자 대답하기를,

"먹는 것 더딘 것도 오히려 민망한데 하물며 배우는 것 더디게 하며, 배 주린 것도 오히려 민망한데 하물며 마음 주린 것이라. 집이 가난해도 오직 마음 고칠 약은 있으니, 모름지기 영대(靈臺)에 달 오를 때 기다리라. (食遲猶悶況學遲 腹飢猶悶況心飢 家貧惟有療心藥 湏待靈臺月時)"

하니 토정(土亭)이 더욱 기이하게 여겼다.

무오(戊午)에 진사(進士)가 되고 경신(庚申)에 문과에 급제하여 벼슬이 영상(領相)에 이르렀다. 〈신도비명(神道碑銘)〉

일찍이 시(詩)를 지어 말하기를,

"만 가지 일 충효(忠孝) 밖에 구하지 말고, 한 몸은 헛되이 시비(是非) 가운데 늙네. (萬事不求忠孝外 一身虛老是非間)"

했고, 7세 때 밤(栗)을 읊은 시에,

"한 배에 세 자식을 낳으니, 가운데 아들은 두쪽 낯이 평평하네. 자식이 앞뒤를 따라 떨어지니, 아우이기도 어렵고 형이기도 어려우네. (一腹生三子 中男兩面平 子隨先後落 難弟亦難兄)"

했다. 〈기언(記言)〉

일찍이 잔치에 온 조정이 다 왔는데, 공이 홀로 오지 않고 시를 지어 보내면서 끝에 아옹(鵝翁)이리고 썼더니, 정철(鄭澈)이 이것을 보고 말하기를,

"이 대감이 참으로 자가성(自家聲)을 내었군!"

했는데, 대개 속어(俗語)에 괭이 소리를 아옹(阿翁)이라 하기 때문에 기롱한 것이다. 〈당원록(黨源錄)〉

이산보(李山甫)가 요수(遼水)를 건너는데
따라가기를 청하다

이산보(李山甫)는 한산(韓山) 사람이니 자는 중거(仲擧)요 호는 명곡(鳴谷)이니 진사(進士) 지무(之茂)의 아들이다.

일찍 아버지를 여의고 숙부(叔父) 토정(土亭) 지함(之菡)에게 배우는데 일찍이 여러 아이들과 놀다가 이가 부러졌다. 여러 아이들이 어른에게 책망을 들을까 두려워 말을 꾸며서 대답할 계획을 세우자 산보(山甫)는 말하기를,

"숙부(叔父)께서 항상 나에게 속이지 말라고 가르쳤으니 나는 마땅히 사실대로 대답하리라."

했다.

토정(土亭)이 일찍이 희롱삼아 석불(石佛)을 가리키면서 말하기를,

"이것도 또한 부모가 있느냐?"

하자 대답하기를,

"물(物)은 모두 하늘을 아비로 하고 땅을 어미로 합니다."

하니 토정(土亭)이 크게 기이히 여겨 말하기를,

"이 아이가 마땅히 대인(大人)이 되리라."

했다.

일찍이 친한 벗과 같이 과거를 보러 가는데 그 벗이 갑자기 금고(禁錮)를 당하게 되자, 산보(山甫)도 역시 같이 돌아가면서 말하기를,

"차마 그와 달리할 수가 없다."

했다.

정묘(丁卯)에 진사(進士)가 되고 무진(戊辰)에 문과에 급제했다. 이때 종형(從兄) 산해(山海)가 문명(文名)을 크게 떨치자 토정(土亭)이 말하기를,

"세상에서 산해(山海)가 산보(山甫)보다 낫다고 하지만 어질고
어질지 않은 것은 현저히 다르다."
했다.

임진란(壬辰亂)에 산보(山甫)가 보령(保寧)으로부터 서울에 올라
와 임금의 수레를 모시고 따라가서 이조판서(吏曹判書)가 되었다.
임금이 장차 요동(遼東)으로 건너가려 하여 여러 신하들에게 묻기
를,

"누가 능히 나를 따르겠느냐."
하자, 산보(山甫)가 이항복(李恒福) 등 두어 사람과 함께 따르기
를 청했다.

호성공(扈聖功)에 기록되어 한흥군(韓興君)에 봉해지고 시호는
충간(忠簡)이다. 〈명신록(名臣錄)〉

김효원(金孝元)의 말 한마디가 나라는
위했지만 국맥(國脈)을 상하게 한 것은
알지 못하다

김효원(金孝元)은 선산(善山) 사람이니 자는 인백(仁伯)이요 호
는 성암(省庵)이다. 현감(縣監) 홍우(弘遇)의 아들로서 남명(南冥)
조식(曺植)의 문하에서 수학(受學)했다. 갑자(甲子)에 진사(進士)
가 되고 을축(乙丑)에 문과에 급제하니 이때 나이 24세였다.

효원(孝元)이 부령부사(富寧府使)가 되자 이이(李珥)가 소(疏)를
올려 말하기를,

"효원(孝元)이 오랫동안 경연(經筵)에 모시어 보필한 것이 많은
것은 공이 없다고 할 수 없사온데 이제 먼 변방(邊方)으로 보내
는 것은 유신(儒臣)을 보전하는 바가 아닙니다."
해서, 장차 떠나려는데 삼척(三陟)으로 고쳐 제수했다가 부모상을
당하여 집으로 돌아갔다.

계미(癸未)에 당의(黨議)가 더욱 심하자 효원(孝元)은 역시 조정

이 편안하지 못하여 나가서 안악군수(安岳郡守)가 되었는데, 풍채가 엄숙해 보여 바라보면 공경하는 마음이 생겼다.

어느날 창릉(昌陵) 제사에 임금을 모시고 참예했는데 제사가 끝난 뒤에 임금이 중관(中官)에게 묻기를,

"통례(通禮)한 사람이 주선(周旋)하고 진퇴(進退)하는 것이 온화하고 법도가 있는데 그게 누구냐?"

하자, 중관(中官)이 효원(孝元)이라고 대답하니, 임금이 탄식하기를,

"보지 못한 지 오래이다."

하고 영흥부사(永興府使)에 승진시켰더니 벼슬자리에서 졸(卒)했다.

일찍이 말하기를,

"당초에 한 한마디 말이 다만 나라만 위했더니 어찌 이렇게 시끄럽게 되어 국맥(國脈)을 상하게 할 줄 알았으랴. 내 그 책임을 면할 수 없다."

했다.

그는 모양이 단정하고 엄숙하며 수염이 아름다워 길이가 한 자나 되고, 술을 잘 마셔서 한 말(斗)에도 어지럽지 않아서 일찍이 술취한 얼굴을 보지 못했다. 장부를 처리한 여가에는 짚신에 명아주 지팡이를 끌고 언덕에 올라 거닐다가 매양 아름다운 산수(山水)가 그윽하고 한가한 곳을 만나면 하루종일 휘파람을 불고 시를 읊어 즐기면서 돌아가기를 잊으니 사람들이 태수(太守)의 행색(行色)인 줄 알지 못했다.

삼척(三陟)에 나가 있을 때 그 고을에 금비녀 하나가 있는데 신라(新羅) 때로부터 전해 오면서 성황사(城隍祠)에 간직해 두고 백성들이 받들기를 신(神)같이 하여 마을의 크고 작은 일을 반드시 먼저 고한 뒤에 행하며 무당과 박수가 날마다 그 밑에서 빌거늘, 효원(孝元)이 날을 가려 준비해 가지고 친히 음사(淫祠)에 가서 비녀 상자를 부수고 불에 던지니 이로써 음사(淫祀)가 드디어 없어졌다. 〈동유사우록(東儒師友錄)〉

심수경(沈守慶)이 팔십(八十)에 생남(生男)하다

심수경(沈守慶)은 풍산(豊山) 사람이니 자는 희여(希汝)요 호는 청천당(聽天堂)으로서 영상(領相) 정(貞)의 손자이다.

계묘(癸卯)에 진사(進士)가 되고 명종(明宗) 병오(丙午)에 문과에 급제하여 호당(湖堂)에 들어가고 경인(庚寅)에 우상(右相)에 배(拜)했으며, 기사(耆社)에 들어가고 치사(致仕)했다.

75세에 생남(生男)하고 81세에 또 생남(生男)하니 모두 비첩(婢妾) 소생이었다. 이에 말하기를,

"사람들은 경사(慶事)라고 하지만 나로 말하면 큰 변이다."

하고 희롱으로 절구(絕句) 한 수를 지어 서교(西郊)·죽계(竹溪) 두 노인에게 드리고 화답을 청했으니 더욱 아름다운 일이었다.

그의 시에 말하기를,

"75세에 생남(生男)한 것도 세상에 드문 일인데, 어찌해서 80에 또 생남을 했는가. 조물주(造物主)가 참으로 할 일이 많아서, 이 쇠약한 늙은이가 맘대로 하게 내버려둔 것이네. (七五生男世因 稀 如何八十之生男 從知造物眞多事 饒此衰翁任所爲)"

했다.

기해(己亥)에 졸(卒)하니 나이 84세였다. 〈상신록(相臣錄)〉

유운룡(柳雲龍)이 종이에 그려 법식(法式)을 만드니 처음에는 의심스러웠어도 뒤에는 편리하다

유운룡(柳雲龍)은 풍산(豊山) 사람이니 자는 응견(應見)이요 호는 겸암(謙菴)이다. 나이 15세에 소학(小學)·사서(四書)로부터 경

사(經史)에 이르기까지 다 통하고, 과거 보는 것을 좋아하지 않고 퇴계(退溪)를 스승으로 삼았다.

인동현감(仁同縣監)이 되어 먼저 과조(科條)를 세우는데 토전(土田)·민호(民戶)·결세(結稅)·요역(徭役)으로부터 조적(糶糴)[1]의 출입에 이르기까지 종이에 그려서 법식(法式)을 만들어 정리하는 경위(經緯)를 추호도 빠뜨리지 않고 그후 펴려고 힘썼는데, 처음 행할 적에는 혹 시끄럽지 않을까 의심하더니 수년이 지난 뒤에는 편리하다고 말했다.

처음 인동(仁同)에 도착하니 세력을 부리는 사람 몇 명이 유명(儒名)을 빌려 향교(鄕校)의 권리를 잡아 저희들 맘대로 처리하는 자가 있어서 먼저 현감(縣監) 때로부터 함께 주객(主客)의 예(禮)를 행하고 감히 그 뜻을 거스르지 못했었다. 그러나 법으로 규정(規定)하여 조금도 맘대로 못하게 하니 그 사람들이 서로 비방하는 말을 흘렸지만 조금도 꺾이지 않고 고집하니 끝내 가라앉았다. 〈목민심서(牧民心書)〉·〈묘지합록(墓誌合錄)〉

풍기군수(豊基郡守)가 되었는데 토적(土賊)들이 골짜기 속에 모여서 병기(兵器)를 가지고 험한 곳에 출입하면서 백성들의 양식을 먹었으나 이웃 고을에서는 감히 손을 대지 못했다. 이에 방략(方略)을 세워 이를 소탕하여 흩어버렸다.

원주목사(原州牧使)로 나갔다가 얼마 안되어 어버이가 늙었다 하여 사직하고 돌아와서 소(疏)를 올려 군국(軍國)의 대요(大要)를 말했다. 판서(判書)를 증직하고, 시호는 문경(文敬)이며, 아우는 성룡(成龍)이다. 〈동유사우록(東儒師友錄)〉

유성룡(柳成龍)이 명나라에 가자 모여서 구경하는 자가 수백 인이나 되었다

유성룡(柳成龍)은 풍산(豊山) 사람이니 자는 이견(而見)이요 호

---

1) 糶糴 : 나라에서 백성들에게 곡식을 꾸어 주고 받아들임.

는 서애(西厓)이다. 갑자(甲子)에 생원(生員)·진사(進士)가 되고
병인(丙寅)에 문과에 급제했다.

서장관(書狀官)으로 명(明)나라에 가니 태학생(太學生)이 모여서
구경하는 자가 수백 인이 되었다. 이때 성룡(成龍)이 당시 세상
의 명류(名流)가 누구냐고 묻자, 서로 돌아보면서 왕양명(王陽明)·
진백사(陳白沙)라고 대답하자 성룡(成龍)은 말하기를,

"백사(白沙)는 도(道)를 보는 것이 밝지 못하고, 양명(陽明)은
선(禪)을 주장하니 모두 설문청(薛文淸)의 정학(正學)만 같지 못
하다."

했다.

이때 한 선비가 앞으로 나오더니 말하기를,

"많은 선비들이 크게 추향(趨向)을 잃더니 공이 능히 바로잡아
우리 도(道)에 다행한 일이로다."

했다. 〈자해필담(紫海筆談)〉

경인(庚寅)에 대배(大拜)하여 영상(領相)에 이르고 시호는 문충
(文忠)이다.

김성일(金誠一)이 안동좌수(安東座首)에 천거되었으나 나가지 않다

김성일(金誠一)은 의성(義城) 사람이니 자는 사순(士純)이요, 호
는 학봉(鶴峰)이다. 갑자(甲子)에 진사(進士)가 되고 무진(戊辰)에
문과에 급제하여 신묘(辛卯)에 일본 통신부사(日本通信副使)가 되었
는데, 정사(正使) 황윤길(黃允吉)이 돌아와서 일본의 정형(情形)을
보고하여 말하기를, 반드시 병화(兵禍)가 있을 것이라고 했었다.

그러나 공이 돌아와 복명(復命)할 제 임금이 인견(引見)하고 묻
자, 윤길(允吉)이 전과 같이 대답하자 성일(誠一)은 말하기를,

"신(臣)은 그러한 정형(情形)을 보지 못했는데, 윤길(允吉)이 아
뢴 것은 인심을 동요하는 것이니 몹시 괴이한 일입니다."

했다.

임금이 묻기를,

"수길(秀吉)의 모양은 어떠하더냐?"

하자 윤길(允吉)은 말하기를,

"그 눈이 광채가 반짝이니 담력(膽力)과 지혜가 있는 사람 같았습니다."

하고 성일(誠一)은 말하기를,

"그 눈이 쥐와 같으니 족히 근심할 것이 못됩니다."

했다.

대개 성일(誠一)은 윤길(允吉)이 지레 겁을 내어 체통을 잃는 것을 분하게 여겼기 때문에 말마다 틀리는 것이 이와 같았다.

뒤에 초유사(招諭使)에 제수하고 계속하여 경상감사(慶尙監司)에 임명되었다. 〈명신록(名臣錄)〉

안동(安東)의 풍속은 좌수(座首)의 책임을 매우 소중히 여겨서 덕행(德行)과 문망(門望)이 한 마을에서 추복(推服)되는 자가 아니면 절대로 허락하지 않아, 세상에서 전하기를, 옛날 정승이 늙어 물러나서 좌수(座首)가 된다고 했는데, 학봉(鶴峰)이 사인(舍人)으로서 집에 돌아오자 시골 의론이 공을 천거하여 좌수(座首)를 삼았으나 병을 핑계하고 나가지 않았다. 그러나 이윽고 조정의 명령이 있어서 조정으로 불리었기 때문에 끝내 좌수의 책임을 맡지 못했다. 〈지봉유설(芝峰類說)〉

윤두수(尹斗壽)가 남이 준 물건을 두어두다

윤두수(尹斗壽)는 해평(海平) 사람이니 자는 자앙(子仰)이요 호는 오음(梧陰)이다. 을묘(乙卯)에 생원시(生員試)에 장원하고, 명종(明宗) 무오(戊午)에 문과에 급제하여 임진(壬辰)에 송도(松都)에 이르러 정승이 되었다.

완평(完平) 이원익(李元翼)이 처음에 대각(臺閣)에 들어갔을 때

제기(祭器)를 장식하지 않은 일로 두수(斗壽)를 탄핵한 일이 있었다. 뒤에 공사(公事)로 해서 두수(斗壽)에게 갔었는데 두수는 아무 기미도 없이 말하기를,

"가난한 종족(宗族)이 혼인을 지내거나 초상을 당하면 모두 내가 책임을 지기 때문에 남이 보내는 물건이 있으면 받아 두지 않을 수가 없으니, 대계(臺啓)가 하는 말이 이치에 당연한데 내가 무엇을 개의(介意)하겠는가."

했다.

이렇게 이야기하는 중에 마침 시골 종족(宗族)이 편지로 혼수(婚需)를 요구하자 두수(斗壽)는 즉시 시비(侍婢)를 불러 말하기를,

"저번에 역관(譯官)이 보낸 비단을 내오너라."

하니, 시비(侍婢)가 들어갔다가 다시 돌아와서 말하기를,

"그런 물건이 없습니다."

했다.

이에 두수(斗壽)는 웃으면서 말하기를,

"부인의 무리가 공이 자리에 있는 까닭에 숨기려 함이로다."

하고, 빨리 가져오라 하여 모두 봉해서 그 사람에게 내주고 조금도 얼굴빛을 움직이지 않으니, 원익(元翼)이 그 큰 아량에 탄복하여 몸이 마치도록 공경하고 소중히 여겼다. 시호는 문정(文靖)이다. 〈견문록(見聞錄)〉

정탁(鄭琢)이 산송(山訟)을 대변(代辯)하다

정탁(鄭琢)은 청주(淸州) 사람이니 자는 자정(子精)이요 호는 약포(藥圃)이다. 임자(壬子)에 생원(生員)이 되고 무오(戊午)에 문과에 급제하여 벼슬이 좌상(左相)에 이르렀다.

어렸을 때 집이 몹시 한미(寒微)한데 어머니상을 당하여 아버지 묘(墓)에 합장(合葬)하려 하자, 묘 아래에 사는 백성들이 장지(葬地)가 집 뒤에 있다는 이유로 장사를 금하여 마침내 그 사람과 송

사(訟事)를 하게 되었는데 그 공사(控辭)에 말하기를,

"무덤이 먼저 집 뒤에 있었으니 곡직(曲直)이 그대로 판단되고 남편 장사지낸 곳에 아내가 따르니 사리(事理)가 당연하다."

하니, 송관(訟官)이 크게 칭찬하고 그 백성에게 이르기를,

"너는 이 아이의 친산(親山)을 잘 수호(守護)하라. 이 아이가 반드시 정승이 될 것이다."

하더니 뒤에 그 말과 같았다. 〈목민심서(牧民心書)〉

이원익(李元翼)이 구슬로 만든 신을 탄식하다

이원익(李元翼)은 종실(宗室) 익녕군(益寧君) 치(袳)의 현손(玄孫)이니 자는 공려(公勵)요 호는 오리(梧里)이다. 갑자(甲子)에 생원(生員)이 되고 기사(己巳)에 문과에 급제하고 을미(乙未)에 대배(大拜)하여 영상(領相)에 이르렀다.

여주(驪州)에 귀양가 있다가 계해(癸亥)에 인조(仁祖)가 반정(反正)하자 영상(領相)에 배(拜)하여 시신(侍臣)을 보내어 불렀는데, 이때 권신(權臣) 중에 죄가 있는 자가 장차 원익(元翼)을 기다려 그 죽고 사는 것이 정해지게 되어 있었다.

권신(權臣)에게 사랑하는 첩(妾)이 있어 그가 신은 구슬로 만든 신을 원익(元翼)의 측실(側室)에게 바치고 목숨을 빌자 그 측실이 이것을 가져다가 원익(元翼)에게 고했다.

이에 원익은 눈물을 흘리면서 탄식하기를,

"신하로 하여금 이러한 물건을 가지게 했으니 그 임금이 어찌 망하지 않을 수 있으며, 첩으로 하여금 이런 물건을 신게 했으니 그 사람이 어찌 죽지 않을 수 있으랴."

하고 마침내 용서하지 않았다. 조정에 있은 지 40년 동안 오직 두어 간 띠집에 살았다. 〈기언(記言)〉

집안 종중에 순일(順日)이라는 자가 있어 일 보는 것이 정성스럽고 부지런하여 여러 번 어려운 때도 따라다녔기 때문에, 공이

시(詩)에 말하기를,

　"노량(露梁)의 봄 물 들판이요, 홍주(洪州) 골짝의 여름 구름 하늘일세. 먼 길에 두 번이나 찾아왔으니, 그의 아비를 계승하여 어진 것을 갸륵히 여기네. (露梁春水野 洪峽夏雲天 跋涉來尋再 多渠繼父賢)"

했다.

　이에 순일(順日)은 화답하기를,

　"비로소 봄 바람 달에 뵈었고, 끝에는 여름 구름 하늘에 찾았네. 다행히 은혜와 사랑 갚고자 하는데, 어찌 능히 아비의 어진 것 계승하리. (始瞻春風月 終尋夏雲天 幸欲酬恩愛 安能繼父賢)"

했다. 〈인물고(人物考)〉

　여주(驪州)에 귀양가 있을 때 호장(戶長)의 집에 머물면서 자리를 짜는 것으로 업(業)을 삼고 호장(戶長)의 아내가 죽자 공이 눈물을 뿌리며 치상(治喪)하는 것을 지휘하니, 여헌(旅軒) 장현광(張顯光)이 웃으면서 말하기를,

　"영의정(領議政)이 호장(戶長)의 아내 치상(治喪)을 하니 호장(戶長)이 사치롭다."

했다. 〈여헌속집(旅軒續集)〉

이항복(李恒福)이 우물에 들어갔는데 익재(益齋)가 현신(顯神)해서 이를 구해 주었다

　이항복(李恒福)은 경주(慶州) 사람이니 자는 자상(子常)이요 호는 백사(白沙)·필운(弼雲)이다.

　난 지 이틀이 되어도 젖을 먹지 않고 사흘 동안 울지 않자 집 사람이 이를 근심하니 소경 박견(朴堅)이 말하기를,

　"이 아이가 마땅히 크게 귀하게 되리라."

했다.

　1년이 되기 전에 유모(乳母)가 그를 안고 우물 가까이 가서 땅

위에 놓아 두고 앉아서 졸았는데 필운(弼雲)은 기어서 거의 우물에 들어가게 되었다. 이때 유모의 꿈에 수염이 희고 얼굴이 긴 한 장부(丈夫)가 지팡이로 그 정강이를 두드리면서 말하기를,

"어찌해서 애를 보지 않느냐."

했다.

유모가 몹시 아파서 꿈에서 깨어 쫓아가서 구하고 나서도 그 정강이가 여러 날 아프므로 크게 이상히 여겼다.

그후에 집안에 제사가 있어 그 방조(傍祖) 익재 제현(益齋齊賢)의 영정(影幀)을 대청에 걸었는데 유모가 이를 보고 크게 놀라서 말하기를,

"전일에 내 정강이를 때린 이가 바로 저분이다."

했다. 익재(益齋)는 전조(前朝)의 현상(賢相)이니, 그 영령(英靈)이 3,4백 년 뒤까지 없어지지 않아서 능히 그 어린 손자를 위험할 때에 구했으니, 어찌 한갓 그 신(神)이 몹시 영험한 것뿐이랴. 또한 필운(弼雲)이 보통 아이와 다른 것을 알아서 능히 신(神)의 도움을 얻게 한 것이니 기이한 일이다. 〈어우야담(於于野談)〉

나라 법에 삭직(削職)된 자는 비록 대신(大臣)이라도 급제(及第)라고 부르게 되어 있었다. 이덕형(李德馨)이 영상(領相)으로서 삭직(削職)되어 급제(及第)라고 불리었고, 필운(弼雲)은 좌상(左相)으로서 당시의 의론을 받아 말하기를,

"우리 동접(同接)은 이미 급제(及第)했는데 나는 어느 때나 급제하나."

했다.

그와 헤어져서 동교(東郊)에 가서 사는데 한 백성이 와서 뵙고 말하기를,

"신역(身役) 때문에 살 수가 없습니다."

하자 필운(弼雲)은 말하기를,

"나는 호역(戶役) 때문에 살 수가 없다."

고 했다. 그때 필운(弼雲)이 호역(護逆)의 탄핵을 받았는데, 이 말이 호역(戶役)과 음이 같아서 한 말이니, 그 해학(諧謔)을 잘하는 것이 이와 같았다. 〈어우야담(於于野談)〉

이상국(李相國)이 해학(諧謔)을 잘하더니 근세(近世)에는 국가
에 일이 많아서 일을 맡은 관청에서 으레 대신(大臣)에게 의논한
뒤에 입계(入啓)하기 때문에 조그만 일에 이르기까지 의논하니 대
신(大臣)들이 많이 괴로워했다.

어느날 예조정랑(禮曹正郞)이 의논할 일을 가지고 앞에 있어서
공은 바야흐로 생각해 가지고 대답하려 하는데, 소비(小婢)가 안
에서 나와 고하기를,

"말 먹이 콩이 이미 떨어졌사온데 어떻게 하오리까?"

하자 공이 꾸짖기를,

"말 먹이 콩 마련하는 것도 또한 대신(大臣)에게 의논하느냐?"

하니, 듣는 자가 배를 잡고 웃었다. 〈허씨식소록(許氏識小錄)〉

목릉(穆陵) 신묘(辛卯) 연간(年間)에 백사(白沙)가 승지(承旨)가
되어 관청에서 물러나와 한가히 앉았는데 문지기가 달려와서 고하
기를,

"어떤 사람이 문에 와서 뵙기를 청하는데 옷이 남루하고 모양이
홍악하여 바로 볼 수가 없습니다."

하자 공은 급히 옷을 바로 입고 말하기를,

"어서 데려오너라."

했다.

그 사람이 들어왔는데 보니, 찢어진 갓을 쓰고 누더기 베옷을
입었는데 바지는 몹시 좁아서 겨우 다리가 들어갈 만하고 발에는
찢어진 검은 신을 신었는데, 얼굴은 크기가 소반만하고 키는 한
사람 키에 반이 더 있고 냄새가 더러워서 가까이할 수가 없었다.

그는 바로 들어와 공의 앞에 무릎을 꿇더니 붉은 입술을 열고
무엇인가 한참 이야기하다가 물러갔다.

이때 공의 종자(從子) 오산군(鰲山君) 탁남(擢男)이 협실(夾室)
에 있다가 놀라서 까닭을 물으니, 공은 말하기를,

"그는 스스로 말하기를, 자기는 백악산(白岳山) 야차(夜叉)인데,
내년에 장차 큰 난리가 있겠으나 한 사람도 걱정하는 이가 없어
마음 아픔을 이기지 못하겠다고 하며 홀로 나에게만은 이 말을
해야겠기로 와서 말한다고 하더라."

했다.

그 이듬해는 곧 임진(壬辰)이니 왜병이 크게 와서 나라가 거의 망하게 되었는데 공이 마침내 중흥(中興)의 큰 공을 세웠으니 야차의 말이 과연 맞았다. 〈동평견문록(東平見聞錄)〉

계축(癸丑)의 역옥(逆獄)에 자산(慈山) 사람 이춘복(李春福)이란 자가 남에게 고발을 당하여 금오랑(金吾郎)이 자산(慈山)에 이르러 잡으려 했으나 지경 안에는 이춘복(李春福)은 없고 이원복(李元福)만이 있었다.

이에 금오랑(金吾郎)이 조정에 이 사실을 보고하고 국청(鞫廳)에서 잡아 신문하려 하는데, 이때 공이 위관(委官)으로서 자리에 있어서, 여러 사람의 의논이 이미 정해져서 이것을 깨칠 수 없다는 것을 보았으나 그렇다고 아무 말도 하지 않으면 무고한 사람이 죄에 걸리게 되어 있는지라 이에 말하기를,

"내 이름도 역시 이 사람과 비슷하니 모름지기 글을 올려 스스로 변명한 뒤에라야 면할 수 있겠다."

하자 좌우가 서로 웃고 일이 드디어 가라앉았다. 이때 역옥(逆獄)이 크게 일어나서 다스리는 벌이 몹시 엄한데도 공이 조금도 성색(聲色)을 움직이지 않고 능히 말 한 마디로 해결하니 사람들이 이를 장하게 여기지 않는 자가 없었다.

어느날 어떤 사람이 뚜렷한 죄도 없이 남의 무고(誣告)를 받자 공은 탄식하기를,

"나는 일찍이 소나무 껍질을 찧어서 떡을 만드는 것은 보았지만 지금 보니 사람을 찧어서 역적을 만드는구나."

했으니, 그 기상(氣像)이 넓고 거기에 회학(詼謔)을 섞어서 옥사(獄事)가 이 힘으로 무사히 된 것이 많았다. 〈창석이문록(蒼石異聞錄)〉

오성(鰲城)이 정승의 자리에 있을 때 달관(達官)이 와서 뵈오면 모두 앉아서 절을 받았는데, 어느날 신훈도(申訓導)가 문 앞에 왔다고 알리자 공은 버선발로 나가서 맞아다가 당(堂)에 들어와서 몸을 굽히고 그의 말을 들으면서 응대(應對)하는 것이 몹시 공손했다.

이에 집사람이 괴상히 여겨 물어보니 그는 공이 어렸을 때 글을 가르친 사람이었다. 이튿날 공이 그가 묵고 있는 사관(舍舘)에 가서 인사하고 면포 10여 단과 쌀 두어 섬을 주어 여행(旅行)중에 쓰게 하니 그 사람이 말하기를,

"여행중에 쓸 것은 두어 말 쌀이면 족하다."

하고, 그 나머지는 사양하고 받지 않았으니 그 사람의 어진 것이 반드시 공경할 만한 것이 있는 것을 볼 수가 있고, 또한 스승을 존경하고 덕을 좋아하는 정성이 족히 쇠한 세상의 모범이 된 것을 볼 수가 있다. 〈창석이문록(蒼石異聞錄)〉

오성(鰲城)이 젊어서부터 공보(公輔)의 인망(人望)이 있고 회해(詼諧)로 스스로 이름이 있더니, 경자(庚子)에 호남(湖南)의 체찰사(體察使)가 되자, 임금이 역적을 자세히 살피라 했다. 이에 이공(李公)은 보고하기를,

"역적은 새짐승이나 물고기처럼 아무데서나 나는 것이 아니어서 살피기가 어렵습니다."

하니, 사람들이 모두 칭송하여 기담(奇談)이라고 했다. 〈하담파적록(荷潭破寂錄)〉

북청(北靑)에 귀양갔을 때 철령(鐵嶺)에 올라 노래를 짓기를,

"철령 높은 재에 자고 가는 저 구름아, 고신 원루를 비삼아 띄워다가, 임 계신 구중 궁궐에 뿌려본들 어떠리. (鐵嶺高處宿雲飛 飛飛何處歸 願帶孤臣數行淚作雨去 向終南白岳間沾灑瓊樓玉欄干)"

했는데, 이 노래가 서울 안에 퍼져서 궁인(宮人)들이 모두 익혀 노래를 불렀다.

어느날 광해(光海)가 후원(後苑)에서 잔치를 하다가 술이 얼근했을 때 이 노래를 듣고 누가 지은 것이냐고 묻자 궁인(宮人)들은 사실대로 대답했다. 이때 광해(光海)는 추연(愀然)히 눈물을 흘리면서 술자리를 파했으니 그 시(詩)가 사람을 감동시키는 것이 이와 같았다. 그러나 끝내 석방되어 돌아오지는 못했다. 〈백사집(白沙集)〉

오봉(五峰) 이호민(李好閔)이 길에서 항복(恒福)을 작별하는 시에 말하기를,

"이 땅에서 해마다 나그네를 보내 돌아가게 하니, 산 단(壇)에서 술을 들어 강 울타리에 제사 지내네. 내가 가는 것이 가장 늦으니 어느 곳에 닿을까. 다시는 친구가 와서 작별하지 못하리. (此地年年送客歸 山壇擧酒祭江籬 吾行最晚當何處 無復故人來別離)"

하니, 항복(恒福)이 화답하기를,

"구름과 해 쓸쓸히 한낮에도 어두운데, 북풍이 불어와 가는 사람 옷을 찢네. 요동(遼東)의 성곽(城郭)이 응당 예와 같을 것인데, 다만 영위(令威)가 가고 오지 않을까 두려우네. (雲日蕭蕭晝晦微 北風吹裂遠征衣 遼東城郭應依舊 只恐令威去不來)"

했는데, 이는 북에서 졸(卒)한 시참(詩讖)이다. 〈소대기년(昭代紀年)〉

처음에 영창대군(永昌大君)의 옥사(獄事)가 일어나자 항복(恒福)이 의연(毅然)히 수염을 세우면서 말하기를,

"내 뜻은 결정되었다."

했다. 정조(鄭造)와 윤인(尹訒) 등이 폐비론(廢妃論)을 제창하자, 항복(恒福)이 소(疏)를 올려 말하기를,

"누가 전하를 위하여 이런 계획을 냈습니까. 순(舜)임금은 아버지는 미련하고 어머니는 사납자 울면서 원망하고 사모했사오니, 이는 진실로 아비가 비록 사랑하지 않아도 자식은 효도하지 않을 수 없다는 것으로서 춘추(春秋)의 의리에 자식은 어미를 원수로 여기지 못한다는 의리입니다."

하니, 이 소(疏)가 들어가자 듣는 자가 머리털을 곤두세우고 눈물을 흘렸다.

북청(北青)으로 귀양가서 위리안치(圍籬安置)했는데, 이때 길을 떠나면서 스스로 살아서 돌아오지 못할 것을 알고 집사람에게 명하여 옷과 이불 등 염습(殮襲)할 제구를 가지고 따르게 했다.

이때 꿈을 꾸니, 선조(宣祖)가 마루에 거둥하고 유성룡(柳成龍)·이덕형(李德馨)·김명원(金命元)·이산해(李山海) 등이 입시(入侍)했는데, 임금이 광해(光海)의 이름을 부르면서 말하기를,

"모(某)가 무도(無道)해서 골육(骨肉)을 해치고 모후(母后)를 가두니 폐하지 않을 수가 없다."

하자, 덕형(德馨)이 아뢰기를,

　"이항복(李恒福)이 지금 가까운 곳에 있사오니 청컨대 불러들
여서 의논하시옵소서."

하므로 임금은 이를 허락했다.

　꿈에서 깨자 자제(子弟)들에게 말하기를,

　"내가 오래지 못하겠다."

하더니 이틀이 지나서 졸(卒)하니 나이 63세였다.

　병사(兵使) 현집(玄楫)이 시를 지어 항복(恒福)의 초상에 보내기
를,

　"자라(鰲) 기둥이 하늘을 떠받쳐서 하늘이 편안하더니, 자라가
죽어 기둥이 꺾이니 하늘을 어찌하리. 북풍이 인산(因山) 비를
불어 보내니, 그 비가 내 눈물보다 많지 않으리. (鰲柱擎天天妥
帖 鰲亡柱折奈天何 北風吹送因山雨 雨未多於我淚多)"

했는데, 집(楫)은 이로 인해서 죄를 얻었다.

　공은 대제학(大提學)으로서 오성부원군(鰲城府院君)에 훈봉(勳封)
되고, 청백리(淸白吏)에 뽑혔으며, 시호는 문충(文忠)이다. 〈본집
(本集)〉

이덕형(李德馨)의 첩이 제호탕(醍醐湯)을 올리자
버림받다

　이덕형(李德馨)은 광주(廣州) 사람이니 자는 명보(明甫)요 호는
한음(漢陰)이다.

　경진(庚辰)에 문과에 급제하니 그때 나이 21세요, 신묘(辛卯)
에 문형(文衡)을 맡으니 나이 31세였다.

　수상(首相)으로서 임진(壬辰)의 난을 당했고, 그 뒤에 나라 일
이 몹시 바빠서 미처 집에 물러가 식사할 틈도 없었다. 이때 선
조(宣祖)가 또 창덕궁(昌德宮)을 짓느라고 불시에 불러 만나니 안
팎의 사무가 번거로워서 대궐 안을 떠나지 못하기 때문에 감히 물

러가서 거처하지 못하고 대궐 밖 조그만 집에 첩을 두어 두고 음식을 제공하게 했다.

어느날 날이 몹시 더운데 오랫동안 일에 대하여 임금께 아뢰느라고 몹시 목이 타서 집에 돌아가 미처 말을 못하고 손을 내미니, 그 첩이 미리 제호탕(醍醐湯)을 준비하고 있다가 갖다바쳤다. 그러나 덕형(德馨)은 이것을 받아 가지고 마시지 않고 한참 동안 물끄러미 보다가 말하기를,

"내 이제 너를 버리는 터이니 너는 지금부터 너 갈 데로 가도록 하라."

하고 드디어 뒤도 돌아다보지 않고 나갔다.

첩은 그 까닭을 알 수가 없어 밤새 슬피 울다가 스스로 생각하기에, 백사 이상국(白沙李相國)이 공과 가장 가깝다 하여 드디어 가서 하소연했더니 백사(白沙)도 역시 의아해하면서 말하기를,

"상국(相國)이 그대 사랑하기를 몹시 특별히 했는데 어찌해서 경솔히 버렸단 말인가. 내 마땅히 이를 물어보리라."

했다.

이때 마침 한음(漢陰)이 오므로 백사(白沙)가 말하기를,

"공이 사랑하던 사람을 까닭없이 버린 것은 무슨 까닭인가?"

하자 한음(漢陰)은 웃으면서 말하기를,

"그에게 죄가 있는 것이 아니라, 내가 지난 번에 일을 아뢰다가 몹시 더워서 목이 말라 돌아와서 말은 하지 않고 손을 내밀었더니 그는 미리 제호탕(醍醐湯)을 준비했다가 주니 그 영리하고 총명함이 사람으로 하여금 사랑스럽게 했소. 이에 나는 그것을 받아가지고 다시 보니 백 가지로 예쁜 마음이 모두 생겨서 옛날보다 고와 보였소. 여기에서 내 스스로 생각하기에 나라의 난리를 평정하지 못해서 안위(安危)를 알지 못하는데 몸이 수상(首相)이 되어 돌아다보고 그리워하는 바가 있으면 반드시 낭패되는 일이 있으리라 생각하여 은혜를 쪼개고 사랑을 끊은 것이지 저에게 어찌 죄가 있어서 그랬겠는가."

했다.

이에 백사(白沙)는 혀를 차면서 탄식하기를,

"공의 이번 일은 참으로 열렬(烈烈)한 장부(丈夫)라, 나의 미칠
바가 아니로다."
했다. 폐모(廢母) 때에 병이 나서 광주(廣州) 용진촌(龍津村)으로
물러가 졸(卒)하니 나이 53세였다.

또 하나의 호는 쌍송(雙松)이니, 일찍이 봉래 양사언(蓬萊楊士
彦)이 그와 함께 수석(水石) 사이에 놀다가 율사(律詩) 한 수를 지
어 주었는데 덕형(德馨)이 이에 화답하기를,

"들 물가에 저문 빛이 얇은데, 물이 맑아 산 그림자가 많으네.
(野瀾暮光薄 水明山影多)"
하니 봉래(蓬萊)가 이를 감탄했다.

백사(白沙)의 만시(挽詩)에 말하기를,

"영락(零落)한 빈 산에 말을 스스로 삼가는데, 그대 길이 갔다
는 말을 들으니 갑절이나 넋이 빠지네. 애사(哀詞)에 감히 분
명히 하지 못하는데, 얇은 풍속이 사람을 엿보고 말 만들기 좋
아하네. (淪落空山舌自捫 聞君長逝倍銷魂 哀詞不敢分明語 薄俗窺
人喜造言)"
했다.

이인(異人)이 있어 애사(哀詞)를 주기를,

"집이 광릉(廣陵) 강물 서쪽에 있네. 누른 꽃 고우니 절기가 어
찌 늦은가, 떨어지는 잎 쓸쓸한데 바람이 다시 쓸쓸하네. 창 밖
의 두견이 돌아가기를 재촉하니, 그윽한 사람이 옛 집 그리워
하는 것 같네. (家在廣陵江水西 黃花冉冉節何晚 落葉蕭蕭風更凄 牕
外杜鵑催歸去 似識幽人戀舊棲)"
했다.

38세에 대배(大拜)하여 영상(領相)에 이르고 시호는 문익(文翼)
이다. 〈당원록(黨源錄)〉

정철(鄭澈)은 새 중의 독수리요 대궐 위의 범이다

정철(鄭澈)은 연일(延日) 사람이니 자는 계함(季涵)이요 호는 송강(松江)이다. 신유(辛酉)에 진사(進士)가 되고 명종(明宗) 임술(壬戌)에 문과에 급제하여 직제학(直提學)이 되었다.

이때 조정에는 동서(東西)의 색목(色目)이 있었는데, 그는 동인(東人)의 미움을 받았기 때문에 벼슬을 내놓고 고향으로 돌아갔었는데, 이조판서(吏曹判書)가 되자 박근원(朴謹元)·홍여순(洪汝諄)·허봉(許篈) 등 세 사람을 귀양보내자고 청하여 이로써 좋아하고 미워하는 것을 분명히 표시하게 되었다.

이에 김우옹(金宇顒) 등이 옳지 못하다고 다투어 철(澈)을 탄핵하고 서로 화를 얽어 일으키자 임금이 말하기를,

"정철(鄭澈)은 그 마음이 바르고 그 행동이 방정(方正)하나 오직 그 혀가 곧기 때문에 시절에 용납하지 못하고 남에게 미움을 받으니, 만일 그 직책에 힘을 다하고 충성되고 맑은 절의(節義)에 당하여는 초목도 역시 그 이름을 알 것이니, 참으로 이른바 새 중의 한 독수리요 대궐 위의 사나운 범이라, 만일 이 사람을 벌한다면 이는 주운(朱雲)[1]을 베자는 말과 같은 것이다."

하고 대사헌(大司憲)을 제수하고, 임금이 손수 '孤忠自許獨立敢言'이라고 써서 하사했다.

공이 귀양가 있었는데 임진(壬辰)에 임금이 서쪽으로 파천하느

---

1) 朱雲 : 한(漢)~노(魯)나라 사람. 성제(成帝) 때 괴리영(槐里令)이 되었을 때, 임금에게 글을 올려 말하기를, "원컨대 상방검(上方劍)을 빌려서 간사한 신하 장우(張禹)를 베고자 합니다." 하자 임금은 노해서 어사(御史)로 하여금 운(雲)을 잡아 내리게 했는데, 운(雲)이 대궐 난간을 잡아 그 난간이 무너졌다. 딴 신하의 간하는 말로 운(雲)은 용서를 받았고, 신하들이 그 난간을 고치려 하자 임금은 이를 고치지 말고 직언(直言)의 표적으로 삼으라 했다.

라고 송경(松京)에 이르러서 남문(南門)에 거둥하여 군민(軍民)을 위유(慰諭)하는데 군민(軍民)들이 정철(鄭澈)을 석방하기를 청하자, 임금이 이에 하교하여 철(澈)을 불러서 평양(平壤)에서 임금을 배알하고 의주(義州)까지 수레를 모시고 가서 체찰사(體察使)가 되었다. 고봉 기대승(高峰奇大升)이 일찍이 수석(水石)이 맑은 곳을 만나서 어떤 사람이, 세상 사람 중에 비할 만한 자가 있느냐고 물으면 대답하기를 오직 정철(鄭澈)뿐이라고 했다. 〈신도비(神道碑)〉

속가(俗歌)를 잘 지었는데 그 사미인곡(思美人曲)·권주가(勸酒歌)가 모두 청장(淸壯)해서 들을 만하다. 이론(異論)을 하는 자가 이를 배척하여 간사하다고 하나 풍류(風流)와 문채(文采)는 또한 가릴(掩) 수가 없었다.

권필(權韠)이 그 묘(墓)를 지나다가 지은 시에,

"빈 산 떨어진 나무에 비가 쓸쓸한데, 상국(相國)의 풍류가 여기에서 쓸쓸하네. 슬프게 한 잔 술 다시 권하기 어려우니, 옛날의 가곡(歌曲)이 곧 오늘 아침일세. (空山落木雨蕭蕭 相國風流此寂寥 悵恨一盃難更進 昔年歌曲即今朝)"

했다.

이안눌(李安訥)이 강 위에서 노래를 듣고 말하기를,

"강 머리에서 누가 미인사(美人詞)를 부르는가, 정히 외로운 배에 달이 떨어질 때일세. 슬프게 그대 그리워하는 한없는 뜻은 세상에 오직 여인(女人)이 있어 아네. (江頭誰唱美人詞 正是孤舟月落時 悵恨戀君無限意 世間惟有女郎知)"

했다. 〈동소만록(桐巢謾錄)〉

강원 관찰사(江原觀察使)가 되었을 때 그 백성들의 풍속이 암매(暗昧)한 것을 보고 관동별곡(關東別曲)을 지어서 많은 기생으로 하여금 부르게 하여 민중(民衆)들이 보게 하니 풍속이 화락하고 기뻐졌다.

3백 년 후에 계전(桂田) 신응조(申應朝)가 그 도(道)에 나갔다가 그 곡조가 없어진 것을 보고 그 곡조 아는 자를 찾으니 노기(老妓) 하나가 능히 그 곡조를 아는데 강릉(江陵)에 산다고 한다. 이에 그를 불러다가 다시 그 놀이를 하게 하여 민풍(民風)을 화창하게 했다. 지금은 곡조를 아는 자가 없고 다만 관동별곡(關東別曲)이 있다는 것만 안다. 〈해동죽지사(海東竹枝詞)〉

일찍이 백사(白沙)에게 묻기를,

"송강(松江)은 어떤 사람인가?"

하니 대답하기를,

"송강(松江)이 반쯤 취했을 때 손바닥을 문지르면서 담소(談笑)하면 바라보기에 마치 천상(天上) 사람과 같다."

했으니 이는 방현령(房玄齡)이 그 사람의 수염을 칭찬한 뜻이다. 〈곤륜집(崑崙集)〉

공이 호남(湖南)을 안찰(按察)할 때 정지연(鄭芝衍)에게 작별하기를,

"지금 남방(南方)의 병사(兵事)가 몹시 드센데, 철(澈)이 백면서생(白面書生)으로서 이 중임(重任)을 맡았으니 어찌 잘못이 없겠는가."

하자 지연(芝衍)은 말하기를,

"의논하는 자들이 모두 절개에 죽는 것으로 공에게 허여(許與)하는데, 공이 그러한 절개로 어디를 가면 되지 않겠는가."

했다.

이에 송강(松江)은 웃으면서 말하기를,

"공명과 부귀는 상공(相公)께서 다하시고, 홀로 괴로운 선비의 절개로 한 정철(鄭澈)에게 맡기니 철(澈)이 어떻게 감내하겠습니까."

하니, 당시에 이것을 명언(名言)이라고 했다. 〈곤륜집(崑崙集)〉

기자헌(奇自獻)이 거짓 귀먹은 체하다

기자헌(奇自獻)은 행주(幸州) 사람이니 자는 사정(士靖)이요 호는 만전(晩全)이다. 임오(壬午)에 생원·진사가 되고 경인(庚寅)에 문과에 급제하여 검열(檢閱)·호당(湖堂)을 지냈다. 처음에

사류(士流)들을 좇아 놀더니 뒤에 송강(松江)·우계(牛溪)를 공격
했다.

갑진(甲辰)에 대배(大拜)하여 영상(領相)에 이르러 폐모(廢母)의
의논을 간하다가 길주(吉州)로 귀양갔다. 인조(仁祖) 반정(反正)
때에 원훈(元勳) 등이 사사로이 한교(韓嶠)를 보내서 그 뜻을 시
험하고 계교를 묻고자 하자 자헌(自獻)은 심중으로 이를 알고 거
짓 귀먹은 체하여 다시 물어도 다시 대답하지 않았다. 교(嶠)가
돌아와 그 사실을 고하자 원훈(元勳) 등이 서로 이르기를,

"저 대신(大臣)이 지중(持重)하고 지혜가 있는데 이미 뜻을 얻
어서 그 할 일을 행하는 터이니 우리들이 어떻게 할 수가 없다."
하고 드디어 부르지 않았다.

이때 이귀(李貴)가 홀로 말하기를,

"자헌(自獻)이 무오(戊午)의 폐모(廢母)할 때에 절개를 세웠다."
하자, 원훈(元勳) 등은 마침내 좇지 않고 이윽고 대옥(大獄)에 빠
뜨려 서산(瑞山)에 부처(付處)했다.

그 후에 고변(告變)하는 자가 있어, 임금이 불러 묻자 자헌(自
獻)은 스스로 죄가 없다고 말하고 말하기를,

"형혹(熒惑)[1]이 남두(南斗)로 들어갔으니 재앙이 정승에게 옮겨
질 것이오니 반드시 신(臣)을 죽여 재앙을 막으시옵소서."
했다.

이때 이괄(李适)이 모반(謀叛)한다는 글이 이르자, 원훈(元勳)
등이 크게 두려워하여 꾀하기를,

"자헌(自獻)을 죽이지 않으면 반드시 내응(內應)이 되어 어지러
움을 피울 것이라."
하여 비밀히 임금께 아뢰고 자헌(自獻)과 사대부 집의 자제 78인
을 모두 내다가 다 베고, 자헌(自獻)은 대신(大臣)이라 하여 베지
않고 지결히게 히니 이에 자헌(自獻)의 형제와 어려 아들이 모두
죽음을 당했다.

후에 이원익(李元翼)·이귀(李貴)가 임금께 아뢰어 관작(官爵)을
회복시켰다. 〈묘비(墓碑)〉

---

1) 熒惑: 재화나 병란(兵亂)의 조짐이 보인다는 별 이름. 곧 화성(火星).

우복룡(禹伏龍)이 태학(太學)의 과시(課試)에 뜰에서 절하지 않다

　우복룡(禹伏龍)은 남양(南陽) 사람이니 자는 견길(見吉)이요 호는 구암(懼庵)이다.

　태학(太學)의 대과시(大課試)에 삼공(三公)과 육조 당상(六曹堂上)이 명륜당(明倫堂)에 앉고 제생(諸生)들이 뜰 아래에서 절하는데, 복룡(伏龍)만이 홀로 읍(揖)하면서 말하기를,

　"군부(君父)의 앞이 아닌데 선비가 어찌 뜰에서 절한단 말이냐?"
했다.

　이에 수상(首相) 홍섬(洪暹)이 예조판서(禮曹判書)를 시켜 물었더니 대답하기를,

　"옛날 장헌대왕(莊獻大王) 때 수상(首相)이 성균관에 와서 제생(諸生)으로 하여금 아래에서 절하게 했더니, 그 후에 조정암(趙靜庵)이 예(禮)가 아니라고 해서 이것을 고쳤는데, 남곤(南袞)·심정(沈貞)의 때에 이르러 사림(士林)을 원수같이 보아서 드디어 다시 절하게 했기에, 내가 평생 미워하는 바입니다."
했다.

　이때 좌상(左相) 노수신(盧守愼)이 이 말을 옳게 여겨 이를 의논하여 읍(揖)만 하는 예로 정했다.

한호(韓濩)에게 우군(右軍)이 서첩(書帖)을 주다

　한호(韓濩)는 청주(淸州) 사람이니 자는 경홍(景洪)이요 호는 석봉(石峰)이다.

　25세에 진사가 되어 음관(蔭官)으로 군수(郡守)가 되었다.

송경(松京)에서 났는데 점쟁이가 점을 치기를,

"옥토끼가 동방(東方)에 났으니 낙양(洛陽)에 종이값이 오르겠다. 이 아이가 반드시 글씨 잘 쓰기로 이름이 날 것이다."

했다.

자라자 꿈에 왕우군(王右軍 : 王羲之)이 두 번이나 서첩(書帖)을 주었는데 그 까닭에 서첩(書帖)에 글씨를 쓰면 신조(神助)가 있는 것 같았다. 명(明)나라 이여송(李如松)·마귀(麻貴)·등계달(鄧季達)과 유구(琉球) 사신 양찬(梁燦)이 모두 필적을 얻어 가니 그 까닭에 그 글씨가 천하에 두루 퍼졌다.

주지번(朱之蕃)이 말하기를,

"석봉(石峰)의 글씨는 왕우군(王右軍)·안진경(顔眞卿)과 서로 비슷하다."

했는데, 임금이

"醉裡乾坤 筆奪造化"

라는 여덟 글자를 써서 하사했다. 〈월사집(月沙集)〉

일찍이 사신을 따라서 연경(燕京)에 갔었는데 이때 각로(閣老) 하나가 검은 비단으로 병풍 하나를 만들어 당(堂) 위에 걸어 놓고 천하의 명필(名筆)을 모아서 만일 자기 뜻에 맞으면 후하게 상을 주었다. 이때 호(濩)도 또한 가보니 병풍이 몹시 찬란했다.

여기에 서수필(鼠鬚筆)을 풀어서 유리 대접에 있는 이금(泥金)[1] 속에 담가 놓고 글씨 잘 쓰기로 이름있는 자 수십인이 서로 쳐다만 보고 감히 나가서 쓰지는 못하고 있었다.

이때 호(濩)는 필흥(筆興)이 일어나서 앞으로 나가 붓을 쥐고 이금 속에 흔들다가 갑자기 붓을 들어 뿌리니 이금이 병풍 가운데 가득히 튀었다. 이에 보는 자들이 크게 놀라고 주인도 또한 노여워했다.

그러나 호(濩)는 말하기를,

"걱정 마시오."

하고, 붓을 잡고 일어서서 바쁘게 붓을 휘둘러 진서(眞書)와 초

---

1) 泥金 : 금박(金箔) 가루를 아교에 갠 것인데, 글씨 쓰거나 그림 그리는 데 씀.

서(草書)를 섞어서 쓰니 흩어져 있던 이금(泥金) 방울이 모두 점과 획 속으로 들어가서 하나도 남은 것이 없었다.

이에 당(堂)에 가득히 보고 있던 자들이 모두 칭찬하여 떠들지 않는 자가 없고 주인도 크게 기뻐하여 잔치를 베풀어 대접하고 후하게 선물을 주니 이로써 이름이 천하를 움직였다. 〈청구야담(靑邱野談)〉

차천로(車天輅)는 밤이 반도 되지 않아 백운(百韻)을 이미 이루었다

차천로(車天輅)는 연안(延安) 사람이니 자는 복원(復元)이요 호는 오산(五山)이다. 문과에 급제하여 벼슬이 봉검(奉檢)에 이르렀다.

문장이 호한(浩汗)하고 시(詩)가 또 웅건하여 정하고 추한 것이 서로 섞여서 도도히 끝이 없으니 감히 대적할 자가 없었다.

선조(宣祖) 말년에 명나라 사신 주지번(朱之蕃)이 강남(江南)의 재자(才子)로서 가는 곳마다 사한(詞翰)이 빛나서 인구에 회자했다. 이에 조정에서 빈사(儐使)를 특별히 뽑아서 이월사(李月沙)가 반접사(伴接使)가 되고, 이동악(李東岳)이 연위사(延慰使)가 되고, 그 막좌(幕佐)도 또한 모두 명가(名家) 거장(巨匠)이었다.

그들은 이르는 곳마다 시를 창수(唱酬)하여 평양(平壤)에 이르렀는데 주사(朱使)가 저녁에 기도회고(箕都懷古) 오율(五律) 백운(百韻)을 빈막(儐幕)에 보내면서 새벽까지 지어 바치라고 명했다.

이에 월사(月沙)가 크게 두려워하여 여러 사람을 모아 의논했으나 모두 말하기를, 지금 바야흐로 밤이 짧아서 한 사람이 지을 수는 없으니 만일 운(韻)을 나누어 지어 가지고 합쳐서 한 편을 만들면 거의 이룰 수가 있다고 했다.

그러나 월사(月沙)는 말하기를,

"사람이 모두 의사가 같지 않으니 주워 모아서 편(篇)을 만들면 문리가 계속되기 어려워 오로지 한 사람에게 맡기는 것만 같지 못하니 오직 차복원(車復元：天輅)이라야 감당할 수 있으리라."
했다.

이에 천로(天輅)가 말하기를,

"이는 맛있는 술 한 동이와, 대병풍 한 틀과 겸해서 한경홍(韓景洪：石峰)을 얻어서 붓을 잡게 하지 않으면 되지 못한다."
고 했다.

월사(月沙)가 명하여 이를 모두 갖추게 하여 큰 병풍을 대청에 치게 하여 천로(天輅)는 수십 사발의 술을 마시고 병풍 안으로 들어가고 한호(韓濩)는 병풍 밖에서 열 장의 연폭(聯幅)된 좋은 종이를 펴놓고 붓을 들고 기다리게 했다.

이때 천로(天輅)는 병풍 안에서 쇠로 만든 문진(文鎭)으로 계속해서 책상을 쳐서 시사(詩思)를 고동(鼓動)시키더니 이윽고 큰 소리로 외치기를,

"경홍(景洪)은 나의 뛰어난 글귀를 받아 쓰라."
했다.

이에 호(濩)가 그 부르는 대로 받아 쓰기 시작했는데, 이윽고 부르는 소리가 진동하고 몸을 날려 병풍 사이에 출몰하여 빠른 새매나 놀란 원숭이로도 비교할 수 없고, 입으로 부르는 시구는 물이 넘쳐나고 바람이 불듯하여 호(濩)의 빠른 글씨로도 미처 따라갈 수가 없었다. 그리하여 밤이 아직 반도 되지 않아서 오율 백운이 이미 이루어졌다.

천로(天輅)는 크게 한 마디를 외치더니 취해서 병풍 뒤에 쓰러졌고, 제공(諸公)들이 그 시를 가져다가 한번 보더니 모두 기이하게 여기고 쾌하게 여기지 않는 자가 없었다.

닭이 울기 전에 갖다 바치니 주사(朱使)는 즉시 일어나 촛불을 켜고 이를 읽어 보더니 절반도 읽기 전에 가지고 있던 부채가 다 부서졌고, 시 읊는 소리가 문 밖에까지 들렸다. 날이 밝자 빈사(儐使)를 대하여 탄상하기를 그치지 않았다.

고경명(高敬命)이 별을 보고 죽음을 알다

고경명(高敬命)은 장흥(長興) 사람이니 자는 이순(而順)이요 호는 제봉(霽峰)이다. 명종(明宗) 임자(壬子)에 생원이 되고 무오(戊午)에 문과에 급제했다.

임진(壬辰)에 아들 종후(從厚) 인후(因厚)와 함께 의병(義兵)을 일으켜 큰 공이 있었더니 어느날 우러러 천상(天象)을 보다가 말하기를,

"금년에 장성(將星)이 아름답지 못하니 장수가 반드시 이롭지 못할 것이다."

했다.

금산(錦山)의 적을 칠 때 사위 박숙(朴橚)에게 편지를 보내어 집일을 부탁했으니 그 스스로 처신(處身)하는 것이 대개 본래부터 정한 바가 있었던 것이다.

아들 종후(從厚)가 공의 시체를 거두어 염하는데 40여 일이 지나서 여러 번 더위와 비를 겪었는데도 신색(神色)이 산 것과 같았다. 벼슬이 공조참의(工曹參議)에 이르렀고 좌찬성(左贊成)에 증직되었으며 시호는 충렬(忠烈)이다. 〈국조명신록(國朝名臣錄)〉

송상현(宋象賢)은 허리 밑에 사마귀가 콩만했다

송상현(宋象賢)은 여산(礪山) 사람이니 자는 덕구(德求)요 호는 천곡(泉谷)이다. 경오(庚午)에 진사가 되고 병자(丙子)에 문과에 급제했다.

임진(壬辰)에 동래부사(東萊府使)가 되었는데 적이 침입해 와서 성을 포위하자, 상현(象賢)이 부산첨사(釜山僉使) 정발(鄭撥)과 함

께 성을 지키고 막아 싸워서 적을 죽인 것이 몹시 많았다.

이때 발(撥)이 화살이 다하여 탄환에 맞아 죽자, 상현(象賢)이 개연(慨然)히 무리에게 맹세하고 성에 올라 적을 막다가 따라온 사람 신여로(申汝櫓)를 돌아다보고 이르기를,

"나는 땅을 지키는 신하이니 의리에 마땅히 죽어야 하지만 너는 늙은 어머니가 있으니 함부로 죽을 필요가 없다."

했다.

이 날 적이 성을 넘어 쳐들어오자 일이 안될 것을 알고 갑옷을 벗고 북쪽을 향하여 절하고 그 아버지 복흥(復興)에게 편지를 쓰기를,

"외로운 성에 달이 어두운데, 여러 진(陣)이 베개를 높이 했으니, 군신(君臣)의 의리는 중하고 부자(父子)의 은혜는 가볍다."

했다.

장차 죽을 때 신색(神色)이 어지럽지 않고 평일(平日)과 같았다. 죽을 때 그 아랫사람에게 이르기를,

"내 허리 아래 사마귀가 콩만한 것이 있으니 이것으로 내 시체를 거두라."

했다.

적이 그가 관대(冠帶) 차림으로 호상(胡床)에 앉아 있는 것을 보고 그가 부사(府使)인 것을 알고 사로잡으려 하자 상현(象賢)이 꾸짖기를,

"이웃 나라의 도리가 진실로 이와 같으냐. 우리가 너희를 저버리지 않았는데 너희가 어찌 이에 이르느냐."

하고 드디어 해를 입었으며, 신여로(申汝櫓) 및 첩 김섬(金蟾)이 모두 따라 죽으니, 적이 시체를 동문(東門) 밖에 거두어 나무를 세워 표했는데, 그로부터 밤마다 자줏빛 기운이 곧게 하늘에 뻗쳐서 여러 해 동안 흩어지지 않았다. 〈국조명신록(國朝名臣錄)〉

유극량(劉克良)이 천인(賤人)으로 돌아가려 하다

유극량(劉克良)은 연안(延安) 사람이니 그 어머니는 상신(相臣) 홍섬(洪暹)의 계집종이었다.

어려서 아버지를 잃고 학문을 좋아하여 무과에 올려 좋은 자리를 거차자 제공(諸公)이 다투어 장재(將才)로 추천하니 그 어머니가 이르기를,

"나는 본래 홍씨(洪氏)의 집 계집종으로서 잘못해서 옥으로 만든 술잔을 깨치고 죄가 두려워서 도망해 나와서 너의 아버지를 만나 너를 낳았느니라."

했다.

이에 극량(克良)은 즉시 서울로 올라와 진정(陳情)하고 소(疏)를 올려 삭과(削科)[1]하고 천인(賤人)으로 돌아가려 하자, 홍상(洪相)은 말하기를,

"그런 것이 아니다. 왜 그런 말을 하느냐."

하자, 극량(克良)은 말하기를,

"어찌 감히 주인을 배반하고 임금을 속이겠습니까?"

했다. 홍상(洪相)이 이를 의롭게 여겨 문권(文券)을 내주었으나 극량은 매양 주인이라고 불렀다.

일찍이 위장 분군(衛將分軍)이 되었을 때 홍상(洪相)이 수직(守直)하다가 그를 부르자 극량은 즉시 일어나서 가면서 말하기를,

"옛 주인이 부르는데 감히 더디게 할 수 없다."

하니, 온 좌중이 놀라고 탄식했다.

임진(壬辰) 난리에 싸우다가 임진(臨津)에서 죽었는데 벼슬이 부원수(副元帥)에 이르렀다. 〈국조명신록(國朝名臣錄)〉

---

1) 削科 : 과방(科榜)에서 삭제함. 과거 급제를 말소하는 것.

원호(元豪)가 첩의 은가락지를 빼앗아 버렸다

원호(元豪)는 원주(原州) 사람이니 자는 중영(仲英)이다. 정묘(丁卯)에 무과에 급제하여 목사(牧使)가 되었다.

일찍이 단천군수(端川郡守)가 되었을 때 시첩(侍妾)이 은가락지를 사자 호(豪)는 노해서 말하기를,

"이 땅에서 은이 나는데 내가 여기 있는 터에 어찌 집에 이 물건이 필요하냐."

하고 그 가락지를 빼앗아서 버렸다. 그 청백함이 이와 같았다.

임진(壬辰)에 김화(金化)에서 싸우다가 죽으니 병조판서(兵曹判書)를 증직(贈職)했다. 〈국조명신록(國朝名臣錄)〉

조헌(趙憲)은 미리 임진란(壬辰亂)을 알았다

조헌(趙憲)은 배천(白川) 사람이니 자는 여식(汝式)이요 호는 중봉(重峰)이다.

5세 때 여러 아이들과 함께 임정(林亭)에서 천자문(千字文)을 배우는데 높은 관리 하나가 소리를 치면서 지나가자 여러 아이들은 다투어 모여서 보았으나 헌(憲)은 홀로 단정히 앉아서 글 읽기를 그치지 않았다.

이에 관리가 크게 이상히 여겨 말에서 내려 까닭을 물었더니 무릎을 꿇고 대답하기를,

"글 읽는 일에 전심하는 것은 아버지의 명령입니다."

하니 탄상하기를 그치지 않았다.

정묘(丁卯)에 문과에 급제하여 일찍이 전라도사(全羅都事)가 되었는데 얼마 안되어 정철(鄭澈)이 본도(本道)의 관찰사(觀察使)가

되었다. 이에 헌(憲)은 철(澈)을 소인(小人)이라 하여 같이 일을 할 수 없다 하고 즉시 벼슬을 버리고 가버렸다.

그러나 철(澈)은 굳이 보기를 청하여 말하기를,

"공이 나를 소인이라고 하여 버린다는데 그 말이 사실이오?"

하자 헌(憲)은 그렇다고 말했다. 이에 철(澈)은 말하기를,

"머물러 있어 일을 같이하여 그가 참으로 소인이라는 것을 안 뒤에 가는 것도 늦지 않다."

했다.

그러나 헌(憲)이 듣지 않자 성혼(成渾)·이이(李珥)가 권해서 돌아오게 했는데, 이미 같이 있은 지 오래 되어 교의(交誼)가 몹시 친밀해지자 비로소 말하기를,

"내가 거의 공을 잃을 뻔했다."

고 했다.

기축(己丑) 여름에 헌(憲)이 도끼를 가지고 대궐 앞에 엎드려 조정의 득실(得失)에 대하여 지극히 말하자 임금이 명하여 길주(吉州)로 귀양보냈더니, 그 해 겨울에 석방되어 돌아오는 길에 마천령(磨天嶺) 위에 올라 시를 짓기를,

"북쪽 대궐에는 임금의 은혜 중하고, 남쪽 고을에 어머니 병이 깊으네. 마천(磨天) 돌아가는 날 있어, 감격의 눈물 스스로 옷깃에 가득하네. (北闕君恩重 南州母病深 磨天有歸日 感淚自盈襟)"

했다.

신묘(辛卯)에 평수길(平秀吉)이 사신을 보내어 길을 빌릴 것을 청하여 명나라를 치려 하자, 헌(憲)은 백의(白衣)로 대궐에 나가서 그 사신을 베이기를 청했는데 소(疏)가 들어간 지 3일이 되어도 회답이 없자 주춧돌에 머리를 부딪쳐 피가 흘러 얼굴을 덮자 어떤 사람이 그 스스로 괴로움을 말하자 헌(憲)은 말하기를,

"내년에 산골짜기로 도망할 때 반드시 내 말을 생각할 것이다."

했다.

임진(壬辰) 2월에 아내 신씨(辛氏)가 죽자 헌(憲)은 큰 난리가 일어나는 것이 장차 아침 저녁에 있다 하여 집 뒤에 급히 장사지내고, 3월에 김포(金浦)의 선영(先塋)에 성묘(省墓)하여 글을 지어

장차 난리가 나서 아주 작별하는 뜻을 고했다.

4월에 난리가 일어나서 싸우다가 금산(錦山)에서 죽으니 승장(僧將) 영규(靈圭) 및 아들 완기(完基)와 또 7백 명의 의사(義士)도 함께 죽었다. 이조판서에 증직하고 시호는 문열(文烈)이며 문묘(文廟)에 종사(從祀)했다. 〈국조명신록(國朝名臣錄)〉

그가 어느날 동남쪽에서 큰 소리가 천둥같이 나는 것을 듣고 울면서 사람들에게 말하기를,

"이것은 이름이 천고(天鼓)이니 왜병이 반드시 바다를 건넜을 것이다."

하더니 그 말이 과연 맞았다.

중봉(重峰)은 일찍 어머니를 잃고 계모에게서 사랑을 받지 못했는데, 어느날 외조모를 가뵙자 외조모는 울면서 그를 어루만지며 말하기를,

"네가 계모의 학대를 받는다고 하니 내 몹시 가슴이 아프다."

했다. 그런 뒤로 중봉(重峰)은 절대로 외조모를 가뵙지 않다가 오랜 뒤에 갔더니 외조모가 묻기를,

"너는 어째서 오랫동안 와보지 않았느냐?"

하자, 그는 말하기를,

"남의 자식을 대하여 그 어미의 허물을 말하니 내가 차마 들을 수가 없었습니다. 그래서 오래 오지 않았습니다."

했다. 〈최진저 화양견문록(崔瑱著華陽見聞錄)〉

연안성(延安城) 안에 전에는 물이 없었는데 신묘(辛卯) 연간에 공이 이르기를, 임진란(壬辰亂)이 장차 일어날 것인데 연안(延安)이 반드시 지킬 만한 곳이 될 것이라고 해서 부사(府使) 신각(申恪)에게 글을 보내서 북신당(北神堂)의 물을 가지고 못을 파서 성 안으로 흘러 내려서 수어(守禦)의 준비를 하라고 하자 각(恪)이 그 계교를 따랐다.

이듬해에 적이 과연 연안(延安)을 포위하니 그때 성 안에 물이 있었기 때문에 굳게 지킬 수가 있었다. 그러나 지금에 이르기까지 사람들은 신각(申恪)의 공으로만 알고 이것이 공의 계책에서 나온 것은 알지 못한다. 〈지봉유설(芝峰類說)〉

이대원(李大源)의 죽음은 낙봉파(落鳳坡)와 같았다

이대원(李大源)이 녹도만호(鹿島萬戶)가 되어 외로운 군사를 가지고 적과 손죽도(損竹島)에서 역전(逆戰)하다가 구원이 끊어져서 패해 죽으니 나라 사람이 슬프게 여겼다.

손죽도(損竹島)는 속담에 손대도(損大島)라고도 하는데, 방음(方音)으로 죽(竹)을 대(大)라고 부르기 때문에 낙봉파(落鳳坡)의 고사(故事)와 똑같은 참(讖)이었다. 〈지봉유설(芝峰類說)〉

박동현(朴東賢)은 유성룡(柳成龍)과
양난(兩難)이 되었다

박동현(朴東賢)은 반남(潘南) 사람이니 자는 학기(學起)요 호는 활당(活塘)이다.

무자(戊子)에 문과에 급제하여 응교(應教)로 경연(經筵)에서 임금을 모시고 있었는데, 이때 조정에서는 훈련도감(訓練都監)을 설치하여 조총법(鳥銃法)을 행하려 했다. 이때 영상(領相) 유성룡(柳成龍)이 임금의 앞에서 친히 방총장(放銃狀)을 지어 행동이 자못 아름답지 못했다.

이에 동현(東賢)이 나와서 아뢰기를,

"오늘에 성상(聖上)께서는 국가의 중흥(中興)을 바라지 마시옵소서. 성룡(成龍)이 수상(首相)으로서 친히 경연(經筵)에서 방총장(放銃狀)을 지었으니 어찌 대신(大臣)의 체모(體貌)가 이래가지고서 능히 중흥할 수 있겠습니까?"

했다.

임금이 똑바로 보기만 하고 대답하지 않았는데, 자리가 파한 후

에 성룡(成龍)이 나와서 사람에게 말하기를,

"오늘 박동현(朴東賢)이 진실로 옳았다. 옛 사람의 말에 나라에 쟁신(爭臣)이 있으면 그 나라를 잃지 않는다고 했으니 이 어찌 족히 중흥하지 못하겠는가."

했다. 그때 이 일을 가리켜 양난(兩難)이라고 했다.〈기언(記言)〉

최응구(崔應久)가 일찍이 말하기를,

"내가 평생에 대장군(大將軍)을 보았노라."

하자 내가 묻기를,

"누구냐?"

고 했더니 그는 말하기를,

"박학기(朴學起:東賢)이다."

했다. 다시 말하기를,

"학기(學起)는 일개 서생(書生)인데 어떻게 대장군이라 하느냐."

하니 그는 말하기를,

"정축(丁丑)의 알성시(謁聖試)에 학기(學起)가 지은 글이 가장 아름다우므로 옆의 사람이 미리 급제했다고 하례하더니 글을 다 쓰고 나자 시간이 이미 지났다. 이때 대전 별감(大殿別監)이 서로 아는 자가 있었는데 말하기를, '시간이 비록 다 되었으나 내가 마땅히 바로 제출하리라.' 하자, 학기(學起)가 웃으면서 말하기를, '내가 너와 꾀한다면 일찍이 과거에 급제하겠지만 어찌 마음에 부끄럽지 않겠는가.' 하여, 그 별감이 부끄러워 물러 갔으니 이것이 대장군의 용력(勇力)이 아니고 무엇인가?"

했다.〈김상설 속옥록(金尙窩續玉錄)〉

백대붕(白大鵬)의 호탕(豪宕)

백대붕(白大鵬)은 전함사(典艦司)의 종이니 시(詩)에 능하고 술을 잘 마셔서 준일(俊逸)하고 횡건(橫健)하여 열협(烈俠)의 풍도가 있고, 유희경(劉希慶)과 함께 놀았는데 두 사람이 모두 시(詩)로 세상을 울렸다.

대붕(大鵬)이 일쩍이 시를 지었는데 말하기를,

"취해셔 수유(茱萸)를 꽃고 홀로 스스로 즐기니, 산에 가득한 밝은 달에 빈 병을 베개 했네. 곁에 사람은 무엇 하는 자냐고 묻지 말라. 백수 풍진(白首風塵)의 전함사(典艦司)의 종일세. (酬挿茱萸獨自娛 滿山明月枕空壺 傍人莫聞何爲者 白首風塵典艦奴)"

했으니, 그 호탕(豪宕)하여 남에게 즐겨 굽히지 않는 것이 이같았다.

임진(壬辰) 싸움에 순변사(巡邊使) 이일(李鎰)을 따라서 싸우다가 상주(尙州)에서 죽었는데, 이일(李鎰)이 도망가자 거기에서 순절(殉節)한 사람에게 모두 증휼(贈卹)을 몹시 후하게 했으나 홀로 대붕(大鵬)만 여기에 참여하지 못했으니 사람들이 모두 애석히 여겼다. 〈석재고(碩齋稿)〉

문기방(文紀房)은 방성(房星)의 정기를 받았다

문기방(文紀房)의 자는 중률(仲律)이니 강성군(江城君) 문익점(文益漸)의 자손이다.

대대(代代)로 장흥(長興)에 살았다. 아버지 경(坰)이 꿈을 꾸나 집 위에서 큰 별이 날아내려오는데, 그 빛이 밝아 땅을 덮었다. 옆에 있던 사람이 말하기를,

"그것은 방성(房星)이다."

했다. 놀라 꿈에서 깨자 땀이 등을 적셨는데 그날 밤에 아들을 낳자 이름을 기방(紀房)이라고 했다.

기방(紀房)은 어려서 노는데 죽마(竹馬)를 타고 종이를 오려 기를 만들어 가지고 스스로 대장(大將)이라 일컬으니 여러 아이들이 그 명령에 좇지 않는 자가 없었다.

15세에 사기(史記)를 읽다가 장순 허원전(張巡許遠傳)에 이르러 강개(慷慨)하여 무릎을 치다가 책을 덮고 울었다. 힘이 남에게 뛰

어나고 말 타고 활 쏘는 것을 잘하여 종제(從弟) 명회(明會)와 같이 무과에 급제하여 수장(守將)이 되었다.

임진(壬辰)에 섬오랑캐가 침입해 오자 기방(紀房)은 명회(明會)와 함께 창의(倡義)하여 향병(鄕兵)을 일으켜 전라병사(全羅兵使) 이복남(李福男)을 따랐다.

정유(丁酉) 8월에 적이 숙성령(宿星嶺)을 넘고 병사(兵使)는 순천(順天)으로부터 남원(南原)으로 옮기자 사졸(士卒)들은 모두 흩어지고 다만 편비(褊裨) 50여 명만 남았는데 적의 칼날이 성 아래로 다가오고 있었다.

이에 기방(紀房)은 명회(明會)와 함께 눈을 부릅뜨고 손에 침을 뱉으면서 말하기를,

"오늘 마땅히 죽기로 결단하여 나라에 보답하리라."

하고, 북을 치면서 남문(南門)을 거쳐 들어가니 적이 성을 두어 겹으로 포위하고 있었다. 그는 활을 당겨 어지러이 쏘아서 적을 무수히 죽였는데 오른손 손가락이 모두 떨어지자 다시 왼손으로 적을 쏘다가 왼손이 또 떨어졌다.

기방(紀房)은 입으로 시(詩) 한 구를 불러,

"평생에 순국하려는 뜻은, 허리 밑의 옥룡이 아네. (平生殉國志 腰下玉龍知)"

하자, 명회(明會)가 계속하기를,

"힘이 외로운 성에 다하니, 누가 사직의 위해함을 붙들까. (力盡孤城裏 誰扶社稷危)"

했다.

옷소매에 혈서(血書)를 쓰고 드디어 병사(兵使)와 함께 동시에 힘껏 싸우다가 죽으니, 종 감금(甘金)이 피묻은 옷을 가지고 시체 틈에 숨어 있다가 몸을 빼어 집에 돌아와서 피묻은 옷으로 높은 산에 장사지냈다. 〈이계집(耳溪集)〉

정여립(鄭汝立)의 모반(謀反)

정여립(鄭汝立)은 동래(東萊) 사람이니 자는 인백(仁伯)이요, 첨정(僉正) 희증(希曾)의 아들이다. 잉태할 때 그 아버지가 꿈에 정중부(鄭仲父)를 보았고 낳은 뒤에도 또 같아서, 친구들이 와서 하례해도 그 아버지는 기뻐하는 빛이 없었다.

나이 7, 8세에 여러 아이들과 놀다가 까치 새끼를 죽이는데 부리에서 발꿈치까지 다 찢어 놓았다. 그 아버지가 묻기를,

"누가 한 짓이냐."

하자 어린 계집종이 말하기를,

"여립(汝立)이 했습니다."

했다.

이에 그 아버지가 노해서 꾸짖자 그날 밤에 어두운 곳에서 그 계집종을 찔러 죽이고 말하기를,

"이는 내가 한 일이다."

하고 조금도 굽히는 빛이 없으니, 듣는 자가 혹은 말하기를 보통 아이가 아니라고 하고, 혹은 말하기를 악장군(惡將軍)이 났다고 했다.

정묘(丁卯)에 진사(進士)가 되고 경오(庚午)에 문과에 급제하여 수찬(修撰)이 되어 율곡(栗谷)을 좇아 놀았다.

일찍이 말하기를,

"자양(紫陽 : 朱子)은 이미 익은 감이요, 율곡(栗谷)은 반쯤 익은 감이다."

하더니, 기축(己丑)에 재령군수(載寧郡守) 박충간(朴忠侃), 안악군수(安岳郡守) 이축(李軸), 신천군수(信川郡守) 한응인(韓應寅), 감사(監司) 한준(韓準)이 여립(汝立)이 모반(謀反)한다고 상변(上變)하자 임금이 묻기를,

"여립(汝立)은 어떤 사람이냐?"

하자 상신(相臣) 이산해(李山海), 유전(柳㙉)이 그 위인을 알지 못한다고 대답했고, 정언신(鄭彦信)은 말하기를,

"다만 그 글읽는 사람이라는 것만 압니다."

했다.

이에 임금이 고변서(告變書)를 상(床) 밑에 던지면서 말하기를,

"글읽는 사람의 하는 짓이 이와 같으냐."

하고 역당(逆黨)을 친히 국문하니 도하(都下)가 모두 놀라 움직이자, 여립(汝立)은 자살하고 여당(餘黨)은 모두 베임을 당했다. 〈소대기년(昭代紀年)〉

여립(汝立)이 죽은 지 9년 후 정유(丁酉)에 이몽학(李夢鶴)의 난(亂)이 있었다.

이몽학(李夢鶴)의 모반(謀反)

이몽학(李夢鶴)은 경구(京口)의 서얼(庶孼)이다. 임진(壬辰)에 편비(編裨)의 종사(從事)로 있었는데 나라의 형세가 어렵고 위태로운 것을 보고 비밀히 옳지 못한 마음을 품고 한현(韓玄) 등과 함께 무뢰배(無賴輩)를 불러 모아 군사가 수만 명에 이르렀다.

이에 밤에 홍산(鴻山)을 습격하여 현감(縣監) 윤영현(尹英賢)과 임천군수(林川郡守) 박진국(朴鎭國)을 사로잡고, 옮겨서 청양(靑陽)·정산(定山) 등 여섯 고을을 함락시키니 이에 중외(中外)가 놀라서 흔들리고 관군(官軍)이 두 번이나 패하자 몽학(夢鶴)은 홍주(洪州)를 진공(進攻)했다.

이에 목사(牧使) 홍가신(洪可臣)이 인민병(人民兵)을 거두어 모으고 또 그 고을에 사는 무장(武將) 임득의(林得義)·박명현(朴名賢)·신경행(辛景行) 등을 불러서 성을 지킬 계획을 세우고, 남포현감(藍浦縣監) 박동선(朴東善), 수사(水使) 최호(崔湖), 보령현감(保寧縣監) 황응성(黃應聖)이 군사를 데리고 함께 성으로 들어가니 성안이 구원을 얻어서 안팎의 성세(聲勢)가 자못 퍼졌다.

　이에 적의 무리가 어두운 틈을 타서 도망해 가자 몽학(夢鶴)이
성을 공격할 수 없다는 것을 알고 말하기를,

　"한현(韓玄)이 만일 오면 수사(水使)의 머리를 마땅히 깃대에 달
　으리라."

하고 그 길로 덕산(德山)으로 향해 가면서 이르는 곳마다 방(榜)
을 걸기를,

　"백성들은 안심하라. 우리들의 이번 일은 남은 백성을 수화(水
　火) 속에서 구하고자 함이다."

하고, 또

　"충의장군(忠義將軍) 김덕령(金德齡), 영천군수(永川郡守) 홍계
　남(洪季男)이 모두 우리와 같은 당(黨)으로서 군사를 들어 함께
　와서 서울로 향할 것이다."

했다.

　이에 도원수(都元帥) 권율(權慄)이 김덕령(金德齡)에게 격문(檄
文)을 보내어 군사를 이끌고 와서 만났는데, 한편 윤계(尹誠)로 하
여금 장사(壯士) 70여인을 모집하여 밤에 적중에 들어가 포(砲)를
쏘고 크게 외치기를,

　"도원수(都元帥)와 전라감사(全羅監司)와 충용장군(忠勇將軍)이
　각각 수만 군사를 거느리고 이미 이곳에 이르러서 내일 마땅히
　모조리 잡아 죽일 것이니, 만일 적을 베어 가지고 와서 항복하
　면 가히 같이 죽는 것을 면할 것이다."

했다.

　적의 무리들이 이 말을 듣고 다투어 병기(兵器)를 가지고 진중
(陣中)에 돌입(突入)해서 몽학(夢鶴)의 머리를 베어 가지고 와서
항복하니, 박명현(朴名賢) 등이 성에서 나가 쫓으면서 치자 적의
무리는 도망해 흩어졌고, 홍가신(洪可臣)을 원훈(元勳)에 책록(策
錄)했다.〈소대기년(昭代紀年)〉

박유일(朴惟一)의 꿈에 독사(毒蛇)가
왕자(王子)를 구하다

박유일(朴惟一)은 충주(忠州) 사람이다.

왕자(王子) 임해군(臨海君) 진(津)과 순화군(順和君) 각(珏)이 배신(陪臣) 4인을 거느리고 북도(北道)에서 군사를 모집하는데, 그때 토적(土賊) 국경인(鞠景仁)이 청정(淸正)에게 아부(阿附)하여 두 왕자(王子)를 사로잡고자 하여 경성(鏡城) 용성면(龍城面)에 매복하고 있었다.

그날 밤에 유일(惟一)이 꿈을 꾸니 용자(龍子)가 부근에 내려와 있는데 독사(毒蛇)가 물려고 하고 있었다. 이에 유일(惟一)이 급히 달려서 그곳에 가니 두 왕자(王子)가 마침 곤욕을 당하고 있는 것을 요행히 구원해 내니, 임금이 그 충의(忠義)를 가상히 여겨 호조좌랑(戶曹佐郎)을 증직(贈職)하고 청렬사(彰烈祠)에 배향(配享)했다. 〈청구야담(靑邱野談)〉

최득수(崔得壽)가 어머니의 혼백(魂魄)
상자를 지다

최득수(崔得壽)는 전주(全州) 사람이니 자는 덕수(德叟)이다.

득수(得壽)가 포저(浦渚) 조익(趙翼)과 함께 의동(義洞)에서 살았는데 임진(壬辰) 난리를 낭하여 두 집이 같이 싱을 나기서 포저(浦渚)의 외가(外家)에서 자고 이튿날 통곡하면서 작별하는데, 득수(得壽)가 새끼를 얻어다가 조익(趙翼)의 두 다리를 묶어 놓고 슬픔을 이기지 못했으니, 이는 다행히 각각 몸을 벗어날 계책을 세우기 위해서였다.

66

득수(得壽)는 늙은 어머니를 모셨는데 나이가 90이라, 삭녕(朔寧)에 이르러 병으로 졸(卒)하자 권도로 산속에 초빈하고 밤낮으로 울더니 적이 이르자 혼백(魂魄) 상자를 지고 숲 속에 숨어 있는데 적들이 혼백 상자를 얻고 기이한 보배라고 여겨 해치려 하더니 상자를 열어 보니 혼백 상자였다. 이를 알고 적들도 또한 감동하여 살 길을 가르쳐 주어 가게 했다.

이듬해 가을에 금천(衿川) 선영(先塋) 기슭에 장사지내고 묘(墓) 옆에 여막(廬幕)을 짓고 3년 동안 죽을 마시면서 마쳤다.

이때 병화(兵火)가 지나간 나머지 인민들이 굶주려서 일어나 도적이 되어 살육과 약탈을 서로 계속하고 심지어 사람끼리 서로 잡아먹기까지 하는데 경기(京畿)가 더욱 심했으나 득수는 두려워 하지 않으니 적의 무리들도 서로 경계하고 들어가지 않았다.

그 곡하고 우는 슬픔과 파리하고 수척한 모습은 보는 자도 모두 눈물을 흘려 세상에서 노포처사(鷺浦處士)라고 일컬었다. 좌승지(左承旨)를 증직했다. 〈포저찬묘지명(浦渚撰墓誌銘)〉

김후손(金厚孫)이 정성을 다하여 어주(御廚)에 이바지하다

김후손(金厚孫)이 강서(江西)에 사는데 선조(宣祖) 계사(癸巳)애 임금의 수레가 본현(本縣)에 머물렀는데 이때 병화(兵火)를 당하여 음식을 만들 물건이 없자, 후손(厚孫)이 쌀을 밖의 마을에서 가져오고 멀리서 수륙(水陸)의 진품(珍品)을 구해다가 정성을 당하여 어주(御廚)에 이바지하기를 60일을 계속하니 고을 사람들이 그 충성에 감동하여 그가 분주히 왕래했다고 하여 앞내를 이름하여 천도천(千渡川)이라 했다.

정종(正宗) 계축(癸丑)에 도신(道臣)의 보고로 인하여 임금이 이를 가상히 여겨 명하여 그 사적을 조그만 돌에 새겨 천도천(千渡川) 옆에 세우게 했다. 〈국조방목(國朝榜目)〉〈강서읍지(江西邑誌)〉

박소립(朴素立)이 졸한 후에 벗의 편(便)에 구슬 세 개를 보내다

　박소립(朴素立)은 함양(咸陽) 사람이니 소요당(逍遙堂) 세무(世茂)의 아들이다. 문과에 급제하여 벼슬이 이조판서(吏曹判書)에 이르렀다.

　그가 졸한 후에 그 벗 하나가 장차 서울에 가려고 홍제원(弘濟院)에 이르니 해가 이미 저물어 길에 행인(行人)도 없는데 갑자기 벽제(辟除) 소리가 나므로 피하려 하니 박공(朴公)이 말을 세우고 곁에 있었다.　이에 그 친구가 앞으로 나가 인사를 하자 박공(朴公)은 큰 구슬 세 개를 주면서 말하기를,

　　"그대는 모름지기 이것을 갖다가 내 자식에게 주라.　나는 일이
　　있어서 딴 곳으로 간다."

하고 하인들을 재촉해 가버렸다.

　그 친구는 공을 작별하고 망연(茫然)히 그가 이미 죽었다는 것도 깨닫지 못했다. 박공(朴公)의 집은 새문〔新門〕 밖에 있는데, 그 집 문에 이르러서야 그가 죽었다는 것을 깨닫고 머리털이 일어서고 몸에 찬 기운이 돌았다.

　들어가 상주(喪主)를 보고 그 구슬을 내주니 상주는 울면서 말하기를,

　　"이것은 선고(先考)의 입에 넣어드린 구슬입니다. 누이가 장성
　　해서 바야흐로 혼사를 의논하는데, 초상이 끝나고 혼인을 하는
　　터여서 편친(偏親)이 목걸이 구슬을 사려 해도 되지 않더니 선
　　령(先靈)께서 반드시 이를 아신 것이다."

하고 온 집안이 소리내어 우니 듣는 자가 놀라고 이상히 여겼다.
〈청구야담(靑邱野談)〉

최운우(崔雲遇)는 행승(行僧)이 안아다가 돌 위에 놓다

최운우(崔雲遇)는 강릉(江陵) 사람이니 자는 시중(時中)이요 호는 도경(蹈景)이다. 임자(壬子)에 생원이 되어 벼슬이 현감에 이르렀다.

율곡(栗谷)과 같은 시골에서 나서 일찍 도(道)를 구하는 뜻이 있어서 도산(陶山)으로 퇴계(退溪)를 찾아가서 옛 도(道)를 얻어 들었으며 또 파산(坡山)에 가서 배우니 우계(牛溪)가 몹시 추허(推許)했다.

왕래하면서 강마(講磨)하여 더욱 용심(用心)할 곳을 알았고, 일찍이 참봉이 되어 소(疏)를 올려 열성(列聖)의 능(陵) 밑에 각각 표석(表石)을 세울 것을 말했으며, 또 신덕왕후(神德王后)의 폐능(廢陵)을 불가불 건원능(健元陵)에 천부(遷祔)해야 한다고 했으니, 이는 대개 기묘(己卯)의 제현(諸賢)들이 다만 소능(昭陵)만 회복하고 정릉(貞陵)에는 미치지 못했기 때문에 말한 것이다.

그 후에 현종(顯宗)이 영릉(寧陵)에 표석을 세우고 정릉을 회복해 수리했으니 운우(雲遇)의 견식과 충성이 모두 성세(聖世)에 행해진 것이다.

일찍이 당시 세상의 급한 일을 요로에 있는 율곡에게 보고했는데 이때 율곡은 능히 그의 도움을 얻지 못하는 것을 한스러워했다.

운우는 어려서부터 차마 하지 못하는 마음이 있어서 여러 아이들이 물고기 잡는 것을 보고 가만히 놓아주니 지나가던 중이 이를 보고 그를 안아서 돌 위에 앉히고는 절하고 갔다.

구산서원(丘山書院)은 실로 그가 세운 것인데 바로 임금의 이름자를 범했기 때문에 사람들이 혹 이를 의심했으나 퇴계는 시를 지어 이를 아름답다 했으니 이것으로 가히 유감될 것이 없다. 〈묘갈(墓碣)〉

심의겸(沈義謙) 때에 동서(東西)가 분당(分黨)되다

심의겸(沈義謙)은 청송(靑松) 사람이니, 자는 방숙(方叔)이요 인순왕후(仁順王后 : 宣祖母后)의 아우이다. 을묘(乙卯)에 전사가 되고 임술(壬戌)에 문과에 급제하여 벼슬이 대사헌(大司憲)에 이르렀다.

그 조부(祖父)인 영상(領相) 연원(連源)이 성만(盛滿)한 것을 두려워하여 여러 손자들에게 명하여 이름을 겸(謙)으로 짓게 하고 또한 스스로 호를 손암(巽庵)이라고 했었다.

의겸(義謙)이 전배(前輩)들을 사귀어 자못 어질다는 말이 있더니 전랑(銓郞) 오건(吳健)이 김효원(金孝元)을 이끌어 자기를 대신하게 하려 하자 의겸(義謙)이 이를 막았다.

효원(孝元)은 청고(淸苦)한 선비로서 후배(後輩)들의 존경을 받았는데, 젊었을 때 일찍이 윤원형(尹元衡)의 데릴사위 이조민(李肇敏)과 친해서 심지어 침구(寢具)를 가지고 가기까지 했다. 어느날 의겸(義謙)이 공사(公事)로 원형(元衡)의 집에 갔다가 그 모양을 보고 이에 원형(元衡)의 문객(文客)이라 하여 이때에 와서 그를 배척했던 것이다.

그 뒤에 효원(孝元)이 마침내 전랑이 되었는데 의겸(義謙)의 아우 충겸(忠謙)을 전랑(銓郞)으로 천거하는 자가 있자 효원(孝元)은 말하기를,

"천관(天官 : 吏曹)이 어찌 외척(外戚)의 집 물건이냐."

하고, 또 이르기를,

"의겸(義謙)은 재물을 탐하는 사람이니 쓸 수가 없다."

고 했다.

이로부터 사류(士類)들의 당의(黨議)가 드디어 나누어져서 효원(孝元)을 주장하는 자를 동인(東人)이라 했으니 이는 효원이 동쪽 건천(乾川)에 사는 까닭이요, 의겸(義謙)을 주장하는 자를 서인(西

人)이라 했으니 이는 의겸이 서쪽 정릉방(貞陵坊)에 살기 때문이다. 동서(東西)의 분당(分黨)이 여기에서 시작되었다. 〈연려실기술(燃藜室記述)〉

이우(李瑀)가 호마자(胡麻子)에 구(龜)자를 쓰다

이우(李瑀)는 덕수(德水) 사람이니 자는 계헌(季獻)이요 호는 옥산(玉山)이다. 율곡(栗谷) 이(珥)의 아우로서 생원에 합격하여 벼슬이 군수에 이르렀다.

일찍이 영남(嶺南)의 선산(善山)에 살았는데 사람들이 사절(四絶)이라 일컬었으니 그 거문고와 글씨와 시, 그림을 말한 것이다.

그 서법(書法)이 더욱 묘하여 일찍이 참깨에 '龜'자를 쓰고, 또 콩을 쪼개어 두 쪽을 만들어 그 위에 오언절구(五言絶句)를 쓰기도 했다. 〈묘표(墓表)〉

이덕민(李德敏)이 여묘(廬墓)하다가 머리가 세다

이덕민(李德敏)은 용인(龍仁) 사람이니 자는 계도(季度)요 호는 송파(松波)이다.

유복(遺腹)으로 나서 뒤에 어머니 상사를 당하여 아산(牙山)으로부터 구성(駒城)의 선고묘(先考墓)에 부장(祔葬)하고 3년 동안 여묘(廬墓)하는데, 쇠질(衰絰)을 벗지 않고 또 3년을 입었다. 어느날 덕민(德敏)의 딸이 놀라서 어머니께 고하기를,

"문 밖에 머리가 흰 웬 늙은이가 방황하고 있습니다."

하니 부인이 슬픈 빛으로 말하기를,

"너의 아버지가 아니겠느냐?"

하고 베틀에서 내려와 살펴보니 덕민(德敏)이 비로소 복상(服喪)을

마치고 오는 것이었다. 그 시골의 친구들이 그 일을 이야기하면서
눈물 흘리는 자가 많았다.

덕민(德敏)의 부인 최씨(崔氏)가 일찍이 여러 아들들에게 이르기
를,

"내가 너의 아버지와 부부가 된 후로 평생에 발 모양을 한 번도
보지 못했다."

했다. 중형(仲兄) 사민(思敏)과 같이 사는데 일찍이 대문 밖에서
절하고 지팡이를 울타리 가에 버리고 부복하고 들어가 뵈오니, 중
형(仲兄)이 말리면서 말하기를,

"같이 늙어가는 터에 무슨 짓이냐?"

했다.

홍가신(洪可臣)이 그 의리를 사모하여,

"군자의 뜰 앞의 대나무가, 푸르고 푸르러 해가 찬 데에 이르렀
네. (君子庭前竹 靑靑到歲寒)"

란 글귀를 지었다. 또 아산(牙山)을 지나니 길가는 사람들이 서로
경계하기를,

"혹시라도 백암촌(白巖村)에 말타고 지나지 말라."

했으니, 대개 덕민(德敏)이 살았기 때문이다. 〈행장(行狀)〉

이우직(李友直)은 호(號)를 하관선생(何關先生) 이라고 일컬었다

이우직(李友直)은 여흥(驪興) 사람이니 자는 중익(仲益)이요 호
는 저로(樗老)이다. 을묘(乙卯)에 생원이 되고 무자(戊子)에 문과
에 급제했다.

근사록(近思錄)을 읽기 좋아하고 항상 술을 좋아하여 궁달(窮
達)과 비환(悲歡)을 반드시 이것으로 보냈고, 시사(時事)에 대해
서 묻는 자가 있으면 문득 대답하기를,

"이것이 우리에게 무슨 관계가 있나, 무슨 관계가 있나."

하니 사람들이 하관선생(何關先生)이라고 불렀다.

　정직(正直)하고 남에게 꺾이지 않아서, 처음에 대사헌(大司憲)이
되었을 때 이이(李珥)가 말하기를,

　"이 사람이면 이 직책에 맞는다."

했다. 벼슬이 우참찬(右參贊)에 이르고 청백리(清白吏)에 뽑혔다.
〈묘표(墓表)〉

이경함(李慶涵)의 한 번 웃음은 백붕(百朋)보다 소중했다

　이경함(李慶涵)은 한산(韓山) 사람이니 자는 양원(養源)이요 호
는 만사(晩沙)이다. 기묘(己卯)에 생원이 되고 을유(乙酉)에 문과
에 급제했다. 의도(儀度)가 숙연(肅然)하여 때가 된 후에야 말을
하기 때문에 사람이 그의 한 번 웃는 것을 얻으면 백 명의 벗보다
소중히 여겼다.

　명(明)나라 사신 주난우(朱蘭嵎)가 왔을 때 스스로 주량(酒量)이
큰 것을 자부하므로 조정에서 경함(慶涵)을 천거하여 그를 대적하
게 했더니 주난우(朱蘭嵎)는 먼저 취해서 쓰러지고 경함(慶涵)은
돌아와서 복명(復命)했다. 이에 임금이 말하기를,

　"능히 더 마시겠느냐?"

하고 큰 은대접으로 세 개를 내리니 인사하고 물러가는데 걸음걸
이가 보통 때와 같았다.

　일찍이 말하기를,

　"사람의 주량(酒量)은 마땅히 경연(經筵)에 들어가 강론(講論)하
고 나와서 공무(公務) 처리하는 것으로 표준을 삼아야 하는 것
이니, 그 초상집에서 떠드는 자는 비록 마신 것이 많다 하나 어
찌 양(量)이라 하랴."

했다.

　벼슬이 공조참판(工曹參判)에 이르렀다. 〈비명(碑銘)〉

이경류(李慶流)의 정혼(精魂)이 내왕(來往)하다

이경류(李慶流)의 자는 장원(長源)이니 경함(慶涵)의 아우이다. 선조(宣祖) 신묘(辛卯)에 진사가 되고 문과에 급제했으며 임진(壬辰)에 병조좌랑(兵曹佐郎)으로서 조방장(助防將) 변기(邊璣)의 종사관(從事官)이 되었다.

이때 순변사(巡邊使) 이일(李鎰)이 상주(尙州)에서 왜를 만나 무너져서 달아나고, 기(璣)도 경류(慶流)와 같이 달아나자고 요구하자 경류(慶流)는 말하기를,

"나는 죽음이 있다는 것을 알 뿐이다."

하고, 옷과 신을 종에게 주면서 이를 거두어 가지고 돌아가서 부모에게 고하라 하고 세 번 활을 쏘아 죽으니 이날 공중으로부터 와서 부모에게 보(報)하기를,

"자식은 24일에 상주(尙州)에서 죽었습니다."

했다.

부모가 놀라고 괴상히 여겨 믿지 않더니 수일 후에 종이 와서 옷과 신을 전하고, 그 후로도 항상 왕래하면서 공중에서 말을 전했다. 또 혹 주식(酒食)을 마련해 놓으면 비록 그 음식이 없어지는 것은 보지 못하나 그릇에 탁탁하고 소리가 있었다.

어느날 청컨대 면모(面貌)를 나타내 보이겠다고 하자, 부모가 말하기를,

"우리가 어떻게 차마 보겠느냐?"

하니 대답하기를,

"그렇습니다."

하고 보이지 않았다.

그 후에 갑자기 와서 보하기를,

"내가 비명(非命)으로 죽었기 때문에 정혼(精魂)이 왕래했었는데 이제는 수(數)가 다해서 올라간다."

했다 하니 이 말이 몹시 황당하지만 그 자손들의 말이 또한 그러했다.

일설(一說)에는 말하기를, 그 형 경준(慶濬)이 순안군수(順安郡守)로 있을 때 마침 제삿날을 당하여 집을 깨끗이 하고 홀로 앉았는데 갑자기 들으니 장막과 벽 사이에서 우는 소리가 있더니 이윽고 휘파람 같은 소리로 말하기를,

"형님, 제가 왔습니다."

했다. 경준(慶濬)은 그 아우의 혼이라는 것을 알고 울면서 묻기를,

"네가 경류(慶流)냐, 어디에서 오느냐?"

하자 대답하기를,

"내가 죽은 뒤에 매양 형님에게 오면 군사의 호위가 삼엄해서 두려워서 감히 가까이 앞으로 오지 못했더니 이제 형님이 고요한 곳에 계시기를 기다려 온 것입니다."

했다.

이에 경준(慶濬)이 묻기를,

"네가 죽었는데 해골을 찾지 못했으니 과연 어디에 있느냐?"

하자 혼은 드디어 울면서 말하기를,

"군사가 패해서 풀 사이에 엎드려 있다가, 이튿날 절에 올라가서 왜를 만나 죽었는데 그 칼날을 맞을 때 혼정(魂精)이 떠나 흩어져서 시체가 있는 곳을 알지 못합니다."

했다.

이로부터 그 형의 집에 왕래하여 집안 일을 말하지 않는 것이 없더니, 2년 후부터는 오지 않았다 한다. 〈조야집요(朝野輯要)〉

최두남(崔斗南)은 자손(子孫)이 반드시 많으리라

최두남(崔斗南)은 삭녕(朔寧) 사람이니 자는 추지(樞之)이다.

임진(壬辰) 난리에 두남(斗南)이 아버지 진영(振寧)을 모시고 숲속으로 피난하여 어렵고 험한 것을 모두 거치면서 몸소 돌아다니면

서 맛있는 음식을 구하고 비록 총칼 속에서 밥을 지어도 태연했다.

이와 같이 하기를 두어 해를 계속하는데 매양 도둑을 만나면 문 득 슬피 울면서 살기를 요구하니 늙은 도둑 하나가 그 정성에 감 동하여 차마 겁탈해 가지 못하고 혹은 딴 도둑에게까지 경계하는 자도 있었다.

어느날 나가다가 적의 습격을 받아 장차 해를 입게 되었는데 그 추장(酋長)이 살펴보더니 말하기를,

"이 사람의 얼굴이 보통 사람과 다르니 반드시 자손이 많을 것 이니 장차 사로잡아 가지고 그 나라로 데려가리라."

하고 쇠줄로 상자를 만들어 가두어 놓고 지키고 있었다.

이에 두남(斗南)은 계교를 써서 스스로 태도를 느슨하게 갖고 있다가 그가 술에 취해 조는 틈을 타서 칼을 빼어 베고 성을 넘어 수리(里)를 갔는데 뒤에서 수십 명의 적이 쫓아왔다. 두남 (斗南)은 면치 못할 것을 알고 몸을 돌이켜 적에게로 향하여 맨 앞에 오는 자를 쳐죽이자 나머지는 모두 도망해 흩어졌다.

두남(斗南)이 빨리 돌아가 아버지를 찾으니 아버지는 곡기를 끊은 지가 이미 오래다가 두남을 보자 깨어났으니 이때 두남의 나이 15 세였다. 수직(壽職)[1]으로 첨지중추(僉知中樞)에 배하고 여섯 아들 을 두었는데 손증(孫曾) 이하 수백 명이 되었다. 〈매산집(梅山集)〉

이정란(李廷鸞)은 팔뚝의 살이 모두 탔다

이정란(李廷鸞)은 전의(全義) 사람이니 자는 문부(文夫)이다. 선 조(宣祖) 무진(戊辰)에 문과에 급제했다.

집이 전주(全州)에 있어 정여립(鄭汝立)과 같은 이웃에 살았는 데 힝상 왕밍(王莽)과 동닥(董卓)으로 지목했다.

교서(敎書)로서 해미군수(海美郡守)로 나갔다가 벼슬을 그만두고 집에 있더니 임진(壬辰) 난리를 당해서 의병(義兵)을 모아서 서쪽

─────────────

1) 壽職 : 해마다 정월에 80세 이상의 관원 및 90세 이상의 백성에게 은전 (恩典)으로 주는 벼슬.

행재소(行在所)로 가려 하자 안찰사(按察使)가 이를 조정에 알려서 주사(州事)로 유임시켜 진(陣)을 보존하도록 맡기려 했다.

그러나 공은 개연(慨然)히 말하기를,

"지금 적의 봉예(鋒銳)가 7로(路)에 두루 퍼져 있고 홀로 호남(湖南)만이 겨우 국맥(國脈)이 통하는데 만일 이 고을마저 잃으면 호남(湖南)을 능히 보존할 수가 없고 나라 일을 할 수가 없다."

하고, 드디어 먼저 가족을 데리고 성으로 들어가니 한 지경 사람들이 그를 따랐다.

이때 공은 지키고 방어할 기구를 서서 마련하고 주야로 군중(軍中)에 있어 한 달이 넘도록 옷을 풀지 않으니 팔뚝의 살이 모두 탔다. 날마다 애써서 성을 순회하는데 집 앞을 지나면서도 한 번도 들어가지 않았다.

일찍이 그 발을 벗고 자제(子弟)에게 보이면서 말하기를,

"발바닥의 검은 사마귀를 너희들은 모름지기 알아야 한다."

했다. 이는 대개 습한 데에 거처했기 때문임을 말한 것이다.

적이 성으로 다가오자 정란(廷鸞)은 드디어 무리에게 맹세하여 말하기를,

"각 부대와 각 진(陣)은 화살 하나도 함부로 허비하지 말라. 감히 어기는 자는 베이리라."

하니 성 안이 숙연(肅然)해져서 급한 걸음이나 빨리 부르는 소리가 들리지 않으니 적들은 대비한 것이 있다는 것을 알고 밤으로 도망했다.

이 일이 위에 알려지자 상으로 첨정(僉正)을 제수했다가 전주부윤(全州府尹)이 되었다. 〈비명(碑銘)〉

민몽룡(閔夢龍)은 꿈에 범의 꼬리를 잡고 방말(榜末)에 참여했다

민몽룡(閔夢龍)은 여흥(驪興) 사람이니 자는 치운(致雲)이요 호는 운와(雲窩)이다. 선조(宣祖) 갑신(甲申)에 문과에 급제했다.

꿈에 죽림(竹林) 속에 들어갔는데 범이 뛰어 올라가므로 그 꼬리를 잡았더니 과연 방(榜)의 끝에 참여하고 박호(朴篪)가 장원(壯元)이 되었으니 이상한 일이다. 〈지봉유설(芝峰類說)〉

박호(朴篪)가 소년(少年)에 장원급제(壯元及第)하다

박호(朴篪)는 밀양(密陽) 사람이니 자는 대건(大建)이다.

나이 18세에 서총대(瑞葱臺)의 정시(廷試)에 장원이 되었는데, 그때 명관(命官) 박사암 순(朴思菴淳)이 그 어린 나이에 장원이 된 것을 의심하여 즉시 각촉(刻燭)[1]으로 운(韻)을 불러 시험했더니 그 시에 말하기를,

"문무의 인재를 거두는 금원(禁苑)의 봄에, 임금의 얼굴 높은 곳에 물건이 새로우네. 저물어지자 황금방(黃金榜)을 다 불러 파했는데, 잘못하여 임금의 은혜를 한 몸에 차지했네. (文武收才禁苑春 天顔高處物華新 暮來唱罷黃金榜 謬被君恩摠一身)"

했다.

공은 나이 26세에 교리(校理)로서 이일(李鎰)의 종사관(從事官)이 되어 상주(尙州)에서 순절(殉節)했다. 〈풍암집화(楓岩輯話)〉

이경류(李慶流)·윤섬(尹暹)과 같은 날 죽으니 세상에서 삼종사(三從事)라고 일컬었다.

이종인(李宗仁)이 물에서 죽다

이종인(李宗仁)은 무과(武科)에 급제했는데 젊었을 때 호협(豪俠)하여 계사(癸巳)에 진주(晋州)가 포위되었을 때 군사를 거느리고

---

1) 刻燭 : 초에 눈금을 긋고 그 곳까지 탈 동안에 시(詩)를 완성하는 것.

성으로 들어가 싸우고 지킬 계획을 했는데, 목사(牧使) 서예원(徐禮元)이 성을 버리고 달아나려 하자 종인(宗人)이 칼을 빼어 보이니 예원(禮元)은 두려워서 감히 어기지 못했다.

적이 이르자 황진(黃進)과 함께 계교를 세워 적을 막아서 쏘아 죽인 것이 무수했고, 성이 함락되자 칼을 휘두르고 적을 쳐서 싸워 남강(南江)에 이르러 장차 물가에 다다르자 좌우 겨드랑이에 각각 적 하나씩을 끼고 크게 외치기를,

"김해부사(金海府使) 이종인(李宗仁)은 이 물에서 죽는다."

했다. 〈인물고(人物考)〉

뒤에 호조판서(戶曹判書)를 증직(贈職)했다.

정발(鄭撥)은 항상 검은 옷을 입다

정발(鄭撥)은 경주(慶州) 사람이니 자는 자고(子固)이다. 정축(丁丑)에 무과(武科)에 급제했다.

어렸을 때부터 글 읽기를 좋아하고 말과 웃음이 적어서 그 형 탁(擢)과 함께 독행(篤行)의 사람이 되었다.

임진(壬辰)에 부산첨사(釜山僉使)가 되었는데, 발(撥)이 어머니를 작별하면서 말하기를,

"충성과 효도는 두 가지가 다 온전할 수가 없는 것입니다. 이제 자식이 임금의 일을 위해서 급한데 나가오니 원컨대 걱정하지 마시옵소서."

하자, 어머니는 그의 등을 어루만지면서 말하기를,

"가거라. 네가 충신(忠臣)이 된다면 내가 무엇을 서운해 하겠느냐."

했다.

또 그는 아내를 돌아보면서 말하기를,

"어머니를 잘 봉양하시오."

하니, 듣는 자가 눈물을 흘렸다.

이에 급히 부산(釜山)에 내려가니 적의 배가 이미 바다를 덮었
다. 돌아와서 성으로 들어오니 적이 성을 에워싸고 육박(肉薄)했
다. 그러나 발(撥)은 신색(神色)을 변하지 않고 성에 임해서 적을
쏘니 적의 시체가 산같이 쌓였다.　이에 적이 두려워하여 서로 경
계하기를,

"흑의장군(黑衣將軍)에 가까이하지 말라."

했으니, 대개 발(撥)은 항상 검은 옷 도포를 입었기 때문이다.

화살이 다 없어지자 소매를 잡아당기면서 도망하기를 청하는 자
가 있자, 발(撥)은 웃으면서 말하기를,

"남아(男兒)는 죽는다.　나는 마땅히 이 성의 귀신이 될 것이니
가고자 하는 자는 가라."

하니 군사들이 모두 감격해 울었다.

첩 애향(愛香)은 이때 나이 18세였는데 목을 매고 발(撥)의 시
체 옆에서 죽었고, 종 용월(龍月)도 역시 죽었다. 좌찬성(左贊成)
을 증직(贈職)했고, 시호는 충장(忠壯)이다. 〈인물고(人物考)〉

이근(李謹)은 하나의 고깃덩이

이근(李謹)은 처음 날 적에 하나의 고깃덩이로서 겨우 면목(面
目)을 알아볼 수 있을 뿐, 머리카락과 털이 몸에 가득하니 모양이
돼지새끼와 같았다.

부모가 처음에는 키우지 않으려 하더니 성인(成人)이 된 뒤에도
키가 3척에 지나지 않고 머리털이 땅에 닿았으며 수염이 한 자가
넘었다. 걸음걸이가 비틀거리고 수족에도 털이 났다.

그러나 가정에서 공부하는데 총명이 남보다 뛰어나서 경사(經史)
에 정통(精通)하고 글을 잘하고 활을 잘 쏘았으며 시(詩)에 매우
능하고 또 휘파람을 잘 불었다. 장계(長溪) 황정욱(黃廷彧)이 그를
보고 크게 칭찬했다.

임진(壬辰)에 광주(廣州)로 난(亂)을 피했다가 적에게 잡혔는데

적이 이인(異人)이라 하여 머물러 두었더니 어느날 주르륵 눈물을 흘리고 붓을 찾아서 추장(酋長)에게 써서 보이기를,

"80의 늙은 어머니와 서로 떠난 지가 이미 오래 되어 사생(死生) 을 알지 못하므로 그 까닭에 우는 것이다."

했다.

적이 슬프게 여기고 감탄(感歎)하여 배에 양식을 갖추어 실어 서 강화(江華)로 보냈는데, 그 어머니는 곧 해주목사(海州牧使) 박 경신(朴慶新)의 고모(姑母)인데 그 까닭에 그 고을에 가 있어서 근 (謹)이 드디어 만날 수 있었다. 나이 70세가 가까워 졸(卒)했다. 〈인물고(人物考)〉

강찬(姜燦)을 안진경(顔眞卿)에 비교하다

강찬(姜燦)은 금천(衿川) 사람이니 자는 덕휘(德輝)요 호는 동곽 (東郭)이다. 임오(壬午)에 생원·진사가 되고 계미(癸未)에 문과에 급제하여 이조참의(吏曹參議)가 되었다.

주서(注書)가 되었을 때, 임금이 병으로 침을 맞는데 여러 신하 들은 모두 보통 때처럼 부복하고 있으나 찬(燦)은 앉아서 엎드리 지 않았다. 이에 사람들이 까닭을 묻자 대답하기를,

"군부(君父)께서 침을 맞는데 어떻게 한 의원의 손에 맡기고 입 시(入侍)해 있으면서 지켜보지 않으랴."

했다.

단천군수(端川郡守)가 되었을 때 임진(壬辰)의 난리를 당했는데, 왕자(王子) 임해군(臨海君)과 순화군(順和君)이 난리를 피해서 단 천(端川)을 지나는데 그 사관(舍舘)이 소홀한 것에 노해서 찬(燦) 을 불러 책망하자 찬(燦)은 정색(正色)하고 말하기를,

"군부(君父)께서 난을 피하시는데 신자(臣子)로서는 마땅히 울면 서 사관(舍舘)을 지킬 뿐이온데 감히 풍성하고 사치스러운 일을 하겠습니까."

하니, 왕자(王子)들은 부끄러워하여 그의 손을 잡고 말하기를,

"나라를 위하여 충성을 다하는 것이 공과 같은 자를 보지 못했
　도다."

했다.

찬(燦)은 변을 들은 이후로 나가서 밖에 거처하면서 눈물을 흘
려 무리에게 맹세하고 격문(檄文)을 보내어 적을 치는데, 마침 난
민(亂民)들이 왕자(王子)를 잡아다가 적에게 주니 북관(北關)의 여
러 고을이 모두 적의 숲이 되었어도 유독 단천(端川)만은 모반(謀
反)할 뜻이 없어서, 찬(燦)이 적은 군사로 적의 무리를 대적하여
여러 번 싸워서 여러 번 이기니 적들이 말하기를,

"단천(端川) 군사가 무섭다."

했다.

죽기로 싸울 군사를 모집해 가지고 샛길로 해서 행재소(行在所)
에 가서 문안하니 사람들이 안진경(顔眞卿)에게 비유했다. 선무원
종훈(宣武原從勳)에 기록되고 이조참판(吏曹參判)을 증직(贈職)했
다. 〈해동명신록(海東名臣錄)〉

이순신(李舜臣)이 절명(絕命)하자 밤에
큰 뱀이 바다에 떨어지다

이순신(李舜臣)은 덕수(德水) 사람이니 자는 여해(汝諧)이다. 선
조(宣祖) 병자(丙子)에 무과(武科)에 급제했다.

어릴 때 영특하고 남에게 구속받지 않아 항상 전진(戰陣)의 모
양을 했고, 자라면서 무거(武擧)에 종사하니 말타고 활쏘는 것이
뛰어났다. 이에 과거에 급제하였으나 벼슬을 구하지 않았다.

병조판서(兵曹判書) 김귀영(金貴榮)이 서녀(庶女)가 있는데 공에
게 첩으로 주려고 하자 공은 사양하기를,

"처음 벼슬길에 나가는데 어찌 마땅히 권문(權門)에 자취를 의
　탁하랴."

했다.

율곡(栗谷)이 이조판서(吏曹判書)가 되어 그 이름을 듣고 말하기를,

"이는 나의 동종(同宗)이다."

하고 사람을 인해서 보기를 요구하자, 공은 달가워하지 않고 말하기를,

"동종(同宗)으로서는 볼 수 있지만 이조(吏曹)의 일로는 볼 수 없다."

했다.

발포만호(鉢浦萬戶)가 되었을 때 수사(水使) 성박(成鏄)이 관사(館舍)의 오동나무를 베어다가 거문고를 만들려 하자 공이 이를 거절하고 허락지 않자, 수사(水使)는 비록 노여웠지만 감히 어찌하지 못하고 조산만호(造山萬戶)를 시켰다.

이때 방백(方伯)이 건의(建議)해서 녹둔도(鹿屯島)에 둔전(屯田)을 설치하는데 이를 겸관(兼管)하게 하자 공은 지역이 멀고 군사가 적다고 해서 여러 번 군사를 보태주기를 청했으나 병사(兵使)가 허락하지 않았다.

가을 추수 때가 되자 오랑캐가 과연 크게 오므로 공은 몸을 내어 막아 싸워서 그 우두머리를 쏘아 넘어뜨리고 추격(追擊)해서 포로로 잡혀간 둔졸(屯卒) 60여 명을 빼앗아 왔다.

그러나 병사(兵使)는 도망해 갔다가 공을 죽여 스스로 변명하려고 형구(刑具)를 벌여놓고 장차 공을 베려 하니 군관(軍官) 등은 둘러 보고 울면서 작별하고 술을 권했다. 그러나 공은 정색(正色)하고 말하기를,

"죽고 사는 것은 명(命)인데 술을 마시고 취해서 무엇한단 말인가."

하고 즉시 뜰로 나가서 항변(抗辨)하여 즐겨 서명(署名)하지 않자 병사(兵使)는 어찌하지 못하고 그를 가두어 놓고 위에 보고했다. 이때 선조(宣祖)는 그가 죄가 없다는 것을 살펴서 그대로 종군(從軍)하게 했는데, 이윽고 모반한 오랑캐를 쳐서 그 수급(首級)을 바치고 용서받아 돌아왔다.

이때 비국(備局)에서 무신(武臣) 중에 쓸 만한 자를 뽑는데, 서애 유성룡(西厓柳成龍)이 같은 마을에 살아서 그의 힘을 알고 조정에 천거하여 여러 번 승진하여 전라수사(全羅水使)에 이르렀다. 때는 왜병의 흔단도 이미 조정에 아뢰어져서 조야(朝野)가 편안했으나 공은 홀로 깊이 이를 근심하여 날마다 병비(兵備)를 준비하여, 철쇄(鐵鎖)를 만들어 바다를 가로질러 귀선(龜船)을 만드는데 위에는 판자로 덮고 송곳을 배에 꽂아 적으로 하여금 올라가지 못하게 하고, 병기(兵器)를 그 밑에 감추어서 팔면(八面)에서 총을 쏘아 적의 배를 뒤집고 태워서 항상 승리를 거두었다.

임진(壬辰)에 왜가 크게 몰려오자 공이 군사를 옮겨 치려고 하자 휘하가 혹 말하기를, 우리는 좌도(左道)를 맡았으니 함부로 옮길 수가 없다고 했다. 이에 공은 말하기를,

"오늘의 일은 오직 적을 치고 죽을 뿐이니 감히 안된다고 말하는 자는 베리라."

하고, 드디어 여러 진(鎭)의 보병(堡兵)을 앞바다에 모아서 기일을 정하여 장차 떠나려 하는데, 마침 경상우수사(慶尙右水使) 원균(元均)이 수군(水軍)을 다 잃고 나서 사람을 보내어 원군(援軍)을 청하자 공은 즉시 군사를 이끌고 가는데 옥포(玉浦)에 이르러 먼저 왜선(倭船) 30척을 부수고 고성(固城)에 이르렀을 때, 들으니 왜병이 서울에 들어가고 임금은 서쪽으로 파천했다 하자, 공은 서쪽을 향하여 통곡했다.

원균(元均)이 다시 군사를 청하자 노량(露梁)으로 나아가 적선(賊船) 20여 척을 부수고, 공이 왼쪽 어깨에 탄환을 맞았으나 오히려 활을 놓지 않고 하루 종일 싸움을 독려하다가 싸움이 끝나자 군중(軍中)에서 비로소 알고 놀라지 않는 자가 없었다.

당포(唐浦)에서 적을 만났는데 대추(大酋) 하나가 삼층누선(三層樓船)을 타고 푸른 일산(日傘)을 덮고 오고 있었다. 이에 슥시 대전(對戰)하여 쏘아 죽이고 적선 30여 척을 부수니 적들이 언덕으로 올라가 달아났다.

이로부터 여러 번 싸워 여러 번 이기니 적은 군사를 거두고 멀리 도망했다. 적이 양산(梁山)으로부터 호남(湖南)으로 향하자 공

은 다시 고성(固城)으로 진병(進兵)하여 보니 적선이 바다를 덮어 오고 있었다. 이에 공은 거짓 패하면서 적을 유인하여 한산도(閑山島) 앞바다에 이르자 군사를 돌려 크게 싸우니, 포(砲)의 불꽃이 하늘을 덮었다. 적선 70여 척을 다 부수고 죽은 장졸(將卒)이 거의 만 명이나 되니 왜의 군중이 놀랐다.

이때 적병이 여러 길에 가득 차서 관병(官兵)과 의병(義兵)이 계속 패했으나 홀로 공이 계속해서 첩보(捷報)를 올리니 임금이 가상히 여겨 세 번이나 자질(資秩)을 올려주고 교서를 내려 아름다움을 칭찬했다.

공이 본영(本營)의 지형이 좁다 하여 한산도(閑山島)로 진(鎭)을 옮겨 두 섬을 공제(控制)할 것을 청하자 조정에서는 드디어 통제사(統制使)를 두어 본직(本職)을 가지고 겸령(兼領)하게 했다. 그런데 공의 공(功)이 크다고 하여 공을 승진시켜 통제(統制)에 이르러니, 원균(元均)은 자기가 그 밑에 있는 것이 부끄러워서 마침내 딴마음을 갖기 시작했다.

이때 왜가 반간(反間)의 계교를 써서 요시라(要時羅)로 하여금 비밀히 보하기를,

"화친의 일이 이루어지지 않은 것은 오로지 청정(淸正)이 싸움을 주장한 때문인데, 이번에 다시 오니 만일 바다 가운데서 맞아서 쳐서 이 사람을 죽이면 전쟁은 저절로 중지될 것이다."

하고, 계속해서 청정(淸正)의 배의 기패(旗牌) 빛을 말하니 조정에서는 이 말을 그대로 믿고 공을 재촉하여 나가 치라고 했다.

그러나 공은 그 말이 거짓일 것이라고 의심하여 지키면서 편의대로 하려고 경솔히 나가지 않자, 대간(臺諫)에서 계속해 글을 올려서 공의 머뭇거리는 죄를 탄핵하자 임금은 시신을 보내어 사실을 염탐하게 했다.

그러나 이 시신(侍臣)은 원균(元均)의 당(黨)이어서 사실과 반대로 보고하니 공은 드디어 체포되어 장차 중한 벌에 처하게 되었는데 임금이 고공을 생각하여 특별히 이를 용서하고 원균(元均)으로 대신 통제(統制)를 삼았는데, 균(均)은 날마다 기생을 데리고 술을 마실 뿐 군사(軍事)는 살피지 않으니 일군(一軍)의 마음이 떠

났다.

이때 요시라(要時羅)가 또 와서 말하기를,

"대군(大軍)이 바야흐로 바다를 건너니 막고 공격하라."

하자, 원균(元均)은 이미 공의 하는 일을 반대하는 터이므로 이에 군사를 모두 몰고 전진하니 왜선(倭船)이 좌우로 유인하면서 밤을 타 엄습하여 군(軍)이 드디어 무너져 균(均)은 죽고 배 백여 척이 모두 함몰되고 한산도(閑山島)가 함락되었다.

이에 조정에서 비로소 요시라의 거짓을 깨닫고 다시 공으로 통제사(統制使)를 삼자, 공은 십수 기(騎)로 순천(順天)으로 달려 들어가 전선(戰船) 천여 척을 얻어가지고 호남(湖南)의 사민(士民)들과 약속하고 단결해 모아서 군대의 뒤에 열(列)하여 함께 성세(聲勢)를 이루고 적을 진도(珍島)의 벽파정(碧波亭) 밑에서 맞아 드디어 배를 앞으로 몰아 죽기로 싸워 적의 장군을 사로잡아서 베니 형세가 더욱 떨쳤다.

이때 명(明)나라 도독(都督) 진린(陳璘)이 수군(水軍)을 거느리고 동으로 왔는데, 인(璘)은 사람됨이 사나운지라, 공이 먼 섬에 나가 맞아서 크게 잔치를 열어 군사들을 대접하니 중국 장수들은 모두 기뻐하건만 그래도 오히려 약탈하는 것이 있었다. 이에 공은 인(璘)에게 이르기를,

"명나라 군사가 오는 것을 마치 부모처럼 우러러보았거늘 이제 사납게 약탈하는 것을 보고 사졸(士卒)들이 그 괴로움을 견디지 못해서 각자 도망하고 피하니, 내가 대장(大將)이 되어 홀로 머물러 있을 수가 없으므로 장차 딴 섬으로 옮겨가려 하오."

했다.

이에 인(璘)이 사과하고 만류하기를 몹시 정성껏 하자 공이 말하기를,

"대인(大人)이 만일 내 말을 듣는다면 그대로 머무르리라."

하니, 인(璘)이 말하기를,

"어찌 공의 말을 하나라도 듣지 않으리까."

했다. 공이 말하기를,

"명나라 군사가 우리를 노예처럼 다루어서 하나도 거리끼는 것

이 없으니 다행히 대인(大人)이 이를 편의(便宜)에 따라 금한다
면 양군(兩軍)이 서로 보존해서 아무 일도 없을 것이오. ”
하자 인(璘)이 이를 허락해서 그 후로부터는 명나라 사람이 법을
금하면 문득 구속하니 섬이 편안했다.

녹도만호(鹿島萬戶) 송여종(宋汝悰)이 명나라 배와 함께 나가서
적을 공격하여 배 6척을 사로잡고 수급(首級) 70을 얻어왔는데
명나라 사람은 하나도 얻은 것이 없었다. 이때 인(璘)은 바야흐
로 공과 잔치를 벌이고 있다가 이 말을 듣고 부끄러워하고 노여
워하였다. 이에 공이 말하기를,

“대인(大人)이 와서 우리 군사를 통솔하고 있으니 우리 군사가
이긴 것이 곧 명나라 군사가 이긴 것이니 우리가 어찌 감히 사
사로이 하겠습니까. 청컨대 오늘 얻은 것을 다 바칠 것이니 모
두 보고하시오. ”
하니, 인(璘)이 크게 기뻐하여 말하기를,

“일찍이 들으니 공은 동국(東國)의 명장(名將)이라고 하더니 과
연 그러하도다. ”
했다.

이로부터 인(璘)은 공이 치군(治軍)하여 제승(制勝)하는 것을 살
펴보고 일마다 흠복(欽服)하여 군무(軍務)의 대소(大小)를 반드시
묻고, 매양 말하기를,

“공이 만일 중국에 들어가 벼슬했으면 마땅히 천하의 상장(上將)
이 되었을 것인데 애석하게도 여기에서 굽는[屈]도다. ”
하고 선조(宣祖)께 글을 올려 말하기를,

“이모(李某)는 천지를 다스릴 재주와 국가에 큰 공이 있습니다. ”
했으니 이는 대개 심복(心服)한 까닭이었다.

공의 아들이 호남(湖南)에 종군(從軍)하고 있을 때 적을 만나서
서너 급(級)을 베이고 드디어 길게 몰아 가더니 한 적이 풀 사이
에 잠복해서 엿보고 있다가 불의의 틈을 타서 돌격(突擊)하여 말에
서 떨어져 죽었는데, 공은 이 소식을 듣지 못했었다.

그 뒤에 호남방어사(防禦使)가 왜적 13명을 사로잡아서 산채로
한산진(閑山陣)으로 보냈는데, 그날 밤 공의 꿈에 그 아들이 온몸

에 피를 흘리고 와서 말하기를,

"항복한 왜병 13명 중에 나를 죽인 자가 있습니다."

했다.

공이 놀라 깨어서 그 아들이 죽었는가 의심하더니 이윽고 부음(訃音)이 오므로 항복해온 왜병을 불러 묻기를,

"아모날 아모곳에서 백마(白馬)를 탄 사람을 만나서 죽이고 말을 빼앗았는데 말이 어데 있느냐?"

하니, 한 왜병이 나와서 말하기를,

"한 소년을 만났는데 백마를 타고 우리들을 쫓아와 서너 명을 죽이기에 내가 돌 사이에 숨어 있다가 갑자기 나가서 이를 치고 말을 빼앗아 진장(陣將)에게 바쳤습니다."

했다. 이에 여러 적들에게 물어보니 과연 그러하므로 공이 크게 울고 명하여 그 왜병을 끌어내어 베었다.

행장(行長)이 순천(順天) 왜교(倭橋)에 성을 쌓고 굳게 지키고 물러가지 않자 공이 진린(陳璘)과 함께 바다 어귀를 막고 이를 핍박하자 행장(行長)이 사천(泗川)의 적에게 구원을 청하니 적이 많은 무리를 거느리고 왔다.

이날 저녁에 큰 별이 바다 가운데에 떨어지므로 군중이 이를 괴상히 여기더니, 공이 노량(露梁)에서 적을 맞아 싸워 크게 깨치고 적선(賊船) 2백 척을 불태웠는데, 친히 시석(矢石)을 무릅쓰고 싸우다가 갑자기 날아오는 탄환에 그 이마를 맞았다. 좌우가 부축해서 장막 안으로 들어가자 공은 말하기를,

"싸움이 바야흐로 급하니 아예 내가 죽은 것을 말하지 말라."

하고 말을 마치자 졸(卒)했다.

이때 공의 조카 완(莞)이 숨기고 발상(發喪)하지 않고 독전(督戰)하기를 전과 같이 하는데, 인(璘)의 배가 적에게 포위되자 완(莞)이 군사를 몰아 적이 패해 달아나므로 배에서 비로소 발상(發喪)하니 인(璘)이 이 소식을 듣고 스스로 의자 밑에 쓰러져서 가슴을 치며 통곡하니 두 진중(陣中)에 곡하는 소리가 바다를 울렸다. 반구(返柩)하던 날 길가 사민(士民)들이 울면서 제사를 차려 천리길에 끊어지지 않았다.

88

공이 검명(劒銘)이 있으니,

"바다에 맹세하니 어룡(魚龍)이 움직이고, 산에 맹세하니 초목이 아네. (誓海魚龍動 盟山草木知)"

했다. 덕풍부원군(德豊府院君)에 추봉(追封)되고 시호는 충무(忠武)이다. 〈이원명저 동야휘집(李源命著東野彙輯)〉

승려 옥동(玉洞)은 일찍이 공을 좇아서 싸움에 공이 있더니 공이 몰(歿)하자 그대로 충민사(忠愍祠)에 수십 년 동안 살면서 스스로 제사 음식을 장만했는데, 나이가 80여 세였다. 또 말하기를, 바다에 무슨 경보(警報)가 있으려면 공이 반드시 이보다 먼저 현몽(現夢)하여 틀림이 없으니, 한 조각 나라를 위하는 마음이 죽어도 없어지지 않은 것이었다. 〈지봉유설(芝峰類說)〉

곽재우(郭再祐)가 연화(烟火)를 아주 떠나다

곽재우(郭再祐)는 현풍(玄風) 사람이니 자는 계수(季綏)요 호는 망우당(忘憂堂)이다.

아버지 월(越)이 일찍이 의주목사(義州牧使)로 나갔을 때 재우(再祐)가 그 곁에 있으면서 3년 동안 한 번도 여색(女色)을 가까이하지 않으니 사람들이 그 지조에 탄복했다. 뒤에 월(越)을 따라서 사신(使臣)의 일행으로 명(明)나라에 갔는데, 상(相) 보는 자가 말하기를 반드시 대인(大人)이 되어 이름이 천하에 가득하리라 했다.

재우(再祐)는 남에게 뛰어나고 기이한 것을 좋아하여 과거 공부를 버리고 나이 40여 세에 도랭이 삿갓에 짚신 차림으로 낚시질로 자적하더니, 임진(壬辰) 난리에 향병(鄉兵)을 모아 가재(家財)를 흩어 군자(軍資)에 이바지하여 70여 명의 군사로 정진(鼎津)·함안(咸安)에서 적을 깨쳐서 적 50급(級)을 베니 이로부터 응모(應募)하는 자가 크게 모였다.

재우(再祐)는 항상 붉은 옷을 입고 남보다 앞서서 나가니 적들이 홍의장군(紅衣將軍)이라 불렸다. 정유(丁酉)의 재란(再亂)에 여러 고을이 모두 무너졌으나 유독 재우(再祐)는 굳게 지키고 움직이지 않으니, 체찰사(體察使) 이원익(李元翼)이 외로운 성이 보존하기 어려울까 걱정하여 군사를 해산하라고 재촉하자 재우(再祐)는 말하기를,

"제(齊)나라 성 70에 즉묵(即墨)[1]이 홀로 남았고, 당(唐)나라 군사 백만에 안시(安市)[2]가 능히 저항했습니다. 여러 고을이 바람처럼 쓰러져도 이곳을 홀로 보존하지 못하겠습니까."

했다.

뒤에 재우(再祐)는 어머니 상사를 당하여 울진(蔚珍) 궁벽한 곳으로 가서 문을 닫고 자제(子弟)들과 함께 폐양자(蔽陽子)를 만들어 팔아서 생활하더니 경자(庚子)에 경상좌병사(慶尙左兵使)에 임명되었으나 글을 올려 물러가기를 비는데, 조정 붕당(朋黨)의 과실을 갖추어 말하자 대간(臺諫) 홍여순(洪汝諄)이 탄핵해서 영암(靈岩)으로 귀양보냈다가 얼마 안되어 통사(統使)·북백(北伯)·한성좌윤(漢城左尹)에 임명했으나 모두 나가지 않고 오직 솔잎을 먹으면서 말하기를,

"고양이를 기른 것은 쥐를 잡기 위함인데 이제 적을 이미 평정하여 전혀 할 일이 없으니 가리라."

했다.

이에 드디어 방술(方術)을 배워서 비파산(琵琶山)에 들어가 있다가 뒤에 취산(鷲山) 창암(滄岩)으로 가서 방 이름을 망우(忘憂)라 하고 불에 익힌 음식을 일절 끊었는데 이상한 일이 많았다.

어느날 갑자기 크게 천둥을 치고 비가 내려 그가 쓰던 방에 벼락을 치더니 공이 이미 죽었고, 이상한 향기가 두루 가득하니 세상에서 전하기를 신선이 되어 갔다고 한다.

광해조(光海朝) 때 소(疏)를 올려 영창대군(永昌大君) 희(㼁)의 죽음을 구했고, 시호는 충익(忠翼)이다. 〈명장전(名將傳)〉

---

1) 即墨 : 춘추시대 제(齊)나라 안의 고을 이름.
2) 安市 : 안시성(安市城). 고구려 보장왕(寶藏王) 4년에 당태종(唐太宗)의 침공을 성주(城主) 양만춘(楊萬春)이 막아 싸워서 승전한 곳.

오봉(五峰) 이호민(李好閔)이 일찍이 시를 주기를,

"말을 들으니 홍의장(紅衣將)이, 왜를 쫓기를 노루 쫓듯 했네.
말하노니 끝내 힘을 다하여, 모름지기 곽분양(郭汾陽)[1]과 같게
하게. (聞道紅衣將 逐倭如逐獐 爲言終戮力 須似郭汾陽)"

했다.

권율(權慄)의 군전(軍前)에 나귀탄
손이 계교를 바치다

권율(權慄)은 안동(安東) 사람이니 자는 언신(彦愼)이요 호는 만
취(晩翠)이다. 영상(領相) 철(轍)의 아들이다.

문벌(門閥)이 혁혁하건만 귀한 세력으로 스스로 자랑하지 않아
나이 40인데도 오히려 과거를 보지 않아 어떤 사람이 음사(蔭仕)
를 권했으나 웃고 대답하지 않았다. 명경과(明經科)에 올라 낭서
(郎署)로 몸을 굽힌 지 10년에 조정에서 그 기국(器局)이 있는 것
을 알고 천거하여 의주부윤(義州府尹)을 제수했다.

임진(壬辰)의 난이 일자 선조(宣祖)가 하교하기를,

"권모(權某)가 쓸만한 재주가 있으니 양남(兩南)의 거진(巨鎭)을
제수하라."

하자 즉일로 광주목사(光州牧使)에 임명했다. 이에 즉시 조정을 떠
나는데 공의 사위 이항복(李恒福)이 정원(政院)에서 수직하다가 묻
기를,

"어찌 그리 급히 가십니까?"

하니 공은 말하기를,

"국가의 일이 급하니 이는 정히 신자(臣子)가 죽기로 일할 때라
어찌 감히 한 시각인들 지체하여 아녀자(兒女子)가 슬프게 우는
것을 본받게 하랴."

---

1) 郭汾陽 : 곽자의(郭子儀). 당(唐)나라의 명장(名將).

하고 사기(辭氣)가 강개(慷慨)하니 사람들이 모두 칭찬하여 마지
않았다.

드디어 부임하자 고을 안의 자제(子弟) 5백 인을 모으고, 또 이
웃 고을에 격문(檄文)을 전하여 또 천여 명을 얻어 가지고 이치
(梨峙)로 나가 주둔하여 적의 형세가 몹시 퍼진단 말을 듣고 고개
를 굳게 지키고 기다리다가 적과 만나자 군사를 놓아 급히 치니
동복현감(同福縣監) 황진(黃進)이 탄환에 맞아 물러가고 일군(一
軍)이 힘이 다하자 적이 우리의 곤한 틈을 타서 신중(陣中)으로 뛰
어들어왔다.

이에 공이 칼을 빼들고 크게 소리치면서 친히 칼날을 무릅쓰고
싸움을 돋우어 힘을 더하니, 군사들이 모두 죽기로 싸워 하나가
백명을 당하지 않는 자가 없었다. 함성(喊聲)은 하늘에 진동하고
시석(矢石)이 비와 같으니 적들이 드디어 갑옷을 버리고 시체를 끌
고 달아나서 이로부터는 적이 다시 호남(湖南)을 엿보지 못했다.

공이 임금의 행차가 서쪽으로 갔다는 말을 듣고 여러 장수를 불
러 계획을 세우기를,

"이제 평양(平壤) 이남은 모두 적의 보루(堡壘)가 되었으니 먼저
경성(京城)을 회복하여 적으로 하여금 서쪽으로 쫓아갈 뜻을 내
지 못하게 하면 여러 적이 어찌지 못할 것이다."

하고 드디어 수원(水原) 독성(禿城)으로 진주(進駐)하니, 임금이
공의 독성(禿城)에 주둔한 것을 듣고 칼을 풀어 달려보내어 하사
하면서 말하기를,

"제장(諸將)이 영(令)을 좇지 않는 자가 있으면 이 칼로 법에 의
해서 처단하라."

했다.

청정(淸正)·의지(義智)가 공의 병세(兵勢)가 몹시 날카로운 것
을 꺼려서 군사 수만 명을 세 진(陣)으로 나누어 와서 싸움을 돋
우자 공은 성벽(城壁)을 단단히 하고 굳게 지켜 교봉(交鋒)하지 않
고 이따금 가벼운 군사를 내보내어 그 형세를 꺾으니 적이 약탈
해도 얻을 것이 없었다. 그러다가 수일 만에 영채를 불태우고 밤
에 도망하니 이로부터 서쪽 길이 통할 수가 있어 여러 고을의 의병

(義兵)이 모양을 관망하다가 들고 일어나서 일시에 서로 호응했다.

전라병사(全羅兵使) 선거이(宣居怡)가 금천(衿川)에 영채를 세우고 멀리 성세(聲勢)가 되니 공이 스스로 정예병(精銳兵) 2천3백을 거느리고 고양(高陽)으로 진(陣)을 나갔으니, 이는 서쪽 길을 막고 경성(京城)을 엿보기 위한 것이었다.

행군(行軍)하여 양천(陽川) 강변에 이르니 한 나그네가 떨어진 도포를 입고 발을 저는 나귀를 타고 그대로 군전(軍前)을 지나니 앞에 있던 군사가 이를 막지 못해 마침내 시끄러워지자 공이 명하여 까닭을 묻자, 그 나그네는 자칭 인천(仁川)의 촌학구(村學究)인데 원컨대 장군을 보고 일을 아뢰겠다고 했다.

이에 공이 불러서 묻자 대답하기를,

"그윽이 한 가지 어리석은 소견이 있어서 송구함을 무릅쓰고 와서 아뢰는 바이오니 공께서 즐겨 받아들이시겠습니까?"

했다. 공이 말하기를,

"무슨 일이냐?"

하자, 나그네는 말하기를,

"용병(用兵)의 도(道)는 지리(地利)를 얻는 것이 귀한 것인데, 하나의 높은 언덕이 있어 군사를 주도할 만하니 이는 곧 이른바 구지용(九地用)에 구천(九天)을 감출 만한 곳입니다. 다행히 공께서는 몸소 가서 살펴서 가부(可否)를 결정하시겠습니까?"

했다.

공이 이에 그 나그네와 함께 가서 그 형세를 보니 과연 진(陣)을 벌이기애 합당한지라, 드디어 행주(幸州)로 영채를 옮긴 다음에 가만히 그 사람을 살펴보니 자못 말할 의견이 있어 보였다. 그와 함께 이야기하다가 크게 기뻐하여 막중(幕中)에 두어 두었다.

공이 말하기를,

"외로운 군사가 큰 적에 가깝고 이곳에는 목책(木柵)으로 막을 만한 것이 없으니 이것이 흠이다."

하자, 나그네는 말하기를,

"스스로 목책을 마련할 도리가 있습니다."

했다.

이때 마침 체찰사(體察使)가 양주(楊州)에서 공을 불러 일을 의
논하는데, 나그네가 제군(諸軍)으로 하여금 목책을 만들도록 지시
하여 3일 만에 이루어 놓으니 공이 돌아와서 역시 기뻐했다.

수일이 지나 날이 밝을 무렵에 후리(候吏)가 아뢰기를, 적이 좌
우익(左右翼)으로 나누어 홍백기(紅白旗)를 가지고 물결처럼 몰려
온다고 하자, 공은 군중(軍中)으로 하여금 움직이지 못하게 하
고 높은 곳에 올라가 바라보니 본영(本營)에서 5리 떨어진 곳에 적
의 무리가 이미 가득하더니 이윽고 수만여 명의 군사가 본영(本營)
을 포위하는 것이었다.

이때 우리 군사가 모두 죽기로 싸우니, 적이 세 진(陣)으로 나
누어 군사를 쉬어가면서 바꿔 나왔으나 삼합(三合)에 모두 이롭
지 못했다. 이때 적이 띠를 묶어 바람을 따라 불을 놓아 우리
목책을 불태우니 영채 안에서는 물을 대어 끄고, 한편 서북쪽을
지키던 승군(僧軍)이 조금 물러가자 적이 크게 외치면서 어지러이
들어오는 것을, 공이 칼을 빼들고 싸움을 독려하자 여러 장수들이
하나도 칼날을 무릅쓰고 싸우지 않는 자가 없었다.

적이 또 장목을 가져다가 높은 교자를 만들어 누대(樓臺) 모양
처럼 된 것에 수백 명이 타고 올라오고 그 위에 총을 실어서 영채
안을 향해 쏘았다. 이에 나그네가 대포(大砲)를 가져다가 큰 칼 두
개를 포(砲)의 화살에 매었다가 적의 교자가 가까이 오기를 기다
려 쏘니 지나는 곳마다 천둥차는 소리가 나면서 교자가 모두 부
서지고 교자 위의 적들의 사지가 나가 떨어져서 적병이 크게 패하
니 적의 시체가 사방에 무더기로 쌓였다.

여기에 불을 놓아 태우니 냄새가 10리 밖까지 퍼져서 적이 감히
가까이 오지 못하자 우리 군사가 군자(軍資)와 기계를 무수히 얻
었으니 이것이 곧 행주(幸州)의 대첩(大捷)이다. 적이 매양 행주
(幸州)에서 패한 것을 갚고자 하여 많은 무리를 데리고 오다가 벽
루(壁壘)가 높고 깊은 것을 바라보고 무리를 거두어 돌아갔으니
이렇게 하기를 여러 번 했다.

어느날 공이 나그네와 함께 한가로이 장막 안에 앉아서 병사(兵
事)를 의논하는데, 군교(軍校)가 두 개의 붉은 궤를 가지고 와서

바치면서 말하기를,

"이것이 강 위에 떠오는데 둑을 지키던 군사가 주웠으나 무슨
물건인지 알 수가 없어 감히 와서 드립니다."

했다. 공이 명하여 궤를 열고 보니 그 속에 금백(金帛)과 진화(珍
貨)가 가득한데 모두 왜의 물건이었다.

공이 말하기를,

"이는 반드시 적이 물건으로 우리를 유인하는 것이다."

하고, 명하여 모두 군졸(軍卒)에게 주게 했다. 이때 나그네가 공
에게 이르기를,

"다시 마땅히 떠오는 물건이 있을 것이니 미리 군교(軍校)들에
게 부탁하여 절대로 열어 보지 말고 그대로 갖다가 바치도록 하
여 혹시라도 소홀함이 없게 해야 할 것입니다."

하니 공이 그 말에 의하여 온 영채 안에 일러 두었다.

수일이 지난 뒤에 군리(軍吏)가 또 두 개의 큰 궤를 가지고 와
서 바치면서 말하기를,

"이것도 역시 강 위에 떠온 것입니다."

하는데, 붉은 옻칠과 금 채색이 찬란하여 눈이 부셨다. 이때 나
그네는 즉시 쇠사슬로 두 궤를 여러 겹 묶고 섶을 쌓은 위에 놓고
불을 놓아 태우니 궤는 타서 재가 되고 그 속에는 두 구의 시체
와 두 자루 보도(寶刀)뿐이었다. 이에 공이 비로소 궤 속에 검사
(劍士)를 감추어서 이들이 튀어나와 변을 일으키려는 간계(奸計)
라는 것을 알고 더욱 나그네의 선견(先見)이 있음을 탄복했다.

나그네가 말하기를,

"다행히 진궁(秦宮)의 소매에 숨긴 것은 면했거니와 마땅히 양
객(梁客)의 후조(後曹)를 경계해야 할 것입니다."

하더니 얼마 안되어 나그네가 원문(轅門) 밖에 한 줄기 흰 무지
개가 먼 곳으로부터 가까이 오는 것을 바라보고 급히 공에게 이
르기를,

"검객(劍客)이 오니 협실(夾室)로 피해 숨으십시오. 내 마땅히
그 화를 대신 받겠습니다."

하고 벽 위의 쌍검(雙劍)을 들고 원수(元帥)의 자리에 앉았다.

이윽고 흰 무지개의 기운이 날아서 장막 안으로 들어오자 나그네가 칼을 휘두르면서 나가 맞으니, 다만 공중에서 칼 부딪치는 소리만이 들리고 찬 기운이 사람에게 스며들었다. 공은 넋이 몸에 붙어 있지 못하더니 갑자기 발 하나가 협실(夾室) 문을 치는 것을 보고 이것이 나그네의 발임을 알아차리고 또 문을 치는 것은 딴곳으로 피하라는 뜻임을 알고 드디어 뒷문으로 나가서 밖의 문으로 나갔다.

조금 있다가 나그네가 협실(夾室)에서 나오더니 미인(美人)의 머리를 땅에 던졌다. 공은 드디어 정신을 수습하여 나그네를 향하여 사례하자, 나그네가 말하기를,

"공은 어떻게 제 뜻을 알고 갑자기 나가서 피하셨습니까?"

하자 공은 말하기를,

"다리를 들어 문을 쳤으니 그 뜻을 알만했습니다."

하고 묻기를,

"어찌해서 협실(夾室)로 들어갔습니까?"

하니 나그네는 말하기를,

"이 여자가 바다 위 넓은 곳에서 칼을 배웠기 때문에 좁은 곳으로 끌고 들어가서 저로 하여금 제 재주를 다 쓰지 못하게 하여 스스로 형세를 잃고 패하게 한 것인데 만일 지게문을 만들지 않았더라면 반드시 문을 나가서 멀리 달아났을 것이니, 오늘의 일은 공의 지게문의 공이 많으니 공은 참으로 원수(元帥)의 재목입니다."

했다. 이로부터 공은 더욱 그를 공경하고 소중히 여겨 잠시도 떠나려 하지 않았다.

뒤에 장차 파주산성(坡州山城)으로 진(陣)을 옮기려 하자 나그네가 말하기를,

"행주(幸州)의 승리가 이미 중흥(中興)의 원공(元功)이 되어 소식이 중국에까지 들리고 이름이 죽백(竹帛)에 드러웠으니 다시 무엇을 구하겠습니까. 모름지기 높은 보루(堡壘)에 앉아서 다시는 접전(接戰)하지 마시오. 오래지 않아서 화의(和議)가 이루어져서 적은 스스로 물러갈 것입니다. 저의 식구가 오랫동안 소식

이 막혀서 마음이 어지럽사오니 청컨대 이제 가보겠습니다."
하고 만류해도 되지 않고, 금백(金帛)을 많이 주어도 모두 받지 않
고, 타고 온 절뚝거리는 나귀를 도로 타고 표연(飄然)히 갔는데 끝
내 마친 곳을 알지 못한다. 〈이원명저 동야휘집(李源命著東野彙輯)〉

유근(柳根)이 배의 판자를 두껍게 해서
산동(山東)의 양식을 운반하다

　유근(柳根)은 진주(晋州) 사람이니 자는 회부(晦夫)요 호는 서경
(西坰)이다. 백부(伯父) 참판(參判) 창문(昌門)이 일찍이 말하기를,
　"우리 문중(門中)을 크게 할 자는 반드시 이 아이일 것이다."
했다. 15세에 지천(芝川) 황정욱(黃廷彧)에게 배우는데 그가 크게
칭찬해 말하기를,
　"이 다음날에 사맹(詞盟)을 주장하리라."
했다.
　선조(宣祖) 임신(壬申)에 문과에 장원으로 급제하여 사가호당(賜
暇湖堂)하고, 임진(壬辰)에 변을 듣고 걸어서 대궐에 들어가 임금
께 뵙고 나가서 금백(錦伯)이 되었고 오도병마부체찰사(五道兵馬副
體察使)에 임명되었다.
　이때 명(明)나라 조정에서 계속해서 산동(山東)의 양곡 수백
만 석을 실어다가 선천(宣川)·철산(鐵山) 사이에 내려놓아 서울
강으로 실어오게 하는데 배를 움직이는 일은 오로지 우리 나라에
맡겼다.
　이때는 가을 바람이 바야흐로 높아져 바닷길이 몹시 위태로워서
조정 의론이 방법을 알지 못했다. 이때 좌상(左相) 윤두수(尹斗
壽)가 차자(箚子)를 올려 천거하기를,
　"이는 유근(柳根)이 아니면 해결하지 못합니다."
하자, 특별히 운향검찰사(運餉檢察使)에 임명했다.
　이에 근(根)은 큰 배를 많이 만드는데 그 판목(板木)을 두껍게

하니 혹자가 너무 둔해서 운행(運行)이 어렵겠다고 걱정하자 근
(根)은 말하기를,

"두고 보면 알 것이다."

하고 드디어 그 곡식을 배 50여 척에 나누어 싣고 배마다 군관(軍
官)을 두어 기를 날리고 북을 치면서 일제히 떠났다.

이때는 이미 깊은 겨울이어서 서울 강이 거의 얼음이 얼어 있
었다. 이때 명나라 장수가 사람을 보내어 강 위를 탐지하고, 조
정에서도 역시 기일에 대지 못할까 근심하더니 어느날 50여 척
의 배가 조수를 타고 돛대를 펴고 올라오는데 군관(軍官)이 각각
기 아래에 서서 북을 치고 각(角)을 불면서 일제히 뱃사람을 독촉
하여 얼음을 두드려 깨고 차례로 용산(龍山)에 닻을 내렸다. 이는
대개 선판(船板)이 두껍기 때문에 얼음에 부딪쳐도 상하지 않았던
것이다.

이것을 보고 사람들이 비로소 탄복했고, 명나라 장수는 이를 먼
저 알고 군교(軍校)를 보내어 대궐에 나아가 치사하니, 선조(宣祖)
가 크게 기뻐하여 상으로 한 계급을 승진시키고, 군관(軍官) 이하
는 벼슬과 상을 차등있게 주었다.

갑진(甲辰)에 호성공(扈聖功)에 기록되어 진원부원군(晋原府院君)
에 봉하고, 문형(文衡)을 맡았으며 벼슬이 좌찬성(左贊成)에 이르
렀다. 인조(仁祖)가 강도(江都)에 거둥해 있을 때 행재소(行在所)
에 가다가 통진(通津)에 이르러 촌사(村舍)에서 병으로 졸(卒)하
니 시호는 문정(文靖)이다. 〈행장(行狀)〉

최황(崔滉)은 나이 15세에 비로소 배우다

최황(崔滉)은 해주(海州) 사람이니 자는 언명(彦明)이요 호는 월
담(月潭)이다. 명종(明宗) 무오(戊午)에 진사가 되고 병인(丙寅)
에 문과에 급제했다.

나면서부터 병이 많아서 나이가 15세에 이르도록 오히려 글을

배우지 못하더니 어느날 갑자기 장인 한수(韓脩)에게 청하기를,
"원컨대 책 한 권을 얻어 가지고 스승에게 가기를 청합니다."
하자 수(脩)가 소학(小學)을 주었더니 황(滉)은 즉시 이중호(李仲虎)의 문하(門下)에 가서 배우는데 밤을 새워 게으르지 않아 3개월 만에 글 뜻이 갑자기 전진(前進)됐다.

벼슬이 찬성(贊成)에 이르고 광국(光國)·평난(平難) 두 훈(勳)에 기록되고 해성군(海城君)에 봉해졌으며 시호는 문혜(文惠)이다. 〈인물고(人物考)〉·〈국조방목합록(國朝榜目合錄)〉

권협(權悏)이 도로(道路) 산천을 손으로 그리다

권협(權悏)은 안동(安東) 사람이니 자는 사성(思省)이요 호는 석당(石塘)이다.

정축(丁丑)에 문과에 급제하고 정유(丁酉)에 예조판서(禮曹判書)로서 명령을 받들고 명(明)나라에 들어가 구원병을 청하는데 명나라 병부상서(兵部尙書)가 본국(本國)의 산천의 험하고 평탄한 것과 도로의 지나가는 곳을 묻고 그림으로 그려 오라고 하자, 공은 입으로 부르고 손가락으로 그으면서 공인(工人)을 시켜 그림을 그려 올리니 명나라 조정이 탄식해 말하기를,
"이러한 인재를 어찌 많이 얻을 수 있으랴?"
했다.

선무공(宣武功)에 기록되고 길창군(吉昌君)에 봉해졌으며 시호는 충정(忠貞)이다. 〈인물고(人物考)〉

윤안성(尹安性)은 마음을 다하고 힘을
기울여 수염과 머리가 다 세었다

윤안성(尹安性)은 파평(坡平) 사람이니 자는 계초(季初)로 호는 명관(冥觀)이다.

임자(壬子)에 문과에 급제했고, 임진(壬辰)에 남양군수(南陽郡守)가 되어 죽기로 지킬 계획을 하니 방백(方伯)이 불러다가 중영(中營)을 삼았다.

이때 방백(方伯)이 밤에 도망하자 안성(安性)은 본부(本府)로 달려 돌아와 마음과 힘을 다하여 흩어진 병졸(兵卒)을 수집(收集)하기에 수염과 머리털이 다 세었다.

온성(穩城)에 부임했는데 위엄과 신용이 모두 나타나더니 장차 돌아오게 되자 번호(蕃胡)가 1년을 더 있어 달라고 원했다.

일본(日本) 회답사(回答使)가 조정을 떠난다는 말을 듣고 절구(絕句) 한 수를 지어 쓰기를,

"사신의 이름이 회답인데 어디를 향해 가는가. 오늘날 교린(交隣)을 나는 알지 못하겠네. 시험삼아 한강을 향하여 강 위에서 바라보라, 두 능(陵)의 소나무와 잣나무에 가지가 나지 않았네.
(使名回答向何之 此日交隣我未知 試向漢江江上望 二陵松柏不生枝)"

했다. 이 시로 해서 당로(當路)한 자들에게 크게 노염을 받아 병조참판(兵曹參判)으로 바뀌었다.

병이 위중하여 집사람이 의원을 청하려 하자 안성(安性)은 허락하지 않고 말하기를,

"80 늙은이가 무엇이 부족해서 의원을 본단 말이냐."

했다.

익사훈(翼社勳)에 기록되고 파양군(坡陽君)에 봉해졌다. 〈이경석찬비(李景奭撰碑)〉

박개(朴漑)가 서은(棲隱)한 곳에 금서(琴書)가 당(堂)에 가득했다

박개(朴漑)는 충주(忠州) 사람이니 자는 대균(大均)이요 호는 연파조도(烟波釣徒)이다.

형 순(淳)이 경연관(經筵官)으로 임금을 모시고 있는데, 임금이 말하기를,

"배를 단장하여 흰 달을 싣고, 그 값을 황금(黃金)도 가볍게 여기네. 벼슬 길을 향해서 몸이 매이지 않는 것이, 평생의 푸른 바다의 마음일세. (裝舟載素月 擬價輕黃金 不向宦津繫 平生滄海心) 라고 했는데 이것이 경(卿)의 집 처사(處士)의 시인가. 내 이 사람에게 뜻을 둔 지 오래이지만 고집하고 만나보지 않으니 경(卿)은 권하여 일으키도록 하라."

했다. 그리고 그 이튿날 특별히 한성참군(漢城參軍)을 시켰다.

임금이 일찍이 어사(御史)로 하여금 그 숨어 사는 곳을 가보게 했더니 금서(琴書)가 방에 가득하고 대(臺)의 기둥이 강을 누르고 있는데 푸른 얼굴에 흰 머리털로 그 속에 거처하면서 호상(胡床)에 의지하여 바람을 향해 길게 시를 읊다가 이윽고 조그만 종에게 명하여 배를 저어 여울로 내려가 안개 물결 속에서 노닐다가 해가 기울어도 돌아가는 것을 잊고 있었다.

어사(御史)가 본대로 돌아와서 보고하자 임금은 말하기를,

"옛날에 사안(謝安)이 동산(東山)에 기생을 데리고 놀자 창생(蒼生)들이 부러워했는데 자못 이 사람이 바로 그가 아닌가."

했다.

벼슬이 김제군수(金堤郡守)에 이르렀다. 〈행장(行狀)〉

이발(李潑)은 남평재상(南平宰相)

이발(李潑)은 광주(光州) 사람이니 자는 경함(景涵)이요 호는 동암(東庵), 또 북산(北山)이다.

아버지 대간(大諫) 중호(仲虎)가 교리(校理) 해남(海南) 윤구(尹衢)의 딸에게 장가들어 급(汲), 발(潑), 길(洁)을 낳았는데, 급(汲)의 자는 경심(景深)이요 호는 북천(北泉)이니 문과에 급제하여 대간(大諫)이 되었고, 길(洁)의 자는 경연(景淵)이요 호는 남계(南溪)이니 문과에 급제하여 사인(舍人)이다.

기축(己丑)에 정여립(鄭汝立)의 옥사(獄事)가 일어나서 형제 네 사람이 고문을 당하다가 죽고 가산(家產)이 몰수되었다. 그들은 남평현(南平縣)에 살았는데 동요(童謠)가 있기를,

"남평재상(南平宰相) 발길급(潑洁汲)"

이라 하더니 이때에 이르러 참언(讖言)이 되었다.

경자(庚子)에 이항복(李恒福)이 아뢰기를,

"신(臣)이 낭관(郞官)이 되어 이발(李潑) 형제의 원정(原情)을 자세히 알고 형벌을 베풀어 신문하기에 이르러 그 말을 들으니 진실로 역모에 동참한 사람이 아닙니다. 대체로 흉역(凶逆)이 진신(搢紳) 속에서 나와 전하의 위엄이 몹시 노하시어 사람들이 떨지 않는 자가 없사와 아무도 그 원통한 사정을 말한 자가 없고 90의 노모까지 고문하여 죽었사오니 성대(聖代)의 누(累)입니다."

했다.

이에 임금이 웃으면서 말하기를,

"이와 같은 말이 경(卿)의 입에서 나올 줄 뜻하지 못했도다."

하니 항복(恒福)이 대답하기를,

"신(臣)이 깊이 그 원통함을 알면서도 끝내 전하의 위엄을 두려워하여 사실대로 아뢰지 못하면 비단 전하의 은우(恩遇)를 저

버릴 뿐만 아니라, 또한 천하(泉下)에까지 한을 남기게 되옵니다.”

하니 임금이 사신(史臣)을 돌아보면서 말하기를,

“이 말을 자세히 기록하라.”

했다.

뒤에 설원(雪寃)했다. 〈무송북설(撫松北說)〉

김빙(金憑)이 풍루(風淚)로 눈을 씻었는데
이 때문에 고문해서 죽이다

김빙(金憑)은 통천(通川) 사람이니 경진(庚辰)에 문과에 급제하여 좌랑(佐郞)이 되었다.

기축(己丑)에 정여립(鄭汝立)이 모반하다가 죽었는데 시체가 서울에 도착하자 백관(百官)이 차례로 서서 군기시(軍器寺) 앞에서 여립(汝立)의 시체에 추형(追刑)을 베풀었다.

빙(憑)은 본래 바람에 눈물을 흘리는 병이 있어서 바람을 만나 눈을 씻었더니 이것을 가지고 대간(臺諫)이 눈물을 흘렸다고 말해서 죽였다. 〈연려실기술(燃藜室記述)〉

이경중(李敬中)은 선견(先見)의 충성이
옛 사람에 지지 않았다

이경중(李敬中)은 전주(全州) 사람이니 담양군(潭陽君)의 현손(玄孫)이다. 자는 공직(公直)이요 호는 단애(丹崖)이니 무진(戊辰)에 생원이 되고 경오(庚午)에 문과에 급제하여 벼슬이 집의(執義)에 이르렀다.

신사(辛巳)에 정여립(鄭汝立)이 많이 배운 것으로 발탁하자 경

중(敬中)은 말하기를,

"이 사람을 올려 쓰면 다음날에 반드시 사림(士林)의 부끄러움
이 될 것이다."

하더니 여립(汝立)의 옥사(獄事)가 일어나자 임금이 말하기를,

"여립(汝立)의 흉역(凶逆)을 한 사람도 알지 못했으니 사람 알기
어려운 것이 진실로 이와 같으냐?"

하자 유성룡(柳成龍)이 말하기를,

"신(臣)의 죽은 친구 이경중(李敬中)이 일찍이 전랑(銓郎)의 천
거에 막혀서 대간(臺諫)이 경중(敬中)을 반박했습니다."

했다.

임금이 그때 대간(臺諫)이 누구냐고 묻자 장령(掌令) 정인홍(鄭
仁弘)·지평(持平) 백광옥(白光玉)이었다.

이에 임금이 말하기를,

"여립(汝立)이 이름 있다고 일컬어질 때 이경중(李敬中)이 그 옳
지 못한 사람임을 알고 그를 극력 배격하여 청현(淸顯)의 자리
에 나가지 못하게 하다가 마침내 논핵(論劾)을 입었으니 선견
(先見)의 충성이 옛 사람에 뒤지지 않는도다."

하고, 명하여 참판(參判)을 증직하고 관원을 보내어 제사를 지냈
다. 〈국조보감(國朝寶鑑)〉

김귀영(金貴榮)이 물에 빠지자 어떤
물건이 지고 나오다

김귀영(金貴榮)은 상주(尙州) 사람이니 자는 현경(顯卿)이요 호
는 농원(東園)이다. 경자(庚子)에 진사가 되고 정미(丁未)에 문과
에 급제했다.

8, 9세 때 장로(長老)를 따라 고기잡는 것을 구경하다가 실족하
여 깊은 못에 빠졌는데, 이때 물살은 급하고 배가 기울어져서 뱃
사람이 어찌할 줄을 모르는데, 갑자기 보니 귀영(貴榮)이 물 속

에서 기어가다가 저 언덕으로 올라가서 사람에게 말하기를,

"어떤 물건이 나를 지고 물에서 나왔다."

하니 사람들이 모두 이상히 여겼다.

여덟 번 이조판서(吏曹判書)가 되고, 아홉 번 중국에 들어갔으며, 세 번 호당(湖堂)에 뽑히고, 여섯 번 대제학(大提學)이 되었다. 신사(辛巳)에 대배(大拜)하여 좌상(左相)이 되고, 기사(耆社)에 들었고, 평난공신(平難功臣)에 기록되고, 상락부원군(上洛府院君)에 봉해졌다. 〈비명(碑銘)〉

이억기(李億祺)는 옛 비장군(飛將軍)도
능히 그보다 뛰어나지 못하다

이억기(李億祺)는 완산(完山) 사람이니 자는 경수(景受)이다. 5, 6세 때 놀이로 전진(戰陣)의 절제(節制)를 했다.

약관(弱冠) 때 강을 건너다가 폭풍을 만나서 배가 거의 뒤집히자 수십 보(步)를 멀리 뛰어서 언덕 위를 출입하니 뱃사람이 크게 놀라 옛 비장군(飛將軍)[1]이라도 능히 이보다 뛰어나지 못하리라고 했다.

나이 17세에 천거되어 내사복시(內司僕寺)의 벼슬에 제수되고, 무과에 급제하여 특별히 경흥부사(慶興府使)에 임명되어 번호(蕃胡)를 막아 여러 번 기이한 공을 세우니 북방이 그 힘으로 무사했다.

임진(壬辰)에 평수길(平秀吉)이 장차 길을 빌려 명(明)나라에 들어가겠다고 말하자, 임금이 명하여 각각 장재(將才)를 천거하라 했다. 이때 유성룡(柳成龍)은 권율(權慄)·이순신(李舜臣)을 천거하고, 정탁(鄭琢)은 곽재우(郭再祐)·김덕령(金德齡)을 천거하고, 정언신(鄭彦信)은 이억기(李億祺)·신립(申砬)·김시민(金時敏)을

---

1) 飛將軍 : 날듯이 빠른 장군.

천거했는데, 드디어 억기(億祺)로 순천부사(順天府使)를 삼고 이내 우수사(右水使)에 승진되었다.

고성(固城) 싸움에 큰 승리를 거두어 행재소(行在所)에 보고하자 임금은 이를 크게 가상히 여겨 가선(嘉善)으로 계급을 올렸고, 한산도(閑山島)에서 전사(戰死)하자 병조판서(兵曹判書)에 증직하고 완흥군(完興君)에 봉했으며 시호는 의민(毅愍)이다. 의대(衣帶)를 양주(楊州) 아차산(峨嵯山) 밑에 장사지냈다. 〈신도비(神道碑)〉

서성(徐渻)은 지금 인재(人才)로 엄지손가락에 꼽힌다

서성(徐渻)은 달성(達城) 사람이니 자는 현기(玄紀)요 호는 약봉(藥峰)으로서 율곡(栗谷)·귀봉(龜峰)의 문하에서 공부했다.

선조(宣祖) 병술(丙戌)에 문과에 급제하고 임진(壬辰)에 황정욱(黃廷彧)의 종사(從事)가 되어 회령(會寧)에 이르니 토민(土民) 국경인(鞠景仁)이 난을 일으켜 장졸(將卒)을 죽이고 왕자(王子)와 재신(宰臣)을 가두어 놓고 적을 맞아 항복하고 있었다.

이에 공이 계교로 벗어나서 경성(鏡城)에서 군사를 일으키자 평사(評事)를 제수하여 경인(景仁)을 쳐서 평정하니, 조정에서 문무(文武)의 재주가 있는 것을 알고 발탁하여 영남백(嶺南伯)을 삼자, 전후 6도(道)를 두루 거치는 동안 일에 따라서 요리(料理)하여 마치 눈앞에 있는 것과 같았다.

어떤 사람이 당금(當今)의 인재 중에 누가 큰일을 맡길 만하냐고 묻자 백사(白沙)가 엄지손가락을 꼽으면서 말하기를,

"서모(徐某)가 그 사람이다."

했다.

선조(宣祖) 때에 이름이 칠신(七臣)에 끼여서 단양(丹陽)으로 귀양가고, 다시 영해(寧海)로 귀양갔다가 인조(仁祖)가 반정(反正)하자 형조판서(刑曹判書)에 임명되어 한효순(韓孝純)의 죄를 의논하

고 그 여러 아들을 귀양보내자고 청했다.

　이괄(李适)의 난이 있은 후에 병조판서(兵曹判書)에 임명되고 기사(耆社)에 들어갔으며 벼슬이 판중추부사(判中樞府使)에 이르렀다. 74세에 졸(卒)했으며 시호는 충숙(忠肅)이다. 〈행장(行狀)〉

이광정(李光庭)은 다섯 처녀의
중매를 서다

　이광정(李光庭)은 연안(延安) 사람이니 자는 덕휘(德輝)요 호는 해고(海皐)이다. 계유(癸酉)에 진사가 되고 경인(庚寅)에 문과에 급제했다.

　양주목사(楊州牧使)가 되었을 때 매 한 마리를 길러 사냥꾼을 시켜 매양 산에 가더니, 어느날 사냥꾼이 나갔다가 하룻밤을 자고 돌아왔는데 발을 절면서 걸었다. 공이 괴상히 여겨 묻자 그는 웃으면서 대답하기를,

　"어제 매를 놓아 꿩사냥을 하는데 꿩도 잃고 매도 역시 도망했습니다. 사면으로 매를 찾는데 매는 아모 마을 이좌수(李座首)의 문 밖 큰 나무 위에 앉아 있었습니다. 이에 간신히 매를 불러 어깨에 앉히고 장차 돌아오려 하는데 갑자기 들으니 울타리 안에서 떠드는 소리가 나기에 울타리 사이로 엿보니 다섯 처녀가 몸이 크고 장대(壯大)하여 마치 건장한 남자와 같은데 서로 붙들고 몰려와 그 기세가 몹시 사나워서 때릴까 두려워 급히 몸을 피하다가 발이 미끄러져 돌에 스쳐서 다쳤습니다."
했다.

　사냥꾼의 말은 계속되었는데 다음과 같다.

　이때 이미 날이 컴컴한데 마음이 몹시 민망하여 울타리 아래 나무 틈에 몸을 피하여 엿보고 있자니 그 다섯 처녀는 서로 이르기를,

　"오늘 마침 적막하니 또 태수(太守) 놀이나 해볼까?"

하자 모두 좋다고 한다.

그 중에 나이가 30이 넘어 보이는 처녀가 머리는 길어 땅에 닿고 얼굴은 크고 늙어 보이는데 높이 돌 위에 앉았고, 그 아래에 여러 처녀들이 각각 좌수(座首), 형방(刑房), 급창(級唱), 사령(使令)이라 일컫고 앞에 시립(侍立)해 서 있다.

이윽고 태수처녀(太守處女)가 나와서 명령하기를,

"좌수(座首)를 잡아들이라."

하니, 형방처녀(刑房處女)가 급창처녀(級唱處女)를 불러 분부한다. 급창처녀는 또한 사령처녀(使令處女)를 불러 분부하여 명령을 받아 좌수처녀(座首處女)를 잡아다가 뜰 아래에 꿇린다.

이때 태수(太守)가 큰 소리로 수죄(數罪)하기를,

"혼인은 사람의 큰 인륜(人倫)인데 네 막내딸이 나이가 20이 넘었으니 그 위의 형은 알 만할 것이다. 너는 어찌해서 네 딸 다섯을 부질없이 규중(閨中)에서 늙게 하여 모두 폐륜(廢倫)의 사람을 만드느냐. 네 죄 죽어 마땅하도다."

한다.

이에 좌수(座首)가 부복하고 아뢰기를,

"저라고 어찌 윤기(倫紀)의 소중함을 모르리이까. 하오나 저의 가계(家計)가 할 수 없어서 혼비(婚費)를 실로 구별할 도리가 없어서 이렇게 되었습니다."

하니, 태수가 또 말하기를,

"혼인에 대하여 가계(家計)의 있고 없는 것을 말하니, 의복 같은 것은 빌려 입어도 무방한 일이요, 또 물을 떠놓고 성혼(成婚)하는 것도 예(禮)에 잘못될 것이 없으니 네 말은 너무 오활하구나."

한다.

이때 좌수(座首)가 말하기를,

"저의 딸이 하나 둘이 아니요, 신랑 재목도 역시 구할 만한 곳이 없습니다."

하자 태수(太守)는 크게 꾸짖어 말하기를,

"네가 만일 정성된 마음으로 널리 구한다면 어찌 얻지 못할 이치가 있겠느냐. 이 시골 안에서 듣는 바로는 아모 마을의 **송좌수(宋座首)·오별감(吳別監)·최창감(崔倉監)**, 아모 마을의 안좌수(安座首), 아모 마을의 김별감(金別監) 집에 모두 신랑 재목이 있다 하니 진실로 이와 같다면 가히 다섯 딸의 배필을 정할 수가 있고, 또 이들은 모두 너와 처지가 비슷하니 어찌 옳지 않을 이치가 있겠느냐. "

했다.

좌수가 말하기를,

"삼가 마땅히 말씀대로 하겠사오나 저 사람이 필시 제가 가난하다고 해서 기꺼워하지 않을 것입니다. "

한다. 그러나 태수(太守)는 말하기를,

"너는 앞으로 주선하도록 하라. "

하고 또 말하기를,

"네 죄는 마땅히 태형(笞刑)에 처할 것이나 이제 십분 참작해서 용서하는 것이니 속히 정혼해서 성례(成禮)하도록 하라. 만일 그렇지 않으면 뒤에 마땅히 엄벌에 처할 것이다. "

하고 명하여 끌어내게 한 다음에 다섯 딸이 크게 웃더라는 것이다.

여기에서 사냥꾼은 이야기를 마치고 나서, 이리하여 날이 저물어서 여사(旅舍)에서 자고 이제 돌아왔다고 말을 마친다.

공이 이 말을 듣고 크게 웃고 나서 향소(鄕所)를 불러 이좌수(李座首)의 내력과 가세(家勢), 그리고 딸의 수효를 물으니 대답하기를,

"이 고을의 수향(首鄕) 사람이오나 가세가 몹시 가난한데 아들은 없고 딸만 다섯이 있지만 빈한한 소치로 모두 때가 지나도록 아직 성혼(成婚)을 못하고 있습니다. "

했다.

공이 즉시 예리(禮吏)로 하여금 이좌수(李座首)를 청해 오게 했더니 오래지 않아서 와 뵈었다. 이에 공이 말하기를,

"그대가 일찍이 향소(鄕所)에서 한 일을 겪었기로 내가 함께 일을 의논하기 위해서 청해온 것이다. "

하고 계속해서 자녀의 수를 물으니 대답하기를,

"제가 명도(命道)가 기구하여 자식 하나도 기르지 못하고 다만 무용(無用)의 딸 다섯이 있을 뿐입니다."

했다. 다시 모두 이미 출가를 시켰느냐고 묻자 대답하기를,

"하나도 아직 성혼(成婚)하지 못했습니다."

했다. 또 묻기를,

"나이가 각각 몇인가."

하니 대답하기를,

"막내딸도 이미 혼기(婚期)가 지났습니다."

했다.

이에 공이 아까 들은 태수놀이에서 태수처녀가 한 말로 일일이 물었더니 과연 좌수처녀의 대답과 같았다. 공이 이에 두루 아모아모 마을의 좌수·별감·창감의 집을 가리켜 말하기를,

"어찌해서 통혼(通婚)하지 않는가?"

하자 대답하기를,

"저 사람이 필시 제 집이 가난하다고 해서 원치 않을 것입니다."

했다. 공이 말하기를,

"이 일은 내가 마땅히 중매를 설 것이니 그대로 하도록 하라."

했다.

또 즉시 다섯 향소를 청해서 이르기를,

"그대의 집에 모두 신랑의 재목이 있는가?"

하자 모두 말하기를,

"과연 있습니다."

했다. 묻기를,

"정혼(定婚)을 했는가."

하자 대답하기를,

"아직 정혼한 곳이 없습니다."

했다.

이에 공이 말하기를,

"내 들으니 아모 마을 이좌수(李座首)의 집에 다섯 딸이 있다고 하는데, 생각건대 그대들과 처지가 같온데 어찌해서 결혼(結婚)

시키지 않는가. 내가 중매를 서고 또한 주혼(主婚)을 할 것이니
그대들의 뜻은 어떠한가?"
하니 다섯 사람은 주저하고 즉시 응하지 않았다.

공이 정색하고 말하기를,
"저 마을 이 마을에서 문호(門戶)가 서로 같은데 그대들이 하고
자 하지 않는 것은 다만 빈부(貧富)를 계교해서 그러는 것이라.
그렇다면 가난한 집 딸은 장차 머리를 땋은 채로 늙어 죽는단
말인가. 내가 이미 말을 낸 터에 그대들이 어찌 감히 따르지 않
는단 말인가?"
하고 다섯 장의 간지(簡紙)를 꺼내다가 다섯 사람의 앞에 놓게 하
고 말하기를,
"여기에 각각 사주(四柱)를 쓰라."
하고 목소리와 얼굴빛이 모두 준엄하니 다섯 사람이 황공하여 부
복하고 말하기를,
"삼가 말씀대로 하겠습니다."
하고 각각 사주를 써서 바쳤다.

공은 나이의 많고 적은 것으로 그 처녀의 차례를 정해 주고 계
속해서 술과 안주를 내고 또 분부하기를,
"이가(李家)의 혼구(婚具)는 내가 준비해서 줄 것이니 본가(本
家)에서는 걱정하지 말라."
하고 즉시 택일(擇日)하게 하니 10여 일 후가 되었다.

계속해서 포백(布帛)과 전곡(錢穀)을 후하게 보내어 이것으로 혼
수(婚需)를 장만하게 하고, 그날 공이 이좌수의 집에 가는데 병
풍과 자리를 관청으로부터 준비하고 다섯 탁자를 뜰 가운데 놓게
하여 다섯 딸과 다섯 신랑이 일시에 행례(行禮)하니 보는 자들이
많이 모여 부러워하고 탄식하지 않는 자가 없었다.

이리하여 공의 자손이 번성하고 현달(顯達)한 것은 모두 이러한
적선(積善)의 까닭이라고 한다. 청백리(淸白吏)에 기록되고 기사
(耆社)에 들어갔으며 벼슬은 이조판서(吏曹判書)에 이르렀다. 〈청
구야담(靑邱野談)〉

안광윤(安光胤) 등 한 문(門)에
세 아이의 효우(孝友)가 모두 나타났다

안광윤(安光胤)은 순흥(順興) 사람이니 처음 이름은 몽윤(夢尹)이요 자는 술보(述甫)이며 호는 죽정(竹亭)이다.

11세에 임진(壬辰) 난리를 당해서 15세인 형 몽량(夢良), 7세인 아우 몽구(夢丘)와 함께 어머니를 모시고 의령(宜寧)에서 피난하였다. 적이 어머니를 핍박하자 어머니가 울면서 말하기를,

"더럽게 욕을 당하고 구차히 사는 것이 조용히 목숨을 끊는 것만 같지 못하다."

하고 드디어 자살했다.

이때 적이 창에 꿰어 가지고 춤추려 하자 세 아이가 어머니 시체를 껴안고 울면서 다투어 어머니 옆에서 죽으려 하자 적이 의롭게 여기고 놓아 주었다.

드디어 시체를 지고 산으로 들어가 피로 쓰면서 맹세하기를,

"우리들이 비록 성인(成人)이 되지 못했으나 오히려 지킬 인륜(人倫)이 있으니 어찌 적과 한 하늘을 이고 살겠느냐."

했다.

정유(丁酉)에 곽재우(郭再祐)를 좇아 싸우는데 진(陣)마다 문득 몸을 빼어 앞으로 나가 시석(矢石)을 무릅쓰고 싸우다가 몽량(夢良)은 죽고 광윤(光胤)·몽구(夢丘)는 끝내 힘을 다하여 적을 죽인 것이 몹시 많았다.

이에 임금이 말하기를,

"한 문(門)의 세 아이가 효우(孝友)가 함께 나타났으니 노(魯)나라의 한 왕기(汪錡)가 족히 장할 것이 없다."

---

1) 汪錡 : 노(魯)나라의 동자(童子)로서 제(齊)나라 군사와 낭(郎)에서 싸우다가 죽었다.

하고, 공조좌랑(工曹佐郎)을 증직했다. 〈창의록(倡義錄)〉

성로(成輅)가 소를 타고 지팡이를 짚으며 소경 행세를 하다

성로(成輅)는 창녕(昌寧) 사람이니 자는 자중(子重)이요 호는 석전(石田)이다. 송강 정철(松江鄭澈)의 문하(門下)에서 공부하여 높은 행실이 있었다.

어버이의 병으로 근심하여 나이 아직 40도 되기 전에 수염과 머리털이 다 희어지니 천거하여 참봉(參奉)을 제수했다.

송강(松江)이 패한 뒤에 노(輅)는 드디어 이름을 버리고 술에 도망하여 혹 서울에 들어오면 소를 타고 지팡이를 짚으며 소경 행세를 하여 재상을 만나도 피하지 않았다.

어느날 술에 취해서 나무 실은 소를 타고 종로(鍾路)를 지나는데 월사(月沙) 이정귀(李廷龜)가 지나갔다. 이때 노(輅)가 문득 눈을 뜨고 지팡이를 내두르면서 말하기를,

"성징(聖徵)은 어데 가는가."

하자, 월사(月沙)가 수레를 멈추고 문답하는 것이 은근하니 지나가는 사람들이 놀라고 이상히 여겼다.

일찍이 시를 지어 말하기를,

"흰 터럭에 평량자 쓴 사람이, 한평생 술 취한 속에 사네. 세상에 나를 아는 자는 오직 주인 늙은이가 있네. (白髮平凉子 生涯爛醉中 世間知我者 唯有主人翁)"

했다. 〈조야집요(朝野輯要)〉

유대경(兪大儆)은 그 뒤가 있으리라

유대경(兪大儆)은 기계(杞溪) 사람이니 자는 성오(省吾)이다. 병자(丙子)에 생원이 되고 신묘(辛卯)에 문과에 급제하여 세자 시강원(世子侍講院)과 양사(兩司)를 거쳐 고을을 다스린 공로로 통정(通政)에 승진했다.

성질이 크고 넓고 국량(局量)이 있었으며 아는 것과 생각이 심원하여서 그 순변사(巡邊使)의 밑에 있을 때 호남(湖南)에 한 죄수가 있어서 스스로 죽을 죄에서 벗어나고자 하여 도내(道內)의 지명사부(知名士夫) 수십백인(數十百人)을 무고(誣告)하여 장차 난(亂)을 꾀한다 하자 순변사(巡邊使)가 즉시 체포하라고 했다.

이에 여러 막료(幕僚)가 모두 급히 임금께 보고하라고 청했으나 대경(大儆)은 홀로 견지(堅持)하여 말하기를,

"간인(奸人)이 죽음 속에서 살기를 구한 것이니 법에 마땅히 들어줄 수 없는데 하물며 사실이 없는 일인데 착하고 어진 이에게 화를 입힐 수 없으니 급히 죄수를 베고 체포하는 일을 중지하시오."

했다.

이에 순변사(巡邊使)가 탄식하기를,

"죄없는 것을 알고 사람을 죽여 혐의를 피한다는 것은 크게 좋지 못한 일이라. 유공(兪公)이 아니었더면 내가 실수할 뻔 했다. 유공(兪公)은 그 뒤가 있으리로다."

하더니, 뒤에 과연 손자 계(棨)가 있었으니 호가 시남(市南)이다. 〈인물고(人物考)〉

홍섬(洪暹)은 판부사(判府事)가 되었는데 꿈속의 일과 같았다

홍섬(洪暹)은 남양(南陽) 사람이니 자는 퇴지(退之)요 호는 인재(忍齋)이다.

중종(中宗) 무자(戊子)에 진사가 되고 기축(己丑)에 정시(庭試)에 장원으로 급제하여 이조정랑(吏曹正郎)으로서 금오랑(金吾郎)에 체포되어 형(刑)을 받아 고초를 겪는 중에 꿈을 꾸니, 부(府)의 문이 크게 열리고 나장(羅將)이 판부사(判府事) 드신다고 크게 외치더니 몸이 북문(北門)으로 들어와 청상(廳上)의 교의에 앉으니 여러 아전들이 부복하고 예(禮)를 행했다.

꿈에서 깨어 이상히 여겼더니, 뒤에 귀양갔다가 돌아와서 판의금부사(判義禁府事)가 되었는데 본 바가 한결같이 꿈과 같았다. 〈지봉유설(芝峰類說)〉

공이 염근(廉謹)으로 뽑혔으니 이는 대개 조정 의론에 여럿이 천거한 것이다. 공의 모부인(母夫人)은 영상(領相) 송질(宋軼)의 따님인데 영상의 아내가 되고, 또 영상의 어머니가 되어 향년(享年)이 90이었으니 이는 전고(前古)에 없던 일이다. 〈상신록(相臣錄)〉

벼슬이 영상(領相)에 이르렀고 시호는 경헌(景憲)이다.

정유길(鄭惟吉)의 몽뢰정(夢賚亭)은 이에 징험이 있었다

정유길(鄭惟吉)은 문익공(文翼公) 광필(光弼)의 손자이니 자는 길원(吉元)이요 호는 임당(林塘)이다. 17세에 진사(進士)가 되고 중종(中宗) 무술(戊戌)에 알성시(謁聖試)에서 장원으로 급제했다.

원관찰(元觀察) 계채(繼蔡)의 문(門)에 데릴사위로 들어갔는데, 원(元)은 문익공(文翼公)과 친구 사이라, 공이 원(元)에게 부탁하기를,

"글 읽기를 권하여 부지런하지 않거든 매를 때려도 좋다."

고 했다.

원(元)이 공의 말에 의하여 글 읽기를 권해도 좇지 않고 또 매를 때리려 하자 공에게로 달아나서 이내 돌아오지 않았다.

원(元)이 일찍이 공에게 묻기를,

"영포(令抱)의 글 읽는 것이 어떻습니까?"

하자 공은 말하기를,

"유길(惟吉)의 글 읽는 것이 날마다 안되어 간다."

하자, 유길(惟吉)이 옆방에서 이 말을 엿듣고 바로 대답하기를,

"조주(祖主)의 약주는 아침마다 드세요."

하니 공이 기뻐하며 말하기를,

"그대는 걱정하지 말라. 끝내는 대인(大人)이 되리라."

했다. 〈기재잡기(寄齋雜記)〉

유길(惟吉)이 일찍이 꿈속에,

"꿈에 물고기와 새를 따라서 강천(江天)으로 들어간다. (夢隨魚鳥入江天)"

는 글귀를 얻었더니, 뒤에 동호(東湖)에 정자를 짓고 이름을 몽뢰정(夢賚亭)이라 하고 시를 지어 말하기를,

"흰 머리 선조(先祖)의 늙은 판서가, 한가하나 바쁘나 분수 따라 날마다 한가로이 있네. 고기잡이 늙은이가 봄 강이 따뜻하다고 하고, 아직 꽃필 때도 되지 않았는데 궐어(鱖魚)를 바치네. (白首先祖老判書 閑忙隨分且安居 漁翁報道春江暖 未到花時薦鱖魚)"

했다. 임당(林塘)이 입상(入相)한 것은 몽뢰(夢賚)라는 이름이 맞는 것 같다. 〈지봉유설(芝峰類說)〉

선조(宣祖) 계미(癸未)에 대배(大拜)하여 좌상(左相)에 이르고 기사(耆社)에 들어갔으며 치사(致仕)하여 졸(卒)하니 나이 74세였다.

최경창(崔慶昌)은 8문장(文章)에 28수(宿)였다

최경창(崔慶昌)은 해주(海州) 사람이니 자는 가운(嘉運)이요 호는 고죽(孤竹)이다. 신유(辛酉)에 진사가 되고 무진(戊辰)에 문과에 급제하여 벼슬이 부사(府使)에 그쳤다. 타고난 바탕이 호걸스럽고 시원해서 보는 자가 신선중인(神仙中人)처럼 알았다.

약관(弱冠)이 되기 전에 이율곡(李栗谷)·송귀봉(宋龜峰)·최간이(崔簡易) 등 여러 재자(才子)들과 무이동(武夷洞)에서 창수(唱酬)하니 세상에서 8문장(文章)이라고 이름했다. 또 이윽고 정송강(鄭松江)·서만죽(徐萬竹) 등 여러 명류(名流)와 함께 삼청동(三清洞)에 노니 사람들이 또 28수(宿)라 일컬었다.

천재(天才)가 뛰어나게 높고 겸해서 활을 잘 쏘았는데, 임금이 일찍이 문관(文官)들을 모아 재주를 시험할제 활 잘 쏘는 자 하나가 마음으로 꺼리자 경창(慶昌)은 웃으면서 말하기를,

"그대는 근심치 말라. 내 오늘 병이 있다."

하고 화살 하나를 헛쏘았다.

또 거문고와 피리에 능했다. 젊었을 때 영암(靈岩)에 가 있을 때 임진(壬辰)의 난을 당하여 적이 졸지에 이르므로 배를 타고 피했다. 이때 적이 포위하자 마침 달이 밝은데 경창(慶昌)이 간직하고 있던 옥소(玉簫)를 꺼내어 한 번 부니 적들은 이 소리를 듣고 모두 고향으로 돌아갈 마음이 나서 말하기를,

"이 포위한 속에 반드시 신인(神人)이 있을 것이다."

하고 드디어 한쪽을 풀어 주어서 벗어날 수가 있었다.

명(明)나라 조정의 학사(學士) 난우(蘭嵎)·주지번(朱之蕃)이 와서 그 시를 얻어 보고 탄식하기를,

"마땅히 돌아가 강남(江南)에 퍼뜨려 귀국(貴國) 인물의 장한 것을 나타내리라."

했다. 〈행장(行狀)〉

임관(林懽)은 진사군(進士軍)이라 일컫다

임관(林懽)은 나주(羅州) 사람이니 자는 자중(子中)이요 호는 습정(習靜)이다. 경인(庚寅)에 진사가 되었는데 얼굴 모양이 아름답고 풍채가 있었으며 더욱 문자에 능했다.

임진(壬辰) 난리에 창의사(倡義使) 김천일(金千鎰)이 불러서 종사(從事)를 삼아 군사(軍事)를 모두 그에게 맡기니 처리하는 것이 법도가 있어 일군(一軍)이 마음을 붙였다.

이때 왕세자가 수안(遂安)에 와 있었다. 이에 글을 받들고 조정에 들어가 2일 동안에 세 번 글을 올려 수레를 옮겨 남쪽으로 내려오기를 청하여 중흥(中興)의 기업(基業)을 시작했다.

사포서 별제(司圃署別提)가 되었더니 돌아올 때 중도에 말을 버리고 비밀히 적의 속으로 들어가서 종묘(宗廟)의 신주(神主)를 찾아 얻어가지고 적이 물러가자 맨 먼저 서울로 들어와 먼저 학교를 세우자는 의론을 제창하고, 드디어 김천일(金千鎰)과 함께 적을 쫓아 남쪽으로 내려오니 명나라 장수 오종도(吳宗道)가 한 번 보고 이상히 여겨 같이 가기를 청하여 상주(尙州)에 이르렀는데 병으로 따라가지 못하고 들려서 집으로 돌아갔다.

이때 천일(千鎰)이 진주(晉州)로 들어갔는데 성이 함락되어 죽었다는 말을 듣고 울면서 말하기를,

"슬프다. 장부(丈夫)가 이미 남에게 알아 주는 일을 입었는데 차마 그로 하여금 홀로 죽게 한단 말인가."

하고, 이로부터 세상에 뜻을 끊고 바다 위에 집을 지어 날마다 물고기와 새를 벗삼아 스스로 즐겼다.

정유(丁酉)의 재란(再亂)에 통제사(統制使) 이순신(李舜臣)이 보화도(寶化島)에 나가 주둔하니 양식의 길이 사방에서 끊어졌다. 이에 관(懽)이 집에 저장했던 곡식 수백 석을 내주니 적들은 모두 무리를 이끌고 북으로 올라갔다.

이때 시골 사람들이 서로 모여서 의논하기를,

"우리 고향 임모(林某)는 의인(義人)이다. 우리가 임군(林君)의 말을 들으면 일을 이룰 수 있다."

하고 그를 추대하여 장수로 삼자 관(權)이 말하기를,

"옛날에 내가 종군(從軍)했을 때 주군(主君)을 저버린 일이 많은데 어떻게 다시 일어날 수가 있는가?"

했다.

그러나 무리들은 말하기를,

"일에 임해서 옛 일을 잊지 않으니 그 딴 사람보다 어진 것이 깊도다. 이 사람이 아니면 무리를 거느릴 수 없다."

하고 고집하고 헤어지지 않자, 관(權)은 할 수 없이 여기에 응하여 소(疏)를 올리고 의병을 일으켜 격문(檄文)을 팔도(八道)에 전하니 순찰사(巡察使) 황신(黃愼)이 장계(狀啓)를 올려 특별히 공조좌랑(工曹佐郎)에 임명했다.

왜교(倭橋) 싸움에 관(權)이 외로운 성을 지키는데 수천의 적병이 쳐들어오자 명나라 군사는 쓸렸으나 홀로 관(權)의 한 진(陣)만은 움직이지 않으니, 이로부터 여러 군대가 그를 이름하여 진사군(進士軍)이라 했다.

그는 도량이 너그럽고 중하여 정성되게 미덥고 거짓이 없기 때문에 명장(明將) 이의(李義)가 그 애첩(愛妾)을 부탁하면서 말하기를,

"명나라 조정 사람에게 부탁하지 않고 공에게 부탁하는 것은 공의 믿음을 알기 때문이다."

했고, 오종도(吳宗道)는 조정에 돌아가는 날 또한 유복자(遺腹子)를 부탁했다. 〈지명(誌銘)〉

신호(申浩)는 옷을 벗고 이를 빼어 종에게 주다

신호(申浩)는 평산(平山) 사람이니 자는 언원(彦源)이다. 정묘

(丁卯)에 무과(武科)에 급제했다. 힘이 남보다 뛰어나서 항상 5백 보(步) 앞에서 나무 화살을 쏘았다.

경인(庚寅)에 조정이 비로소 수길(秀吉)의 길 빌리는 계교를 알고 무신(武臣) 중에 용맹스럽고 재략(才略)이 있는 자를 뽑아서 남쪽 고을을 나누어 맡기니, 이순신(李舜臣)은 정읍(井邑)을 맡고, 권준(權俊)은 순천(順天)을 맡고, 배흥립(裵興立)은 흥양(興陽)을 맡고, 어영담(魚泳潭)은 광양(光陽)을 맡고, 호(浩)는 낙안(樂安)을 각각 맡았다.

임진(壬辰)의 난이 일자 이순신(李舜臣)은 이미 발탁되어 호남 좌도 절도사(湖南左道節度使)가 되어 수군(水軍) 수십 척을 거느리게 되자, 호(浩)로 중위장(中衛將)을 삼아 옥포(玉浦) 앞바다에서 싸우고, 또 적진포(赤珍浦) 및 견내량(見乃梁)·안골포(安骨浦)에서 싸워 적을 벤 것이 많자, 절도사(節度使)가 계속해서 공부(功簿)를 올리는데 호(浩)가 항상 1등이었다.

드디어 계급이 통정(通政)으로 승진되고, 다시 영남(嶺南)으로 내려가는데 적을 부산(釜山) 앞바다에서 만나니 그 배 4척을 깨쳤다. 호(浩)가 군(郡)에 있을 때 사나운 자를 다스리고 호기부리는 자를 억제해서 안렴사(按廉使)가 경계에 이르렀을 때 원망을 받아 갑자기 파면되니 순신(舜臣)이 크게 애석히 여겼다.

순신(舜臣)이 삼도 통제사(三道統制使)가 되자 드디어 호(浩)를 청해다가 주사방장(舟師防將)을 삼고 다시 교룡산성(蛟龍山城)의 수어장(守禦將)으로 삼았다.

이때 남원(南原)이 포위당하여 날로 급하자 명나라 장수 총병 (摠兵) 양원(楊元)이 포위를 깨치고 먼저 나가니, 호(浩)는 생각하기에 남원(南原)을 지키지 못하면 산성(山城)이 홀로 온전하기 어렵다 하고, 병사(兵使) 이복남(李福男) 등과 함께 힘껏 지키기로 약속하자 성 안에서 처음에는 호응받지 못했다.

성이 장차 함락되려 하자 호(浩)가 동문(東門)을 빠져 나오니 적이 이미 성가퀴를 넘고 있었다. 이에 호(浩)가 적을 쏘아 죽이다가 화살이 다하자 칼을 가지고 달려가 치니 적이 감히 가까이 오지 못했다. 그러자 호(浩)는 스스로 그 옷을 벗고 또 이 하나를 빼어 그 종에게 주면서 돌아가 그 집에 알리기를 이것이 나의 죽은 날이라고 하라 했다. 그리고 마침내 이복남(李福男)·임현(任鉉) 등과 같이 죽었다.

호(浩)는 일찍이 복파장군(伏波將軍)의 말가죽에 시체를 싼다는 말을 좋아하여 항상 격앙(激仰)하여 스스로 맹세하더니 남원(南原)을 구원할 때 평소에 간수하던 손톱과 머리털을 가져다가 집사람에게 주어 반드시 죽을 뜻을 보였다.

또 안으로 행하는 행동이 순수하고 독실하여 전후에 여묘(廬墓)하여 죽을 마신 것이 6년에 이르렀고, 아무리 침체하고 불우(不遇)해도 일찍이 한 번도 권귀(權貴)의 문에 머리를 굽히지 않았다.

형조판서(刑曹判書)를 증직하고 시호를 무장(武壯)이라 했으며, 남원(南原)에 사당을 세워 제사지냈다.

황진(黃進)의 말이 슬피 울면서 발버둥치고 차마 가지 못하다

황진(黃進)은 장수(長水) 사람이니 자는 명보(明甫)로 익성공 희(翼成公喜)의 5대손(代孫)이다. 키가 크고 수염이 아름답고 모양이 몹시 잘났다.

어려서부터 활 쏘기와 말 타기를 익히고 힘이 남보다 뛰어나 달리는 것이 나는 것 같았다. 선조(宣祖) 무자(戊子)에 무과(武科)에 급제하고 경인(庚寅)에 그 종숙(從叔) 황윤길(黃允吉)을 따라 일본에 사신으로 갔다가 돌아올 때, 가진 물건을 다 기울여 칼을 사면서 말하기를,

"오래지 않아서 이 오랑캐가 반드시 움직일 터이니 그때 내가 이것을 쓰리라."

했다.

동복현감(同福縣監)이 되어 부임하는 길에 파리한 말을 보고 사가지고 가서 길렀는데, 매양 관청이 파하면 문득 갑옷을 입고 이

말을 타고 10리가 넘는 길을 달렸다.

　임진(壬辰)에 난리가 나자 진(進)은 현감(縣監)으로서 도신(道臣) 이광(李洸)을 좇아 근왕(勤王)하여 북쪽으로 가서 용인(龍仁)에 이르러 군사가 크게 무너졌으나 진(進)은 홀로 거느린 군사를 온전히 하여 화살촉 하나도 잃지 않았다.

　적이 진안(鎭安)을 침범하자 진(進)이 적의 선봉(先鋒)을 죽이고 또 적을 안덕원(安德院)에서 크게 깨치니 이 공으로 훈련판관(訓鍊判官)이 되었다. 체찰사(體察使) 정철(鄭澈)이 이 말을 듣고 격문(檄文)을 보내어 불러다가 익산군(益山郡)을 지키게 하니 절도사(節度使) 선거이(宣居怡)를 좇아서 군사를 이끌고 북쪽으로 수원(水原)을 지키다가 적을 만나 힘껏 싸워서 그 말을 빼앗고 크게 무찌르고 돌아왔다.

　계사(癸巳) 봄에 장차 충청병사(忠淸兵使)를 제수하려는데 적병을 상주(尙州) 적암(赤岩)으로 쫓아가 싸우기만 하면 계속해서 이겼다. 청정(淸正)이 30만 군사를 거느리고 진주(晋州)를 침범하자 진(進)이 창의사(倡義使) 김천일(金千鎰), 절도사(節度使) 최경회(崔慶會)와 진주(晋州)에 모여서 죽기로 싸울 계획을 세우고, 진(進)이 힘껏 싸워 크게 깨치니 적이 달아나는데 시체가 수리(數里)에 쌓이고 우리 군사는 죽고 상한 자가 없었다.

　한 적이 풀 사이에 숨어 있다가 총을 쏘아 진(進)의 이마를 맞혀 기절(氣絕)하자 휘하의 군사가 떠메고 고리(故里)로 돌아왔는데 사녀(士女)들이 술을 가지고 다투어 맞으면서 곡(哭)하기를,

　“만일 우리 공이 아니었으면 이 땅의 생령(生靈)이 모두 죽었을 것이다. ”

했다.

　진(進)이 죽자 진주성(晋州城)이 함락되었는데 죽은 자가 6만인이나 되었다. 성에서 벗어난 자들이 모두 말하기를,

　“만일 황공(黃公)이 있었으면 성이 반드시 함락되는 데 이르지는 않았을 것이다. ”

했다.

　순찰사(巡察使) 이상신(李尙信)이 제문에 말하기를,

"공이 있으니 성이 보존되고, 공이 가니 성이 망했다."

했다. 진(進)이 타던 말이 매양 그의 묘(墓)를 지날 때면 슬피 울면서 머뭇거리고 차마 가지 못하니, 사람들이 이르기를, 길러준 데에 감동된 것이라고 했다. 〈인물고(人物考)〉

좌찬성(左贊成)에 증직했고 시호는 무열(武烈)이다.

정기룡(鄭起龍)이 아내가 사준 말을 얻어서 성공하다

정기룡(鄭起龍)은 곤양(昆陽) 사람이니 자는 경운(景雲)이요 처음 이름은 무수(茂樹)이다. 문과(文科)에 급제했다.

어릴 때부터 소를 먹일 기운이 있고 위엄이 여러 아이들을 복종시켜 감히 그의 영(令)을 어기지 못했고, 매양 노는 데 전진(戰陣)을 만들고 치고 찌르는 모양을 했다.

일찍이 집이 가난하여 스스로 살아갈 수가 없어서 편모(偏母)를 모시고 진주(晋州)에 가서 살면서 소금 파는 것을 생업(生業)으로 삼다가 오랜 뒤에 이름이 절도영(節度營)의 군관(軍官)에 올랐다.

어느날 청해(廳廨)에서 낮잠을 자다가 갑자기 크게 소리를 지르자 절도사(節度使)가 그 까닭을 물으니 대답하기를,

"장부(丈夫)가 세상에 나서 위로는 능히 단(壇)에 올라 여러 군사를 거느리고 한장(漢將)의 기(旗)를 세우지 못하며, 아래로는 말을 달리고 칼을 둘러 정무(鄭䳫)의 용맹도 사지 못하여 그 억울함을 이기지 못해서 꿈꾸고 잠자는 중에 소리가 나는 것을 깨닫지 못하고 이것으로 그 기운을 편 것입니다."

하니 절도사가 그 말을 듣고 장하게 여겼다.

마침 일이 있어서 전주(全州)에 갔더니 그 이웃집에 전주향감(全州鄕監) 권모(權某)와 연인(連姻)한 자가 있어 그에게 편지를 보내주기를 요구하자 정(鄭)이 편지를 가지고 그 집에 가니 권(權)은 본래 부자로 사는데 집에 남자는 없고, 다만 한 여자가 있는데

재주와 지혜가 비할 데 없어 부모가 손바닥 위의 구슬처럼 사랑했다. 차츰 자라자 지식이 남보다 뛰어나서 미래(未來)의 일을 미리 알고 또 선견(先見)의 밝음이 있었다.

나이가 이미 출가할 때가 되자 부모가 배필을 골라도 여러 번 그 명령을 어기므로 부모가 그 까닭을 묻자 그는 대답하기를,

"여자가 우러러 바라보고 몸을 마치는 자는 오직 한 남편일 뿐이니 만일 짝이 그 사람이 아니라면 평생을 그르치는 것이니 이는 진실로 큰일이라, 어찌 삼가지 않을 수 있겠습니까. 아버님께서 지인(知人)의 밝음이 있다는 말을 듣지 못했사오니 제가 비록 육안(肉眼)이지만 마땅히 천정(天定)의 인연을 구하겠으니 번거롭게 명령하지 마시옵소서."

하므로 부모도 또한 그의 마음을 어찌할 수 없었다.

어느날 부모는 마침 족친(族親)의 집 잔치에 가고 여자만 홀로 집에 있는데 손님이 문을 두드리면서 스스로 말하기를, 진주(晋州)에서 왔다고 하면서 아모의 편지를 전해달라고 했다.

그 여자는 그 목소리를 듣고 마음으로 이상히 여겨 문 틈으로 내다보니 그 손님은 헌헌(軒軒)한 기우(氣宇)에 비록 의복이 남루하고 형용은 파리했으나 은은히 비범(非凡)한 기상이 있었다.

이에 계집종을 시켜 말을 전하기를,

"우리 집 대인(大人)께서 머지 않아 돌아오실 것이니 잠시 외당(外堂)에 앉아 기다리십시오."

하고, 다시 말을 전하기를,

"외당(外堂)이 싸늘하니 문안의 옆방으로 와서 앉으십시오."

하고, 계집종을 시켜 주식(酒食)을 갖추어 대접하게 했다.

그러나 이윽고 부모가 돌아오더니 저 사람이 누구이기에 내실(內室) 가까운 곳에 앉혔느냐 하자, 딸은 대답하기를, 진주(晋州) 모가(某家)에서 전해 오는 편지를 가지고 왔다는 이유를 말하고, 계속해서 말하기를,

"백년 동안 몸을 의탁할 사람을 이제 다행히 얻었습니다."

했다.

부모가 그 사람을 보고 크게 놀라서 말하기를,

"네가 부모의 교훈을 듣지 않고 중매의 말을 좇지 않고 항상 스스로 사람을 골라서 간다고 하던 사람이 마침내 이와 같은 것이냐. 저 사람은 길에 세운 흙돈대가 아니면 곧 문에 그린 부적이니 너는 참으로 두 눈에 동자가 없구나. 참으로 이른바 얌전한 사람을 구하다가 이 꼽추를 얻은 것이로다. 내 비록 너로 하여금 집 안에서 늙어 죽게 할지언정 결단코 저 늙은 비렁이와는 인연을 맺지 않을 것이다."

하고 계속 혀를 찼다.

이에 딸은 말하기를,

"부모의 명령이 비록 엄하오나 내심(內心)이 이미 정해졌사오니 죽기로 맹세하고 저 사람과 결친(結親)하겠습니다."

했다. 부모는 어찌할 수 없어 정(鄭)을 불러서 그 여러 가지 및 그 성취했는지의 여부를 묻자 대답하기를,

"다만 편모(偏母)를 모시고 가세(家勢)가 몹시 가난하니 어떻게 장가를 들겠습니까?"

했다.

권(權)이 말하기를,

"나에게 한 딸이 있어 비록 고운 태도는 없으나 건즐(巾櫛)을 받들만은 하니 원컨대 진진(秦晋)의 의(誼)를 맺고자 하는데 어떠한가?"

하자 정(鄭)은 말하기를,

"나에게 늙은 어머니가 계시니 함부로 정할 수 없습니다."

했다. 권(權)이 다시 말하기를,

"글을 보내어 고하고 여기에 머물러서 성례(成禮)하는 것이 무엇이 해롭겠는가?"

하자 말하기를,

"인륜(人倫)의 대사(大事)를 어찌 이렇게 하겠습니까? 마땅히 친히 가서 뵙고 여쭌 후에 납채(納采)해도 오히려 늦을 것이 없습니다."

했다.

권(權)이 말하기를,

"그대의 말이 옳다. 마땅히 인마(人馬)를 갖추어줄 것이니 속히
갔다 돌아오도록 하라."
하자 말하기를,

"나는 본래 천한 몸이어서 보행(步行)이 편한데 어찌 인마(人馬)
가 필요하겠습니까?"
하니 권(權)이 말하기를,

"말 한 필이 있으니 굳이 사양할 것은 없다."
했다.

일찍이 장사꾼이 말 한 필을 끌고 지나는데 딸이 이것을 보고
그 아버지에게 권하여 사게 하자, 아버지는 말하기를,

"네가 백락(伯樂)이 아닌데 어찌 말을 아느냐?"
하자 딸은 말하기를,

"뒤에 반드시 쓸 곳이 있을 것입니다."
하고 드디어 스스로 사두었는데 그 말은 몸이 비록 크나 파리해서
뼈가 드러났다. 그러나 딸은 이 말을 잘 먹여 기르니 두어 달이
못되어 몹시 살쪄서 윤택하고 또 몹시 사나워서 사람을 보면 문득
입을 벌리고 뛰어올라 마치 물 것처럼 하므로 매양 긴 장대로 꼴
을 꿰어서 던져주곤 했다.

그래서 권(權)이 몹시 괴로워하여 팔려고 했으나 딸이 힘써 만
류해서 중지했었는데, 이때에 이르러 딸이 아버지에게 이르기를,

"아버님은 정(鄭)이 어떤 인물인지 모르십니다. 저 말이 비록
사나우나 구름 같은 갈기에 달 같은 발굽이니 곧 용마(龍馬)인
데 시험삼아 한번 타보게 하는 것이 어떻겠습니까?"
하니 권(權)이 정(鄭)에게 묻기를,

"그대가 능히 저 사나운 말을 제어할 수 있겠는가?"
하자 대답하기를,

"어써 남사의 몸으로 한 말을 제어하지 못하겠습니까?"
하고 즉시 마구간을 향해 가니 말이 또 뛰어오르면서 큰 소리를
쳤다. 이에 정(鄭)이 드디어 그 뺨을 치고 꾸짖으니 말이 드디어
머리를 떨어뜨렸다.

이에 앞으로 나가서 갈기를 쓰다듬고 안장을 얹으니 자연히 말

이 길들여져 양순해졌다. 딸이 기뻐서 말하기를,

"이 말이 능히 사람을 아는도다."

했다. 이에 이 말을 타고 진주(晉州)로 돌아와서 어머니를 보고 장가들게 된 경위를 갖추어 고하고 다시 전주(全州)에 이르러 성혼(成婚)하니 권(權)이 사위에게 이르기를,

"그대가 진주(晉州)에서 이미 선세(先世)의 업(業)이 없어 필시 숙수(菽水)의 이바지도 어려울 것이니 늙은 어머니를 모시고 데릴사위로 와서 서로 의지해 사는 것이 어떠하겠는가?"

하니 딸이 말하기를,

"여자는 출가하면 부모와 형제를 멀리하라 했으니 여자가 반드시 지아비를 따르는 것은 윤리(倫理)의 떳떳함입니다. 아버님께서는 저의 일생 쓸 의식(衣食)의 비용을 주어서 함께 조그만 수레를 끌고 고향으로 돌아가는 것이 소원입니다."

했다.

권(權)이 이를 허락하고 금은포백(金銀布帛)을 많이 주어 보내니, 여자는 시집으로 오자 그 재산을 흩어 모두 철물(鐵物)을 사들이는데 심지어 낫·삽·호미·보습 따위까지 모두 완비하지 못한 것이 없었다. 그러나 집이 한갓 네 벽뿐으로 방이 쓸쓸한 것을 남은 재산으로 부지런히 치생(治生)하여 안도할 수 있었다.

또 병기(兵器)를 많이 주조(鑄造)해서 간직해 두면서 말하기를,

"반드시 쓸 때가 있으리라."

하더니, 임진(壬辰)에 이르러 정(鄭)이 의병(義兵)을 불러 모아서 나라를 위하여 일을 하려 했으나 늙은 어머니로 해서 근심하자 여인이 말하기를,

"우리가 숨어 피할 곳을 이미 아모 산속에 마련해 두었으니 걱정하지 마십시오."

했다.

정(鄭)은 이에 그 병기를 가지고 그 준마(駿馬)를 타고 나가서 조경(趙儆)의 부하가 되어 매양 선봉(先鋒)이 되어 금산(金山)에 이르렀는데, 조경(趙儆)이 싸움에 패하여 적에게 사로잡히자 정(鄭)이 말을 날려 크게 소리치면서 적진(賊陣)으로 들어가 경(儆)을 빼

앉아 겨드랑이에 끼고 돌아오니 적이 비로소 쓰러져 흔들렸다.

매양 말에 채찍질하면서 적진으로 뛰어들어가면 번개가 치고 바람이 달리는 것 같아서 적의 군사가 비록 빠르고 총알을 일제히 쏘아도 맞히지 못하며, 능히 깊은 호(壕)를 뛰어 건너고 높은 석벽을 올라가 마치 새매와 송골매처럼 빠르고 매양 쌍검(雙劍)과 단기(單騎)로 향하는 곳에 대적할 자가 없었다.

어느날 밤에 촌사(村舍)에서 자는데 적의 대대(大隊)가 갑자기 포위하였다. 정(鄭)이 잠자던 중에 단신(單身)으로 빠져 나와 산에 올라 길게 휘파람을 불어 말로 하여금 그 소리를 듣고 오게 하니 적들이 그 말을 사랑하여 머물러 두려 했다. 그러자 말이 갑자기 재갈을 끊고 뛰어 나가서 아슬아슬한 언덕과 끊어진 석벽(石壁)에 한번 뛰어 올라가자 드디어 그 말을 타고 적을 쳐서 큰 공을 세웠다. 벼슬이 통제사(統制使)에 이르고 시호는 충의(忠毅)이다. 〈이원명저 조야휘집〈(李源命著朝野彙輯)〉

진주성(晋州城)이 함락되자 전처(前妻) 강씨(姜氏)가 옷소매에 혈서(血書)를 써서 집사람에게 주어 기룡(起龍)에게 알리게 하고 그 어머니와 소고(小姑)와 서로 이끌고 촉석루(矗石樓)에 이르러 강물에 몸을 던져 죽었고, 기룡(起龍)이 예천 권씨(醴泉權氏)를 계취(繼聚)할 때 혼인날 갑자기 밖으로 나가서 종적을 알 수 없더니 이튿날 적의 괴수를 사로잡아 가지고 오니 사람들이 크게 놀라지 않는 자가 없었다. 〈명장전(名將傳)〉

변이중(邊以中)은 화차(火車)로 승리를 거두다

변이중(邊以中)은 황주(黃州) 사람이니 자는 언시(彦時)이다. 무진(戊辰)에 진사가 되고 계유(癸酉)에 문과에 급제했다.

친상(親喪)을 당하여 거의 목숨을 잃을 뻔하고 못 밑에 조그만 암자를 짓고 묘를 바라보면서 절하고 곡하니, 이로 인해서 그 암자를 망암(望菴)이라고 이름지었다.

임진(壬辰)에 어천찰방(魚川察訪)으로 소(疏)를 올려 거가(車駕)가 진주(進駐)하여 광복(匡復)을 도모하기를 청했고, 전라도 소모사(全羅道召募使)가 되어 군사를 거두어 수십만에 이르니 군기(軍器)가 모두 갖추어진지라, 이에 수원(水原)으로 진둔(進屯)하여 적을 막고 친히 정예(精銳)를 거느리고 양천(陽川)에 주둔하여 전후해서 죽이고 사로잡은 것이 몹시 많았고, 스스로 화거(火車) 3백채를 만들어서 순찰사(巡察使) 권율(權慄)에게 나누어 주어 행주(幸州)의 승리를 도왔다.

세 번 조도어사(調度御史)가 되고 두 번 독운사(督運使)가 되어 곡식 수십만 석을 얻으니 명(明)나라 군사가 여기에 힘입어 양곡이 떨어지지 않았다. 관하(管下) 관원이 모두 상을 받았으나 홀로 여기에 참여하지 못했다. 그러나 일찍이 스스로 이 말을 하지 않았다.

일찍이 우계(牛溪)·율곡(栗谷)의 문하(門下)에 놀아 크게 칭찬을 받았고, 사암 박순(思菴朴淳)이 그를 재주 있다고 여겨 일찍이 크게 쓰려 했다.

풍기군수(豊基郡守)가 되었을 때 송사하는 자가 권귀(權貴)와 결탁하여 여러 해 동안 판결이 나지 않았는데, 이중(以中)이 법에 의하여 그 자리에서 판결하니 관찰사(觀察使)가 여러 번 청해도 고치지 않았다.

예문(禮文)에 정밀하여 사람들이 많이 찾아와서 물었고, 만년에는 한가로이 있으면서 부로(父老)로 더불어 여씨향약(呂氏鄕約)과 춘추(春秋)를 모방하여 예문을 강론하고 법을 읽으니 시골 풍속이 교화(敎化)되었다. 벼슬이 지정(至正)에 이르렀다. 〈묘갈(墓碣)〉

송제(宋悌)의 집에 쌍충일렬(雙忠一烈)

송제(宋悌)는 남양(南陽) 사람이니 자는 유측(維則)이요 호는 회와(悔窩)이다. 선조조(宣祖朝)에 음사(蔭仕)로 태상첨정(太常僉正)

이 되었다.

임진(壬辰)에 임금의 수레를 모시고 의주(義州)에 가니 한음 이
덕형(漢陰李德馨)이 사신이 되어 명(明)나라 조정에 구원병을 청
하는 데 불러서 종사(從事)를 시켰고, 돌아오자 당진현감(唐津縣監)
을 제수했다.

계사(癸巳)에 호서(湖西)에서 창의(倡義)하여 장사(壯士) 2백 명
을 모집하여 황진(黃進)과 함께 군사를 회령(會寧)에 모으고 옮겨
서 성주(星州)에서 싸우니, 이때 청정(淸正)이 장차 진주(晋州)를
침범하려 하는데 여러 도(道)의 군사가 전세(戰勢)가 크게 번지는
것을 보고 모두 물러가 움츠렸다. 이에 제(悌)는 김천일(金千鎰)
과 함께 건의(建議)하기를,

"왕실(王室)을 흥복(興復)시킬 근본은 오직 호남(湖南)이 있을
뿐인데 진주(晋州)는 호남(湖南)의 울타리이니 늦출 수가 없습
니다."

하고 드디어 해미군수(海美郡守) 정명세(鄭名世), 결성군수(結城郡
守) 김응건(金應鍵)과 함께 성으로 들어가 죽을 각오로 지킬 계획
을 했다.

그러나 힘껏 싸운 지 8일 만에 황진(黃進)이 죽자 제(悌)는 더
욱 충용(忠勇)을 뽐내어 장사(壯士)들을 격려하더니 목사(牧使) 장
윤(張潤)이 또 죽자 일이 안될 것을 알고 종자(從子) 덕린(德驎)・
덕일(德馹)에게 명하여 성을 빠져 나가게 하고 가형(家兄)에게 편
지를 보내기를,

"아우는 이미 몸으로써 나라에 허락했으므로 맹세코 성과 함께
같이 죽을 것이니 원컨대 형님은 어머니를 잘 봉양하고 국가가
광복(匡復)되는 날을 기다려 내 뼈를 촉석루(矗石樓) 아래에서
찾아 주시오."

했다.

또 김응건(金應鍵)에게 주는 시(詩)에 말하기를,

"그대가 능히 몸을 허원(許遠)[1]으로 기약했으니 어찌 아우가 장

_____

1) 許遠 : 당(唐)나라 현종(玄宗) 때 장순(張巡)과 군사를 합하여 안녹산(安
祿山)과 싸우다가 양식이 다하여 죽음.

순(張巡)이 되지 않겠는가. "
했다.

이때 제(悌)는 동문(東門)에 있었는데 화살이 다하고 칼이 부러져서 죽창(竹槍)으로 치면서 싸우더니 창이 모두 꺾어지는지라, 적들이 포위하고 결박하여 굽히려 하자 공은 똑바로 서서 움직이지 않고 꾸짖기를,

"네 비록 동물 같은 무리이지만 어찌 당(唐)나라에 허원(許遠)과 장순(張巡)이 있다는 말을 듣지 못했느냐? 남아(男兒)가 죽을지언정 불의(不義)에 굽힐 수는 없는 것이다. "
하고 몸에 힘을 주니 결박한 끈이 다 끊어졌다.

이에 적이 어지러이 치니 죽기에 이르기까지 꾸짖는 소리가 입에서 끊어지지 않았다. 적이 말하기를,

"참으로 의사(義士)이다. "
하고 동문 밖에 묻어 주고 표목(標木)을 세워 쓰기를,

"朝鮮義士宋某之屍"
라 했다.

당진(唐津) 백성들이 이 소식을 듣고 표충갈(表忠碣)을 세웠는데 그 대략에 말하기를,

"이백(二百)의 의사(義士)는 실로 공을 좇았고, 한 조각 단갈(短碣)은 만고(萬古)의 정충(貞忠)이라. "
고 했다.

정조(正祖) 정사(丁巳)에 호조참의(戶曹參議)를 증직하고 그 부인 구씨(具氏) 및 종자(從子) 덕일(德馹)과 함께 특별히 그 집에 정려(旌閭)를 내려 '雙忠一烈'이라 했다. 그 부인은 남편을 따라 죽었고, 덕일(德馹)은 훈정(訓正)으로 임금의 수레를 모시고 의주(義州)까지 갔으며, 광해(光海) 무오(戊午)의 심하(深河) 싸움에 회령부사(會寧府使)로 순절(殉節)했다. 〈가장(家狀)〉

오응정(吳應鼎)이 북향사배(北向四拜)하고 죽다

오응정(吳應鼎)은 해주(海州) 사람이니 자는 문중(文仲)이요 호
는 완월당(翫月堂)이요 현감(縣監) 하몽(下蒙)의 아들이다. 어머니
조씨(趙氏)가 꿈에 대인(大人)이 솥을 들어 무릎에 놓는 것을 보
고 잉태했다 해서 이름을 정(鼎)으로 지었다.

어렸을 때 의표(儀表)가 남에게 뛰어나고 국량(局量)이 크고 원
대해서 일찍 경사(經史)를 익히고 늦게는 활 쏘기와 말 타기를 일
삼더니 나이 27세 되는 선조(宣祖) 갑술(甲戌)에 무과(武科)에 급
제하여 벼슬이 군기시 첨정(軍器寺僉正)에 이르렀다.

이때 일본(日本)이 군사를 일으킬 단서가 있었는데 중봉 조헌
(重峰趙憲) 및 송강 정철(松江鄭澈)이 소(疏)를 올렸다가 죄를 얻
자 힘껏 말하여 이를 구원했다. 정해(丁亥)에 홍덕현감(興德縣監)
에 제수되었다가 사퇴하고 돌아오자, 도총 경력(都摠經歷)에 승진
하고 기축(己丑)에 체찰사(體察使)의 종사관(從事官)이 되어 삼남
(三南)의 군기(軍器)를 순검(巡檢)했다.

풍신수길(豊臣秀吉)이 현소(玄蘇) 등을 보내어 와서 길을 빌려
명(明)나라를 칠 것을 청하자, 힘써 뜻밖의 일에 대비할 것을 말
해서 무비(武備)의 방책을 정리했다.

해남현령(海南縣令)으로서 임진(壬辰) 4월에 급히 두 아들을 보
내 집으로 돌아가서 제문을 갖추어 조상의 신주를 묘정(墓庭)에
묻게 했고, 계사(癸巳) 5월에 강화부사(江華府使)로 승진하자 바
다를 건너 부임하여 엄하게 방수(防守)의 계책을 갖추었다.

갑오(甲午) 6월에 만포첨사(滿浦僉使)를 제수받아 감긴 시일로
돌아와 조정에 들어갔다가 7월에 진(鎭)에 이르러 공무(公務)를 보
았다. 을미(乙未)에 수원부사(水原府使)에 임명되었다가 이윽고 군
문중군(軍門中軍)이 되어 서울에 들어가 봉직(奉職)하는데 시무(時
務)를 소(疏)로 올리고, 정유(丁酉)에 순천(順天)의 패보(敗報)가

도착해 특별히 명하여 군수(郡守)로 나가게 하자 아들 욱(稶)을 데리고 부임하니 곧 8월 8일이었다.

이때 남원(南原)의 위급함을 듣고 아들 욱(稶)과 함께 달려서 남원(南原)으로 들어가니 적의 형세가 위급했다. 이때 명(明)나라 장수 양원(楊元)이 스스로 벗어나기 어려울 것을 알고 속으로 버리고 달아날 계획이 있어서 비밀히 여러 장수들과 함께 갈 것을 요구하자 이에 글을 보내어 간절히 책망하고, 여러 아들에게 경계하는 글을 보냈다.

그 글에 말하기를,

"군사를 일으킨 지 6년에 능히 군부(君父)의 근심을 풀지 못하고 창생(蒼生)이 모두 어육(魚肉)이 되었으니 불충한 죄를 어찌 면할 수 있으랴. 너희들은 다행히 늙은 아비를 본받지 말고 임금에게 충성을 다하여라. 늙은 아비는 아무리 백 가지로 꾀를 내고 천 가지로 생각해도 성을 보존할 길이 없기에 이제 남기는 옷 한 벌과 일기(日記) 한 권을 보내니, 성이 함락되는 날을 기일(忌日)로 삼는 것이 옳다. 또 네 형 욱(稶)도 역시 같이할 것인데 처음부터 혈육이 없으니 이것이 불쌍한 일이다."

했다.

8월 16일에 성이 함락되었는데, 양원(楊元)은 50여 기(騎)를 거느리고 달아났고, 응정(應鼎)은 접반사(接伴使) 정기원(鄭期遠), 병사(兵使) 이복남(李福男) 및 아들 욱(稶)과 함께 단병(短兵)으로 항거하고 싸워서 베고 사로잡은 것이 무수히 많았으나 끝내 면치 못하고 의관(衣冠)을 바로하고 북쪽을 향해서 네 번 절하고 화약고(火藥庫)에 몸을 던져 죽었다.

이 일이 위에 알려지자 좌윤(左尹)을 증직하고 정려(旌閭)를 내리고 급복(給復)[1]했다. 영조조(英祖朝) 때 병조판서(兵曹判書)로 증직을 더하고 순조조(純祖朝) 때 사당을 세웠다.

아들 욱(稶)은 부사정(副司正)으로 아버지를 따라 순국하여 호

---

1) 給復 : 복호(復戶)를 주는 일. 복호란 충신·효자 기타 특정인에게 호역(戶役)을 면제하는 일.

조좌랑(戶曹佐郎)을 증직하고 정려(旌閭)했다. 차자(次子) 직(稷)의 호는 삼송정(三松亭)이니, 어머니 이씨(李氏)가 꿈에 설매(雪梅) 한 가지를 꺾어 들고 낳았다. 무과에 급제하여 광해(光海) 무오(戊午)의 심하(深河) 싸움에 우선봉(右先鋒)이 되어 좌선봉(左先鋒) 김응하(金應河)와 함께 적을 치다가 화살이 다하자 칼에 엎드려 죽으니 뒤에 병조참판(兵曹參判)에 증직했다가 병조판서(兵曹判書)로 더했다. 직(稷)의 아들 방언(邦彦)은 병자(丙子)에 순절하니 삼대(三代) 네 사람을 충렬사(忠烈祠)에 배향(配享)했다. 〈가장(家狀)〉

장응기(張應祺)가 뺨을 붙들고 싸우다

장응기(張應祺)는 울진(蔚珍) 사람이니 자는 경수(景受)요 호는 도체당(道體堂)이다. 무과에 급제하여 임진(壬辰)에 배천군수(白川郡守)가 되었다.

이때 적병이 군사를 모아서 연안(延安)을 침범하는데 해서초토사(海西招討使) 이정엄(李廷馣)이 응기(應祺)에게 명하여 적의 형세를 탐지하라고 하자, 응기(應祺)는 필마(匹馬)와 단도(單刀)로 풍천교(楓川橋)로 달려가니 적이 놀라고 의심하여 군사를 물리므로 드디어 말고삐를 늦추고 돌아왔다.

이에 적이 응기(應祺)를 따라와서 성을 세 겹으로 포위하고 적의 우두머리가 백기(白旗)를 세우고 성을 도는데 기가 갑자기 바람에 자빠졌다. 이때 응기(應祺)가 한 화살로 쏘아 죽이고 즉시 성을 뛰어 넘어가서 그 머리를 베니 적의 무리가 그를 포위하고 응기(應祺)의 왼쪽 뺨을 썰러서 뺨의 살이 아래로 내려왔는데 응기(應祺)는 뺨의 살을 손으로 잡고 싸워서 수십 인을 죽이니 적이 모두 놀라서 흩어졌다.

이때 성을 나가 도망하는 자가 있자 응기(應祺)는 칼을 빼어들고 꾸짖기를,

"임금의 녹(祿)을 먹으면서 위태로움을 보고 도망해 달아나니 이는 역적이다. 이를 본받는 자가 있으면 마땅히 사마법(司馬 法)[1]을 쓰리라."

하니 일군(一軍)이 겁내어 떨었다.

성이 포위된 지 7주 만에 적이 백 가지로 성을 공격하고 조총(鳥 銃) 수천 발을 쏘니 연기와 불꽃이 하늘을 덮고 탄환이 비처럼 쏟 아지자 응기(應祺)는 적이 성으로 기어오르기를 기다려 쏘아서 화 살 하나도 헛되이 쏘는 것이 없고, 또 사립문을 뜯어 난간을 만들 고 풀을 쌓아 횃불을 만들어 솥을 벌여 놓고 국을 끓여서 남녀 노 약으로 하여금 일을 하게 했다.

이때 적이 쌓아 놓은 나무에는 횃불을 던져 불태우고, 또 긴 사다리로 판자를 지고 올라오면 나무와 돌로 쳐서 부수고 끓는 물 을 부으니 적이 그 자리에 서서 죽지 않는 자가 없었다. 또 적이 비루(飛樓)를 북산(北山)에 일으켜 세우고 판자 벽에서 활을 쏘려 하면 흙담으로 막고, 또 적이 안개낀 밤을 타서 성을 습격하면 횃 불로 포위해 태워서 다 죽이니, 적들은 드디어 쌓인 시체를 불태 우고 포위를 거두고 가버렸다.

이에 응기(應祺)는 여러 용사(勇士)들과 함께 그 뒤를 끊고 창 을 비껴들고 꾸짖기를,

"어찌해서 일찍 항복하지 않느냐. 내 너희를 만 토막으로 부숴 버리리라."

하니 적장(賊將)이 놀라서 말하기를,

"이는 한(漢)나라 때의 관우(關羽)와 장비(張飛)이다."

했다.

이날 밤에 적장(賊將)이 비밀히 와서 성문을 두드리면서 말하기 를,

"내가 성 안에 병기가 없는 것을 아는 터이니 만일 나에게 항복 할 자가 있으면 내일 마땅히 문서를 가지고 오리라."

했다. 이때 응기(應祺)는 이 말에 응하여 말하기를,

"어떤 놈의 섬오랑캐가 그 강하고 사나운 것을 믿고 감히 하늘

---

1) 司馬法 : 주대(周代)의 병진(兵陣)에 관한 법.

을 거역할 생각을 하여 이웃 나라에 사나움을 부리느냐. 네 고기를 먹지 못하는 것이 한이 된다."

하고 즉시 각궁(角弓)을 가지고 시위를 힘껏 당겨 한 번 쏘고 성 아래로 던지면서 말하기를,

"네가 이 활을 쓰겠으면 써보라."

하자, 적장은 그 활을 쏘지 못하고 여러 적을 불러서 힘을 합쳤으나 도저히 쏠 수가 없었다. 이에 활을 성 위로 돌려 보내면서 말하기를,

"내 비로소 성 안에 사람이 있는 것을 알았도다."

하고 무리를 거두어 가지고 물러갔다.

경오(庚午)에 졸(卒)하니 나이 65세였다. 선무훈(宣武勳)에 기록되고 공조참의(工曹參議)를 증직했다. 〈매산집(梅山集)〉

윤경원(尹慶元)이 녹피(鹿皮)로 넓적다리를 싸다

윤경원(尹慶元)은 칠원(漆原) 사람이니 자는 선여(善餘)이다. 선조(宣祖) 임오(壬午)에 아우 길원(吉元)과 함께 진사가 되고 음보(蔭補)로 한성서윤(漢城庶尹)이 되었다.

임진(壬辰)에 기백(畿伯)과 양성수(陽城倅) 자리가 모두 결원(缺員)이어서 조정에서 장차 충성되고 용맹되어 문무(文武)의 재주가 있는 자를 뽑아서 임명하려 하자, 여러 사람의 의론이 심대(沈岱)를 추천하여 기백을 삼고 공은 양성수에 임명하게 했다.

이에 심공(沈公)이 계획을 세울 사람을 얻어 같이 가려 하자 조정에서 또 공과 병조좌랑(兵曹佐郞) 강수남(姜壽男)과 삭녕군수(朔寧郡守) 양지(梁誌)를 천거하여 좌막(佐幕)을 삼았다.

이 해 9월에 행재소(行在所)로부터 장차 경성(京城)으로 향하는데 공이 강개(慷慨)히 눈물을 뿌리면서 제공(諸公)의 손을 잡고 맹세하기를,

"만일 성공하면 하늘이요 오직 한 번 죽음이 있을 뿐이다."

하고, 이에 녹피(鹿皮)로 넓적다리를 싸매니 마음이 이미 죽기로 결정하여 높고 낮은 곳에서 시체를 분별하기 위한 표적이었다.

군사를 거두어 연천(漣川) 경계에 이르러 적을 증파(澄波) 나루에서 만나 여러 번 싸워 이기니 적의 예봉(銳鋒)이 조금 꺾였다. 이에 삭녕(朔寧) 산수암(山樹岩)에 주둔하여 험한 데에 의지하여 지킬 계획을 했는데 경성(京城) 백성들이 관병(官兵)이 가까이 있다는 말을 듣고 연명(聯名)하여 글을 보내어 적의 사정을 보고해 오고 내응(內應)하기를 자원(自願)하는 자가 계속해서 왔다.

이에 심공(沈公)이 크게 기뻐하여 이르기를 경성(京城)은 오래지 않아 마땅히 회복할 수 있다 하고 적을 경솔히 여기는 뜻이 있어 계획하는 일이 조밀하지 못하였다. 이것을 보고 공이 여러 번 간했으나 믿지 않더니 적이 과연 이를 탐지하여 알고 우리의 방비가 없는 틈을 타서 비밀히 군사를 내어 밤에 습격해서 사면에서 함께 죄어 오니 우리 군사가 무너지고 어지러워 지탱할 수가 없었다.

이에 공은 강(姜)·양(梁) 두 공과 함께 어지러운 칼날 속에 서서 활을 당겨 화살을 쏘아 계속하여 적 수십 명을 죽였는데 흐르는 피가 몸에 가득해도 힘껏 싸워 더욱더 분발하다가 마침내 진(陣) 앞 살구나무 아래에서 순절(殉節)했다.

처음에 공이 임금의 수레를 모시고 의주(義州)로 갈 때 아버지 헌민공(憲敏公) 탁연(卓然)이 글을 보냈는데 그 대략에 말하기를, "나라의 적을 토벌하지 못하고 나라의 부끄러움을 씻지 못했는데, 번방(藩邦)에는 하란(賀蘭)이 많고 막중(幕中)에는 제갈(諸葛)이 없으니 대대로 받은 나라의 은혜를 무슨 물건으로 갚으랴. 다만 한 번 죽음이 있을 뿐이요 절대로 구차히 살지 말 것이다. 홀로 외로운 성을 지킨 지 이제 40일이 되었는데 해와 달이 아래에 임하고, 귀신이 옆에서 물으니 어진 것을 이루고 의리를 취하는 것은 공자도 말하고 맹자도 말했다. 내 옷이 여기 있으니 네 등을 마땅히 덮으라."

하니 듣는 자가 눈물 흘리지 않는 자가 없었다.

이때에 이르러 공이 과연 나라를 위해서 죽으니 사람들이 이르

기를,

"헌민(憲敏)이 아들이 있고 아들도 그 아버지의 교훈을 저버리지 않았다."

했다. 삭녕(朔寧)의 인사(人士)가 순국(殉國)한 곳에 사당을 세웠다.〈행장(行狀)〉

강항(姜沆)은 해동(海東)의 강부자(姜夫子)

강항(姜沆)의 자는 태초(太初)요 호는 수은(睡隱)이다.

5세에 능히 글을 지으니 신백록 응시(辛白麓應時)가 보고 기이하게 여겨 다리〔脚〕를 두고 글을 지으라 하자 금시에 말하기를,

"다리가 만리에 이르면 마음이 다리를 가르친다. (脚到萬里心敎脚)"

하니 신공(辛公)이 얼굴을 고치고 놀라 탄식했다.

우계(牛溪) 성혼(成渾)에게 배워서 도맥(道脈)의 바른 것을 얻어 드디어 대유(大儒)가 되었는데, 무자(戊子)에 진사가 되고 계사(癸巳)에 문과에 급제하여 형(刑)·공(工) 2조(二曹)의 좌랑(佐郎)에 제수되었다. 정유재변(丁酉再變)에 격문(檄文)을 띄워 의병(義兵)을 모집해 가지고 두 배에 싣고 서쪽으로 올라가 장차 이순신(李舜臣)의 막(幕)으로 가다가 바람으로 인하여 아버지 극검(克儉)과 배를 잃고 바다 구비에서 방황하다가 적을 만났는데, 항(沆)은 벗어나지 못할 것을 알고 두 형 준(濬)·원(湲)과 그 처자 중 두 사람과 물에 뛰어들었으나 물이 얕아서 모두 적에게 잡혔다.

이때 항(沆)은 9일을 먹지 않았으나 오히려 죽지 않고 대판(大阪)에 이르러서 조금씩 걸어 침석(寢席) 밖을 떠나지 않고 항상 글을 외우자, 수졸(守卒)이 경사(經史)를 써 달라고 청하였다. 이에 항(沆)이 손수 육경대전(六經大全)을 써서 보이니, 일본에 경전(經傳)의 학문이 이로부터 시작되어 해동강부자(海東姜夫子)라고 일컬었다.

시(詩)를 지어 말하기를,

"평일에 글을 읽어 명의(名義)가 중한데, 뒤에 와 역사를 보니 시비가 많으네. 부생(浮生)은 본래 요동(遼東)의 학이 아닌데, 죽음 기다리면서 모름지기 바다 위의 양을 보네. (平日讀書名義重 後來觀史是非長 浮生不是遼東鶴 等死須看海上羊)"

했다.

대판(大阪)으로부터 또 복건성(伏見城)으로 갔는데 이곳은 곧 평수길(平秀吉)이 있는 새 서울이다. 경자(庚子)에 수길(秀吉)이 이미 죽자 항(沆)이 글을 써서 좌도(佐渡)에게 주기를,

"열 식구를 부질없이 기르니 너에게 유익함이 없고, 4년 동안 외롭게 갇혀 있으니 나는 죽느니만 못하다. 혹시 죽이고자 하지 않거든 원컨대 속히 나갈 것을 허락하라."

하니, 좌도(佐渡)는 이를 허락했다.

드디어 두 형 및 가속(家屬) 10명과 또 포로로 잡혀갔던 사람들을 돌려 받아 같이 돌아가기를 청하여 배에 오르는데 포로들이 부두(埠頭)에 모여 서서 서로 이르기를,

"우리가 포로로 여기에 잡혀온 지가 4년인데 이제 고국(故國)에 돌아간대도 반드시 생활의 방도가 없고, 부모 처자도 또한 어느 마을에 사는지 알지 못하니 돌아가도 유익할 것이 없다."

하고 배에 오르려 하지 않았다.

이에 항(沆)이 격문(檄文)을 써서 이것을 읽어 주면서 달래어 30여 명과 같이 돌아왔다. 그가 복견성(伏見城)에 있을 때 그 여지(輿地)와 관호(官號) 및 적의 강하고 약한 형세를 기록해서 비밀히 조정에 보고하니 임금이 크게 탄식하고 칭찬했다.

적중에 있을 때 《건거록(巾車錄)》이란 책을 저술했는데 뒤에 문인(門人)이 《간양록(看羊錄)》이라고 고쳐서 세상에 전했다. 돌아오자 임금이 불러 술을 내리고 말을 주어 부모를 만나라고 했다.

임인(壬寅)에 경연(經筵) 신하의 아룀으로 해서 대구(大丘)와 순천(順天) 두 교수(敎授)를 제수받았으나 부임하지 않았다. 병오(丙午)에 여우길(呂祐吉)이 사신이 되어 일본에 들어갔는데, 일본 사

람이 문득 묻기를,

"강낭중(姜郎中)이 지금 무슨 벼슬에 있는가?"

하더니 계속하여 그 충의(忠義)의 절개가 옛 사람에 부끄럽지 않다고 몹시 칭찬했다.

석주(石洲) 권필(權韠)이 시를 지어 말하기를,

"종의(鍾儀)가 비록 진(晋)나라에 있으나, 왕촉(王蠋)은 연(燕)나라에 항복하지 않았네. 절개는 양을 보기 위하여 떨어졌고, 글은 겨우 기러기 힘을 입어 전했네. (鍾儀雖在晋 王蠋不降燕 節爲看羊落 書纔賴鴈傳)"

하고, 또 말하기를,

"충성은 소무(蘇武)와 같이 나라에 통한 것이 없고, 절개는 문산(文山)과 같아 고향으로 돌아왔네. (忠如蘇武無通國 節似文山返故鄉)"

했다. 〈인물고(人物考)〉

효종(孝宗) 무술(戊戌)에 도승지(都承旨)를 증직하고 고종(高宗) 임오(壬午)에 이조판서(吏曹判書)를 증직했다.

홍순언(洪純彦)이 기관(妓舘)에서 돈을 내다

홍순언(洪純彦)은 남양(南陽) 사람이다. 일찍이 연경(燕京)에 갔을 때 많은 돈을 가지고 기관(妓舘)에 갔는데 그 관(舘)에 있는 사람이 한 방을 가리키면서 말하기를,

"이것이 이 값이 될 것이오."

했다.

순언(純彦)이 들어가 보니 곧 국색(國色)의 어린 여자가 소복(素服)을 입고 눈물을 흘리면서 슬픈 빛을 띠고 있었다. 자세히 그 까닭을 묻자 대답하기를,

"나는 죄를 지은 병부상서(兵部尚書)의 딸인데 아버지의 널을 운반하기 위하여 몸을 팔아 돈을 벌려는 것이오."

하고 스스로 말하기를, 한번 이 몸을 허락하면 끝내 수절(守節)
할 것이라 했다.

순언(純彦)이 이 말을 듣고 뜰 아래에서 절하고 말하기를,

"외국(外國)의 천역(賤譯)이 어찌 감히 천조(天朝)의 재상 따님
을 더럽히겠습니까?"

하고 즉시 그 돈을 그에게 주고 돌아가니 동배(同輩)들이 모두 웃
고 조롱해도 순언(純彦)은 조금도 후회하지 않았다.

그 뒤 수년에 사신의 일행을 따라 다시 의주(義州)를 건넜는데
예부(禮部)로부터 계속해서 순언(純彦)이 왔느냐고 물으므로 사람
들이 모두 이상히 여기더니 서울에 이르러 비로소 전일 병부상서
(兵部尙書)의 딸이 예부상서(禮部尙書) 석성(石星)의 계실(繼室)이
된 것을 알게 되었다. 석성(石星)은 순언(純彦)의 의기(意氣)를 듣
고 경모(傾慕)해서 물은 것이라 했다.

이때 사신의 일행은 대개 본국을 위하여 종계(宗系)를 고칠 사
유(事由)를 변무(卞誣)하려 했는데, 예부상서(禮部尙書)가 순언(純
彦) 때문에 극력해서 좌우(左右)해서 드디어 천고(千古)의 업신여
김을 당한 욕됨을 모두 씻으니 선조(宣祖)가 크게 기뻐하여 묘사
(廟社)에 고하고 순언(純彦)을 광국훈(光國勳)에 책록(策錄)하고 당
릉군(唐陵君)에 봉했다.

한편 석성(石星)의 부인은 순언(純彦)을 불러 손을 잡고 눈물
을 흘리며 후하게 대접하고 나서 또 비단에 '大報緞'이라는 세
글자를 짜넣어서 보답하여 이것을 순언(純彦)이 사는 곤당동(滾唐
洞)에 보내게 했으니 이것이 곧 대보단동(大報緞洞)이 와전(訛傳)
된 것이다. 〈동평견문록(東平見聞錄)〉

정홍연(鄭弘淵)이 정상(鄭相)의 문(門)에
왕래할 뜻을 끊다

정홍연(鄭弘淵)은 환관(宦官)이니 좌상(左相) 정창연(鄭昌衍)의

팔촌(八寸) 아우이다.

선조(宣祖) 때에 비로소 서울에 와서 아직 내시(內侍)의 직책에 들어가기 전에 때때로 정상(鄭相)의 문(門)에 출입하더니 내시(內侍)의 적(籍)에 오르자 와서 절하고 작별하기를,

"나라에 정해진 제도가 있어서 안팎이 막혀 있사와 이 생(生)이 다시 와 뵈는 날이 없으니 어찌 슬프지 않으리까?"

하고 드디어 눈물을 흘리고 갔다.

재숭(載嵩)이 의빈(儀賓)이 되었는데 홍연(弘淵)이 나이 늙어가지고 아직도 그 자리에 있다가 재숭(載嵩)을 보고 눈물을 흘리면서 말하기를,

"공(公)은 외조(外朝)와 다른데 내 일찍이 공의 증왕부상공(曾王府相公)의 경계의 말씀을 들어 왔기 때문에 문하(門下)에 왕래할 뜻을 끊었습니다."

했으니 그 근신(謹愼)함이 이와 같았다.

홍연(弘淵)이 효종(孝宗) 병진(丙辰)에 몰(歿)하니 나이 88세였다. 효종(孝宗)이 동궁(東宮)을 모시게 했다. 〈동평견문록(東平見聞錄)〉

안중길(安重吉)의 망발(妄發)

안중길(安重吉)은 한어(漢語)를 알지 못하는데, 명장(明將)이 나왔을 때 반접관(伴接官)이 되었다.

명장(明將)이 묻기를,

"너의 부친(父親)이 있는가?"

하자 안(安)은 대답하기를,

"많이 있소."

하니 명나라 장수가 손바닥을 치면서 크게 웃었다. 〈지봉유설(芝峰類說)〉

김택룡(金澤龍)은 엄연한 하나의 귀신의 모양

김택룡(金澤龍)은 수염이 몹시 무성하고 울밀하며 거의 희었다.

명(明)나라 장수의 접반관(接伴官)이 되었는데, 명(明)나라 사람이 수염을 검게 하는 방법을 가르쳐 주어 약수(藥水)로 염색하게 했더니 흰 빛이 변하여 붉고 푸른 빛이 되어 엄연(儼然)히 하나의 귀신 모양이다. 보는 자마다 놀라서 감히 문에 나가지 못하니 이는 대개 명(明)나라 사람이 장난으로 한 것이다. 〈지봉유설(芝峰類說)〉

김응서(金應瑞)가 연광정(練光亭)에서
적을 죽이다

김응서(金應瑞)는 김해(金海) 사람이니 뒤에 이름을 경서(景瑞)로 고쳤다.

어려서부터 병서(兵書)를 좋아하고 칼 쓰기를 잘했으며, 겨드랑이 밑에 이상한 뼈가 있어 용맹이 나면 뼈가 따라서 나오고, 몸을 공중에 솟구쳐서 높은 나무, 위태로운 가지를 나는 새처럼 맘대로 놀았다.

선조(宣祖) 계미(癸未)에 무과(武科) 제1에 급제하고, 임진(壬辰)에 난리가 나자 일어나서 다시 별장(別將)이 되어 여러 번 기이한 공을 세웠고, 다시 조방장(助防將)이 되어 이원익(李元翼)·이빈(李薲)과 함께 만여 명의 군사를 이끌고 평양(平壤) 보통문(普通門) 밖에 진(陣)을 치고 있었다.

이때 적장(敵將) 소서비(小西飛)의 용력(勇力)이 사람에게 뛰어나 행장(行長)이 몹시 의지하고 소중히 여기더니, 마침 부기(府妓) 계월향(桂月香)이 소서비(小西飛)에게 잡혀서 몹시 사랑을 받았다. 이때 기생이 성 서쪽에 가서 부모를 찾겠다고 청하자 적장(敵將) 이 이를 허락하니 기생이 성에 올라 부르기를,

"우리 오빠 어데 계시오?"

했으니 이는 공이 기생과 밀계(密計)가 있는 터였다.

이에 공이 소리를 따라 나가니 기생이 이끌고 연광정(練光亭)으로 들어가 친오빠라고 일컫고 밤중에 적장이 깊이 잠들기를 기다려 같이 장막으로 들어가니 적장은 의자에 의지하여 앉아서 자고 있는데 두 눈을 뜨고 쌍검(雙劍)을 쥐고 있어서 금시에라도 사람을 칠 것 같았다.

공이 칼을 빼어 이를 베니 적장의 머리가 이미 떨어졌는데도 오히려 칼을 던져 하나는 벽에 꽂히고 하나는 기둥에 박혔는데 칼날이 반이나 들어갔다. 공이 그 머리를 들고 문을 나오니 기생이 뒤를 따랐다. 그러나 공은 두 사람이 다 온전할 수 없다는 것을 헤아리고 칼을 휘둘러 즉시 베고 성을 넘어 진(陣)으로 돌아오니, 이튿날 아침에 적들이 놀라 흩어져서 드디어 평양(平壤)이 회복되었다.

공은 그 길로 경상병사(慶尙兵使)에 승진하여 갑진(甲辰)에 승려 유정(惟政)과 함께 일본에 가서 화의(和議)를 이루어 선무훈(宣武勳) 1등에 책록(策錄)되었다.

광해(光海) 무오(戊午)에 부원수(副元帥)로서 심하(深河)에 들어가 명나라를 돕다가 도원수(都元帥) 강홍립(姜弘立)이 청(淸)나라에 항복하자 공은 잡혔으나 굽히지 않았다. 6년 동안을 신성(新城) 옥중에 갇혀서 비밀히 오랑캐의 정세를 탐지하여 종이에 초를 먹여 노를 꼬아서 어렵게 소(疏)를 올려 명나라를 위하여 원수를 갚을 계책을 하다가 홍립(弘立)의 고발로 인하여 요양(遼陽)에서 해를 입었다.

뒤에 우상(右相)에 증직되고 시호는 양의(襄毅)이다. 헌종(憲宗) 병신(丙申)에 사당을 용강(龍岡)에 세우고 충렬(忠烈)이라고 사액(賜額)했다. 〈평양지(平壤志)〉·〈병자록(丙子錄)〉

논개(論介)가 가파른 바위에서 왜장(倭將)을 껴안다

논개(論介)는 진주(晋州) 기생이다. 임진(壬辰) 난리에 판관(判官) 김시민(金時敏)이 수천 명의 쇠잔한 군사를 이끌고 능히 수십만의 대적(大敵)을 물리쳐서 성 안이 보존함을 얻었다.

그 후 정유재란(丁酉再亂)에 목사(牧使) 서원례(徐元禮)와 창의사(倡義使) 김천일(金千鎰)이 거느린 군사가 거의 6만에 이르니 전에 비하면 10배나 되어 사람들이 모두 이르기를 성을 지키기는 걱정이 없다고 했으나 논개만이 홀로 근심하였다.

천일(千鎰)이 그 까닭을 묻자 대답하기를,

"전에는 군사는 비록 적어도 장상(將相)들이 서로 아껴서 호령이 한 곳에서 나왔으니 이것이 이길 수 있는 근본이 되었는데 지금은 군사는 비록 많아도 군대가 통솔하는 사람이 없고 장수가 병법(兵法)을 모르니 이 까닭에 근심하는 것입니다."

했다. 이에 천일(千鎰)이 요망한 말이라 하여 베고자 하자 좌우에서 권해서 겨우 중지되었다.

성이 함락되자 군민(軍民)과 장교(將校)가 모두 도륙을 당했는데, 논개(論介)는 화장을 하고 좋은 옷을 입고 촉석루(矗石樓) 아래 가파른 바위 위에 서 있으니 적장(敵將)이 이를 보고 와서 희롱했다. 이때 논개가 적장의 허리를 껴안고 남강으로 몸을 던지니, 후일 사람들이 그 바위를 의암(義岩)이라 이름하고 촉석루 곁에 사당을 세워 매년 봄·가을로 여러 기생들이 모여서 제사를 지냈다. 〈청구야담(靑邱野談)〉

최경회(崔慶會)의 정충대절(精忠大節)은
일월(日月)을 꿰었다

최경회(崔慶會)는 해주(海州) 사람이니 자는 선우(善遇)요 호는 삼계(三溪)이다. 임진(壬辰)에 의병을 일으켜 금산(錦山)·무주(茂朱)로 쳐나가니 적이 지탱하지 못하고 재를 넘어 물러가서 지례(知禮)에 주둔하여 한 발자국도 앞으로 나오지 못하니, 전라(全羅) 한 도(道)가 이로 해서 온전할 수 있었다.

이에 임금이 그 충성됨을 표창하고 발탁해서 경상우병사(慶尙右兵使)를 삼아 들어가서 진주(晋州)를 지키게 하였다. 이에 창의사(倡義使) 김천일(金千鎰)과 함께 마음을 합해 충성을 다하여 맹세코 적과 같이 살지 않겠다 하니, 적이 그를 꺼려하여 그 심복(心腹)들을 모두 꼼짝 못하게 하고 그 무리를 다 동원하여 두어 겹을 포위했다. 경회(慶會)가 대항하여 싸우기를 9주야를 계속하니 죽는 자가 계속해 이어졌다. 그래도 경회(慶會)는 더욱 힘써 싸웠으나 밖에서 원병(援兵)이 끊어지고 화살도 떨어진데다 적이 오는 것은 더욱 많아졌다.

이에 경회(慶會)와 천일(千鎰)이 북쪽을 향해서 두 번 절하고 같이 죽으니, 명나라 장수 오종도(吳宗道)가 말하기를,

"그 정충대절(精忠大節)이 가히 일월(日月)을 꿰뚫어 빛을 다툰다."

했다.

경회가 진도(珍島)에 있을 때 시를 짓기를,

"부질없이 허리를 만지니 갑에서 칼이 우는데, 시절이 평탄하니 오랫동안 변방의 소식이 끊어졌네. 만일 위곽(衛藿)[1]이 이 세상에 났어도, 헛되이 늙고 이루는 것이 없이 성명이 묻혔으리.

---

1) 衛藿 : 위청(衛靑)과 곽거병(藿去病). 모두 전한(前漢) 무제(武帝) 때에 흉노(匈奴)를 쳐서 용맹을 날린 장군(將軍).

(浪撫腰間匣劒鳴 時不久絶報邊聲 如令衛藿生今世 虛老無成沒姓名)"
했다.

좌찬성(左贊成)을 증직하고 시호는 충의(忠毅)이다. 삼장사(三壯士)의 한 사람이다. 〈인물고(人物考)〉

신립(申砬)이 탄금대(彈琴臺)로 돌아와
남아(男兒)가 죽을 것을 맹세했다

신립(申砬)은 평산(平山) 사람이니 자는 입지(立之)이다.

정묘(丁卯)에 무과(武科)에 급제하여 진주판관(晋州判官)이 되니 목사(牧使) 양응정(梁應鼎)이 사례하기를,

"공은 큰 그릇이다. 배우지 않으면 안 된다."

고 하자 드디어 책을 끼고 배움에 나갔다.

북병사(北兵使)가 되어 이탕개(尼湯介)를 치는데, 공이 북쪽에 있어서 소(疏)를 올려 돌아가 근친(覲親)할 것을 빌자 특별히 명하여 직책을 그대로 가지고 돌아가게 했다.

이때 임금이 친히 들에 나가서 맞는데 전포(戰袍)에 피흔적이 있는 것을 보고 간절히 위로하고 즉시 임금이 입었던 옷을 벗어 입히면서,

"경(卿)의 자녀가 몇이냐?"

고 물어서 혼인을 약속하고 그 큰딸을 신성군(信城君) 후(珝)의 부인으로 삼았다.

임진(壬辰)·계사(癸巳)의 변에 도순무사(都巡撫使)가 되었는데 임금이 인견(引見)하고 손수 상방검(尙方劒)을 주면서 말하기를,

"순변사(巡邊使) 이일(李鎰) 이하는 이것으로 처리하라."

했다.

입(砬)이 김여물(金汝岉)로 종사관(從事官)을 삼기를 청하여 충주(忠州)에 이르자, 여물(汝岉)이 먼저 조령(鳥嶺)을 점거하자고 청했으나 입(砬)은 말하기를,

"영(嶺)에 이르기 전에 적과 마주치면 일이 위태롭고 또 우리
군사는 모두 훈련을 받지 않은 군사로서 어루만져서는 안될 사
람들이니 죽을 땅에 두지 않으면 그 힘을 얻을 수 없다."

하고 드디어 달천(達川)을 등지고 진(陣)을 쳤다.

이때 적이 영(嶺)을 넘어서 산과 들을 덮고 노래하고 춤을 추
면서 내려오니 칼빛이 해를 가리고 포(砲) 소리는 땅에 진동했다.
드디어 크게 군사를 몰아 나가 싸워서 스스로 진(陣)을 뚫으려 했
으나 견고하여 들어갈 수가 없고, 적은 이미 우리 군사를 포위하고
동서에서 협공(挾攻)하여 형세가 산처럼 눌러왔다.

이에 공은 탄금대(彈琴臺)로 돌아와서 여물(汝岉)에게 이르기를,

"남아가 죽을지언정 의리에 있어 구차히 살 수는 없다."

하자 여물(汝岉)도 말하기를,

"나도 공을 좇으려 한다."

했다. 드디어 여물에게 부탁하여 임금께 올리는 글을 초(草)해서
휘하에 주어 조정에 달려가 보고하게 하고, 함께 적진(賊陣)에 뛰
어들어가 수십 명의 적을 죽이고 함께 몸을 강에 던져 죽었다.

영상(領相)을 증직하고 시호는 충장(忠壯)이다. 〈인물고(人物考)〉

권두문(權斗文)이 호구일록(虎口日錄)을 지었다

권두문(權斗文)은 안동(安東) 사람이니 자는 경앙(景仰)이요 호
는 남천(南川)이다. 임신(壬申)에 문과에 급제했다.

임진(壬辰)·계사(癸巳)의 난에 평창군수(平昌郡守)가 되어 아들
주(黈)와 함께 모두 적에게 잡혀 오랫동안 갇혀 있으면서 적의
실정을 살펴서 비밀히 관군(官軍)에게 알리고 호구일록(虎口日錄)
을 만들었다.

원주(原州)에 이르러 지키는 것이 좀 느긋한 틈을 타서 천둥치
고 비내리는 밤에 그 아들이 벽을 뚫고 업고 나와 달려서 행재소
(行在所)로 가니 봉상주부(奉常主簿)에 임명하여 대가(大駕)를 모

시고 환도(還都)했다. 〈인물고(人物考)〉

임현(任鉉)의 어머니는 어질고 좋은 충성스러웠다

임현(任鉉)은 풍천(豊川) 사람이니 자는 사중(士重)이다. 계미 (癸未)에 문과에 급제했다. 율곡(栗谷)·우계(牛溪)의 문하(門下) 에서 공부했다.

이때 임진(壬辰)의 난을 미리 보고했으나 조정에서는 즐기고 놀기만 하자, 현(鉉)이 나라 일을 근심하여 시를 지어 말하기를,

　　"두견새 소리 속에 기운이 남쪽으로부터 오는데, 시사(時事)를
　　잠자고 보기만 하니 가히 세 가지를 알겠네. (杜守聲中氣自南 默
　　觀時事可知三)"

했다.

임금의 수레가 서쪽으로 파천했다는 말을 듣고 밤새 달려가서 강원도사(江原都事)에 임명되자 나가서 춘천(春川)의 적을 몹시 많 이 잡아 죽이니, 임금이 특히 장유(奬諭)하고 함남절도사(咸南節 度使)에 승진하여 임명했다.

정유(丁酉)에 조정에 돌아왔는데 적이 호남(湖南)을 범하자 임금 이 현(鉉)을 가리키면서 말하기를,

　　"이 사람이 아니면 안 된다."

하고 특별히 남원부사(南原府使)에 임명했다. 그러나 이때 성이 이미 포위되었는지라, 명나라 장수 양원(楊元)과 함께 힘을 다하여 막으니 적의 수가 더욱 많아서 막을 수가 없었다.

이에 양원(楊元)이 현(鉉)을 보고 같이 달아나자고 하자 현(鉉) 은 의연(毅然)히 말하기를,

　　"땅을 지키는 신하가 마땅히 직책에 죽어야 하는 것이니 의리에
　　구차히 살 것이 아니다."

했다. 원(元)이 이미 나가자 성에 올라가서 적을 쏘다가 화살이 다 없어지니 공관(公館)으로 나가서 의관을 정제하고 북쪽을 향하

여 절하면서 말하기를,

"신(臣)이 능히 이 성을 보존하지 못했으니 죽어도 남은 책망이 있습니다."

하고 호상(胡床)에 단정히 앉아 눈을 부릅뜨고 적을 꾸짖으니 적이 노해서 칼날로 쳤다.

이때 관동(官僮)이 이를 지키고 섰다가 말하기를,

"공은 나라를 위해 죽었으니 나는 또한 공을 위해서 죽으리라."

하고 마침내 함께 죽자 적도 역시 탄식하면서 말하기를,

"조선(朝鮮)에 이런 사람이 있으니 가볍게 깨칠 수가 없겠다."

했다.

그 어머니 송씨(宋氏)가 그의 죽음을 듣고 말하기를,

"살아서는 효자가 되고 죽어서는 충신(忠臣)이 되었으니 무슨 한이 있으리요."

했다. 좌찬성(左贊成)에 증직하고 그 집에 정문(旌門)을 내리고 그 일을 그림으로 그려서 중외(中外)에 간포(刊布)했다. 또 그 아우 발(鏺)을 읍재(邑宰)에 임명하여 어머니를 봉양하게 했으며, 영상(領相)을 더 증직하고 시호를 충간(忠簡)이라 했으며, 남원(南原) 충렬사(忠烈祠)에 향사(享祀)했다. 〈인물고(人物考)〉•〈조두록합록(俎豆錄合錄)〉

강수남(姜壽男)은 붉은 실로 머리를 매다

강수남(姜壽男)은 진주(晋州) 사람이니 자는 인수(仁叟)이다. 경진(庚辰)에 문과에 급제했고 어린 나이에 남명 조식(南冥曺植)의 문하에서 공부했다.

임진(壬辰)에 두 서울이 모두 지키는 것을 잃었을 때 관찰사(觀察使) 심대(沈岱)가 천거하여 종사(從事)를 삼았다. 수남(壽男)이 서생(書生)으로 일어나서 일찍이 군사의 일은 배우지 못하고 한갓 충의(忠義)만으로 몸으로 순국(殉國)하겠다고 맹세하고 집사람과

결별(訣別)하기를,

"이제 오직 죽음이 있을 뿐이다. 그러나 내가 죽은 뒤에 알 수
가 없을 것이니 비록 고향에 갖다가 장사를 지내고자 해도 징험
할 수 없을 것이다."

하고 노끈으로 상투를 매고 옷깃에 쓰기를,

"이만하면 나를 알 것이다."

했다.

심대(沈岱)가 자못 적을 경솔히 여기자 수남(壽男)은 걱정이 소
홀한 데서 생기는 것이라고 해서 경계했으나 끝내 깨닫지 못했다.
적이 과연 그 준비가 없는 것을 탐지하고 밤을 타서 습격하니 수
남(壽男)이 홀로 피바다에 서서 더욱 용맹을 내어 막히는 바가 없
었다. 활이 다하고 힘이 달리자 스스로 형세가 궁한 것을 알고
도포 하나를 벗어서 종에게 주면서 말하기를,

"내 이제 결단코 죽을 것이니 너는 마땅히 속히 돌아가서 외로
운 아이를 잘 보호하고 종사(宗祀)가 끊어지지 않게 하라. 뒤에
만일 내 시체를 얻지 못하면 이 도포로 염(殮)을 하라."

했다.

그러나 종 검산(檢山)이 홀로 그를 따르고 떠나지 않으면서 말
하기를,

"주인이 임금의 일에 죽는데 종이 어찌 구차히 살리요."

하고 서로 껴안고 해를 입었다.

뒤에 시체를 찾았으나 얻지 못하고 다만 그 머리를 얻었는데 이
는 붉은 실이 아직 있었기 때문이다. 일이 위에 알려지자 임금이
친히 제문(祭文)을 지어 말하기를,

"주인은 나라를 위해 죽고 종은 주인을 위해 죽었으니 늠름한
충절(忠節)이 천고(千古)에 높도다."

했다.

판서(判書)를 증직하고, 시호는 충렬(忠烈)이다. 〈인물고(人物
考)〉

허우(許雨)가 편복수(蝙蝠水)로 귀신을 죽이다

　허우(許雨)는 선묘(宣廟) 때 사람으로 서울에 살았다. 집에 두 귀신이 있는데 비록 형상은 보이지 않으나 능히 사람의 소리를 하고 사람과 수작하는 것이 한결같이 살아있는 사람과 같았다. 종이 물건을 훔쳐가면 반드시 주인에게 고하고, 밤에 남녀가 이야기하면 손바닥을 치고 크게 웃었다. 이에 그 귀신을 쫓으려고 주사(朱砂)로 부적을 만들어 벽에 붙였더니, 동쪽에 붙이면 서쪽에서 소리를 내어

　"나 여기 있다."

하고, 서쪽은 남쪽에서 소리가 나고, 남쪽은 북쪽에서 소리가 나고, 북쪽은 대들보에서 소리가 나고, 대들보는 땅에서 소리가 났다. 이애 소리가 나는 곳마다 따라다니면서 다 붙였더니 공중에서 소리가 나기를,

　"네가 공중에도 능히 부적을 붙이겠느냐?"

했다. 이리하여 쫓아낼 방법이 없어 그대로 두고 같이 이야기하고 지냈다.

　어느날 허우(許雨)가 묻기를,

　"세상 사람이 무당과 박수를 숭상하여 북을 치고 귀신에게 제사 지내는 자가 많은데 이들이 과연 복을 얻을 수 있느냐?"

하자 귀신은 대답하기를,

　"귀신도 역시 사람과 같아서 반드시 음식을 주는 집에 모여서, 올 때마다 주면 비록 기뻐하지만 만일 한 번이라도 주지 않으면 반드시 노여워하여 해를 끼치는 것이니 처음부터 주지 않아 해를 받지 않는 것만 못하다."

했다.

　또 묻기를,

　"귀신도 역시 죽는 일이 있는가?"

하니 대답하기를,

"있다. 박쥐를 고아서 그 물을 밥에 섞어 먹이면 죽는다."

했다. 이에 그 말대로 비밀히 밥을 만들어 천장 위에 놓아두었더니 이윽고 한 귀신이 울면서 말하기를,

"내 친구 귀신이 천장에 있는 박쥐물이 섞인 밥을 먹고 죽었으니 나 또한 홀로 여기 머물러 있을 수 없어 이제 딴 곳으로 간다."

하더니 그 뒤로 과연 귀신의 말소리를 들을 수 없고 역시 귀신으로 인한 화도 없었다 한다. 〈화양문답(華陽問答)〉

심희수(沈喜壽)가 일타홍(一朶紅)을 위하여 금산재(錦山宰)를 구하다

심희수(沈喜壽)는 청송(靑松) 사람이니 자는 백구(伯懼)로 호는 일송(一松)이다. 경오(庚午)에 진사가 되고 임신(壬申)에 문과에 급제했다.

일찍 아버지를 여의고 배우는 것을 잃어서 머리 땋았을 때 오로지 호탕(豪蕩)한 것을 일삼으니 사람들이 모두 광동(狂童)이라 손가락질했다.

어느날 일찍이 권재(權宰)의 잔치 모임에 가서 기생과 풍류 속에 섞여 있는데, 침을 뱉고 꾸짖어도 노여워하지 않고 때려서 쫓아도 가지 않았다. 이때 기생 중에 일타홍(一朶紅)이란 자가 금산(錦山)에서 처음 서울에 왔는데 용모와 가무(歌舞)가 한 세상에 독보(獨步)였다.

희수(喜壽)가 그 얼굴을 사랑하여 그 곁에 가서 앉으니 일타홍은 조금도 싫어하는 빛이 없이 자못 추파(秋波)를 던져 가만히 그 동정을 살피다가 일어나서 변소에 가는 척하면서 손으로 희수(喜壽)를 부르자 희수는 일어나서 그 뒤를 따라갔다.

이때 일타홍이 희수의 귀에 대고 말하기를,

"그대의 집이 어디에 있는가?"

했다. 희수가 자기 집을 자세히 말해 주자, 일타홍은 말하기를,

"그대가 모름지기 먼저 가면 내가 곧 뒤따라 갈 것이니 기다려
주시오."

했다.

희수는 기뻐서 먼저 집에 돌아가 기다리자 해가 저물기 전에 일
타홍이 약속대로 오는지라, 희수가 기쁨을 이기지 못하는데 일타
홍이 말하기를,

"장차 들어가 대부인(大夫人)께 뵙겠습니다."

하고 즉시 뜰 아래에서 절하고 나서 말하기를,

"저는 금산(錦山)에서 새로 온 기생입니다. 오늘 아모 재상댁 잔
치에서 마침 귀댁 도련님을 뵈오니 큰 귀인(貴人)이 될 기상임
을 알겠습니다. 하오나 그 호협(豪俠)한 마음을 지금 만일 억제
하지 않으면 장차 사람을 이루지 못할 지경에 이르게 될 것입니
다. 이에 제가 오늘로부터 도련님을 위하여 가무(歌舞)와 화류
(花柳)의 마당에서 자취를 감추고 함께 필연(筆硯)과 서간(書簡)
사이에서 주선하여 기어이 성취되도록 하겠습니다. 제가 만일
정욕(情慾)이 있어서 이런 말을 하는 것이라면 하필 빈한한 과
댁(寡宅)의 광동(狂童)을 취하겠습니까?"

했다.

이때 부인이 말하기를,

"내 아이가 일찍 그 아버지를 여의고 학업(學業)을 일삼지 않고
전혀 방탕하게 노는데 늙은 내가 제어할 길이 없었다. 그런데
어디에서 좋은 바람이 불어서 너같은 아름다운 사람을 보내어
성취하기에 이르겠다고 했으니 그 뜻이 가상하다. 하지만 내 집
은 본래 가난해서 조석을 잇기 어려운데, 너는 호화(豪華)한 습
관으로 능히 감내할 수 있겠느냐?"

하자, 일타홍은 말하기를,

"그 일은 절대로 걱정하지 마시옵소서."

했다.

일타홍은 그날로부터 전혀 기반(妓伴)을 끊고 심(沈)의 집에 숨

어 있으면서 희수로 하여금 이웃 서숙(書塾)에 가서 배우게 했다. 그리고 돌아온 뒤에는 책상머리에 앉아서 조석으로 타일러 가르치다가 만일 조금이라도 태만하게 굴면 발연(勃然)히 노하여 떠나 가겠다고 말하면, 그가 갈까 두려워하여 더욱 게을리하지 않아서 문리(文理)가 관통(貫通)되어 드디어 거유(巨儒)가 되었다.

일타홍은 한편 대부인(大夫人)을 받들기를 지극히 효성스럽게 하고 비복(婢僕)을 어거하기를 은애(恩愛)로 하니 일문(一門)이 화락했다.

희수가 일타홍을 몹시 사랑하여 딴 곳에 정식 장가를 들지 않으려 하자, 어느날 일타홍은 희수를 몹시 책망하고 또 대부인게 고하기를,

"도련님이 명가(名家)의 자제로서 앞길이 천리이온데 어찌 한 천한 기생으로 인하여 대륜(大倫)을 폐하고 양반의 집을 망친단 말입니까?"

하니, 대부인이 그 말을 좇아 아내를 맞게 하자, 일타홍은 예절 (禮節)을 공손히 지켜 부인 모시기를 대부인 섬기듯 했다.

이렇게 몇 해가 지나자 희수는 과거에 급제하여 호당(湖堂)과 이조정랑(吏曹正郞)을 거치게 되었다. 어느날 저녁에 일타홍은 옷 깃을 여미고 말하기를,

"첩(妾)의 일편단심(一片丹心)이 오로지 진사주(進賜主)의 성취를 위해서 지금까지 10여 년이 지나도록 생각이 딴 데에 미치지 못해서 첩의 부모가 시골에 있는데도 가서 안부를 묻지 못했습니다. 진사(進賜)께서 이제 나타나는 길에 당해서 첩을 위해 금산군수(錦山郡守)를 구해서 첩으로 하여금 생전에 부모를 뵙게 해 주셨으면 지극한 한이 다하겠습니다."

했다.

이에 공은 말하기를,

"이는 지극히 쉬운 일이다."

하고 곧 소(疏)를 올려 고을로 나가기를 빌었더니 과연 금산군수 (錦山郡守)가 되었다. 일타홍을 데리고 부임하니, 3일 후에 일타홍이 관부(官府)로부터 술과 안주를 많이 장만해 가지고 그 본가

《本家》에 가서 부모께 뵙고 친당(親黨)들을 모아서 3일 동안 크게 잔치를 하는데 몹시 풍부히 하고 나서 그 부모에게 고하기를,

"관부는 사사로운 집과 다르니 절대로 왕래해서는 안됩니다."

하고는 절하고 돌아갔다.

1년이 지난 후에 일타홍이 계집종으로 하여금 공을 청하여 안으로 들어오게 하더니 새 옷을 입고 새 자리를 깔고서 얼굴에 슬픈 빛을 띠고 말하기를,

"오늘은 과연 영결(永訣)하는 날이니 원컨대 진사주(進賜主)는 천만 보중(保重)하시어 길이 부귀를 누리시고 첩을 마음에 두지 마옵소서. 첩의 유체(遺體)는 진사의 선영(先塋) 아래에 장사지내 주시는 것이 소원입니다."

하고 말을 마치자 죽었다.

공은 말하기를,

"내가 밖으로 나온 것은 전혀 일타홍을 위한 일이었는데 이제 일이 끝났으니 내 어찌 홀로 머무르겠는가."

하여, 글을 올려 벼슬이 바뀌어서 영구(靈柩)를 운반하여 서울로 올라오다가 금강(錦江)을 지나는데 금풍(金風)은 슬슬(瑟瑟)하고 가을비는 쓸쓸하니 눈에 가득한 시름에 슬픔을 이기지 못하여 시를 짓기를,

"한 떨기 붉은 꽃을 널의 수레에 실으니, 꽃다운 넋이 무슨 일로 가기를 주저하는가. 금강 가을 비에 붉은 명정이 젖으니, 의심컨대 이는 아름다운 사람의 이별의 눈물 나머지인가. (一朵紅 蕊載輀車 芳魂何事去躊躇 錦江秋雨丹旌濕 疑是佳人別淚餘)"

했다. 〈동야휘집(東野彙輯)〉

희수는 소재 노수신(蘇齋盧守愼)이 귀양가 있을 때 글을 배웠고, 기축(己丑) 여립(汝立)의 옥사(獄事)에 넘치고 지체되는 것이 많자, 희수는 당시 재상의 집에 가서 강개하게 항언(抗言)하고 문을 나오다가 장운익(張雲翼)을 만나 웃으면서 이르기를,

"백구(白鷗)가 물결에 호탕하니, 만리에 누가 능히 길들이랴."

하자, 당로(當路)한 사람이 기뻐하지 않아 삼척부사(三陟府使)로 내쫓겼다.

또 갑인(甲寅)애 정온(鄭蘊)을 구원하다가 이첨(爾瞻)에게 미움을 받았고 광해(光海)가 폐모(廢母)하자 물러가 둔산(屯山)에 살면서 스스로 호(號)하기를 빙뢰누인(氷雷累人)이라고 했다. 영조(英祖)가 말이 공에 미치면 이름을 부르지 않고 반드시 심일송(沈一松)이라고 했다.

갑진(甲辰)에 대배(大拜)하여 좌상(左相)에 이르렀고 문형(文衡)을 맡았으며 시호는 문정(文貞)이다. 〈신도비(神道碑)〉

홍난상(洪鸞祥)의 차기노성(借妓鷺聲)이 일시에 회자(膾炙)되다

홍난상(洪鸞祥)은 모당(慕堂) 이상(履祥)의 아우이다. 서경 유근(西坰柳根)이 호서관찰사(湖西觀察使)로 나갔을 때 도내(道內)의 여러 수령(守令)들과 공북루(拱北樓)에서 크게 잔치를 하는데 밤을 새워 즐겁게 놀아 취흥(醉興)이 바야흐로 무르익던 중 갑자기 닭우는 소리를 듣고 묻기를,

"이것이 무슨 소리냐?"

했으니 이는 대개 그 밤이 세는 것을 싫어한 까닭이었다.

이때 기생 양대운(陽臺雲)이 짐짓 대답하기를,

"이것은 강변의 백로 소리입니다."

했다. 유공(柳公)은 그의 대답이 자기의 뜻에 맞는 것이 기뻐서, 그의 재주와 지혜를 칭찬하고 좌중(座中)으로 하여금 시를 짓게 하니 홍공(洪公)은 이때 문의현감(文義縣監)으로 역시 그 자리에 참석했다가 먼저 일절(一絕)을 부르기를,

"술이 높은 다락에 반이나 되어 그림 촛불이 밝은데, 금성(錦城)의 음악 소리 정히 웅장하네. 아름다운 사람이 풍류의 흥치가 깨질까 두려워서, 웃으면서 말하기를 닭의 소리가 백로 소리라고 했네."

했다.

유공(柳公)이 보고 나서 칭찬하고 한때에 회자(膾炙)하여 호서
(湖西)의 사인(士人)들이 끝의 구(句)로 많이 시제(詩題)를 내어
지었다. 벼슬이 좌랑(佐郎)에 이르고 아들 하(霞)의 귀함으로 해
서 부원군(府院君)에 증직되었다. 〈청구야담(青邱野談)〉

한준겸(韓浚謙)이 거짓 내금위(內禁衛)라고 일컫다

한준겸(韓浚謙)은 청주(清州) 사람이니 호는 유천(柳川)이다. 인
조(仁祖)의 국구(國舅)로서 서평부원군(西平府院君)에 봉해졌다.
처음 벼슬했을 때 자칭 내금위(內禁衛)라 하고 홍하의적(洪荷衣
迪)을 독서당(讀書堂)으로 찾았는데 하의(荷衣)는 마침 잠이 들고
학사(學士) 신광필(申光弼)이 홀로 앉아 있었다.
한(韓)이 가서 뵙자 신(申)이 말하기를,
"무엇하는 사람이냐?"
했다. 한(韓)이 말하기를,
"생(生)은 시골 무부(武夫)로서 이름이 금위(禁衛)에 참예되어
있사온데 당돌하게 높은 어른께 뵈오니 황공함을 이기지 못하겠
습니다."
했다.
신(申)이 말하기를,
"무방하다. 내가 지금 시(詩)를 지으려 하니 그대는 운자(韻字)
를 부르겠는가?"
하자 한(韓)은 말하기를,
"학문을 잃고 활을 잡았사온대 어떻게 운(韻)을 부르겠습니까?"
했다.
신(申)이 다시 말하기를,
"아는 대로 불러 보라."
하니 한(韓)이 말하기를,
"청컨대 내가 배우는 것으로 부르겠습니다."

하고 계속해서 말하기를,

"향각궁(鄕角弓) 흑각궁(黑角弓)의 궁(弓)"

하니 신(申)이 말하기를,

"좋다."

하고 즉시 한 구를 짓기를,

"독서당(讀書堂) 가에 달이 활과 같다. (讀書堂畔月如弓)"

했다. 한(韓)이 말하기를,

"순풍(順風) 역풍(逆風)의 풍(風)"

하자 또 짓기를,

"술취해 오사모(烏紗帽) 벗어놓고 늦은 바람에 의지했네. (醉脫
烏紗倚晚風)"

하고 또 말하기를,

"다시 불러 보라."

했다. 한(韓)이 말하기를,

"변중(邊中) 관중(貫中)의 중(中)"

하자 신(申)이 말하기를,

"기이한 일이다. 세 글자가 같은 운(韻)이다."

하고 드디어 낙구(落句)를 이루기를,

"십리 강산에 한 피리 소리 보내니, 문득 이 몸이 그림 속에 있
는가 의심스러우네. (十里江山輸一笛 却疑身在畵圖中)"

했다.

이윽고 하의(荷衣)가 잠에서 깨어 한(韓)을 보고 말하기를,

"어디서 오는 길이냐?"

하자 신(申)이 말하기를,

"한내위(韓內衛)의 운자(韻字) 부른 것이 기이하다."

하고 그 일을 다 말하자 하의(荷衣)가 웃으면서 말하기를,

"자네가 속았도다. 이 사람은 내 생질 한준겸(韓浚謙)으로서 곧
신방(新榜)에 장원한 사람일세."

하니 신(申)이 깜짝 놀라 자기가 속은 것을 부끄러워했다.

한(韓)은 즉시 호당(湖堂)에 뽑혔다. 〈청구야담(靑邱野談)〉

휴정(休靜)의 창의(倡義)

승려 휴정(休靜)의 자는 현응(玄應)이요 호는 청허자(淸虛子)인데, 묘향산(妙香山)에 많이 있었다 해서 또 호를 서산(西山)이라 했다. 속성(俗姓)은 최씨(崔氏)이니 완산(完山) 사람이요 이름은 여신(汝信)이다.

외조(外祖)인 부윤(府尹) 김우(金禹)가 연산주(燕山主)에게 미움을 받아 안주(安州)로 귀양가 있게 되자 드디어 거기에서 살았다. 그 아버지 세창(世昌)은 향시(鄕試)에 뽑혀 기자전 참봉(箕子殿參奉)이 되었으나 나가지 않고 시주(詩酒)로 스스로 즐겼다.

어머니 김씨(金氏)가 늙도록 아들이 없더니 꿈에 한 노파(老婆)가 나타나서 말하기를,

"장부(丈夫) 아들을 잉태했으므로 와서 하례하노라."

했다. 3세가 되었을 때 그 아버지가 술에 취해서 등잔 밑에 누워 있는데, 한 늙은이가 와서 말하기를,

"일부러 어린 중을 찾아 보러 왔다."

하고 두 손으로 그 이마를 만지면서 말하기를,

"이 아이를 운학(雲鶴)이라고 이름을 지으라."

하고 말을 마치자 문을 나가더니 어디로 갔는지 알 수가 없었다.

9세에 어머니를 잃고, 10세에 아버지를 여의니 쓸쓸히 의지할 곳이 없었다. 남쪽으로 지리산(智異山)에 놀다가 홀연히 선가(禪家)의 돈오법(頓悟法)을 얻어서 드디어 영관대(靈觀大)에게 법을 듣고 숭인장로(崇仁長老)에게 머리를 깎아 7, 8년 사이를 명산(名山)을 두루 밟다가 나이 30에 선과(禪科)에 합격하여 승진하여 선교(禪敎) 양종(兩宗)의 판사(判事)가 되었다.

그러나 어느날 그는 탄식하기를,

"내가 출가(出家)[1]한 뜻이 어찌 여기에 있었던가?"

하고 즉시 벼슬을 내놓고 지팡이 하나만으로 금강산(金剛山)으로

돌아와서 삼몽사(三夢詞)를 지었는데 말하기를,

"주인이 손님에게 꿈얘기 하였더니 손님도 주인에게 꿈얘기 하는구나. 꿈속의 일을 말하는 주객 두 사람이 말하는 그것은 꿈 아니고 무언가. (主人夢說客 客夢說主人 今說二夢 客亦是夢中人)"

했다. 향로봉(香爐峰)에 올라 시를 지어 말하기를,

"만국(萬國)의 도성(都城)이 개미집 같고, 천집의 호걸들은 초파리와 같네. 한 창의 밝은 달 맑고 빈 베개에, 무한한 솔바람은 소리가 고르지 않네. (萬國都城如垤蟻 千家豪傑若醯鷄 一窓明月淸虛枕 無限松風韻不齊)"

했다.

기축(己丑)에 정여립(鄭汝立)의 역옥(逆獄)에 체포되어 진술하는 것이 분명하고 깨끗하니 임금이 그 억울함을 아시고 즉시 석방했다. 임진(壬辰)에 임금이 서쪽으로 파천할 때 휴정(休靜)이 칼을 짚고 길 옆에서 맞아 뵈오니, 임금이 타이르기를,

"나라 일이 위태로우니 네 능히 자비(慈悲)의 마음을 내어 넓게 구제하겠느냐."

하자 울면서 대답하기를,

"신(臣)이 늙고 병들어 군대에 따를 수는 없사옵고 신(臣)의 제자들이 사방에 흩어져 있사오니 삼가 마땅히 의병(義兵)을 일으키겠습니다."

했다.

이에 임금이 이를 의롭게 여겨 즉시 명하여 십육종총섭(十六宗摠攝)을 삼아서 맘대로 의병을 불러 모으게 했다. 이에 유정(惟政)은 7백여 명의 승려를 거느리고 관동(關東)에서 일어나고, 처영(處英)은 천여 명의 승려를 거느리고 호남(湖南)에서 일어나자 휴정(休靜)이 문도(門徒) 및 스스로 모집에 응한 승려 5천여 명을 거느리고 순안(順安) 법흥사(法興寺)에서 모이게 하니 군(軍)에서 병기(兵器)와 군량(軍糧)을 주었다.

이때 휴정(休靜)이 승군(僧軍)을 지휘하고 호령하니, 승도(僧徒)

---

1) 出家 : 속가(俗家)를 떠나서 중이 됨.

들이 모두 감분(感憤)하여 죽기를 원하지 않는 자가 없었다. 이에
적군과 모란봉(牧丹峰) 밑에서 싸워 베고 사로잡은 것이 몹시 많았
다. 계사(癸巳) 정월에 평양성(平壤城) 북쪽에서 적군을 크게 깨
치니 적군들이 갑옷을 걷어 가지고 밤에 도망하여 세 서울이 모두
회복되었다.

휴정(休靜)이 용사(勇士) 백 명을 데리고 임금의 행차를 맞아 서
울로 돌아와서 임금께 말하기를,

"신(臣)이 나이가 80이 되어 근력이 다했사오니 청컨대 군사의
일을 유정(惟政) 및 처영(處英)에게 부탁하고, 원컨대 인수(印
綬)를 바치고 산으로 돌아가겠습니다."

하니, 임금이 그 늙음을 민망히 여겨

"부종수교보제등계존자(扶宗樹敎普濟登階尊者)"

라 사호(賜號)했다.

갑진(甲辰) 정월에 제자들을 모아 설법(說法)하고 영정(影幀)을
가져다가 그 등에 쓰기를,

"80년 전에는 네가 곧 나였지만, 80년 후에는 내가 곧 너일세.
(八十年前渠是我 八十年後我是渠)"

라 하여 이것을 유정(惟政)에게 주고 가부좌(跏趺坐)[1] 하고 앉아서
입적(入寂)[2] 하니 나이 85세였다. 〈명장전(名將傳)〉·〈월사집(月沙
集)〉

영규(靈圭)의 전사(戰死)

승려 영규(靈圭)의 호는 기허(騎虛)요, 속성(俗姓)은 박씨(朴氏)
이니 서산(西山)의 고제(高弟)로서 항상 공주(公州) 청련암(靑蓮庵)
에 있었는데, 신력(神力)이 있어서 선장(禪杖)으로 무기(武技)를
연습했다.

---

1) 跏趺坐 : 책상다리하고 앉음. 불교도(佛敎徒)의 좌법(坐法).
2) 入寂 : 중의 죽음.

　임진(壬辰)의 난을 당하여 선조(宣祖)가 파천하자 그는 몹시 분하게 여겨 3일 동안 울다가 의승(義僧) 수백 명을 모아서 적군과 청주(淸州)에서 싸워 중봉 조헌(重峰趙憲)과 함께 서로 의각(猗角)의 형세가 되었더니, 중봉(重峰)이 장차 금산(錦山)을 치려 하자 그는 간(諫)하고 좇지 않다가 말하기를,

　"조공(趙公)으로 하여금 혼자 죽게 할 수는 없다."

하고 같이 가게 되었다.

　군(郡)에서 10리 되는 곳에 이르렀을 때 마침 비가 내려서 보루(堡壘)를 세우지 못하자 그는 말하기를,

　"전쟁에는 준비가 있어야 근심이 없는 것이니 아직 서서히 나가자."

했으나 중봉(重峰)은 말하기를,

　"저 군사를 우리가 능히 대적할 수 없으니, 나는 한갓 충의(忠義)로 군사의 마음을 격동하여 그 칼날을 타고자 한다."

하고 그대로 싸우다가 죽었다. 이때 어떤 사람이 말하기를,

　"적군이 몰래 오는데 어찌해서 가지 않는가?"

하자 법사(法師)가 꾸짖기를,

　"죽을 것인데 어찌 살려고 하느냐?"

하고 또한 죽으니 조정이 그의 왕사(王事)를 위하여 죽은 것을 생각하여 예(禮)대로 장사지냈다.

　정조(正祖) 갑인(甲寅)에 관서(關西)의 묘향산(妙香山)과 영남(嶺南)의 진주(晋州)에 사당을 세워 휴정(休靜)·유정(惟政)을 제사지내고 서쪽은 수충(酬忠), 남쪽에는 표충(表忠)이라 사액(賜額)했다. 〈명장전(名將傳)〉

　영규(靈圭)에게는 지중추부사(知中樞府事)를 증직하고 밀양(密陽) 표충사(表忠祠)에 휴정(休靜)·유정(惟政) 영규(靈圭) 세 대사(大師)를 제사지내게 했다. 〈조두록(俎豆錄)〉

유정(惟政)을 공경하기를 부처님처럼 하다

승려 유정(惟政)의 자는 이환(離幻)이요, 호는 사명당(四溟堂)·
송운(松雲)·종봉(鍾峯)이다. 속성(俗姓)은 임씨(任氏)이며 풍천
(豊川) 사람이다.

나면서부터 총명하고 지혜가 있으며 배우는 것을 게을리하지
않아 나이 13세에 유촌 황여헌(柳村黃汝獻)에게 맹자(孟子)를 배우
는데 책을 덮고 탄식하기를,

"시속의 학문은 천하고 비루해서 세상 인연에 얽매이니 어찌 흠
이 없는 일을 배우는 것만 하랴."

하고 즉시 황악산(黃嶽山) 직지사(直指寺)로 들어가서 신묵(信默)
에게 머리를 깎고 처음에 전등(傳燈)[1]을 보아 이미 깊은 뜻을 얻
고 선과(禪科)에 합격하니 빛나는 소문이 더욱 빛났다.

이때 불문(佛門)의 중망(衆望)으로 선종(禪宗)을 주지(住持)하
게 했으나 이를 고사(苦辭)하고 석장(錫杖)을 짚고 묘향산(妙香山)
에 들어가 서산(西山)에게 배워 2년 동안 고행(苦行)하다가 금강
산(金剛山)을 향하여 보덕사(普德寺)에서 결하(結夏)[2]하고, 남쪽으
로 팔공(八公), 청량(淸涼), 태백(太白)의 여러 산에 놀다가 옥주
산(沃州山) 상동암(上東庵)에 이르렀다.

이때 어느날 밤에 소나기가 내려 뜰의 꽃이 모두 떨어지자 법
사(法師)는 갑자기 무상함을 깨닫고 제자들에게 말하기를,

"어제 꽃이 피었더니 오늘은 가지가 비었구나. 사람 세상이 변하
고 없어지는 것이 또한 다시 이와 같다. 부생(浮生)이 하루살이
와 같아서 헛되이 광음(光陰)을 보내니 실로 불쌍하고 민망하구
나. 너희들은 각각 영성(靈性)을 갖추었는데 어찌 이를 구해서

---

1) 傳燈 : 불교(佛敎)에서 법등(法燈)을 받아 전하는 일.
2) 結夏 : 불교에서 우기(雨期)인 음력 4월 15일부터 90일간 중이 한 곳에 조
　용히 있으면서 불도(佛道)를 닦는 일.

하나의 큰일을 마치지 않느냐. 여래(如來)가 내 창자 속에 있으니 하필 달리면서 밖에서 구하다가 시일을 잘못 보낼 까닭이 있느냐."

하고 즉시 문도(門徒)들을 흩어 버리고 홀로 입선(入禪)하여 소인(塑人)[1]과 같았다.

그 뒤에 오대산(五臺山)의 영감난야(靈鑑蘭若)에 들어갔다가 잘못 옥(獄)에 잡혀 강릉(江陵)에 구속되었다가 유생(儒生)들이 원통함을 송사하여 석방되었다. 또 금강산에 노는데, 임진의 난을 당하여 적군이 영동(嶺東)으로 들어오자 법사(法師)가 문도(門徒)들에게 이르기를,

"여래(如來)가 세상에 있는 것은 원래 중생(衆生)을 구호하는 것인데, 이 적이 몹시 커서 제 맘대로 잔해(殘害)하니 내 마땅히 가서 타일러 그들로 하여금 흉봉(凶鋒)을 거두게 하면 거의 자비(慈悲)의 가르침을 저버리지 않을 것이다."

하고 즉시 고성(高城)으로 들어가자 세 장수가 모두 예우(禮遇)를 더했다. 이에 법사가 글로 써서 사람 죽이기를 즐겨하지 말라고 권하니 모두 손을 맞잡고 계를 받았다.

선조(宣祖)가 서쪽으로 거둥하자 여러 승려들에게 말하기를,

"우리들이 이 땅에 살면서 먹고 쉬고 노는 것은 모두 임금의 힘인데, 이 어렵고 위태로운 때를 당하여 어찌 차마 앉아서 보기만 하겠는가."

하고 즉시 승병(僧兵)을 모집해 가지고 순안(順安)으로 나가니 모든 의승(義僧)들이 와서 모였다.

이때 서산총섭(西山摠攝)과 여러 도(道)의 승병(僧兵)들이 법사(法師)를 천거하여 대신하게 하니 법사가 드디어 대중(大衆)을 거느리고 평양(平壤)을 구하고 영남(嶺南)으로 내려가서 자못 전공(戰功)이 많으니, 임금이 이를 가상히 여겨 당상(堂上)의 가자(加資)를 제수했다.

유정(惟政)이 부산영(釜山營)으로 들어가서 청정(淸正)을 달래자 청정이 묻기를,

---

1) 塑人 : 진흙으로 만든 우상(偶像).

"조선에 무슨 보물이 있는가?"

했다. 법사가 그 소리에 응해 말하기를,

"없다. 보물은 일본에 있다."

고 했다.

"무엇을 말하느냐?"

고 묻자, 그는 대답하기를,

"지금 우리 나라에서는 그대의 머리를 보배로 아는 까닭에 보물이 일본에 있다고 한 것이다."

하니 청정이 놀라고 탄식했다.

임금이 하교하기를,

"지금 나라의 형세가 이와 같으니 네가 만일 머리를 길렀다면 마땅히 백리(百里)의 책임[1]을 맡기고 삼군(三軍)의 명령을 주었을 것이다."

하니 법사는 감당하지 못한다고 사례하고 물러갔다.

그 길로 영남(嶺南)으로 돌아가 용기(龍起)·팔공(八公)·금오(金烏) 등 여러 산의 보장(保障)을 섬과 산에 예교(曳橋)를 놓아 모두 공이 있었다. 또 국서(國書)를 받들고 일본에 가자 그 나라 사람들이 서로 이르기를,

"이 사람이 설보화상(說寶和尙)인가?"

했다. 덕천가강(德川家康)을 보고,

"두 나라 생령(生靈)이 모두 도탄에 빠졌기에 내 이들을 널리 구제하려고 왔다."

하니 가강이 이 말을 듣고 신심(信心)이 생겨서 공경하기를 부처님처럼 하고 화호(和好)를 잘 이루었다.

돌아오자 병조판서(兵曹判書)의 녹(祿)을 주더니 몸이 산으로 돌아가기를 빌어서 게(偈)를 말하다가 입적(入寂)하니 나이 67세였다. 〈명장록(名將錄)〉

---

1) 百里之寄 : 백리(百里) 안을 다스리는 책임.

김덕령(金德齡)이 범을 쏘고 말에 재갈을 물리다

김덕령(金德齡)의 자는 경수(景樹)이니 광주(光州) 석저촌(石底村) 사람이다.

용맹이 남보다 뛰어나고 노하면 눈에서 불빛이 나와 비록 어두운 밤이라도 수리(數里)에 멀리 비쳤다. 두어 길 되는 집을 뛰어 넘었으며, 혹 말을 달려 방 문지방으로 들어왔다가 즉시 말을 달려 뛰어 나가기도 했고, 혹 산길에서 칼을 휘두르면 좌우에 있는 나무들이 흩어져 떨어지는 것이 풍우(風雨)와 같았다.

이귀(李貴)가 말하기를,

"용과 범을 쫓아가 사로잡고 공중을 날아다니며, 지혜는 공명(孔明)과 같고 용맹은 운장(雲長)과 같다."

했다. 그러나 덕령(德齡)은 집이 한미하여 유업(儒業)을 익혀도 사람들이 아는 자가 없었다.

임진(壬辰)에 큰 공이 많자 세자(世子)가 말하기를,

"익호장군(翼虎將軍)이다."

했다. 홍산(鴻山)사람 이몽학(李夢鶴)이 반(叛)했다가 이내 평정되었는데, 적의 무리가 덕령을 무고(誣告)하여 덕령이 반하는 형상이 있다고 하자 서성(徐渻)을 보내어 덕령을 체포하여 쇠사슬과 큰 나무로 결박하자 덕령은 웃으면서 말하기를,

"내가 만일 반하려 한다면 이것이 어찌 족히 나를 묶어 두랴."

하고 노해서 몸에 힘을 주자 쇠사슬이 다 끊어졌다.

드디어 나가서 공술(供述)하기를,

"신(臣)이 나라의 후한 은혜를 받아 맹세코 적을 멸하려고 하는데 어찌 즐겨 역적을 좇아 반한단 말입니까?"

하자 임금이 여러 대신(大臣)들에게 물으니 정탁(鄭琢)·김응남(金應南)은 말하기를 반드시 반하지 않을 것이라 하고, 유성룡(柳成龍)은 홀로 대답하지 않았다. 이에 드디어 엄하게 신문하여 정강

이뼈가 모두 부서져서 몸에 완전히 살이 없이 마침내 옥중에서 죽었는데, 이때 곽재우(郭再祐)·최담령(崔聃齡)도 동시에 옥에 갇혔다가 뒤에 모두 석방되었다.

덕령(德齡)은 유자(儒者)의 풍이 있어서 일찍이 시(詩)를 지어 뜻을 나타내기를,

"음악과 노래는 영웅의 일이 아니요, 피리와 춤은 모름지기 옥장(玉帳)¹⁾에서 놀 것일세. 다음 날 병기를 씻고 돌아간 뒤에, 강호(江湖)에서 고기잡고 낚시질하는 것 다시 어찌 구하리. (絃歌不是英雄事 笙舞要湏玉帳遊 他日洗兵歸去後 江湖漁釣更何求)"

했다.

영조조(英祖朝) 때 이광덕(李匡德)이 호남관찰사(湖南觀察使)로 나갔다가 원통한 무함이었다고 장계를 올리자 병조판서(兵曹判書)를 증직하고 시호를 충장(忠壯)이라 했다. 〈명장전(名將傳)〉

일찍이 죽림(竹林) 속에서 사나운 범이 뛰어나왔다는 말을 듣고 활을 당겨 쏘았더니 범이 입을 벌리고 몸을 빼어 앞으로 나왔다. 이에 창을 빼어 맞히니 창이 목을 뚫고 땅에 꽂혀 범이 꼬리만 흔들고 감히 움직이지 못했다.

진주(晋州)의 목장(牧場)에서 고약한 말이 튀어나와서 곡식을 짓밟고 높이 뛰어 나는 듯이 돌아다니니 사람들이 아무도 잡지 못했다. 덕령이 이 말을 듣고 즉시 가서 굴레를 매어 타자 말이 금시 길들여져서 이 말을 전쟁 때에 썼다.

젊었을 때 과부집 딸에게 장가들었는데 장모(丈母)에게 장인(丈人)이 하세(下世)하신 해를 물었더니 장모는 울면서 말하기를,

"만일 집에서 운명했다면 무슨 한이 있겠는가. 다만 가계(家計)가 빈곤해서 도망간 종을 찾으러 어느 시골에 갔는데, 그 종의 족당(族黨)들이 강성해서 남편이 한번 가더니 돌아오지 않았네. 이에 딤문해 보니 흉힌(凶漢)의 무리들이 뮤어 죽였다는 것일세. 그러나 나는 이에 슬하에 자식이 없고 또 형세도 없고 다만 연약한 딸 하나가 있을 뿐이라 아비를 위하여 원수를 갚지 못하고 이 죽지 못한 내가 밤낮으로 축원하기를, 용맹이 있는 남자가

---

1) 玉帳 : 장수가 거처하는 장막.

있으면 그를 사위로 삼아서 이 한을 씻으려 했더니 들으니 그대가 용력(勇力)이 있다 하므로 사위로 맞은 것일세."

하는 것이었다.

이에 덕령(德齡)이 말하기를,

"처가에 이런 원수가 있다 하니 어찌 마음이 편하겠습니까. 내일 마땅히 떠나서 속히 원수 갚을 길을 도모하겠습니다."

하니 장모는 말하기를,

"이제 겨우 화촉(花燭)을 밝혔으니 3일이나 지나거든 떠나도록 하게."

했지만 덕령은 말하기를,

"한번 이 말을 들으니 업화(業火)[1]가 치밀어 참지 못하겠습니다."

하고 이튿날 바로 떠나서 드디어 소매 속에 망치 하나를 숨기고 두 창두(倉頭)[2]를 데리고 길을 떠나 바로 그 종의 집에 이르니 종의 무리들이 나와서 맞으면서 말하기를,

"주인댁 문안을 오래 듣지 못했더니 이제 공자(公子)께서 찾아 주시니 진실로 기쁘고 다행합니다."

하고 한 집으로 인도하여 융숭하게 대접하면서 혹은 납공(納貢)[3]을 한다느니 혹은 속량(贖良)[4]을 한다느니 의논이 분분했다. 덕령이 기꺼이 그들의 속임수에 좇는 듯이 하여 그들이 하는 대로 내버려 두자 늙은 종들이 말하기를,

"공자(公子)께서 멀리 비루한 곳에 오셨는데 저희들이 감히 정성을 다하지 않겠습니까. 하오나 창졸간에 일이어서 만족하게 준비가 되지 않사오니 원컨대 3천 냥만 폐백으로 바치겠습니다. 공자께서는 저희 늙은이들을 위하여 주인댁의 책망을 면케 해주시옵소서."

했다.

덕령이 못이기는 체하고 이를 허락하고 내일 일찍 떠나겠다고

---

1) 業火 : 불같이 성내는 마음.
2) 倉頭 : 종. 파란 두건을 썼으므로 이렇게 불렀다.
3) 納貢 : 공물(貢物)을 바침.
4) 贖良 : 공사천(公私賤)이 대가(代價)를 바치고 노비의 신분을 면제받는 일.

하자, 늙은 종은 말하기를,

　"먼 시골에 있는 늙은 몸이 어찌 자주 공자님을 모실 수 있겠습니까. 이제 떠나신다면 서운함을 금할 수 없습니다. 이곳 바다 위에 선유(船遊)가 장관(壯觀)이어서 저희들이 공자님을 위하여 한때 창회(暢懷)하시도록 특별히 좋은 배에 음악과 음식을 준비했사오니 공자께서는 즐겨 승낙하시겠습니까?"

하자, 덕령은 그들의 꾀에 거짓 빠지는 듯이 말하기를,

　"호의가 가상하다."

하고 드디어 배에 올랐다.

　이때 두 창두(倉頭)도 따라서 배에 오르려 했으나 늙은 종이 언덕에 있다가 이를 막으면서 말하기를,

　"배가 좁고 사람은 많으니 너희들은 여기에서 술이나 같이 마셔라."

하고, 배를 띄워 바다 한가운데로 나갔다. 이때 악한(惡漢)들이 갑자기 주먹을 쥐고 꾸짖기를,

　"너의 장인이 저번에 이리 같은 욕심을 내어 졸지에 여기에 와서 우리의 성질을 거슬러서 그 목숨을 잃었는데, 너는 겨우 젖먹는 아이를 면한 놈이 감히 처가를 위해 종을 찾으러 왔으니 스스로 죽을 땅을 찾아온 것이다. 이 밑은 푸른 물결이니 누구를 원망할 것인가."

했다.

　덕령이 머리를 숙이고 놀라 떠는 체하면서 말하기를,

　"많은 떡이 눈앞에 있으니 다행히 한번 배부르게 먹고 나서 죽겠노라."

하자, 한 종이 말하기를,

　"독 안에 든 쥐가 장차 어데로 갈 것이냐. 네 맘대로 먹으라."

했다.

　덕령이 떡을 먹고 나자 악당(惡黨)들은 이제 빨리 물에 들어가라고 재촉했다. 이때 덕령이 몸을 솟구치면서 기운을 내어 힘껏 선판(船板)을 차고 갑자기 몸을 날려, 두어 길 공중으로 올라가니 배

는 이미 뒤집혀 물 속으로 들어갔다가 다시 떠올랐다. 덕령이 배 위로 뛰어내려 그 위에 서서 보니 악당(惡黨)들은 이미 모두 빠져 죽었다.

이에 홀로 배를 저어 언덕에 오르자 늙은 종들은 이를 보고 달아나려 하였다. 덕령이 두 창두와 함께 따라가는데 빠르기는 번개와 같고 세차기는 새매가 움켜쥐는 것과 같아서 주먹으로 치고 몽둥이를 휘두르니 쓰러져 죽지 않는 자가 없었다. 드디어 마을로 들어가자 남녀 노소가 바람처럼 날고 우박처럼 흩어졌다. 이에 악당(惡黨)들의 재물을 찾았더니 만여 냥이 되었다. 이것을 가져다가 장모께 드리니 장모는 뜰까지 내려와서 울면서 사례하였다.

항상 쇠몽둥이 하나씩을 허리 좌우에 차고 다니는데 무게가 각각 백 근이라, 온 나라에서 신장(神將)이라고 일컬었다. 청정(淸正)이 비밀히 화공(畵工)을 보내어 그 화상을 그려다가 보고 놀라서 말하기를,

"이는 참으로 석저장군(石底將軍)이로다."

하고 이내 군사를 거두어 물러갔는데, 그가 죽음을 당하자 왜군들은 그 소식을 듣고 뛸 듯이 서로 좋아하는 것이 마치 금(金)나라 사람이 악비(岳飛)[1]가 죽었다는 말을 듣고 술을 들고 서로 하례한 것과 같았다.

석주 권필(石洲權韠)이 꿈에 책 하나를 얻었는데 그것은 곧 김덕령(金德齡)의 시집(詩集)으로서 그 수편(首篇)에 말하기를, '취시가(醉時歌)'라 하고 그 사(詞)에 말하기를,

"취한 때의 노래, 이 곡조는 아무도 듣는 이 없네. 나는 꽃과 달에 취하는 것 바라지 않고, 나는 공훈(功勳) 세우는 것 바라지 않네. 꽃과 달에 취하면 이는 뜬구름이요 공훈을 세우는 것도 뜬구름일세. 취한 때의 노래, 아무도 내 마음 아는 이 없으니, 다만 긴 칼로 밝은 임금 모시는 것이 소원일세."

했다.

꿈에서 깨자 창연(愴然)히 슬퍼하여 그를 위하여 절구(絕句) 하

---

1) 岳飛 : 남송(南宋)의 충신. 금군(金軍)을 격파하여 공을 세워 벼슬이 태위(太尉)에 이르렀음.

나를 지으니 말하기를,
  "장군이 옛날 금창을 잡았다가, 충성과 씩씩함이 중간에 꺾였
  으니 운명을 어찌하리. 지하의 영령(英靈)의 무한한 한(恨)은
  분명한 곡조의 취시가(醉時歌)일세. (將軍昔日把金戈 忠壯中摧奈
  命何 地下英靈無限恨 分明一曲醉時歌)"
했다. 〈이원명저 동야휘집(李源命著東野彙輯)〉

이호민(李好閔)이 흰 터럭을 뽑다

  이호민(李好閔)은 연안(延安) 사람이니 자는 효언(孝彦)이요 호
는 오봉(五峰)이다. 기묘(己卯)에 진사가 되고 갑신(甲申)에 문과
에 급제했다.
  만년(晚年)에 항상 흰 머리칼을 뽑자 한음 이덕형(漢陰李德馨)이
이르기를,
  "공의 벼슬이 숭품(崇品)에 이르렀는데 다시 무슨 바랄 것이 있
  어서 그 흰 머리를 뽑는 것이오."
하자 공은 말하기를,
  "어찌 딴 뜻이 있겠소. 한(漢)나라 법이 비록 지극히 관대하나
  사람을 죽인 자는 죽는다고 했으니, 흰 터럭이 사람을 죽이기를
  좋아하기 때문에 없애지 않을 수 없는 것이오."
하니 한음(漢陰)이 크게 웃었다. 〈청구야담(靑邱野談)〉
  임진(壬辰)에 임금의 수레를 모시고 의주(義州)에 가는데 임금의
수레가 바야흐로 요동(遼東)을 건널 것을 의논하자 여러 사람들의
의논이 결정되지 않았다. 이에 호민(好閔)이 일률(一律)을 지었는
데 말하기를,
  "하늘 마음은 어지러워 강물에 임했고, 종묘(宗廟)의 계책은 처
  량하게 저녁 빛을 대했네. (天心錯莫臨江水 廟策凄涼對夕暉)"
하니, 자리에 가득한 사람들이 모두 울었다.
  벼슬이 예조판서(禮曹判書)에 이르고 문형(文衡)을 맡았으며, 호

성공(扈聖功)에 기록되어 연릉부원군(延陵府院君)에 봉해지고 시호
는 문희(文僖)이다. 〈명신록(名臣錄)〉

강서(姜緖)가 홍립(弘立)의 난(亂)을 알고
미리 두 재상에게 부탁하다

강서(姜緖)는 진주(晉州) 사람이니 자는 면경(冕卿)이다. 역리
(易理)에 밝고 천상(天象)을 보아 임진(壬辰)의 난을 알고 힘써 동
백(東伯)에게 구해서 일문(一門)이 모두 관동(關東)으로 난(亂)을
피했고 또 말하기를,

"우리 문중(門中)을 멸망시킬 자는 홍립(弘立:그 從子)일 것이
다."
했다.

일찍이 길에서 유모가 아이를 안고 서 있는 것을 보고 즉시 무
릎 위에 앉히고 생년월일을 물어보더니 탄식하기를,

"큰 그릇이다."
했으니 이 아이는 곧 상촌 신흠(象村申欽)이었다. 뒤에 상촌(象村)
이 과거에 급제하여 서(緖)에게 갔더니 서(緖)가 한 문중(門中)의
백명 식구를 신신 부탁하자 상촌(象村)은 놀라 사양했다.

그가 죽은 뒤에 홍립(弘立)이 오랑캐에게 항복하여 장차 멸족(滅
族)의 화가 있게 되자, 상촌(象村)이 이때 이조판서(吏曹判書)로
서 영상(領相)인 오리 이원익(梧里李元翼)에게 가보았더니 원익(元
翼)의 얼굴에 근심하는 빛이 있어 생각하는 바가 있는 듯하였다.
이에 의아해서 묻기를,

"상공(相公)께서는 일찍이 강승지(姜承旨)를 아십니까?"
하니 오리(梧里)는 놀라서 대답하기를,

"친절한 사이요. 왜 묻는 것이오?"
하니 상촌(象村)이 그 부탁받은 일을 모두 말하자, 오리(梧里)는

허를 차면서 말하기를,

"강공(姜公)은 신인(神人)이다. 나도 또한 젊었을 때 이 부탁을
받았는데, 강(姜)의 말에 그때 당국(當國)한 한 재상과 함께
서로 구제해서 살린다고 하더니 지금에 이르러 강(姜)이 장차
모두 죽음을 당하게 되었으나 내가 구원할 방법이 없어서 밤낮
으로 근심하고 탄식했는데 그때에 이른바 재상이란 어찌 공을
가리킨 것이 아니겠는가."

했다.

이에 오리(梧里)는 두루 동인(東人)을 타이르고 상촌(象村)은 서
인(西人)을 타일러서 그 화를 늦출 수 있었다. 〈가승(家乘)〉

이봉정(李鳳廷)이 어필(御筆)을 모습(模習)해서 송설체(松雪體)로 변하다

이봉정(李鳳廷)은 환관(宦官)이다. 선조조(宣祖朝) 때 항상 임금
을 모시고 사랑을 받아 붓과 벼루 사이에 모시어 자못 임금의 남
은 법을 배워 얻었다.

동고 이준경(東皐李浚慶)이 이때 수상(首相)이 되어 봉정(鳳廷)
을 불러 책망하기를,

"네가 내시(內侍)로서 어필(御筆)을 모방해 익히니 장차 무엇을
하려는 것이냐. 고치지 않으면 마땅히 급한 형벌이 있으리라."

하니 봉정(鳳廷)이 크게 두려워하여 송설체(松雪體)로 변했다. 〈인
흥군한창야화(仁興君閑窓夜話)〉

안탄대(安坦大)가 말하기를 상방(尙方)[1]의
개는 별종(別種)이 있다고 하다

    안탄대(安坦大)는 가세(家勢)가 몹시 가난했으나 성질은 순박하고 근실해서 남과 계교하려 하지 않았다. 딸이 있어 궁중으로 들어가서 중종(中宗)의 후궁(後宮)이 되니 이가 창빈(昌嬪)이다. 이로부터 몸가짐을 더욱 삼가 겸손하여 비록 이웃에 사는 어린애라도 집 문에 와서 책망하면 다만 잘못했다고 사과할 뿐이요 한 번도 일찍이 원망하는 소리를 내지 않았다.

    빈(嬪)이 왕자(王子)를 낳자 문을 닫고 나가지 않았으며, 사람들이 혹 왕자(王子)의 외조(外祖)라고 부를까 두려워했다. 창빈(昌嬪)의 차자(次子) 덕흥대원군(德興大院君)이 선조(宣祖)를 낳아서 대통(大統)을 이어받자 안공(安公)의 처지가 더욱 높아졌으나 귀해도 천할 때의 마음을 변치 않아서 몸에 비단을 입지 않았다. 늘그막에 노환으로 눈이 보이지 않았는데 선조(宣祖)가 그 몸을 영화스럽게 하기 위하여 상방(尙方)에 몰리는 초구(貂裘)[2]를 반드시 공에게 주는데 그 본래의 맑은 뜻을 어길까 두려워하여 사람을 시켜 시험하기를,

    "주상(主上)께서 바야흐로 초구(貂裘)를 만드시는데 반드시 공에게 주실 것이니 주신 뒤에는 공이 입지 않을 수 없다."

하자 안공(安公)은 말하기를,

    "나는 천한 사람이라, 초구(貂裘)를 입는 것도 죽을 죄요 임금의 명령을 어기는 것도 역시 죽을 죄이니, 죽기는 마찬가지라면 차라리 분수를 편안하게 죽는 이만 못하다."

했다.

    이에 임금은 그 뜻을 빼앗을 수 없는 것을 알고 집사람에게 명

---

1) 尙方 : 임금이 쓰는 기물(器物)을 만드는 곳.
2) 貂裘 : 표범의 가죽으로 만든 옷.

하여 개가죽이라 일컫고 보내자, 안공(安公)은 손으로 만지면서 말하기를,

"상방(尙方)의 개는 별종(別種)이 있는가. **털이 부드럽고 가늘**기가 이와 같으니."

하였다.

선조(宣祖)에게는 안공(安公)이 외증조(外曾祖)가 되지만 일찍이 한 가지 벼슬도 내린 일이 없고 그 얻은 바로는 적순부위 원종훈(迪順副尉原從勳)뿐이니 이는 예(例)로 얻은 것이요, 사사로운 은혜로 준 것이 아니었다. 효종조(孝宗朝)에 이르러 우상(右相)에 증직되었다. 〈동평견문록(東平見聞錄)〉

이탁(李鐸)이 서울 역사(驛舍)에 나가자 사설(邪說)이 비로소 없어졌다

이탁(李鐸)은 전의(全義) 사람이니 자는 선명(善鳴)이요 호는 약봉(藥峰)이니 군수(郡守) 창형(昌亨)의 아들이다.

신묘(辛卯)에 진사가 되고 중종(中宗) 을미(乙未)에 문과에 급제하여 예문관 사인(藝文舘舍人)을 거쳐 계축(癸丑)에 서울에 가다가 한 역(驛)에 도착하니 관인(舘人)이 말하기를,

"이 관사(舘舍)에는 요괴(妖怪)가 있어서 사신이 능히 머물지 못합니다."

했다.

그래도 공은 굳이 거기에서 자는데 그 밤에 마침 곽란이 나서 종자(從者)들이 딴 관사(舘舍)로 옮기라고 청했으나 고집하고 듣지 않더니 이후로는 사설(邪說)이 비로소 없어졌다.

공은 비록 초연(超然)한 절개는 적었으나 관후(寬厚)하여 덕량(德量)이 있고 선비를 사랑하여 능히 그 곧은 것을 용납했다. 그가 이조(吏曹)의 정랑(正郎)으로 있을 때 좌랑(佐郎) 정철(鄭澈)이 매양 사람을 쓸 때 반드시 공론(公論)으로써 천거하려 하여 윗사

람의 뜻을 어기는 일이 있었다. 그러나 탁(鐸)은 그 말을 좇지 않은 것이 없고, 이윽고 웃으면서 철(澈)에게 이르기를,

"나는 능히 그대를 용납하지만 뒷사람은 반드시 견디지 못하는 자가 있을 것이다."

했다.

그 뒤에 홍담(洪曇)이 이조판서(吏曹判書)가 되었는데 철(澈)이 고집해 의논하는 것이 전과 같자 담(曇)이 크게 노하니 철(澈)이 사람에게 말하기를,

"이공(李公)의 도량(度量)은 남이 미치지 못하겠다."

했다.

탁(鐸)은 벼슬이 삼공(三公)의 지위에 있었으나 간신히 조석 끼니를 계속했고, 군읍(郡邑)에서 주는 것은 반드시 친척이나 이웃에 나누어 주어 부엌에 남은 것이 없었고, 죽기에 이르러 그 아들 해수(海壽)에게 이르기를,

"내가 죽으면 관곽(棺槨)은 반드시 임금이 주는 것을 쓰도록 하라."

하더니 그가 졸(卒)하자 사림(士林)이 이를 애석히 여겼다.

일찍이 말하기를,

"사마온공(司馬溫公)이 말하기를 평생 한 일을 일찍이 남을 대해서 말할 수 없는 것이 있지 않아야 한다고 했으니 이는 지위가 몹시 높아서 사람이 능히 미치지 못함이라, 나도 한 집의 일을 역시 일찍이 남에게 숨기는 것이 없으니 이는 내가 평생 힘을 쓰는 곳이다."

했다.

공은 당시의 인망이 비록 박순(朴淳)에게는 미치지 못해도 선비를 사랑하고 국량(局量)이 있었으며, 이조(吏曹)에 있을 때는 공도(公道)를 펴기에 힘써서 정사에 있어서는 순(淳)에 비하여 더 나았다.

이준경(李浚慶)이 병으로 정승을 내놓고 오겸(吳謙)을 천거했다가 마침내 공으로 우상(右相)을 삼았다. 공은 명령을 듣고 문을 닫고 스스로 말하기를,

"나 같은 자가 또 삼공(三公)에 이르렀으니 국가의 일이 끝내 어떻게 될지 모르겠다."

하고 근심이 얼굴에 나타나더니 이미 사은(謝恩)하고 나자 학식(學識)이 없다고 스스로 겸손하여 장영(張詠)의 창생(蒼生)이 복이 없다는 말을 인용하여 간절히 사양했으나 여의치 않아 마침내 직책에 나갔다. 〈석담일기(石潭日記)〉

신미(辛未)에 대배(大拜)하여 영상(領相)에 이르렀고 졸(卒)한 나이가 68세였다. 시호는 정숙(貞肅)이다.

박순(朴淳)은 송균(松筠)의 절조(節操)요 수월(水月)의 정신(精神)이다

박순(朴淳)은 충주(忠州) 사람이니 자는 화숙(和叔)이요 호는 사암(思菴)이다. 화담 서경덕(花潭徐敬德)에게 학문을 배웠다. 18세에 진사시(進士試)에 장원급제하고 명종(明宗) 계축(癸丑)에 문과에 장원하여 호당(湖堂)을 거쳤다.

8세에 입을 열어 물건을 읊었는데, 이웃에 훈몽(訓蒙)하는 자가 있었으나 가르치지 않고 말하기를,

"내가 감히 네 스승이 되겠느냐."

했다. 조사(詔使) 구희직(歐希稷)이 왔을 때 공이 예조판서(禮曹判書)로 빈사(儐使)가 되었는데, 용모와 자태(姿態)가 청아(清雅)하자 조사(詔使)는 공경하는 마음이 생겼다. 그러다가 공의 시를 보자 놀라서 말하기를,

"송(宋)나라 인물(人物)이요 당시(唐詩)의 격조(格調)이다."

했다.

율곡(栗谷)이 탄핵을 받고 돌아가자 우계(牛溪)가 소(疏)를 올려 구원하자, 임금이 혼(渾:牛溪)의 소(疏)가 옳고 그른 것과 이(珥)의 죄가 있고 없는 것을 묻자 공이 맨 먼저 말하기를,

"지금 사람들이 이(珥)와 서로 좋아하지 않아서 탄핵한 것이니

이는 공론(公論)이 아니옵니다.**”**

했다.

이에 임금이 명하여 말한 자를 귀양보내라고 하자 시론(時論)이 크게 격해져서 양사(兩司)에서 번갈아 글을 올려 공을 탄핵하여 호당(護黨)이라는 명목으로 그 죄 열 가지를 말했으나 임금은 말하기를,

“박모(朴某)는 송균(松筠) 같은 절조요 수월(水月) 같은 정신이다.”

하고 끝내 윤허하지 않았다.

공은 이로 인하여 물러나와 강사(江舍)에 있는데 임금이 중사(中使)를 보내어 술을 내리자 즉석에서 일절(一絶)을 짓기를,

“은혜에 보답할 길 없어 조그만 마음 어겼는데, 쇠잔한 몸 수습해서 들 집으로 돌아왔네. 한 점 종남산(終南山)이 볼수록 다시 먼데, 서풍이 눈물을 불러 푸른 댕댕이옷을 적시네. (答恩無路寸心違 收拾殘骸返野扉 一點終南看更遠 西風吹淚碧蘿衣)”

했다.

일찍이 학사(學士)와 함께 소나기가 지나간 뒤에 함께 석양의 개인 경치를 읊었는데 말하기를,

“어지러운 흐름이 들을 지나 강으로 들어갔는데, 떨어지는 물이 아직 난간 밖의 나무에 남아 있네. 울타리에 도롱이 걸어 놓고 처마에 그물 말리니, 그 속의 고기잡이 집에 석양이 많으네. (亂流經野入江沱 滴瀝猶殘檻外柯 籬掛簑衣簷曬網 望中漁屋夕陽多)”

하니, 제공(諸公)들이 아름답다고 탄식하여 말하기를, 참된 성화(聲畵)라고 했다. 〈후청쇄어(侯鯖瑣語)〉

영평(永平)의 백운산(白雲山) 속으로 돌아와서 배견와(拜鵑窩)·이양정(二養亭)·토운상(吐雲床)·쌍송정(雙松亭)의 시가 있고, 일찍이 시가 있기를,

“홀로 돌길 밖으로 걸어 나오니, 오직 숲 사이에 자는 새가 있어서 아네. (脩然步出石逕外 唯有林間宿鳥知)”

하니 세상에서 박숙조 선생(朴宿鳥先生)이라 일컬었다.

임신(壬申)에 대배(大拜)하여 영상(領相)에 이르고, 기축(己丑)

에 졸(卒)하니 나이가 67세였다. 시호는 문충(文忠)이다.

노수신(盧守愼)은 공장(工匠)에 비하면 손을
마주 잡고 먹기만 하는 사람이다

노수신(盧守愼)은 광주(光州) 사람이니 자는 과회(寡悔)요 호는 소재(蘇齊)이다. 계묘(癸卯)에 문과에 장원으로 급제했다.

명종(明宗) 을사(乙巳)의 사화(士禍)에 정언(正言)으로써 삭직(削職)당했고, 정미(丁未)에 순천(順天)으로 귀양갔다가 진도(珍島)로 옮겨서 19년 동안 적소(謫所)에 있다가 다시 괴산(槐山)으로 옮겨 정묘(丁卯)에 방환(放還)되었다.

공이 진도(珍島)에 귀양가 있을 때 태수(太守) 홍인록(洪仁祿)이 공을 대접하기를 몹시 박하게 했는데 공이 방환된 뒤에 청화(淸華)의 자리를 두루 거치자 당시 의논들이 인록(仁祿)을 공격하는 것을 공은 힘껏 구원해 해명(解明)해서 풍천부사(豊川府使)에 제수되니 인록(仁祿)이 매양 감탄했다.

진도(珍島) 풍속에 처음에는 혼례(婚禮)가 없고 남의 집에 딸이 있다는 말을 들으면 중매(仲媒)를 거치지 않고 칼날을 들이대고 데려왔는데 공이 예양(禮讓)하도록 타일러서 혼인에 의식(儀式)이 있게 되어 오랑캐의 풍속이 드디어 없어졌다. 진도(珍島)에 있을 때 시(詩)를 짓기를,

"천지 동쪽 나라 남쪽에, 옥주(沃州) 성 아래 두어 간 암자일세. 죄를 용서하기 어려우면 병도 고치기 어렵고, 충신이 되지 못하면 불효한 사나이일세. 나그네로 있는 날은 3천4백이 다행하고, 난 해는 을해 병진이 부끄러우네. 너 노수신이 만일 죽지 않으면, 임금의 은혜에 보답하는 것 어찌 견디리. (天地之東國以南 沃州城下數間庵 有難赦罪難醫病 爲不忠臣不孝男 客日三千四百幸 生年乙亥丙辰慙 汝盧守愼如無死 報得君恩底事堪)"

했다.

정묘(丁卯)에 방환(放還)되어 다시 옥당(玉堂)에 들어가서 시를 짓기를,

"두 늙은이가 실로 세상에 드문데, 두 남쪽에 한 때에 돌아왔네. 어찌해서 공자(孔子)·안자(顏子)의 즐거움이 도리어 의원(誼原)의 슬픔이 되었나. 하늘 위에서는 기미(箕尾)를 타고, 인간은 죽어서 이별하게 되네. 마음 상하는 옥당(玉堂)의 달이 다만 옛 마음 아는 사람에게 비치네. (二老實間世 兩南還一時 如何孔顏樂 反作誼原悲 天上騎箕尾 人間死別離 傷心玉堂月 只照舊心知)"

했다.

진도(珍島)에 있을 때 수령(守令)이 당시 재상의 풍지(風旨)를 부러워하여 여러 가지로 곤욕(困辱)을 주어 말하기를,

"죄인이 어찌 옥식(玉食)을 먹을 수 있으냐."

하고 산골에서 조(粟)를 사다가 주었고, 또 어느날 달 밝은 밤에 어린 종을 시켜 피리를 불게 했더니 수령이 말하기를,

"죄인이 어찌 잔치에 음악을 갖추느냐."

하고 그 종을 잡아 가두기도 했다. 선조조(宣祖朝)에 공이 크게 쓰였으나 또한 개의(介意)치 않았다.

선조(宣祖)가 즉위하기 전에 한윤명(韓胤明)에게 글을 배우는데 윤명(胤明)이 경서(經書)를 강론하다가 매양 노수신(盧守愼)의 말을 하자 임금이 말하기를,

"그는 어떤 사람인가?"

하자 윤명이 말하기를,

"지금 세상의 대유(大儒)인데 죄도 없이 바닷속으로 귀양가 있습니다."

했다. 이에 임금이 마음을 기울인 지 이미 오래이더니 즉위하자 수신(守愼)이 전적(典籍)으로 조정에 돌아와서 7년 만에 내각(內閣)에 들어갔으니 군신(君臣)이 서로 만난 것이 어찌 우연한 일이랴.

무인(戊寅)에 정승이 바뀌자 이산해(李山海)가 이이(李珥)에게 묻기를,

"소재(蘇齋)의 정승이 바뀐 것이 시사(時事)에 관계가 있는가?"

하자 이(珥)가 말하기를,

"소재(蘇齋)가 능히 정사를 이룩하여 밝히지 못하기 때문에 그를 적게 여기는 자가 많지만 다만 지금 세상에는 세상에 뛰어난 재주로 하여금 정승의 자리에 있게 한대도 어찌 능히 하는 것이 있겠는가. 공장에 비유하자면 소재(蘇齋)는 곧 손을 마주 잡고 먹기만 하는 자여서 비록 유익한 것은 없어도 또한 해로운 것도 없으니, 소재(蘇齋)가 바뀐 후에 만일 기와를 헐고 담에 그림을 그리는 자로 대신하게 한다면 그 해가 어찌 적겠는가."

했다. 〈창석이준저 행장(蒼石李埈著行狀)〉・〈자해필담(紫海筆談)〉・〈석담일기합록(石潭日記合錄)〉

공이 정승이 된 뒤에 임금에게 의견을 아뢰는 것이 없자 최영경(崔永慶)이 기롱하기를,

"노정승의 침은 마땅히 종기 다스리는 데 쓸 것이다."

했으니, 대개 종기를 다스리는 데는 말하기 전의 침을 쓰기 때문이다. 〈어우야담(於于野談)〉

계축(癸丑)에 대배(大拜)하여 영상(領相)에 이르고 궤장(几杖)을 하사받았다. 경인(庚寅)에 졸(卒)하니 시호는 문의(文懿)이다.

정지연(鄭芝衍)은 벼슬에 나간 지 13년 만에 대신(大臣)이 되다

정지연(鄭芝衍)은 동래(東萊) 사람이니 영상(領相) 광필(光弼)의 증손이다. 자는 연지(衍之)요 호는 남봉(南峰)이다. 정묘(丁卯)에 퇴계(退溪)의 천거로 왕자사부(王子師傅)에 제수되었다.

약관(弱冠)에 이소재(履素齋)에게 학문을 배우고, 혹 서화담(徐花潭), 성소선(成笑仙)의 문하(門下)에 놀기도 했는데 끝내는 이소재(履素齋)에게로 돌아오니 문도(門徒) 7백여 인이 공을 두려워하기를 선생과 같이 하여 매양 만나기만 하면 문득 송구해하고 감히 방자히 굴지 못했다.

선조(宣祖)가 즉위한 다음해인 기사(己巳)에 비로소 벼슬에 나

가자 옛날 글배운 은혜를 생각하여 차서없이 승진되어 13년 만에 대신(大臣)의 지위에 올랐다.

공의 숙부(叔父) 임당(林塘) 유길(惟吉)이 찬성(贊成)으로서 문형(文衡)을 잡아 금시에 입상(入相)하게 되었을 때 공은 바야흐로 과거를 보았는데, 공이 대배(大拜)했을 때 임당(林塘)은 오히려 경(卿)의 반열에 있었고, 공이 정승이 된 지 2년에 졸(卒)했는데 그때 임당은 비로소 정부(政府)에 들어갔다. 〈배계기문(陪溪記聞)〉

벼슬이 우상(右相)에 이르고 졸(卒)할 때 나이가 59세였다.

정언신(鄭彦信)은 번호(藩胡)들이 아들을 낳으면 공(公)의 이름을 쓰다

정언신(鄭彦信)은 동래(東萊) 사람이니 자는 입부(立夫)요 호는 나암(懶庵)이니 좌랑(佐郎) 진(振)의 아들이다. 명종(明宗) 병인(丙寅)에 문과에 급제하여 검열(檢閱)이 되었다.

동고 이준경(東皐李浚慶)이 사람을 보는 지감(知鑑)이 있어 나라의 그릇이 될 인물이라고 칭찬하고 일찍이 말하기를,

"나를 대신할 자는 오직 정언신(鄭彦信)이다."

하고, 통천서대(通天犀帶)[1]를 주면서 말하기를,

"이것이 그 뜻이다."

했다. 특별히 북병사(北兵使)에 임명했더니 번호(藩胡)들의 귀의(歸義)한 자가 공의 은혜와 믿음을 사모하여 아들을 낳으면 문득 공의 성명을 떼다 써서 마치 가부(賈父)[2]의 일과 같이했다 한다. 〈용주찬신도비(龍洲撰神道碑)〉

계미(癸未)의 이탕개(尼湯介)[3]의 난에 함경순찰사(咸鏡巡察使)에

---

1) 通天犀帶 : 통천서(通天犀)는 서각(犀角) 이름. 서각으로 장식한 천자의 띠.
2) 賈父 : 가표(賈彪)가 남의 아들을 길렀다고 해서 이렇게 불렀다.
3) 尼湯介 : 오랑캐 이름.

임명되자 임금이 운검(雲劒)을 하사했다. 공은 사람을 아는 데 뛰어나서 막부(幕府)에 들어간 사람으로 이순신(李舜臣), 신립(申砬) 김시민(金時敏), 이억기(李億祺)가 있는데 이들은 모두 명장(名將)이다.

기축(己丑)에 우상(右相)이 되었는데 여립(汝立)의 옥사(獄事)에 관계된다고 하자 언신(彦信)이 소(疏)를 올려 말하기를,

"신(臣)은 역적과 취하고 버리는 것이 길이 다르고 연배(年輩)도 서로 비슷하지 않으며 경향(京鄕)이 서로 달라서 찾거나 만난 일이 없다는 것은 나라 사람들이 다 아는 바입니다."

했더니, 그 뒤에 역적의 집 문서 속에 언신(彦信)의 편지가 나오자 대간(臺諫)이 그 기망(欺罔)한 것을 탄핵하여 옥(獄)에 가두었다가 처음에는 문 밖으로 내쫓고 다시 부처(付處)했다가 마침내 남해(南海)로 귀양가서 적소(謫所)에서 졸(卒)했다.

연평 이귀(延平李貴)가 포의(布衣)로 그 원통함을 말했고, 공조판서(工曹判書) 신점(申點)이 위에 말하기를,

"언신(彦信)의 셋째아들 율(慄)은 효자(孝子)이온데 그 아비의 일을 알고 자명소(自明疏)를 지었으나 그 아비가 도리어 기망(欺罔)의 죄에 걸리자 드디어 먹지 않고 피를 토하다가 죽었습니다."

하니 임금이 이를 측은히 여겨 그 관작(官爵)을 회복시켜 주었다.

백사 이항복(白沙李恒福)이 율(慄)의 만시(輓詩)를 짓는데 그 대략에 말하기를,

"입이 있어도 어찌 다시 말하며 눈물이 있어도 감히 울지 못하네. 베개 어루만지면서 남이 엿볼까 두려워하여, 소리를 삼키면서 피눈물 흘리네. (有口豈復言 有淚不敢哭 撫枕畏人窺 呑聲潛飲泣)"

했다. 〈신도비(神道碑)〉·〈백사집(白沙集)〉

임진(壬辰)에 황정욱(黃廷彧) 등이 진남루(鎭南樓)에 올라 탄식하기를,

"정입부(鄭立夫)가 만일 있었으면 왜(倭)가 어찌 능히 관(關)을 넘을 수 있었으랴."

했다. 〈신도비(神道碑)〉

김응남(金應南)은 선(善)을 좋아하는 것은 배로 더하고 악(惡)을 미워하는 것은 배로 줄였다

김응남(金應南)은 원주(原州) 사람이니 자는 중숙(重叔)이요 호는 두암(斗巖)이니 병사(兵使) 말손(末孫)의 증손이다.

10세에 시서(詩書)를 통하고 정묘(丁卯)에 생원(生員)이 되고 무진(戊辰)에 문과에 급제하여 호당(湖堂)에 뽑혀 들어가고, 계미(癸未)에 제주목사(濟州牧使)가 되니 임금이 말하기를,

"송응개(宋應漑) 등이 일찍이 김응남(金應南)은 문학(文學)과 재망(才望)이 당세(當世)에 제일이라고 하니 당인(黨人)이 칭찬하는 것은 역시 당인(黨人)이 아니겠는가. 또 제주(濟州)가 굶주림이 심하기에 나는 이 사람이 가서 온전히 살리기를 바랐더니 돌아올 때 보니 가지고 온 물건이 없다."

했다.

여립(汝立)이 당시의 명예를 저버리자 응남(應南)은 이발(李潑), 이길(李洁)을 경계하기를,

"사귀지 말라. 이 사람은 속은 험하고 겉은 장식을 하니 끝내는 반드시 패할 것이다."

하더니 기축(己丑)에 여립(汝立)이 과연 모반(謀叛)하다가 베임을 당해서 같이 논 것으로 연좌되어 화를 입은 자가 무려 백여 명이나 되었지만 응남(應南)은 홀로 근신(謹愼)해서 면할 수 있었다.

명(明)나라 조정에서 우리 나라가 일본과 통한다는 말을 듣고 크게 의심하자 각로(閣老) 허국(許國)이 말하기를,

"조선은 예의의 나라이니 반드시 속이고 숨기는 일이 없을 것이요, 사신이 마땅히 올 것이니 물어보면 알 수 있을 것이다."

했다. 이때 응남(應南)이 마침 연경(燕京)에 가자 예부(禮部)에서 맞아 물으니 응남(應南)은 자세하고 분명히 대답하고 또 자문(咨

文)을 허국(許國)에게 주자 국(國)은 말하기를,

"문사(文辭)가 몹시 아름답고 자법(字法)도 역시 아름다우니 반
드시 문장재상(文章宰相)이로다."

하고 이로 말미암아 의심이 풀렸다.

응남(應南)이 일찍이 자제(子弟)들에게 경계하기를,

"착한 것을 좋아하는 일은 갑절을 더하고, 악한 것을 미워하는
일은 갑절을 줄여라."

했다. 갑오(甲午)에 대배(大拜)하여 좌상(左相)에 이르고, 임진(壬
辰)에 임금을 모신 공으로 원성부원군(原城府院君)에 봉해지고 시
호는 충정(忠靖)이다. 〈인물고(人物考)〉

광해(光海)가 폐모(廢母)한 뒤에 완평 이원익(完平李元翼)이 탄
식하기를,

"만일 두암(斗巖)으로 하여금 있게 했으면 죽기로 다투어 반드
시 나와 같이 잔열(孱劣)하게 하지는 않았을 것이다."

했다. 〈신도비(神道碑)〉

이양원(李陽元)이 아로(鴉鷺)의 노래를
이어 부르다가 그대로 호(號)를 삼다

이양원(李陽元)은 종실(宗室) 선성군(宣城君) 무생(茂生)의 현손
(玄孫)이니 자는 백춘(伯春)이요 호는 노저(鷺渚)이다. 중종(中宗)
을묘(乙卯)에 진사가 되고 명종(明宗) 병진(丙辰)에 문과에 급제
하여 예문관(藝文舘)·호당(湖堂)에 뽑혀 들어가고 문형(文衡)을
맡았다.

젊어서 이소 이중호(履素李仲虎)에게 학문을 배웠는데 성질이 충
후(忠厚)하고 박학(博學)해서 흑백(黑白)의 의론에 치우치지 않았
다.

일찍이 밤에 임금을 뵈었는데 임금이 명하여 술을 들라 하고, 아
로가(鴉鷺歌)를 지어 공에게 이를 화답하라 했는데, 임금이 글을

써서,

　"까마귀여 검지 말고 백로여 희지 말라. 검고 흰 것이 어지러운
데 수리는 홀로 어찌하여 검지도 않고 희지도 않은가?"

하자, 공은 즉시 이어서 노래하기를,

　"붉다고 한 것도 내가 아니고 푸르다고 한 것도 내가 아닐세.
붉고 푸른 것이 어지러운 것은 또 나의 탓이 아닐세. 그대는 어
찌해서 나를 알지 못하고 나를 오색(五色)에 물들었다 하는도
다."

하니, 임금은 공이 좌우로 왔다갔다하지 않는 것을 알고 더욱 어
질게 여겼다. 공은 이로 인해 스스로 노저(鷺渚)라고 호를 지었다.

　임진(壬辰)에 유도대장(留都大將)이 되었는데 조정에서 내부(內
附)의 의론이 있다는 말을 듣고 위연(喟然)히 탄식하기를,

　"나라 일을 할 수가 없다."

하고 8일 동안 먹지 않다가 피를 토하고 졸(卒)했다. 〈연려실기술
(燃藜室記述)〉

　광국훈 한산부원군(光國勳漢山府院君)에 기록되고 신묘(辛卯)에
대배(大拜)하여 영상(領相)에 이르니 졸(卒)한 나이는 67세였다.
시호는 문헌(文憲)이다.

한응인(韓應寅)이 유난주고(溜亂奏高)라고 기주(記注)하다

　한응인(韓應寅)은 청주(淸州) 사람이니 자는 춘경(春卿)이요 호
는 백졸재(百拙齊)이다.

　병자(丙子)에 생원·진사 양시(兩試)에 합격하고 정축(丁丑)에
문과에 급제하여 주서(注書)에 임명되었는데 일을 기록하는 것이
명민(明敏)했다.

　일찍이 입시(入侍)했을 때 마침 소나기가 어지럽게 쏟아져서 연
신(筵臣)이 아뢰는 말이 임금에게 들리지 않자 임금이 말하기를,

"아뢰는 말을 마땅히 분명히 하라."

하니, 응인(應寅)이 이 말을 듣고 이내 쓰기를,

　"簷溜亂耳 奏聽宜高"

하자 일시에 잘했다고 칭찬했다.

　응인(應寅)이 본래 한어(漢語)를 익혀서 이덕형(李德馨)과 함께 반접사(伴接使)가 되어 만나서 병기(兵機)를 의논하여 충성과 의리가 치솟더니 적이 물러가자 서울에 들어가 능묘(陵墓)를 청소하고 죽은 자를 조상하고 산 자를 물으며, 시체를 묻고 서적(書籍)과 판도(版圖)를 수습하니 국가의 장고(掌故)하는 일에 힘을 많이 입었다. 호조판서(戶曹判書)가 되었는데 탕잔(蕩殘)한 나머지에 마음을 기울여 힘써 일해서 10만의 군사를 먹이는데 양식이 떨어지지 않았다.

　무신(戊申)에 임금의 병환이 중하자 응인(應寅) 등 7인을 불러서 영창(永昌)을 보호하도록 부탁하더니 광해(光海) 계축(癸丑)에 삭관(削官)당하고 전리(田里)로 추방(追放)되어 돌아가서 광주(廣州)에서 임시 있으면서 스스로 유촌(柳村)이라고 호했다. 평난 광국(平難光國)의 두 훈(勳)에 기록되고 청평부원군(淸平府院君)에 봉해졌다.

　임진(壬辰)에 팔도도순찰(八道都巡察)이 되고 정미(丁未)에 우상(右相)에 배해졌다. 갑인(甲寅)에 졸(卒)하니 나이가 61세로 시호는 충정(忠靖)이다. 〈묘비명(墓碑銘)〉

백유양(白惟讓)이 같이 노는 사람은
모두 현사(賢師)였다

　백유양(白惟讓)은 수원(水原) 사람이니 자는 중겸(仲謙)이다. 부사(府使) 인호(仁豪)의 아들이요 휴암(休庵) 인걸(仁傑)의 조카이다. 경오(庚午)에 생원이 되고 임신(壬申)에 문과에 급제하여 벼슬이 부학(副學)에 이르렀다.

　성질이 자상하고 화락하고 단아했으며 모양이 옥인(玉人)과 같아서 심지어 사정(邪正)을 분별하는 데 이르기까지 의논이 강직하고 남에게 굽히지 않으니 한때에 명망이 무거웠고 같이 노는 자가 모두 현사(賢師)였다.

　처음에 백인걸(白仁傑)은 을사(乙巳)의 화가 일어나면서부터 오랫동안 죄폐(罪廢)한 속에 있어서 딸이 있는데도 혼인을 못하고 있자 그 조카 유양(惟讓)에게 묻기를,

　"내가 의녕(義寧)을 사위로 삼으려 한다."

하자, 유양(惟讓)은 말하기를,

　"의녕(義寧)은 종실(宗室)의 천얼(賤孽)로서 그 어머니와 숙모(叔母)가 모두 머리에 수건을 쓴 시정(市井) 여자였으니 원컨대 혼인하지 마시옵소서."

했으나 인걸(仁傑)은 듣지 않고 마침내 사위를 삼았다.

　이미 혼인을 하자 그 아내가 유양(惟讓)이 한 말을 의녕(義寧)에게 말하니 의녕(義寧)은 이 까닭에 유양(惟讓)과 틈이 생겼고 그 아들 춘영(春英)은 묵은 감정을 품어서 유양(惟讓) 부자 보기를 원수같이 하더니 옥사(獄事)가 일어나자 그 장인 백유함(白惟咸)과 함께 근거 없는 말을 만들어냈다고 한다. 〈기축별록(己丑別錄)〉·〈을병조경록(乙丙照經錄)〉

　유양(惟讓)의 아들 진민(振民)이 변이 일어나던 처음에 무리 10여 명과 함께 모여서 꾀하기를,

　"해서(海西)의 수령(守令)은 서인(西人)이 반이나 되어 그곳에는 이이(李珥)의 제자가 많으니 반드시 이 무리들의 무고(誣告)일 것이다. 정수찬(鄭修撰 : 汝立)이 금시에 올 것이니 그가 오거든 우리들이 마땅히 항장(抗章)을 올려 원통함을 호소하자."

하고 유영근(柳永謹)이 소두(疏頭)가 되기로 약속해 놓았다.

　그러나 여립(汝立)이 죽었다는 말을 듣고 놀라 흩어졌는데 국문을 받게 되자 말하기를,

　"아비가 알지 못하는 바를 자식이 어찌 알겠는가. 죄가 있고 죄가 없는 것은 창천(蒼天)이 알 것이니 엎어진 새집 밑에 새알이 어찌 홀로 온전하리요. 다시 국문할 필요가 없으니 원컨대 속히

　베임을 당하겠다."

하고 장형(杖刑) 끝에 죽었다. 〈일월록(日月錄)〉

　백유양(白惟讓)이 죽은 뒤에 아들 진민(振民)·흥민(興民)이 양
주(楊州)에서 시묘(侍墓)하고 있는데, 정철(鄭澈)이 백유함(白惟咸)·
이춘영(李春英)과 함께 내관(內官) 이몽정(李夢鼎)을 시켜서 밀계
(密啓)하기를,

　"길삼봉(吉三峰)이 가 있는 곳을 백진민(白振民) 형제가 알 것
이다."

하여 경인(庚寅) 7월 12일에 모두 잡아오니 공사(供辭)하기를,

　"아비가 알지 못하는 바를……"

하고 옥중에서 소(疏)를 지어 스스로 밝히려 했으나 이미 심한 장
형(杖刑)을 맞아서 능히 스스로 쓰지 못하여 마침내 올리지 못하
고 9월 12일에 형제가 모두 장형(杖刑)으로 죽었다. 〈기축록(己
丑錄)〉

　길삼봉(吉三峰)은 천안(天安)에 있는 사노(私奴)인데 용맹이 뛰
어나서 도둑질을 하다가 관군(官軍)에게 잡혀 매양 옥에 갇혀도
벗어나 도망해서 이름이 나라 안에 들렸다. 이때 여립(汝立)이
지함두(池涵斗)를 시켜 해서(海西) 지방에 소문을 내기를, "길삼
봉(吉三峰)은 삼산형제(三山兄弟)로서 신병(神兵)을 거느리고 혹
지리산(智異山)·계룡산(鷄龍山)으로 들어갔다." 하였다. 또 말하
기를, "정팔룡(鄭八龍)은 신통한 사람이니 마땅히 왕이 될 것인
데 오래지 않아 군사를 일으킬 것이다." 했으니 팔룡(八龍)은 곧
여립(汝立)의 어릴 때의 이름이다. 이에 해서(海西)에 소문이 자자
하여 호남(湖南) 전주(全州) 땅에 마땅히 성인(聖人)이 일어나서
백성을 구제할 것이라고 하니 백성들이 이 말을 듣고 현혹되어 시
끄러이 떠들었다……

　백유양(白惟讓) 오부자(五父子)가 모두 장형(杖刑)으로 죽자 이웃
마을의 아는 사람들도 화를 두려워하여 감히 가보지도 못하는데
서얼(庶孼) 한 사람이 와서 치상(治喪)을 하고 있었다. 유함(惟咸)
이 이것을 보니 몹시 정성껏 하므로 괴상해서 묻자 대답하기를,

"나는 이 집 얼속(孽屬) 아모입니다."

했다. 이에 유함이 말하기를,

"그러면 네 어찌 나를 와보지 않았느냐?"

하자 대답하기를,

"먼 시골의 천한 몸이 미처 찾아뵙지 못했습니다."

했다. 그러나 유함은 역적을 치상(治喪)했다는 이유로 장살(杖殺)했다.〈괘일록(掛一錄)〉

백유양(白惟讓)이 네 아들이 있으니 진민(振民)·흥민(興民)·득민(得民)은 모두 재예(才譽)가 있었고, 막내 수민(壽民)은 여립(汝立)의 형 여흥(汝興)의 딸에게 장가들었다. 옥사(獄事)가 일어나자 여립(汝立)의 아우 여복(汝復)이 역시 옥에 갇히자 그 종 백석(白石)이 옥에 갇힌 사람이 먹을 것을 가지고 거리에서 방황하다가 포청(捕廳)에 잡혀서 신문을 받다가 말하기를,

"백참봉(白參奉)의 아들이라고 하는 자가 나를 따라왔다."

고 하자 옥사(獄事)를 다스리던 신하가 아뢰기를,

"이는 반드시 백유양의 아들 수민(壽民)일 것입니다."

하여 드디어 잡아다가 국문하여 매때려 죽였다.〈기축록(己丑錄)〉

여립(汝立)의 문서를 뒤져서 유양(惟讓)의 편지 두어 장을 얻었는데 하나에는 말하기를,

"내 자식이 곧 그대의 자식이다."

라 했고, 또 하나에는 말하기를,

"정철(鄭澈)은 나라를 그르친 소인(小人)이다."

한 것이 있었다. 임금이 이것을 보고 크게 노하여 유양(惟讓)을 잡아다가 신문하자 말하기를,

"신(臣)의 자식 수민(壽民)이 어리석고 배우지 못했더니 마침 여립(汝立)의 집과 혼인을 했기 때문에 여립(汝立)에게 글을 배우게 했사오니, 편지에 내 자식이 그대의 자식이라고 한 것은 옛사람이 자식을 바꾸어 가르친다는 뜻이오니 어찌 터럭만큼이나 딴 뜻이 있겠습니까?"

했다.

이에 명하여 부녕(富寧)으로 귀양보내어 떠나서 포천(抱川)에 이

르렀을 때 잡아다가 다시 국문했으니 이는 대개 선홍복(宣弘福)의
초사(招辭)에서 나왔기 때문이다. 홍복(弘福)이 처음에 여립(汝立)
의 당(黨)으로 잡혀서 세 번이나 형벌을 받고 석방되어 안악(安
岳) 경주인(京主人)[1]의 집에 머물고 있는데 한 금부도사(禁府都事)
가 꾀이기를,

"네가 만일 옥중에 있을 때 한때의 명사(名士) 두세 명만 거짓
으로 끌어넣으면 스스로 풀려날 것이니 어찌 형벌을 받는 데에
이르겠는가."

했다.

이 말을 듣고 홍복(弘福)은 그럴듯하게 여겨 다시 나가서 진술
할 때 말하기를,

"나와 같이 계획한 자는 유양(惟讓)·이발(李潑)·이길(李洁) 등
두어 사람이다."

하니, 이에 유양을 다시 잡아왔는데 이때 홍복은 이미 형벌을
받고 죽어서 면대해서 물어볼 수가 없었다. 〈연려실기술(燃藜室記
述)〉

정개청(鄭介淸)은 독신호고(篤信好古)하다

정개청(鄭介淸)은 철원(鐵原) 사람이니 자는 의백(義伯)이요 호
는 곤재(困齋)이다. 7대조 몽송(夢松)은 고려 말년의 동정(同正)
으로 나주(羅州)에 귀양가 있다가 풀려나서 무안(務安)에 살았
다.

개청(介淸)은 처음에 나주훈도(羅州訓導)에 임명되고 다시 소환
(召還)되어 전생주부(典牲主簿)가 되었는데, 소(疏)를 올려 도덕
입본(道德立本)의 설(說)을 말했고, 어버이가 늙었다고 벼슬을 사

---

1) 京主人 : 지방 관청과 중앙 관청의 연락사무를 맡아보게 하기 위하여 지
방에서 파견된 향리(鄕吏)와 공물(貢物)·입역(立役) 등의 일을 임시로 맡
아보는 사람.

양했다가 곡성현감(谷城縣監)에 제수되었으나 사양하고 돌아오니 호남(湖南)의 대유(大儒)로 불리었다. 그는 학문이 해박(該博)하고 예학(禮學)에 정밀하여 배우는 자들이 구름처럼 모였다. 〈괘일록(掛一錄)〉

개청(介淸)의 본명(本名)은 유청(惟淸)이니 대대로 나주(羅州)의 향리(鄕吏)로 있다가 그 아버지가 그 시골을 면하고 무안(務安)에 살면서 심의겸(沈義謙)의 농장(農庄)을 지키더니 개청(介淸)은 처자(妻子)를 버리고 중이 되어 풍수술(風水術)을 가지고 유람하다가 보성(寶城)의 김석남(金錫南)의 묘사(墓舍)에 이르러 머리를 기르고 사비(私婢)를 데리고 사사로이 살았다.

뒤에 기대승(奇大升)에게 가뵙고 학문을 청하자 대승(大升)은 말하기를,

"너의 문리(文理)가 이미 지나쳤는데 어찌 반드시 남에게 배울 필요가 있겠느냐."

하고 거절하고 받지 않았다. 이에 개청(介淸)은 부끄럽고 분하게 여겨 서울로 올라가 의겸(義謙)을 통하여 박순(朴淳)에게 가보니 순(淳)이 머물러 두고 그로 하여금 그 자질(子姪) 및 사위 이희간(李希幹)을 가르치게 하였다. 개청 역시 순(淳)에게 배움을 받으니 순은 사랑하기를 친자식과 같이 하기를 10여 년이 되었다. 갑신(甲申)에 재랑(齋郎)으로 천거되었더니 순(淳)이 실세(失勢)하자 또 이산해(李山海)에게로 가서 곡성현감(谷城縣監)을 제수받았다. 〈일월록(日月錄)〉

공은 믿음이 독실하고 옛 것을 좋아해서 숨어 살면서 교수(敎授)하니 제자가 날로 모여들었다. 공이 제자들을 데리고 대안학사(大安學舍)에서 향음주례(鄕飮酒禮)를 행하는데 주목(州牧) 유몽정(柳夢井)이 가서 보고 탄식하기를,

"삼대(三代) 때의 예(禮)가 여기에 있다."

하고 천거하여 주(州)의 훈도(訓導)가 되었다.

공이 본래 의정(議政) 정철(鄭澈)의 사람됨을 허여(許與)하지 않더니 어떤 사람이 말하기를,

"그의 청백(淸白)한 지조는 취할 만하다."

하자 공은 대답지 않고 다만 말하기를,

"그 사람이 자기의 마음을 꾸며서 거짓 행하니 바른 사람이 아니다."

하니 철(澈)이 이 말을 듣고 몹시 노했다.

오래지 않아서 정여립(鄭汝立)이 상변(上變)해서 옥사(獄事)가 이미 이루어지자 철(澈)이 군읍(郡邑)으로 하여금 죄인의 당여(黨與)로서 체포해야 할 사람을 비밀히 조사하게 했으나 아무도 이를 알지 못하더니 나주(羅州) 사람 5,6명이 죄인과 통했다고 고발했다.

공이 몰(歿)한 후에 유성룡(柳成龍)이 위에 아뢰기를,

"정개청(鄭介淸)이 평생에 경술(經術)과 행의(行義)로 스스로 힘쓰더니 우연히 한 저서(著書)로 인해서 마침내 몸을 멸하기에 이르렀습니다."

했다. 공이 저술한 것은 수수기(隨手記) 9권, 우득록(愚得錄) 3권이 있는데 임금이 이것을 보고 말하기를,

"이는 옛 사람의 글을 읽은 자이다."

하고 현저(縣邸)를 내려 그 집에 주도록 했더니 모두 잃고 오직 우득록(愚得錄)만이 세상에 전한다. 〈미수기언(眉叟記言)〉

처음에 전라감사(全羅監司) 홍여순(洪汝諄)이 나주(羅州) 향소(鄕所)에서 고한 바를 장계로 올리자 개청(介淸)이 유생(儒生) 조봉서(趙鳳瑞:介淸의 門人)와 함께 여립(汝立)이 터보아둔 곳을 가보았다고 주(州)의 옥에 가두었더니 얼마 안되어 대간(臺諫)이 그가 적과 친한 것 및 절의(節義)를 배척한 말의 두 가지 일을 아뢰어서 잡아서 국문했다.

이때 정철(鄭澈)이 개청(介淸)을 불측(不測)한 사람이라 하여 신문할 때 개청이 말하기를,

"이는 주자(朱子)의 말이다."

하자 철(澈)이 소리를 높여 말하기를,

"주자(朱子) 주자(朱子) 하는데 네가 어떻게 주자를 아느냐? 주자가 그 스승에게 대하여 역시 배은망덕한 일이 있느냐?"

하니, 개청은 머리를 떨어뜨리고 다시 말하지 못했다. 그 뒤로는

철(澈)이 매양 개청에게 말이 미치면 반드시 말하기를,

　"개청(介淸)은 아직 반(叛)하지 않은 여립(汝立)이요, 여립은 이미 반한 개청이다."

했다. 처음에 위원(渭原)으로 귀양갔더니 위관(委官)이 다시 아뢰어서 경원(慶源)의 아산보(阿山堡)로 고쳐서 6월에 배소(配所)에 이르렀다가 7월에 몰(歿)했다. 이때 개청이 다시 적승(賊僧) 성회(性熙)의 초사(招辭)에 나와서 잡아오라는 명령이 있었으나 개청은 이미 적소(謫所)에서 죽은 뒤였다. 〈혼정록(混定錄)〉·〈기축록(己丑錄)〉

　계해(癸亥)에 인조(仁祖)가 반정(反正)한 뒤에 관작(官爵)을 회복하고 무안(務安)에 사당을 세웠더니 효종(孝宗) 정유(丁酉)에 송준길(宋浚吉)이 헐자고 청하여 본읍(本邑)에서 위판(位版)을 불태우고 그 재목과 기와를 거두어서 마구간을 지었다.

　무술(戊戌)에 개청(介淸)의 후손이 소를 올려 원통함을 호소하니 정원(政院)에서 거절하고 받아들이지 않자 윤선도(尹善道)가 소를 올려 그 잘못됨을 배척하더니 응교(應敎) 이단상(李端相)이 소를 올려 대략에 말하기를,

　"개청(介淸)을 신리(伸理)하는 것은 다만 그 적과 미리 꾀하지 않았다는 것이요, 스승을 배반한 것과 역적의 괴수와 친밀한 사실은 스스로 가리기가 어려울 것이니, 비록 효자(孝子) 자손(慈孫)이라도 어찌 속일 수 있겠습니까?"

했다. 이에 윤선도가 만언소(萬言疏)를 올려 신변(伸辨)했다.

　숙종(肅宗) 정사(丁巳)에 허목(許穆)이 회복하기를 계청(啓請)하여 윤허를 받고, 무오(戊午) 4월에 자산서원(紫山書院)에 사액(賜額)했더니 경신(庚申) 가을에 다시 헐었고, 기사(己巳)에 임금이 특별히 홍문관(弘文館)에 명하여 우득록(愚得錄)을 베껴 올리게 하고 신미(辛未)에 서원(書院)을 회복했더니 갑술(甲戌)에 사액(賜額)을 헐자는 의론이 일어나서 도로 없어졌다가 임오(壬午)에 이만성(李晩成)이 훼철(毁撤)하기를 계청(啓請)하여 6월에 헐었다. 〈연려실기술(燃藜室記述)〉

권춘란(權春蘭)은 눈에 선 사람

권춘란(權春蘭)은 안동(安東) 사람이니 자는 언회(彦晦)요 호는 회곡(晦谷)이다. 신유(辛酉)에 진사가 되고 계유(癸酉)에 문과에 급제하여 예문관(藝文舘)과 홍문관(弘文舘)을 거치고, 사간(司諫)으로 청송(靑松)의 임소(任所)로 가다가 어머니 상사를 당하니 이로부터 세상 일과 뜻을 끊었다.

처음에 구백담(具栢潭)을 좇아 배우는데 새벽에 그 문 밖에 가서 아침이 되기를 기다려 큰 추위나 더위에도 변치 않으니 백담(栢潭)이 기뻐하여 말하기를,

"뜻밖에 오늘 눈에 선 사람을 보겠도다."

했다. 또 퇴계(退溪)에게 나가서 더 배우기를 청하고, 일찍이 진학도(進學圖)와 공문언인록(孔門言仁錄)을 저술하고 유서애(柳西厓)와 함께 강구(講求) 의의(疑義)했다. 수찬(修撰)·교리(校理)로 불렸으나 모두 병이라고 사양하였다. 영천(榮川)에 제수되었으나 해가 넘도록 부임하지 않으니, 임금이 일찍이 근신(近臣)에게 이르기를,

"권모(權某)가 벼슬하기를 즐겨하지 않으니 어찌 나를 족히 함께 일할 수 없다고 하는 것이 아닌가."

하고 항상 개연(慨然)히 여겼다.

공은 용모가 희고 맑아서 얼음병과 같아 겉과 속이 내다보여 아무것도 섞이지 않았고, 향학(向學)하는 뜻이 있어 그 아버 에게 묻기를,

"천지 사이에 무슨 물건이 귀합니까?"

하자 말하기를,

"오직 사람이 귀하니라."

했다.

"무엇 때문에 귀합니까?"

하자 말하기를,

"자식이 되어서는 효도하고 신하가 되어서는 충성한 것이니 이
까닭에 벼슬을 귀하게 여긴다."

했다.

공이 다시 말하기를,

"벼슬은 족히 귀할 것이 없고 만일 충성과 효도를 다하려면 학
문을 버리고 어찌 되겠습니까?"

하자 아버지는 마음속으로 이상히 여겨 시험삼아 효경(孝經)을 주
었더니 다 읽고 나자 말하기를,

"이것을 읽고도 읽지 않은 자와 같으면 사람이 아니다."

하고 때로 주역(周易)을 가져다가 괘(卦) 그리는 것을 본뜨자 아
버지는 말하기를,

"이것은 어른의 배우는 것이요 아희들이 능히 해득할 것이 아니
다."

하니, 공은 무릎을 꿇고 말하기를,

"저는 깊이 어른의 뜻을 사모합니다."

하니 아버지는 더욱 그를 기이하게 여겼다. 〈명신록(名臣錄)〉

정한강(鄭寒岡)이 안동(安東)을 다스리다가 영천(永川)으로 공
을 찾았더니 관기(官妓)가 꽃으로 이름지은 자가 있으므로 정(鄭)
이 명하여 꺾어 버리게 하자 공이 그 뜻을 물으니 말하기를,

"사람이 혹하기 쉬운 것은 색(色)만한 것이 없기 때문에 그 이
름이 미워서 버리게 한 것이다."

했다. 이에 공이 말하기를,

"내 마음에 주장이 있으니 남위(南威)[1]와 서시(西施)[2]로도 오
히려 능히 옮기지 못할 것인데 어찌 그 이름을 빌린 자를 두려
워하겠는가. 명부(明府)의 정치가 잘못되었도다."

하니 정(鄭)이 그 말에 감복했다.

산 가운데 글읽는 곳에 조그만 방들을 마련하고 감원(鑑源)·척

---

1) 南威 : 춘추 때 진(晉)나라의 미녀

2) 西施 : 오(吳)나라 임금 부차(夫差)의 총희(寵姬)였던 월(越)나라의 미
녀.

암동(剔巖洞)·개피당(開陂塘)이라 하고, 꽃과 나무를 심어 그 속에서 편안히 거처하여 즐거워하고 돌아가는 것을 잊었다.

아들이 없어서 아우 춘계(春桂)의 아들 태일(泰一)을 아들로 삼았는데 자는 수지(守之)요 호는 장곡(藏谷)이다. 기해(己亥)에 문과에 급제하여 벼슬이 형조참판에 이르고 황도독(黃都督)의 접반사(接伴使)로 가도(椵島)에 나갔더니 도독의 환심을 사서 잔치를 베풀어 그를 청했다. 그러나 그날 마침 본국의 기일(忌日)이어서 경서의 뜻을 인용하여 말한 뒤 사양하고 잔치에 나가지 않으니 도독이 그를 공경했다.

6월에 섬에 이르렀다가 7월에 병에 걸려 정주(定州)에 이르러 졸(卒)하니 나이 63세였다. 그는 항상 말하기를,

"선비는 먼저 큰 뜻을 세워서 밖의 누(累)에 흔들리거나 굽히지 않고 의사가 격앙(激昂)해서 하늘 위에 있는 것이 옳다."

하고 하루 한 일을 반드시 책에 써 두었다. 〈명신록(名臣錄)〉

정구(鄭逑)가 죽던 전 해에 가야산(伽倻山)이 무너지다

정구(鄭逑)는 청주(淸州) 사람이니 자는 도가(道可)요 호는 한강(寒岡)이다. 서천 곤수(西川崑壽)의 종형(從兄)이요 김굉필(金宏弼)의 외증손(外曾孫)이다. 나면서 남과 다른 바탕이 있어서 보는 자가 신동(神童)이라 일컬었고, 그 성년(盛年)을 당해서는 포부(抱負)가 몹시 커서 우주 사이의 일을 모두 자기의 책임으로 여기지 않은 것이 없고, 산수(算數)·병진(兵陣)·의약(醫藥)·풍수(風水)의 근원을 모두 깨달았다.

처음에 덕계 오건(德溪吳健)에게 배웠고, 또 이황(李滉)·조식(曺植)·성혼(成渾) 세 선생에게 가서 학문을 배우니 모두 마음으로 허여(許與)했다.

계유(癸酉)에 천거되어 예빈참봉(禮賓參奉)이 되었고, 무인(戊

寅)에 바로 육품(六品)에 올라 지평(持平)·승지(承旨)·강원감사
(江原監司)를 거쳐 벼슬이 대사헌(大司憲)에 이르러, 임해(臨海)의
옥사(獄事)에 계속해서 글을 올려 구원했다. 정사(丁巳)의 폐모
(廢母)의 의논에 다시 소(疏)를 초(草)잡았더니 마침 들으니 광해
(光海)가 정모(鄭某)가 우두머리로 전은(全恩)할 것을 제창하여 미
명(美名)을 빼앗아 취한다는 말이 있으므로 올리지 않았다.

공은 어렸을 때 천재(天才)가 남보다 뛰어나서 13,4세 때에 학
업(學業)을 이미 이루었다. 오건(吳健)이 성주목사(星州牧使)가 되
어 시(詩)를 주어 권장(勸獎)했다. 18세에 주역(周易)을 읽어 능
히 대의(大義)를 깨달았다 하여 그 의심나는 곳을 적어 가지고 이
황(李滉)에게 나가 묻고 장차 유학(留學)하려 했으나 그 질문할 때
에 이르러 공이 의심하는 곳을 황(滉)도 왕왕 역시 능히 해득하지
못하자 공은 드디어 작별하고 돌아가려 하여 물러가서 조목(趙穆)
을 보았다.

목(穆)이 말하기를,

"어찌해서 갑자기 돌아가는가?"

하니 공은 까닭을 갖추어 고했다. 그러나 목(穆)은 책망하기를,

"역학(易學)은 본래부터 깨닫기 어려운 것이니 비록 그 의심나
는 바를 일일이 뚫어 알지 못하더라도 그대는 나이 젊은 사람으
로서 선생님의 도덕을 듣고 수백 리 길을 멀지 않다 하고 왔다
가 그 보고 감동하며 흥기(興起)하는 것이 어찌 한갓 한두 가지
글 뜻에 있단 말인가?"

하니, 공은 드디어 한 달을 머무르다가 돌아갔다.

황(滉)이 일찍이 어떤 사람에게 답장한 글에서 말하기를,

"정모(鄭某)라는 자가 와보았는데 또한 몹시 총명하고 민첩하기
는 하지만, 다만 그 민첩한 것이 도리어 병이 될까 두렵다."

한 것은 대개 이를 말한 것이다. 〈남계집(南溪集)〉

무인(戊寅)에 창녕현감(昌寧縣監)이 되었는데 임금이 불러 묻기
를,

"이황(李滉)과 조식(曺植)은 그 학문이 어떠한가?"

하자 대답하기를,

"황(滉)은 덕이 두텁고 학문이 순수하니 배우는 자가 쉽게 찾아 들어갈 수가 있고, 조식(曺植)은 초연(超然)히 스스로 얻어서 특별히 서고 홀로 행하니 배우는 자가 하기 어렵습니다."
했다.

임금이 또 대학(大學)의 실천하여 행하는 종지(宗旨)를 묻자 대답하기를,

"선유(先儒)가 말하기를 천덕(天德)과 천도(天道)는 신독(愼獨)에 있고 입지(立志)와 유위(有爲)가 귀한 것이 된다고 했습니다."
했다. 임금이 말하기를,

"고을 다스리는 데는 마땅히 무엇을 먼저 해야 하는가?"
하자 대답하기를,

"옛 사람이 말하기를 갓난아이를 보호하듯 해야 한다고 했사오니 신(臣)이 민첩치 못하오나 청컨대 이 일에 힘쓰겠습니다."
하니 임금이 옳다고 칭찬했다.

저술한 오선생예설(五先生禮說)·심경발휘(心經發揮)·예기상례분류(禮記喪禮分類)·가례집람보주(家禮輯覽補註)·오복연혁도(五服沿革圖)가 세상에 전해진다. 졸(卒)하기 전날에 가야산(伽倻山)이 무너지더니 졸하던 날 아침에 사람들이 말하기를, 공이 졸할 징조라고 했다. 천곡서원(川谷書院)에 종사(從祀)하고 시호는 문목(文穆)이다. 〈명신록(名臣錄)〉

이지남(李至男)의 집에는 여덟 정려(旌閭)가 내려지다

이지남(李至男)은 연안(延安) 사람이니 자는 단례(端禮)요 상령(掌令) 언침(彦忱)의 아들이다. 학행(學行)으로 천거되어 소격서참봉(昭格署參奉)을 제수받으니 학자(學者)들이 영응선생(永膺先生)이라 일컬었다. (永膺은 延安의 舊號)

일찍이 정암(靜庵)의 문하(門下)에 놀았는데 정원(鄭源)이 공의

영달(英達)을 사랑하여 자기 딸을 아내로 주었더니 공은 효도로 정려(旌閭)가 내려지고 정씨(鄭氏)는 절개로 정려가 내려졌다.

나면서부터 총명하고 지혜가 있고, 어릴 때부터 사람들이 모두 효아(孝兒)로 일컬었고, 6세에 이미 소학(小學)을 배웠다. 아버지 언침(彦忱)이 일을 의논하다가 순창군수(淳昌郡守)로 좌천(左遷)되었을 때 공이 좇아갔다. 하서 김인후(河西金麟厚)가 마침 그 고을 안에 있으므로 폐백을 가지고 가서 학문을 배우니 인후(麟厚)가 몹시 칭찬하고 그를 허여(許與)하여 자(字)를 지어 주고 자설(字說)까지 지었다. 또 이소 이중호(履素李仲虎)를 좇아 배웠다.

어머니 안씨(安氏 : 弘博漢英의 딸)가 이질(痢疾)에 걸려 거의 위태롭자 공은 일찍이 어머니의 똥을 맛보고, 목욕하고 나서 하늘에 호소하여 청컨대 내 몸으로 대신하게 해달라고 했다. 이때 안씨(安氏)의 꿈에 보니 신인(神人)이 하늘에서 내려와 말하기를,

"네 아들의 지극한 정성이 하늘을 움직여서 이미 스스로 대신하겠다는 것을 허락했다."

했다. 공이 시약(侍藥)한 지 이미 오래여서 크게 몸이 상해서 때로 혹 피를 두어 되씩 토하다가 졸(卒)하니 곧 정축(丁丑) 8월로서 나이는 49세였다. 〈명신록(名臣錄)〉

공의 두 아들 기직(基稷)·기설(基卨) 및 부인과 딸 이씨(李氏)가 모두 효행(孝行)으로 정려(旌閭)가 내려지고, 기설(基卨)의 아들 돈오(惇五)·돈서(惇叙) 및 돈오(惇五)의 아내 김씨(金氏)는 강도(江都)에서 순절(殉節)하여 모두 정려(旌閭)가 내려지니, 공의 집이 자연암(紫烟巖)에 있는데 지금에 이르기까지 팔홍문(八紅門)으로 세상에 이름이 났다.

기직(基稷)의 자는 백생(伯生)이니 어려서부터 지극한 행실이 있더니 아버지 상사를 당하자 물과 간장을 입에 넣지 않은 지가 4일에 기절했다가 다시 깨어나서 조석으로 죽만 흘려 넣고 소금과 채소를 먹지 않았다. 장로(長老)들이 예(禮)에 의거하여 먹기를 권했으나 계속해서 호읍(號泣)하기에 목이 메어 넘어가지 않으니 여러 사람들이 눈물을 뿌리고 돌아가면서 능히 억지로 하지 못했다.

이렇게 두어 달 동안에 머리털이 다 세고 피눈물이 수건을 적시

고 자리가 썩어 없어졌다. 이듬해 봄에 곡(哭)하다가 기절하더니
다시 깨어나서 아우의 손을 잡고 영결(永訣)하기를,

"나의 불효로 상사를 이기지 못하니 운명이다. 대체로 집을 계
승하여 앞으로 일어나게 할 것은 책임이 그대의 몸에 있으니 공
손히 행하라."

하고, 계속해서 중용(中庸)의 택선(擇善)의 의리를 가지고 정성껏
가르치다가 이윽고 죽으니 나이 23세였다.

기설(基卨)의 자는 공조(公造)요 호는 연봉(蓮峰)이니 효렴(孝廉)
으로 천거되어 참봉(參奉)을 제수받아 청산(靑山)·청풍(淸風) 두
고을을 두루 거치다가 병으로 사퇴하고 서호(西湖)로 돌아갔다.

인조(仁祖)가 반정(反正)하자 맨 먼저 장령(掌令)에 발탁되어 당
상(堂上)에 승진했으나 나가지 않고 졸(卒)하니 이조참판(吏曹參判)
을 증직하고 정려(旌閭)를 내렸다.

나면서부터 남다른 바탕이 있어서 7,8세에 장중(莊重)하기가 성
인(成人)과 같았고 수암 박지화(守庵朴枝華)에게 글을 배웠다. 20
세에 아버지 상사를 당하여 물과 간장을 입에 넣지 않은 지 7일에
스스로 반드시 죽을 것을 알고 피눈물로 계속해 울었다. 장사를
지낼 때에 이르러 어머니 정씨(鄭氏)가 지나치게 슬퍼하자 형 기
직(基稷)이 능히 구하지 못할까 두려워하여 육즙(肉汁)을 만들어
올렸더니 어머니는 의심하여 먼저 맛보게 하자 공은 알지 못하고
맛보고 나서 계속해서 어머니가 먹도록 권하더니 물러난 뒤에 이를
알고 하늘을 우러러 통곡하다가 칼로 혀를 베니 피가 입 안에 가
득했다.

형이 지나치게 슬퍼하다가 먼저 죽자 물과 미음을 입에 넣지 않
아서 거의 목숨을 잃기에 이르렀고 상사가 끝난 뒤에 기식(氣息)
이 엄엄(奄奄)하여 거의 죽게 된 지가 10여 년이 되었다. 병술(丙
戌)에 효행(孝行)이 남과 크게 다르다 하여 특별히 무주현감(茂朱
縣監)에 배하니 어머니를 모시고 부임해서 봉양하기는 태수(太守)
의 책임으로 했지만 의복에 있어서는 반드시 노복(奴僕)들의 공물
(貢物)을 쓰고 보통 때의 제수(祭需)는 반드시 소략(疎略)하게 했

다.

송화현감(松禾縣監)이 되었을 때 기제(忌祭)를 당하여 사냥에 꿩이 잡히지 않자 문을 닫고 스스로 꾸짖더니 새벽에 이르러 꿩이 대청 안으로 들어와서 이것을 제사에 썼다. 갑오(甲午)에 어머니 상사를 당했을 때 덕천수(德川倅)가 되었는데 길에서 발인(發靷)하는데 화적(火賊)이 와서 침범하자 빈소(殯所)를 지키고 호곡(號哭)하니 적들이 그 효성에 감동하여 가버렸다. 또 적성(積城)에 빈소(殯所)를 차렸는데 불의에 실화(失火)하자 몸으로 관(棺)을 가려서 머리털이 다 타더니 다행히 불이 꺼졌다. 그 지방 사람들이 말하기를, 그 효성에 감동하여 그러했다고 했다.

일찍이 청풍군수(淸風郡守)가 되었는데 군사를 일으킬 때 계획한 일로 벌을 받으니 드디어 벼슬을 버리고 돌아와서 벼슬에 임명해도 나가지 않고 말하기를,

"이청풍(李淸風)이란 칭호가 몹시 좋으니 나는 이를 잃지 않으리라."

했다. 〈연려실기술(燃藜室記述)〉

오건(吳健)은 일을 당하면 바로 앞으로 나가고 돌이키거나 꺾이지 않았다

오건(吳健)은 함양(咸陽) 사람이니 자는 자강(子强)이요 호는 덕계(德溪)이다. 총명하고 학문에 독실하여 임자(壬子)에 생원과 진사(進士)가 되고 무오(戊午)에 문과에 급제하여 전한(典翰)을 거쳐 이조정랑(吏曹正郎)이 되었다.

건(健)은 젊었을 때 학문을 좋아하여 조식(曺植)을 좇아 배웠고 늦게는 과거에 급제하여 발신(拔身)했으나 문벌(門閥)이 아니기 때문에 벼슬이 승진하지 못하더니 명사(名士)들이 많이 그의 어진 것을 알고 사관(史官)으로 들어갔다. 그러나 사관(史官)은 전례에 재주를 시험하는 곳이라, 건(健)은 그 시험에 나가지 않고 말하기

를,

　"내가 무엇 때문에 스스로 천고(千古)의 시비의 숲속에 들어간
　단 말이냐."

했다.

　이미 육품(六品)에 오르자 비로소 청요(淸要)의 자리에 나가 이
조정랑(吏曹正郎)이 되어서는 공변된 도리를 힘쓰고 사람됨이 순
실(淳實)하고 과감하여 일을 당하면 바로 앞으로 나가고 돌아서거
나 꺾이는 일이 없어서 사람들이 원망하는 자가 많았다. 이에 노
진(盧禛)이 꾸짖기를,

　"네가 한미한 민간(民間)에서 나와서 몸이 청현(淸顯)한 데에 이
　르렀으니 너에게는 분수에 지나는지라, 마땅히 재주를 숨기고
　조심하여 사람들의 마음에 맞도록 해야 할 것이거늘 무슨 까닭에
　망령되이 고집을 피워서 스스로 원망을 취하느냐?"

했으나 오히려 그치지 않아서 여러 사람들의 원망이 심했다.

　또 임금의 생각이 사류(士類)를 싫어하는데도 유속(流俗)의 형
세가 날로 성해지니 건(健)은 스스로 능히 일을 할 수 없다고 생
각하고 벼슬을 버리고 돌아갔다. 〈석담일기(石潭日記)〉

　오건(吳健)이 이조정랑(吏曹正郎)이 되었을 때 벼슬길을 맑게 하
여 묵은 폐단을 바로잡으려 하여 흑백(黑白)을 분명히 구별하고
원망과 비방을 피하지 않았기 때문에 많은 사람들이 더욱 미워했
다.

서기(徐起)는 종의 어진이요 주인의
어진이니 더욱 가상하다

　서기(徐起)는 이천(利川) 사람이니 자는 대가(待可)요 호는 고청
노초(孤靑老樵)이다. 이소 이중호(履素李仲虎)의 문하에서 학문을
배웠다.

　공은 본래 심충겸(沈忠謙)의 종인데, 충겸이 그가 학문에 열심

하고 행동에 애쓴다 하여 비단 면방(免放)했을 뿐 아니라 반드시 처사(處士)라고 부르니 한때에 말하기를,

"종으로서의 어진 것이 아니라 주인으로서의 어진 것이 더욱 가상(可尙)하다."

했다. 〈우암집(尤庵集)〉

공은 백가(百家) 중기(衆技)의 설(說)을 섭렵(涉獵)하지 않은 것이 없고 더욱이 선학(禪學)을 사모하더니 20여 세에 이지함(李之菡)을 만나서 비로소 우리 도(道)의 바른 것을 알고 그 학문을 다 버리고 좇아서 지함(之菡)과 함께 사방에 두루 놀아서 먼 곳도 이르지 않은 곳이 없었다. 한라산(漢拏山)에 올라갔다 돌아오자, 지함(之菡)이 명하여 이소재(履素齋)의 문하에서 학문을 배우게 하였다. 3년 만에 비로소 고향 홍주(洪州)로 돌아가서 시골 풍속의 비루한 것을 탄식하고 여씨향약(呂氏鄕約)을 시행하려 하여 강신당(講信堂)을 만들자 마을 안의 악소년(惡少年)이 그 집에 불을 놓았다.

이에 공은 드디어 처자를 데리고 홍운동(紅雲洞)에 들어가 인적이 드물게 왕래하는 곳에 집을 짓고 힘써 농사지어 조석 끼니를 했으나 오히려 계속하지 못하여 가을과 여름이 바뀔 때에 산배[山梨]를 구워서 그것으로 주림을 채우고 학문 강구하는 것을 그치지 않으니 먼 지방 사람도 공의 풍도를 듣고 책을 지고 와서 각각 그 곁에 서당(書堂)을 짓고 사니 그 폐단이 이웃 지방에까지 미쳤다.

이에 공은 중들의 원망이 생길 것을 두려워하여 4년 만에 폐지하고 나와서 계룡산(鷄龍山) 고청봉(孤靑峰) 아래 공암동(孔巖洞)에 자리잡고 사니 고을의 선비들이 공경하고 두려워하여 스승으로 높이지 않는 자가 없어 오는 자가 날로 더욱 많아졌다. 주자서원(朱子書院)을 지어 놓고 정성스럽게 가르치면서 즐거워하여 먹는 것도 잊었다. 〈명신록(名臣錄)〉

노진(盧禛)은 어찌 윤두수(尹斗壽)가 아닌가

　　노진(盧禛)은 풍천(豊川) 사람이니 자는 자응(子膺)이요 호는 옥계(玉溪), 또는 즉암(卽庵)이다. 대사헌(大司憲) 숙동(叔同)의 증손(曾孫)이요 참봉(參奉) 우명(友明)의 아들이다. 정유(丁酉)에 생원이 되고 명종(明宗) 병오(丙午)에 문과에 급제하여 사전(舍銓)·전한(典翰)·직학(直學)을 거쳐 청백리(淸白吏)에 뽑히고 기사(耆社)에 들어갔으며 벼슬이 이조판서(吏曹判書)에 이르렀다.

　　진(禛)은 더디고 둔하며 말을 더듬었으나 그 마음은 착한 일을 좋아하고 선비를 사랑하기 때문에 몹시 시망(時望)이 있었다. 집에 있어서는 몹시 효성이 있으니 시골 사람들이 모두 그 착한 일에 감복했다. 다만 경제(經濟)의 재주가 적고 또한 능히 스스로 지키고 또 사양하고 받아들이는 절도를 가리지 않아서 주현(州縣)에서 뇌물(賂物)을 보내는 것을 받지 않는 것이 없으니 최영경(崔永慶)이 좋아하지 않았다.

　　이때 사론(士論)은 바야흐로 윤두수(尹斗壽)를 재물을 탐하고 방종한다고 하더니 영경(永慶)이 진(禛)의 시골 사람에게 말하기를,

　　"너의 시골에도 역시 윤두수(尹斗壽)가 있는데 아는가?"

하므로 시골 사람들은 누구냐고 물으니 영경(永慶)이 말하기를,

　　"노진(盧禛)이 어찌 윤두수(尹斗壽)가 아니냐?"

했다.

　　공이 6세 때에 아버지 상사를 당하여 곡(哭)하고 슬퍼하기를 성인(成人)과 같이 하자 어머니 권씨(權氏)가 울면서 이르기를,

　　"네 나이 어린데 어떻게 초상을 감당하겠느냐. 마땅히 고기를 먹어 생(生)을 온전히 할 것이다."

하자 공은 울면서 말하기를,

　　"제가 여섯 살이니 3년을 치르고 나면 여덟 살인데 아버지 복

을 엎지 않는 것이 옳습니까?"
했다.

지례현감(知禮縣監)이 되었는데 염근리(廉謹吏)로 뽑혀서 임금이
특별히 옷 한 벌을 하사했고, 교리(校理)로 입대(入對)했을 때 아
뢰는 것이 밝고 간절하고 행동이 한아(閒雅)하자 재상 윤개(尹漑)
가 이를 보고 사람에게 말하기를,

"참으로 강관(講官)이다."
했다.

들에 자기의 밭이 없고 서울에 집이 없으며 여러 번 군현(郡縣)
을 맡아 다스리고 두 번이나 방백(方伯)이 되었어도 쓸쓸한 여탑(旅
榻)에 손님이 깔 방석이 없고, 앞으로 나갈 뜻이 없어 항상 물러
갈 뜻만 있었다.

벼슬한 지 30년에 조정에 있었던 시간은 3년이 채 못된다. 졸
(卒)한 나이는 87세요 시호는 문효(文孝)이며 효자로 정문이 내려
졌다.〈석담일기(石潭日記)〉·〈월사집합록(月沙集合錄)〉

원혼(元混)은 참 신선(神仙)

원혼(元混)은 원주(原州) 사람이니 자는 태초(太初)이다. 기묘
(己卯)에 생원이 되고 중종(中宗) 을유(乙酉)에 문과에 급제하여
홍문관(弘文舘)에 들어갔다.

임금이 경연(經筵)에서 말이 신선의 일에 미치자 좌우가 모두
대답하기를, 신선이란 말은 허탄하여 믿기 어려운 것인데 역대(歷
代)의 인주(人主)들이 구한 것이 망녕된 일이라고 했다.

참찬(參贊) 이준민(李俊民)이 나아가 말하기를,

"신선이 지금 있습니다."
이에 임금이 놀라서 말하기를,

"무엇을 말하는 것이냐?"
하자 준민(俊民)이 말하기를,

"지금의 판부사(判府事) 신(臣) 원혼(元混)이 젊었을 때부터 술을 마시지 않고 여색(女色)을 끊고서 정기(精氣)를 보양(保養)해서 나이 90이 지나도록 총명이 쇠해지지 않고 정력이 오히려 건장하오니 참으로 신선입니다."

하여 말에 법도와 깨우치는 뜻이 있으니 임금이 크게 기뻐했다.
〈지봉유설(芝峰類說)〉

박근원(朴謹元)의 사람됨은 위태로운데 기울어도 끝내 청현(淸顯)하다

박근원(朴謹元)은 밀양(密陽) 사람이니 자는 일초(一初)요 호는 망일재(望日齊)이다. 병오(丙午)에 진사가 되고 명종(明宗) 임자(壬子)에 문과에 급제하여 정자(正字)가 되었다.

임자(壬子)의 식년 강경(式年講經)에 근원(謹元)이 맨 끝으로 합격했는데 윤원형(尹元衡)이 대간(臺諫)을 시켜 말하기를,

"식년(式年)에 다만 33명만 뽑는 것은 나라의 법이다. 이미 은사(恩賜)로 직부(直赴)할 사람이 있으면 이미 그 수가 차서 다시 한 사람도 더 보탤 수 없으니 청컨대 그 한 사람을 삭제하십시오."

하여 의논이 한 달이 넘어서야 그쳐졌다. 이는 대개 근원(謹元)이 태학생(太學生)으로서 원형(元衡)에게 밉게 뵈었던 까닭이었다.

뒤에 한림(翰林)이 되어 자못 그 악한 것을 쓰자 동료(同僚)는 그에게 화가 있을까 두려워하여 지워 버렸으나 근원(謹元)이 다시 쓰자 그 사람은 또 지워 버리고 쓰기를,

"상관(上官)이 스스로 소견(所見)이 있다."

했으나 근원(謹元)은 또 쓰기를,

"하관(下官)도 역시 소견(所見)이 있다."

하고 끝내 좇지 않았다.

근원(謹元)의 아버지가 강화부사(江華府使)가 되었을 때 부모의

병으로 말미를 얻어 근친(覲親)하자 원형(元衡)이 대관(臺官)을 시켜 근원(謹元)을 탄핵하기를,

"병이 없는 아비를 가지고 병이 있다고 하여 왕래하면서 놀 계획을 했으니 불효요, 임금을 속인 것이니 청컨대 사판(仕版)을 삭제하십시오."

했다.

근원(謹元)은 사람됨이 위태로운데 기울어져도 끝내 청현(淸顯)하니 원형(元衡)이 오히려 성취시켜준 것이라 하겠다. 을유(乙酉)에 졸(卒)하니 나이 61세요, 벼슬이 이조참판(吏曹參判)에 이르렀다. 〈기재잡기(寄齋雜記)〉

김우옹(金宇顒)은 빙호추월(氷壺秋月)이다

김우옹(金宇顒)은 의성(義城) 사람이니 자는 숙부(肅夫)요 호는 동강(東岡)이다. 남명 조식(南冥曺植)의 고제(高弟)요 또 그의 손서(孫婿)이다. 무오(戊午)에 진사(進士)가 되고 정묘(丁卯)에 문과에 급제하여 호당(湖堂)에 뽑혔다.

사람됨이 맑고 티가 없어서 얼음병 가을 달과 같으니 조식(曺植)이 매양 이르기를,

"맑은 밤 두견(杜鵑)이 한 새도 다치지 않는다."

하고 또 말하기를,

"꽃밭이 이슬에 젖었는데 대나무 비를 가지고 앞에 서 있는 자가 곧 그대의 본래의 직책이다."

했다. 〈괘일록(掛一錄)〉

회령(會寧)으로 귀양갔으나 몸이 화망(禍網)에 있는 것을 알지 못하고 날마다 향로(鄕老)와 바둑을 두면서 소일(消日)하였다. 금오랑(金吾郎)이 뜻밖에 본부(本府)에 이르자 온 부중(府中)이 모두 공을 잡으러 왔다고 생각하여 상하가 창황해 했다. 그러나 공은 옷깃을 여미고 정좌(正坐)하여 조금도 두려워하는 빛이 없이 언소(言

笑)가 태연하였다. 이에 금오랑(金吾郞)이 부사(府使)를 잡아 가지
고 가니 공은 또한 다행해 하는 빛이 없었다. 〈괘일록(掛一錄)〉
　　벼슬이 이조참판(吏曹參判)에 이르렀다.

김덕함(金德諴)은 청촉(請囑)에 감히
간여(干與)하지 못했다

　　김덕함(金德諴)은 상산(商山) 사람이니 자는 경화(景和)요 호는
성옹(醒翁)이다. 진사에 합격하고 기축(己丑)에 문과에 합격했다.
정사(丁巳)에 온성(穩城)으로 귀양갔다가 무오(戊午)에 사천(泗川)
으로 옮겼더니 계해(癸亥)에 집의(執義)에 임명되었다.
　　나이 28세에 비로소 벼슬하여 전적(典籍)이 되고 신묘(辛卯)에
학유(學諭)에 임명되니 이항복(李恒福)이 장만(張晩)·이시발(李時
發) 및 공 3인으로 모두 나랏일을 맡길 수 있다 하여 여러 번 조정
에 말했다. 임진(壬辰)에 연안(延安)에 들어가 이정암(李廷馣)의
종사(從事)가 되어 이웃 고을의 양곡을 독려하여 내게 했다. 갑오
(甲午)에 조정이 군공청(軍功廳)하고 전공(戰功)을 조사하여 정하
는데 청촉(請囑)이 구름처럼 시끄러워 상가 부탁하니 사람들이
모두 피했다. 이때 우상(右相) 김응남(金應南), 병조판서(兵曹判
書) 이항복(李恒福)이 공으로 아뢰어 도청(都廳)을 삼아 이 일을
전임해 맡겼다.
　　어느날 응남(應南)이 비국(備局)에 말하기를,
　　"군공(軍功)은 소중한 일인데, 김모(金某)가 홀로 당했기에 내가
　　날마다 사람을 사대문(四大門)에 보내어 그 헐뜯고 칭찬하는 것
　　을 살펴보게 했더니, 사람들이 감히 말을 못하니 이것으로 청촉
　　(請囑)에 감히 사람이 간여하지 못하는 것을 알았다."
했다. 〈성옹연보(醒翁年譜)〉
　　병자(丙子)에 졸하니 벼슬은 대사헌(大司憲)에 이르렀다.

이신의(李愼儀)는 육행(六行)으로 입선(入選)하다

이신의(李愼儀)는 전의(全義) 사람이니 자는 경칙(景則)이요 호는 석탄(石灘)이니, 형조참의(刑曹參議) 원손(元孫)의 아들이다. 무오(戊午)에 회령(會寧)으로 귀양갔다가 홍양(興陽)으로 옮기고, 계해(癸亥)에 소환(召還)되어 가선대부(嘉善大夫)·형조참판(刑曹參判)에 승진되었다.

행촌 민순(杏村閔純)에게 20년 동안 학문을 배우는데 사람이 혹 과거에 응하라고 권하면 반드시 이마를 찡그리고 말하기를,

"일찍 부모를 잃었으니 비록 과거에 급제한들 무슨 영화로울 것이 있으랴?"

했다. 임오(壬午)에 조정에서 육행(六行)으로 선비를 뽑는데 예빈참봉(禮賓參奉)을 제수했으나 나가지 않았고 갑신(甲申)에 또 재랑(齋郎)에 임명하자 순(純)이 권해서 나가도록 했다.

임진(壬辰)에 향병(鄕兵) 3백여 명을 불러 모아서 적을 쳐서 공이 있어 주부(主簿)로 승진하고 직산수(稷山倅)가 되었다. 이몽학(李夢鶴)의 난에 천안수(天安倅) 정호인(鄭好仁)과 함께 군사 8천을 거느리고 달려서 병사(兵使)에게로 나가니, 일이 위에 알려지자 두 계급을 더했다.

정묘(丁卯)에 졸하고 숙종(肅宗) 때 조복양(趙復陽)이 계청(啓請)하여 시호를 문정(文貞)이라 내렸다. 〈우암찬시장(尤庵撰諡狀)〉

이효원(李效元)은 아들 함릉(咸陵)이 참훈(參勳)했다 해서 종신토록 보지 않았다

이효원(李效元)은 함평(咸平) 사람이니 자는 성백(誠伯)이요 호

는 장포(長浦)이니 우윤(右尹) 관(瓘)의 아들이다. 경오(庚午)에 진사가 되고 대각(臺閣)에 있을 때 일찍이 사람을 따라서 성혼(成渾)의 말년에 대해서 의논하더니 크게 뉘우치고 깨달아서 드디어 정론(定論)을 세우니 군자(君子)가 그 마음이 공변되어 의리를 좇는데 용감한 것을 갸륵히 여겼다.

　대사간(大司諫)이 되어 정인홍(鄭仁弘)·이이첨(李爾瞻)을 멀리 귀양보내라고 아뢰고, 또 정원(挺元)·성조(惺造) 등을 귀양보내라고 청하더니 비답(批答)을 내리기 전에 선조(宣祖)가 승하(昇遐)하자 인홍(仁弘) 등이 일을 꾸며 합계(合啓)하여 효원(効元)을 거제(巨濟)로 귀양보냈다가 계해(癸亥)에 반정(反正)하자 용서되어 벼슬이 참판(參判)에 이르렀고 청양(靑陽)의 전사(田舍)로 돌아가 늙어 다시 벼슬에 나가지 않았고, 그 아들 함릉군 해(咸陵君瀣)가 반정훈(反正勳)에 참여했다 하여 몸이 마치도록 보지 않았다. 〈묘비(墓碑)〉·〈행장(行狀)〉

《光海朝》

정인홍(鄭仁弘)이 그 죽음을 알다

정인홍(鄭仁弘)은 서산(瑞山) 사람이니 자는 덕원(德遠)이요 호는 내암(萊庵)이다. 남명 조식(南冥曺植)의 문하에서 학문을 배웠다.

경서에 밝고 행실을 닦은 것으로 선조(宣祖)가 등급을 추월해서 장령(掌令)을 제수했고 광해(光海)가 즉위하자 발탁해서 이조판서(吏曹判書)에 임명했으며, 임자(壬子)에 대배(大拜)하여 영상(領相)에 이르렀다.

계축(癸丑)에 폐모소(廢母疏)를 올려서 위훈(僞勳) 1등에 기록되고 서녕부원군(瑞寧府院君)에 봉해졌다. 합천(陜川)으로 물러가 있는데 한때에 인망(人望)이 두터웠다. 그 아들이 성주수(星州倅)가 되었더니 어떤 사람이 그 문에 쓰기를,

"만고의 강상(綱常)은 휘원(輝遠：鄭蘊의 字)의 붓이요, 백년의 종사(宗社)는 이첨(爾瞻)의 주먹일세. 승상이 진나라를 속인 것은 마땅히 만 번 죽어야 하는데, 이유(李由)가 무슨 일로 또 삼천(三川)인가. (萬古綱常輝遠筆 百年宗社爾瞻拳 丞相欺秦當萬死 李由何事又三川)"

했다.

인홍(仁弘)이 이것을 보고 놀라서 말하기를,

"나는 이제 죽었구나."

했다. 이때 문인(門人) 동계 정온(桐溪鄭蘊)이 소(疏)를 올려 폐모(廢母)의 잘못을 말하자, 인홍이 소를 올려 베기를 청하여 드디어 제주(濟州)로 귀양보냈다. 그러나 계해(癸亥)에 반정(反正)

하자 저자에서 죽음을 당했다. 〈동평견문록(東平見聞錄)〉

정백창(鄭百昌)은 이르기를 내 몸이 마침 당한 것이 다행이라고 했다

정백창(鄭百昌)은 진주(晉州) 사람이니 자는 덕여(德餘)요 호는 현곡(玄谷)이다. 선조(宣祖) 병오(丙午)에 생원·진사에 합격하고 광해(光海) 신해(辛亥)에 문과에 급제했다.

어느날 여러 재상들과 모여서 술을 마시는데 조보(朝報)가 마침 왔다. 폐모(廢母)의 의논이 있으므로 여러 재상들이 술잔을 물리치고 탄식하기를,

"시경(詩經)에 말하기를, 나보다 먼저 하지도 말고 나보다 뒤에 하지도 말라 했는데 어찌 이 몸이 친히 볼 줄 뜻했으리요."

하자, 백창(百昌)이 갑자기 말하기를,

"시인(詩人)이 진실로 깊이 생각지 못한 것이로다. 나는 마침 내 몸이 당한 것을 다행으로 여기노라."

하니 여러 재상들이 깜짝 놀라서 말하기를,

"그게 무슨 말인가?"

했다.

이에 백창이 말하기를,

"나보다 먼저 이런 세상이 있었으면 조상이 때를 잘못 만난 탄식이 있었을 것이요, 내 뒤에 이런 세상이 있으면 자손이 또 때를 잘못 만난 탄식이 있을 것이니, 만일 나보다 먼저 있었으면 불효의 혐의를 면치 못할 것이요, 내 뒤에 있으면 또한 부자(不慈)하다는 실수를 면할 수 없을 것이니, 그런 까닭에 내 몸이 이 일을 낭한 것을 다행하다고 하는 것이다."

하니 여러 재상들이 눈물을 씻고 도로 웃었다. 〈청구야담(靑邱野談)〉

인조(仁祖)가 반정(反正)하자 이조참의(吏曹參議)에 임명되었으

나 임금과 동서(同婿)인 때문에 혐의가 가깝다 하여 취임하지 않고 벼슬이 참판(參判)에 이르렀다.

오정방(吳定邦)은 다만 사략(史略) 초권(初卷)만 읽었다

오정방(吳定邦)은 해주(海州) 사람이다. 선조(宣祖) 계묘(癸卯)에 무과(武科)에 장원(壯元)으로 급제했다.

페모(廢母)의 의논을 모을 때 정방(定邦)이 말하기를,

"신(臣)은 무부(武夫)로서 다만 사략(史略) 초권(初卷)만을 읽어서 '집을 잘 다스려 조금도 실수하는 일이 없다. (蒸蒸乂不格姦)'란 대여섯 글자를 알 뿐입니다."

하니, 이로 인해서 귀양갔다.

인조(仁祖)가 반정(反正)하자 소환(召還)되어 벼슬이 병사(兵使)에 이르렀다.〈조야첨재(朝野僉載)〉

박승종(朴承宗)은 항상 비상(砒霜)을 주머니 속에 간직하다

박승종(朴承宗)은 밀양(密陽) 사람이니 자는 효백(孝伯)이요 호는 퇴우정(退憂亭)이다. 선조(宣祖) 을유(乙酉)에 진사가 되고 병술(丙戌)에 문과에 급제하여 예문관(藝文館)에 뽑히고 광해(光海) 무오(戊午)에 기복(起復)[1]하여 대배(大拜)하여 영상(領相)에 이르고 밀창부원군(密昌府院君)에 봉해졌다.

계축(癸丑)에 페모(廢母)의 의논이 나왔을 때 수상(首相)으로서

---

1) 起復 : 상중(喪中)에는 벼슬을 하지 않는 것이 관례(慣例)로 되어 있으나 국가의 필요에 의하여 상제의 몸으로 벼슬자리로 나오게 하는 일.

이의(異議)했고, 계해(癸亥)의 반정(反正)에 그 아들 경기감사(京畿監司) 자흥(自興)과 함께 분산(墳山)으로 달려가서 자살했는데, 죽음에 임하여 옷깃에 쓰기를,

"능히 임금을 바르게 하지 못하여 오늘날에 이르렀으니 무슨 면목으로 지하에 가서 선왕을 뵈오랴. 깊은 못에 빠져서 천지의 귀신에게 사례하노라."

했다.

승종(承宗)이 정승이 되자 항상 크기가 계란만한 비상(砒霜)을 차고 다니는 주머니 속에 간직해 두고 말하기를,

"불행한 때를 당하여 아침 저녁으로 죽기를 기다리는데 어찌 이 물건이 없을 수 있으랴."

하고, 매양 한가로이 고요한 곳에 있으면서 탄식함을 이기지 못했다.

또 말하기를, 반정(反正)하던 날 금천(衿川)의 삼악사(三岳寺)에 이르러 승방(僧房)에 들어가 누워서 노끈으로 목을 묶고 한쪽 끝을 창 틈으로 내보내어 그 종으로 하여금 잡아당겨 죽게 하니, 종이 무릎을 꿇고 말하기를,

"종이 어찌 감히 손으로 주인을 죽인단 말입니까? 죽어도 감히 할 수 없습니다."

했다.

그러나 승종(承宗)은 말하기를,

"내가 오늘 죽지 않으면 장차 만고(萬古)의 죄인이 될 것이니, 네가 나를 죽이면 충성스러운 것이요 죽이지 않으면 불충(不忠)이 된다."

하고 여러 가지로 타이르자 종은 비로소 잡아당기면서 울기를 그치지 않았다.

이 날에 그 아들 자흥(自興)이 역시 그 절 안에서 숙었는데 자흥(自興)은 곧 이첨(爾瞻)의 사위이다. 승종(承宗)이 어렴풋이 이첨(爾瞻)이 폐모(廢母)의 뜻이 있다는 말을 들었으나 그 허실(虛實)은 알지 못했더니, 함께 이야기를 하는데 마침 새 한 마리가 뜰의 나무에 와서 날개를 치면서 울자 승종(承宗)이 말하기를,

"저들은 비록 새인데도 능히 빈교(反哺)[2]를 아니 천하게 볼 것
이 아니다."
했더니 이첨(爾瞻)은 잠잠히 대답을 하지 않았다.
　또 우연히 벌이 날아서 앞으로 지나가자 즉시 말하기를,
"이것은 비록 작은 벌레이지만 능히 군신(君臣)의 의리를 아니
가볍게 볼 것이 아니다."
했으나 이첨은 또 대답지 않았다. 이에 승종(承宗)은 그 뜻이 굳
어져서 돌이킬 수 없다는 것을 알고 비로소 그와 갈라섰다. 〈동평
견문록(東平見聞錄)〉

이이첨(李爾瞻)이 맹인(盲人)을 보호해
집에 가서 위로하고 사례하다

　이이첨(李爾瞻)은 광주(廣州) 사람이니 자는 득여(得輿)요 호는
쌍리(雙里)이다. 선조(宣祖) 임오(壬午)에 생원·진사가 되고 갑
오(甲午)에 문과에 급제하여 호당(湖堂)에 뽑혔다. 무신(戊申)에
중시(重試)에 장원(壯元)으로 급제하여 대제학(大提學)이 되고 광
창부원군(廣昌府院君)에 봉해졌다.
　권세를 독차지하여 일을 꾸며서 여러 번 큰 옥사(獄事)를 치렀
고, 폐모(廢母)를 주장하기도 했다. 계해(癸亥)에 반정(反正)하자
이첨(爾瞻)·인홍(仁弘)·찬남(纘男)·정조(鄭造)·윤인(尹認)·이
위경(李偉卿)을 능지처참(凌遲處斬)하여 머리를 사방에 돌리고,
재산을 몰수하고 죄에 연좌시키는 일을 법에 의해서 시행했다. 〈국
조방목(國朝榜目)〉
　천계(天啓) 임술(壬戌) 여름에 이이첨은 관청이 파하여 집으로
돌아가다가 길에서 한 맹인(盲人)을 만났는데 의관이 모두 찢어지

---

2) 反哺 : 새새끼가 자란 뒤에 늙은 어미새에게 먹을 것을 물어다 준다는
　뜻으로, 사람이 어버이에게 진 은혜를 갚음을 말함.

고 피가 흘러 얼굴을 덮었는데 울면서 가고 있었다. 이에 이첨이 앞으로 오라 하여 까닭을 물으니 소경이 말하기를,

"공의 여러 아들이 나를 불러다가 공의 앞날의 운명을 묻기에 내가 계해(癸亥) 2월에 반드시 흉하다고 했더니, 공의 여러 아들들이 노해서 나를 욕뵈어 이에 이르렀노라."

했다.

이에 이첨이 종인(從人)을 시켜 맹인을 부축하고 그 집에 이르러 사과하고 위로하고 나서 후하게 물건을 보내준 다음에 여러 아들들을 크게 책망하기를,

"내가 영화가 넘치고 죄가 극하여 스스로 면하기 어려운 것을 아니 어찌 맹인(盲人)의 말을 기다리랴. 너희들의 물음에 맹인이 사실대로 대답했는데 무슨 죄줄 일이 있어서 매를 때려 피가 흐르게 하여 행인들로 하여금 놀라게 했으니 내가 너희들의 아비가 되어 이는 더욱 마땅히 죽어야 할 일이다."

하고 수일 동안 즐거워하지 않았다. 〈동평견문록(東平見聞錄)〉

이이첨이 준마(駿馬) 하나가 있어 이름이 온 나라 안에 나 있었다. 이때 유희분(柳希奮)이 병조판서(兵曹判書)가 되어 사람을 시켜 밤에 비밀히 들어가서 끌어다가 동산 속에 숨겨 두었는데, 이첨이 널리 종들을 흩어 여러날 동안 두루 찾았으나 끝내 찾지 못했다. 한편 유희분(柳希奮)은 그 말이 이미 파리해졌을 것을 알고 돌려보내니 이첨은 놀라기를 마지않았다. 그때 재상들이 거짓과 속임으로 서로 제어한 것이 이와 같은 것이 많았다. 〈동평견문록(東平見聞錄)〉

명(明)나라 사신으로 우리 나라에 온 자가 역관(譯官)에게 이르기를,

"이이첨(李爾瞻)과 허균(許筠)이 너희 나라의 귀신(貴臣)인데, 이(李)는 가을 바람에 우는 여자의 상(相)이요, 허(許)는 늙은 여우가 결박을 당하는 상(相)이며, 그 밖의 재상도 또한 모두 불길(不吉)하고 백료(百僚)도 살기(殺氣)를 띤 자가 많으니 너의 국왕(國王)이 무사할 수 있겠느냐."

했다. 오래지 않아서 광해(光海)가 폐위(廢位)되어 그 말이 과연

맞았다. 〈동평견문록(東平見聞錄)〉

일찍이 몹시 가난하여 어느날 집에 들어가니 아내가 주림을 이기지 못하여 벽의 흙을 긁어먹는 것을 보고, 이에 옳지 못한 길로 벼슬에 나가 영화를 누렸는데, 그 죽을 때 돌아다보면서 세상 사람에게 이르기를,

"조금만 주림을 참을지어다."

했다. 〈이언(俚言)〉

한찬남(韓續男)은 대비(大妃)가 몹시 목마른데도 한 잔 물도 올리지 않았다

한찬남(韓續男)은 청주(淸州) 사람이니 자는 경서(景緒)이다. 선조(宣祖) 무자(戊子)에 진사가 되고 을사(乙巳)에 문과에 급제하니 호조판서(戶曹判書)가 되어 폐모(廢母)의 의논을 주장했다.

계해(癸亥)의 반정(反正)하던 날에 광해조(光海朝)에서 어지러운 정사를 하던 신하를 잡아서 대궐 문 밖으로 보내는데 봉상시(奉常寺)의 하인 효남(孝男)이란 자가 수자(守者)가 곤하게 조는 틈을 타서 찬남(續男)의 양미간(兩眉間)을 차면서 말하기를,

"네가 능히 이제도 다시 나를 괴롭히겠느냐."

하니 이마와 코가 깨져서 거의 피가 나게 되었는데도 감히 한 마디 말도 못했다. 이에 효남(孝男)이 다시 차려 하는데 수자(守者)가 깨어나서 그만두었다. 이는 대개 이틀 전에 찬남(續男)이 궁인(宮人)의 부탁을 받고 효남(孝男)을 매때렸기 때문이다.

찬남이 결박을 당하여 땅에 거꾸러졌는데 목이 몹시 말라서 수졸(守卒)에게 물을 청하자 수졸은 말하기를,

"대비(大妃)께서 서궁(西宮)에 계실 때 배고프고 목마른 것이 너의 오늘보다 더 심했는데도 너는 일찍이 한 잔 물도 올리지 않았는데 내가 어찌 너의 목마른 것을 구하겠느냐."

하니 찬남이 다시는 감히 한 마디 말도 하지 못했다. 〈동평견문록

《東平見聞錄》》

박엽(朴燁)은 이미 정사(靖社)의
거사(擧事)가 있을 것을 알다

박엽(朴燁)은 번남(潘南) 사람이니 자는 숙야(叔夜)요 야천 소 《治川紹)의 증손이다. 엽(燁)은 나면서 총명과 지혜가 남보다 뛰 어나서 말을 하면 사람을 놀라게 했다.

그의 조부 응천(應川)이 등불을 가져오게 하고 엽(燁)에게 명하 여 시를 지으라 하니 즉시 대답하기를,

"등불이 방 안에 들어오니 밤이 밖으로 나갔네. (燈入房中夜出 外)"

했다. 또 이웃 아이를 따라서 최유원(崔有源)의 집에 가서 놀다 가 그가 나간 틈을 타서 벽 위에 크게 쓰기를,

"주인은 산 위의 산이요, 손님은 입 속의 입일세. (主人山上山 客子口中口)"

했다.

최공(崔公)이 돌아와서 묻자 여러 아이들은 두려워서 감히 대답 하지 못하는데 엽(燁)이 말하기를,

"제가 했습니다."

했다. 최공(崔公)이 시(詩)를 보고 마음속으로 허여(許與)했더니 묻는데 사실대로 대답하는 것을 보고 더욱 기이하게 여겼다.

차츰 자라자 호걸스럽고 분방하여 남에게 구속되지 않고 남을 업신여기니 여러 소년들이 두려워하여 감히 대항하지 못했다. 어머니의 병이 위중하자 엽(燁)이 손가락의 피를 흘려넣어 살아 났다.

임진(壬辰)의 난이 일어나서 사람들이 모두 새나 짐승처럼 숨는 데 엽(燁)은 조모를 업고 군사를 피하여 위험한 곳을 거쳐서 화를 면했다.

명(明)나라 장사(將士)들이 오래 국경(國境)에 머무르는데 엽(燁)이 중국말을 알고 또 글을 잘 짓는 것을 보고 매양 수창(酬唱)하여 혀를 차면서 칭찬했다.

정유(丁酉)에 문과에 급제하고 평안도 관찰사(平安道觀察使)가 되어 영(令)이 행해지고 금하는 것이 중지되니 원근(遠近)이 모두 그 위엄에 복종했다. 명(明)나라 사람이 그 치행(治行)을 듣고 매양 우리 나라 사람을 보면 문득 말하기를,

"박엽(朴燁)으로 하여금 여기에 오래 있게 하면 나라에서 서쪽을 돌아다볼 근심이 없을 것이다."

했다.

이때 광해(光海)의 정치가 어지러워서 심지어 김용(金鏞)의 변까지 있자 엽(燁)이 원통하고 분한 마음을 얼굴에 나타내어 말하기를,

"이첨(爾瞻)의 하는 일이 끝내는 반드시 나라를 빼앗을 것이니 그대로 앉아서 볼 수가 없다."

하고, 심지어 사람을 모집하여 가서 찌르려 하고, 이첨이 빈사(儐使)로 오자 이첨이 있는 곳으로 갔더니 마침 어미가 자식의 불효한 것을 고발하는 자가 있자, 엽(燁)은 드디어 그 아들을 뜰에 불러 놓고 말하기를,

"어미와 자식은 천성(天性)이니 사람으로서 그 부모 사랑하는 것을 알지 못하면 이는 왕법(王法)에도 용납지 않는 것이니, 천지가 생긴 이후로 어미를 알지 못하고 머리를 보존한 자는 오직 이첨(爾瞻) 한 사람뿐인데 천하에 어찌 두 이첨이 있을 수 있느냐."

하고 즉시 법으로 처리하니 좌우가 모두 두려워하여 떨지 않는 자가 없고, 이첨도 역시 머리를 움츠리고 두려워했으니 끝내 감히 성내지 못했다.

임술(壬戌)에 오랑캐가 동쪽으로 침범하여 군사를 강 북쪽에 주둔하자, 엽(燁)도 또한 군사를 이끌고 앞으로 나가니 오랑캐는 그가 엽(燁)이라는 것을 알고 말하기를.

"나는 사냥하려고 왔다."

하고 드디어 군사를 이끌고 가버렸다.

적을 정탐하는 데 능하여 오랑캐의 동정과 허실(虛實)을 모두 알지 못하는 것 없이 항상 눈으로 본 것과 같았고, 혹 비밀히 적추(賊酋)의 붉은 투구를 갖다가 금으로 장식을 해서 돌려 보내니 오랑캐는 그를 신(神)이라 하여 엽(爗)이 살아 있는 동안은 다시 저들의 뜻대로 하지 못했다.

계해(癸亥)의 인조 반정(仁祖反正) 때 내란(內亂)이 조금 안정되자 여러 사람의 뜻이 위태롭게 여기고 의심하여 이르기를,

"엽(爗)의 부인이 폐주(廢主)와 인친(姻親)이 되니 폐주(廢主)에게 사사로움이 없을 수 없다."

하고 또 위엄과 이름이 너무 성해지는 것을 걱정해서 말하기를,

"엽(爗)이 법을 쓰는 것이 잔악하고 위엄이 서로(西路)를 제압하니 이제 없애지 않으면 딴 근심이 있을까 두렵다."

하여 함부로 인명(人命)을 죽였다는 것으로 죄를 만들어 마침내 사사(賜死)하게 되었다.

이때 도원수(都元帥) 한준겸(韓浚謙)이 중화(中和)에 관아(官衙)를 두었는데, 원수(元帥)에게 명하여 갑병(甲兵)을 내어 엽(爗)을 체포하라 하자 한공(韓公)이 말하기를,

"숙야(叔夜)가 어찌 갑기(甲騎)를 기다려 죽을 사람이랴."

했다.

엽(爗)이 변을 듣고도 움직이지 않다가 원수(元帥)의 전령(傳令)을 보고 비로소 뜰에 내려가 명령을 받았으나 오히려 이미 인조(仁祖)가 반정(反正)한 것을 알지 못하고 금오랑(金吾郎)에게 이르기를,

"원컨대 죄명(罪名)을 듣고 죽고 싶다."

하자 금오랑이 반정(反正)된 것을 말하니 엽(爗)이 탄식하기를,

"여러 공신(功臣)들이 어찌 차마 나를 이 지극한 데에 이르게 하는가."

했다.

형(刑)에 임할 때 사람을 시켜 그 아내에게 이르기를,

"내가 아무 죄도 없이 여기에 이른 것은 자못 부인 때문이오."

222

하고, 또 관향전곡부(管餉錢穀簿)를 가져다가 원수영(元帥營)으로
보냈으니 이는 자기가 죽은 뒤에 백성의 재물을 마구 거두었다는
이름이 있을까 걱정한 때문이었다. 그러고 나서 드디어 재촉하여
목을 매어 잡아당기게 하여 죽었다.

김신국(金藎國)이 대신 관찰사(觀察使)가 되어 백성들의 원수 갚
는 것을 허락하자, 이에 원망하는 집이 무리로 일어나 변을 얽어
만들어 이르지 않는 일이 없었다. 이때 한공(韓公)이 전곡부(錢
穀簿)를 보고 눈물을 흘리면서 말하기를,

  "국가를 위하여 일한 것이 숙야(叔夜)와 같은데도 역시 화를 면
  치 못한단 말인가."
하고 드디어 우두머리로 난을 일으킨 자를 베니 조정에서 이 말을
듣고 역시 신국(藎國)을 죄주고 고향에 갖다 장사지내도록 허락
했다.

처음에 엽(燁)이 승평 김유(昇平金瑬)를 보고 붉은 융과 기름 표
주박을 많이 보내주자 승평(昇平)이 그 뜻을 알지 못하더니 거의
(擧義)하는 날에 이르러 붉은 융을 쪼개어 표신(標信)을 삼고 표
주박으로 사졸(士卒)의 목마른 것에 대비하니, 대개 이는 엽(燁)
이 이미 정사(靖社)의 일을 알았던 것이니 이상한 일이었다.

화를 당하던 전날 밤에 영(營) 아래의 법수교(法首橋)에 놀다가
시(詩)를 짓기를,

  "한 길 관서백(關西伯)이요, 천년 법수교(法首橋)일세. 알건대
  오늘 밤 달이, 길이 가련한 밤이 되리. (一路關西伯 千年法首橋
  知應今夜月 長作可憐宵)"
했으니 이는 대개 시참(詩讖)이었다.

이때 장동자(蔣童子)라는 자가 저자에 숨어 있다가 엽(燁)이 죽
었단 말을 듣고 말하기를,

  "이는 도둑을 불러오는 것이다."
하고 여러날 슬퍼했다고 한다. 〈매산집(梅山集)〉

숙야(叔夜)는 장략(將略)이 있어서 천문(天文)·지리(地理)·병
학(兵學)·술수(術數)에 모두 능통했다. 어렸을 때 여러 소년(少
年)을 따라서 노는데, 어느날 소년들이 어떤 집에 모였을 때 뜰 안

에 갑자기 보니 더운 물이 밖으로부터 날라 흘러서 집을 지나 의관에 쏟아지자 여러 소년들이 놀라고 괴이히 여겨 말하기를,

"반드시 박숙야(朴叔夜)가 오는 것이다."

하고 문 밖에 나가 보니 엽(燁)이 집 밖의 길 위에서 오줌을 눈 것이 집을 지나갔던 것이었다.

엽(燁)의 외가(外家)는 목천(木川)에 있어서 서울에서의 거리가 2백여 리나 되었다. 그는 밥 한 그릇을 소매 속에 넣고 늦게 소매를 뿌리치고 떠나서 해가 어둡기 전에 도착하는데 그가 가는 것은 빠르지도 않고 더디지도 않아서 여러 길에 가는 행인(行人)과 다를 것이 없으나 다만 옷깃이 바람을 따라 소리가 들릴 뿐이었다.

군읍(郡邑)을 다스리는데 위엄과 영(令)이 몹시 높아서 관청 일이 그 자리에서 결정되었고, 광해(光海)의 동서(同婿)로서 관서백(關西伯)이 된 지 10년에 위엄이 한길에 진동하여 북쪽 오랑캐도 또한 그를 두려워하여 감히 국경을 넘어오지 못했다.

일찍이 막비(幕裨)를 불러 술과 안주를 주면서 말하기를,

"너는 이것을 가지고 중화 구현(中和駒峴)으로 가서 기다리고 있으면 반드시 두 사람의 건장한 사나이가 채찍을 들고 지나갈 것이니 내 말로 전하기를, '너희들이 우리 나라에 왕래하는 것을 아무도 모르는 줄 알지만 나는 이미 알고 있다. 행역(行役)이 참으로 괴롭겠기로 술과 안주를 보내는 것이니 취하게 마시고 속히 돌아가도록 하라'고 하라."

막객(幕客)이 즉시 가서 기다리자 과연 두 사람이 지나므로 엽(燁)의 말로 전하니 두 사람이 서로 돌아보면서 말하기를,

"장군은 신인(神人)이로다. 우리들이 어찌 감히 다시 오리요."

하고 술을 마시고 갔으니 이들은 곧 용골대(龍骨大)와 마부대(馬夫大)가 비밀히 우리 나라에 와서 허실(虛實)을 탐지했던 것인데 엽(燁)이 홀로 알았던 것이다.

또 사랑하는 기녀(妓女)에게 이르기를,

"오늘 밤에 너는 나를 따라가서 하나의 장관(壯觀)을 구경하겠느냐?"

하니, 기녀는 좋다고 했다. 엽(燁)이 푸른 노새를 타고 기녀를 앞에 놓아두고 비단으로 그 허리를 자기 몸에 묶고서 경계하여 눈을 감게 하고 말에 채찍을 때려 빨리 달리게 하니 다만 두 귀에 바람소리가 들릴 뿐이었다. 한 곳에 이르러 기녀로 하여금 눈을 뜨고 보게 하니 큰 들이 넓은데 서리에 달빛이 몽롱하고 장막이 하늘에 연했으며 등불이 휘황했다. 이에 기녀로 하여금 장막 속에 숨어 있게 하고 엽(燁)은 홀로 의자 위에 앉아 있더니 조금 있다가 파도 치는 소리가 나고 철기(鐵騎)가 수리(數里)에 뻗쳐서 형세가 노한 조수와 같이 길게 몰고 오더니 진(陣)의 모양을 벌여 세우고 나서 용맹을 나타내 보이다가 그 속에서 한 사람의 장수가 키가 8척이나 되는데 머리에는 붉은 투구를 쓰고 몸에는 검푸른 갑옷을 입고 손에는 성문보검(星文寶劍)을 쥐고서 장막을 헤치고 들어오더니 웃으면서 말하기를,

"네가 과연 왔구나. 오늘 저녁에는 먼저 검술(劍術)을 시험하여 자웅(雌雄)을 결단하는 것이 좋겠다."

하니 좋다고 했다.

이에 칼을 짚고 상(床)에서 내려가 들판 위에 마주 서서 칼로 치는 형상을 하고 이내 두 사람이 흰 무지개 한 줄기로 화하여 몸을 솟구쳐 하늘 속으로 들어가더니 다만 공중에서 쟁쟁(錚錚)하게 서로 치는 소리만 나고 때로 번갯불이 번쩍이더니 금시에 그 장수가 땅으로 떨어져 자빠지자 엽(燁)이 하늘로부터 내려오더니 오랑캐 장수의 배를 타고 앉으면서,

"어떠냐?"

고 물으니 대답하기를,

"오늘에 더욱 장군의 신용(神勇)이 만 명의 지아비도 당하지 못할 것을 알았으니 어찌 다시 다투겠습니까."

했다.

엽(燁)이 웃고 일어나더니 같이 장막 안으로 들어가서 술을 부어 서로 권하여 각각 두어 잔씩을 마시고 나자 저 장수가 작별하고 일어나 가더니 1리(里)도 가지 못해서 한 소리 포(砲)가 울리더니 연기와 불꽃이 하늘을 덮은 가운데 저들의 군사 한떼의 인

마(人馬)가 한데 말려 구름과 안개 속으로 들어가고 땅 위에 있던 자도 역시 바람처럼 날리고 우박처럼 흩어졌다.

이때 저 장수가 다시 단기(單騎)로 달려와서 돌아갈 길을 열어 주기를 빌자 엽(燁)이 웃으면서 돌아가기를 허락하고, 이에 기녀를 불러 함께 노새를 타고 올 때의 길로 돌아오니 아직 날이 새지 않았다. 대개 저 장수는 곧 호장(胡將) 누루하치(奴花哈赤)요 이곳은 그의 연무장(演武場)이었다.

계해(癸亥) 3월에 인조 반정(仁祖反正)한 뒤에 엽이 홀로 촛불 아래 앉았더니 창 밖에서 기침소리가 나므로 누구냐고 물으니 대답하기를 아모라고 했다. 어찌해서 왔느냐 하자 그는 말하기를,

"공은 장차 어떻게 할 계획입니까?"

했다. 공이 말하기를,

"나는 정한 계획이 없으니 시험삼아 너에게 묻노라."

하자 그는 대답하기를,

"상(上)·중(中)·하(下) 세 가지가 있사오니 청컨대 여기에서 택하시옵소서."

했다.

"무엇이 상책(上策)이냐?"

하자 대답하기를,

"군사를 일으켜 스스로 방위하고, 북쪽으로 금(金)나라 사람과 통하면 임진강(臨津江) 서쪽은 조정의 소유가 아니요, 또 아래로도 막는 것을 잃지 않을 계책입니다."

했다.

"무엇이 중책(中策)이냐?"

고 묻자 말하기를,

"급히 군사 3만 인을 내어 나로 히여금 깅수를 삼아 동쪽으로 행군(行軍)해 나가면 승패(勝敗)를 알 수 없을 것입니다."

했다.

"무엇이 하책(下策)이냐?"

고 물으니 말하기를,

226

"공은 대대로 녹(祿)을 먹는 신하이니 순하게 나라의 명령을 받는 것이 옳습니다."

했다.

이에 엽(爗)은 한참 동안 생각하다가 위연(喟然)히 탄식하기를,

"내 하책(下策)을 좇으리라."

하니 그는 말하기를,

"소인(小人)은 이제 가겠습니다."

하고 어데로 갔는지 알 수 없었다. 혹 전하는 말에 이는 용골대(龍骨大)였다고 한다.

엽(爗)이 사사(賜死)의 명령을 받을 때 온 조정이 그 비상한 일이 있을까 겁내어 아무도 감히 가려 하지 않자 구인후(具仁垕)가 일찍이 그 막하(幕下)에 있어서 엽(爗)의 성질을 알기 때문에 자기가 가기를 자청(自請)했다. 원래 엽은 원수가 많아서 여러 사람들이 한때에 칼을 가지고 들어가니 인후(仁垕)가 모두 엄하게 막고, 관(棺)에 시체를 거두어 가지고 발인(發靷)해서 중화(中和)에 이르러 인후(仁垕)는 어영대장(御營大將)을 제수받아 먼저 돌아왔는데, 원수의 집에서 쫓아와서 관(棺)을 깨치고 시체를 내어 한 점씩 저며갔으니 이는 곧 천인(千人)의 까닭이었다.

엽(爗)이 젊었을 때 운명을 점쳐 보았더니 천인(千人)을 죽여야 비로소 산다고 했는데, 천인(千人)이란 곧 인후(仁垕)의 소자(小字)인 것을 엽은 죄없는 사람을 많이 죽여서 천인(千人)의 수를 채우려 했으니 어찌 그다지 어리석었던가.

엽(爗)이 사사(賜死)의 명령을 받을 때 역사(力士)에게 명하여 목에 맨 끈을 잡아당기게 하여 목숨이 비로소 끊어져서 즉시 거리 위에서 행형(行刑)하는데 창기(倡妓) 등이 와서 보므로 어떤 사람이 말하기를,

"너희들은 모두 감사(監司)의 사랑하는 기생으로서 그 죽음을 보고도 울지 않고 태연히 서서 보는 것은 무슨 까닭이냐?"

하자 기생은 말하기를,

"사또(使道) 앞에 수청들러 왔습니다."

하고 서로 즐겁게 웃고 갔다. 〈이원명저 동야휘집(李源命著東野彙

輯)〉

백대형(白大珩)의 동요(童謠)

백대형(白大珩)은 수원(水原) 사람이니 자는 이헌(而獻)이다. 선조조(宣祖朝)에 진사가 되고 문과에 급제했다.
광해조(光海朝) 때 동요(童謠)가 있기를,
"삼한갑족(三韓甲族)은 정영국(鄭榮國)이요, 천하명신(天下名臣)은 백대형(白大珩)이다."
했다. 정영국(鄭榮國)은 영덕(盈德) 사람이니 자는 사화(士華)요 호는 관포(灌圃)이다. 대형(大珩)은 선조(宣祖) 때에 문과에 급제하여 승지(承旨)가 되고 한찬남(韓纘男)의 응견(鷹犬)[1]으로 해주목사(海州牧使)가 되어 최흔(崔沂)을 죄로 얽어 죽이고, 정사(靖社) 때 영국(榮國)과 함께 죽음을 당했다. 〈연려실기술(燃藜室記述)〉

유희분(柳希奮)은 첩(妾)으로 인해서 죽음을 당하다

유희분(柳希奮)은 문화(文化) 사람이니 자는 형백(亨伯)이다. 아버지 자신(自新)이 광해(光海)의 국구(國舅)로서 문창부원군(文昌府院君)에 봉해지고 좌상(左相) 정유길(鄭惟吉)의 딸에게 장가들어 희분(希奮)을 낳았다.
선조(宣祖) 경인(庚寅)에 생원·진사가 되고, 성유(丁酉)에 문과에 급제하여 병조판서(兵曹判書)가 되고 문창부원군(文昌府院君)에 봉해졌다.

---

1) 鷹犬 : 남의 부하가 되어 분주히 돌아다니는 자의 비유.

희분(希奮)이 유생(儒生)으로 있을 때 일찍이 나막신을 신고 남의 집 옛 터를 거닐다가 대변이 마려워서 나막신을 벗어 앞에 놓고 주춧돌에 올라가서 대변을 누고 보니 나막신 위에 갑자기 혈서(血書)로 다섯 글자가 있는데 '嗟君萬里行'이라 했다.

이에 희분(希奮)은 마음속으로 몹시 이상히 여기더니 뒤에 임진란(壬辰亂)을 만나서 임금의 수레를 모시고 서쪽으로 가다가 배에 철환(鐵丸)을 맞았으나 오히려 온전했고, 광해조(光海朝)에 이르러 임금의 외척(外戚)으로서 계급이 높아졌다. 이때는 국가가 넉넉해서 오로지 풍요로운 것만 일삼는데 유씨(柳氏)의 일문(一門)은 지위가 높은 사람이 집에 가득하며, 노래하고 춤추고 잔치하지 않는 날이 없었다.

희분(希奮)의 아버지는 그때 국구(國舅)로서 다락이 있는데 봉하고 잠근 것이 몹시 견고했는데도 새로 잡은 말다리〔馬脚〕가 그 속에 있어 피가 뚝뚝 떨어졌으니 그 일이 몹시 괴이했으나 그 집에서는 또한 생각하지 않고 있었다.

계해(癸亥)의 반정(反正)하는 날에 이르러 희분(希奮)이 만리현(萬里峴) 남의 집에서 잡혀 사형(死刑)을 면치 못하니 혈서(血書)의 일이 여기에 이르러 비로소 맞았는데, 저번에 탄환에 맞고서도 죽지 않은 것은 생각건대 아직 계해(癸亥)의 화를 기다리게 한 것이요, 다락 위의 말다리는 그 자손의 혈육(血肉)이 낭자할 조짐이 아니었을까.

광해(光海) 기미년간(己未年間)에 능창군(綾昌君 : 仁祖의 아우)이 역옥(逆獄)에 걸리자, 인조(仁祖)가 능양저(綾陽邸)에 있을 때 그를 살리려고 백방으로 방법을 연구하는데, 희분(希奮)이 사랑하는 첩이 있어 때를 타서 뇌물을 찾으니 한도가 없으므로 인조(仁祖)가 가재(家財)를 기울여 다 주었으나 오히려 뜻에 차지 않았다.

희분(希奮)이 일찍이 그 매부(妹夫) 조국필(趙國弼)의 강정(江亭) 잔치에 나가는데 인조(仁祖)가 따라가서 만나주기를 요구했으나 희분은 취했다고 핑계하고 즐겨 맞아 만나주지 않았다. 이에 조국필(趙國弼)이 전하기를,

"능양(綾陽)은 왕손(王孫)으로서 그 아우를 살리기 위하여 고생

하면서 10 리 밖에서 찾아왔으니 그 정상(情狀)이 또한 슬픈데 어찌 만나지 않는단 말인가?"

했으나 그래도 희분은 오히려 듣지 않으므로 국필(國弼)이 스스로 나가서 맞아 뵙고 말하기를,

"문창(文昌)은 술에 취하여 인사(人事)를 차리지 못하지만 해는 늦고 길은 먼데 왕손(王孫)께서는 주리고 목마른 근심이 없으십니까?"

하고 술상을 차려내어 대접했다.

반정(反正)하던 처음에 조정 신하들이 희분은 폐모론(廢母論)을 돕지 않았다 하여 살리려 했으나 인조(仁祖)는 하교하기를,

"삼창(三昌)의 죄가 어찌 다르단 말이냐?"

하여 끝내 죽음을 면치 못했으니 이는 대개 악한 첩 때문이었다. 삼창(三昌)이란, 밀창 박승종(密昌朴承宗)·광창 이이첨(廣昌李爾瞻)·문창 유희분(文昌柳希奮)이니 곧 그 훈호(勳號)로 부원군(府院君)에 봉해진 자들이다. 희분의 첩은 안악(安岳) 기생으로서 그가 죽은 후에 자결(自決)하였다.

인조(仁祖)가 여러 신하들과 함께 죄인의 생살(生殺)을 의논할 때 하교하기를,

"희분의 첩이 내 아우 능창(綾昌)이 난을 당할 때를 당해서 위협하면서 뇌물을 요구하는 것이 끝이 없어서 우리 부모가 심지어 선조(先朝)에서 하사받은 보화(寶貨)를 다 보내주어도 오히려 뜻에 차지 않아 요구하기를 그치지 않았으니 그때의 부모의 정경(情境)을 어찌 이루 말하랴. 그 첩으로 하여금 여기에 이르게 한 것은 곧 희분이니 희분이 어찌 죽지 않을 수 있으랴."

하고 마침내 사형으로 의논했다.

희분의 아비 자신(自新)은 부귀가 인신(人臣)으로서는 극도에 오르고 자손도 역시 많았고 잔치 모임도 지나치게 참람히어 거의 빈 날이 없으니 세상에서 일컫기를 복록(福祿)이 고금(古今)에 둘도 없다고 했다. 매양 풍류를 벌이고 몹시 즐길 때면 문득 손뼉을 치면서 여러 사람이 웃는 소리가 반공(半空)에서 나는데 말하기를,

"장하다, 잔치여!"

했다. 또 부인들의 잔치에 참석했던 자들이 **일어나서 신을 신으면**
또 웃는 소리가 나기를,

"발이 어찌 그리 크냐?"

했다. 그러면 온 집안이 기뻐하면서,

"하늘이 큰 복을 내려 귀신들도 또한 기쁨을 돕는다."

했다. 그러나 계해(癸亥)의 반정(反正)하던 날을 당해서 여러 유
(柳)들이 베임을 당하고 귀양갈 때 귀신들이 또 웃었으니 재앙이
여기에서 징험된 것이다.

김청음(金淸陰)이 희분과 이종(姨從)형제가 되었는데 사형을 당
할 때 청음(淸陰)이 포대(布帶)를 가지고 시체가 있는 곳에 가서
성복(成服)하자 이를 말리는 자가 있어 말하기를,

"이때에 가서 곡(哭)하는 것이 옳겠는가?"

하자 청음(淸陰)은 말하기를,

"희분이 형을 받은 것은 악역(惡逆)에 관계된 것이 아니라, 탐
권(貪權)과 낙세(樂勢)하여 이를 깨닫지 못한 것에 지나지 않으니,
비록 생시(生時)에는 그 문(門)에 발자취를 끊었지만 죽은 뒤의 친
척은 끊을 의리가 없는 것이니, 이왕 끊지 않는다면 가서 곡(哭)
하고 성복(成服)하는 것은 그만둘 수가 없는 것이다."〈동평견문록
(東平見聞錄)〉

조국필(趙國弼)이 꿈에 문액(門額)의 분서(粉書)를 보다

조국필(趙國弼)은 한양(漢陽) 사람이니 광해(光海)의 훈신(勳臣)
으로 한창군(漢昌君)에 봉해졌다. 그 부인은 광해주(光海主)의 부
인인 폐비(廢妃) 유씨(柳氏)의 언니이다. 반정(反正)한 뒤에 한창
군(漢昌君)의 호(號)가 삭탈(削奪)되어 가자(加資)가 내려졌기 때
문에 예빈시정(禮賓寺正)이라 일컬었다.

일찍이 광해(光海)가 전성할 때 꿈에 어떤 사람의 집 문 밖에 이

르니 문액(門額)에 분으로 다섯 글자를 쓰기를, '終身訓醫廳'이라
했고, 대청에 들어가니 광해(光海)가 상인(喪人)의 옷을 입고 대
청 안에 있는데 흡사히 변복(變服)하고 숨어 있는 모양이었다. 꿈
에서 깨어 괴상히 여겨 집사람에게 말해도 끝내 분서(粉書)의 뜻
을 알 수가 없었다.

반정(反正)하던 날 광해(光海)가 북문(北門)으로 뛰어 나가서 제
용감(濟用監)의 의원 정염수(鄭柟壽)의 집에 숨어 엎드려 있는데,
정염수는 곧 궁인(宮人)의 족속(族屬)이다. 이때 염수가 바야흐
로 상중(喪中)에 있기 때문에 광해(光海)로 하여금 상복(喪服)으
로 바꾸어 입고 비밀히 방 안에 숨어 있었다. 이윽고 인조(仁祖)
가 왕위에 올라 조정을 일신(一新)한다는 말을 듣고 끝내 숨어
있지 못할 것을 알고 군전(軍前)에 나가 고하니 인조(仁祖)가 명
하여 남여로 궐문 밖에 오게 했는데, 광해(光海)는 아직도 몸에
상복(喪服)을 입고 머리에는 백피(白皮) 남바위를 쓰고 있는 것이
완연히 꿈 속에서 본 것과 같았다. 또 염수는 의원노릇을 하여
바야흐로 훈국(訓局) 약포(藥舖)를 맡고 있었으니 비로소 분으로
쓴 다섯 글자의 뜻을 알았다.

반정하던 날 광해(光海)가 이미 북문(北門)으로 나가자 중궁(中
宮) 유씨(柳氏)가 수십 명의 궁녀(宮女)와 함께 밤에 후원(後苑)
에 가서 어수당(魚水堂) 속에 숨어 있었는데 군중에서 이틀 동안
이나 두어 겹으로 포위하고 있었다. 이에 유씨(柳氏)가 말하기
를,

"내가 어찌 숨어서 살기를 도모하랴."
하고 궁인(宮人)을 시켜 중전(中殿)이 여기 있다고 선언(宣言)하라
고 했으나 궁인의 무리들은 감히 나오지 못했다. 이때 한(韓)의
성(姓)을 가진 보향(保香)이란 자가 선언(宣言)하기를 자청(自請)
하고 나가서 뜰 위에 서서 말하기를,

"중전(中殿)이 여기 계시다."
했다.

대장(大將)이 호상(胡床)에 걸터앉았다가 즉시 일어서서 군졸
(軍卒)로 하여금 조금 물러가게 하였다. 한(韓)이 또 유씨(柳氏)

의 뜻으로 묻기를,

"주상(主上)께서 이미 나라를 잃으셨는데 새로 선 사람은 누구인가?"

하자 대장은 말하기를,

"선조대왕(宣祖大王)의 손자이신데 감히 누구라고는 말할 수 없다."

했다.

한(韓)이 또 자기의 뜻으로 묻기를,

"오늘의 이 일은 종사(宗社)를 위하는 것인가, 부귀(富貴)를 위하는 것인가."

하자 대장은 말하기를,

"종사(宗社)가 거의 망해가기 때문에 부득이 새 임금을 모시고 반정(反正)한 것이지, 어찌 스스로 부귀를 위하겠는가."

했다. 이에 한(韓)이 말하기를,

"이미 의리로 이름을 한다면 어찌 전왕(前王)의 비(妃)를 굶겨 죽인단 말이냐?"

하니, 대장이 이 말을 듣고 즉시 인조(仁祖)께 보고하여 자못 후하게 식사를 보내게 했다. 〈동평견문록(東平見聞錄)〉

음관(蔭官)으로 참판(參判)에 이르렀다.

폐세자(廢世子) 지(祬)가 구멍을 뚫고
뛰어나오다

폐세자(廢世子) 지(祬)는 광해(光海)의 장자(長子)이니 폐비(廢妃) 유씨(柳氏)의 소생이다.

계해(癸亥) 반정(反正) 후에 그 빈(嬪) 박씨(朴氏)와 함께 강화(江華)에 가서 갇혀 있는데 박씨(朴氏)가 칼로 구멍을 70척을 뚫고 밤을 타서 세자(世子)를 밀어내 보냈다. 세자가 이미 나왔으니 갈 곳을 몰라 방황하다가 수졸(守卒)에게 잡히자 대간(臺諫)이 법

으로 다스리라고 계청(啓請)하는 것을 오리 이원익(梧里李元翼)이
말하기를,

"이 일은 비록 위에서 벌을 내리라고 한대도 신하가 오히려 마
땅히 반대해야 할 것인데, 이제 아래로부터 죽이자고 청하는 것
은 비단 사리(事理)에 차마 하지 못할 뿐만 아니라, 또한 내세
(來世)에 열어 보이는 도리가 아니다."

하고 탄식하기를 마지않았다. 이에 위로부터 하문(下問)할 때도
끝내 용서하여 은혜를 온전히 하라고 대답했으나 대계(臺啓)가 그
치지 않아서 폐빈(廢嬪)과 함께 마침내 사사(賜死)했다.

지(裎)가 죽음에 임하여 길이 탄식하고 입으로 절구(絶句) 한 수
를 부르기를,

"티끌 세상이 뒤집혀 미친 물결 같도다. 그러나 어찌 반드시 근
심하리. 뜻이 스스로 한가하고 26년 세월이 한 꿈이었는데, 좋
게 따라서 흰 구름 사이로 돌아가리. (塵寰翻覆似狂瀾 何必憂愁
意自閒二十六年成一夢 好隨歸去白雲間)"

하고 읊기를 마치자 죽었다.

또 가시 울타리 속에 있을 때 시를 짓기를,

"본래 한 뿌리인데 어찌 이다지 너무 박한가. 이치에는 마땅히
서로 사랑하고 또한 서로 슬퍼해야 하거늘, 어찌하면 이 얽힌 속
을 벗어나서, 푸른 물 푸른 산에 맘대로 가고 올까. (本是同根
何太薄 理宜相愛亦相哀 緣何脫此樊籠去 綠水靑山任去來)"

했다. 〈기년(紀年)〉

세자(世子)가 섣달 4일에 났는데, 그날 아침에 연(蓮)꽃이 금
정(禁庭) 못 속에 나더니 이윽고 꽃이 피었다가 이윽고 도로 떨어
졌으니 이것이 대개 하루 사이의 일이었다. 그런데 세자도 드디어
끝을 아름답게 마치지 못했으니 그 연꽃이 어찌 먼저 그 오래지
못할 조짐을 보여준 것이 아니겠는가. 〈동벙견문록(東坪見聞錄)〉

234

영창대군(永昌大君)은 손톱이 다 타서 죽다

영창대군(永昌大君) 희(㼤)는 선조(宣祖)의 원자(元子)이다.

광해(光海) 계축(癸丑)에 건장한 부녀(婦女) 수십 명으로 하여금 자전(慈殿)에 쳐들어가서 품에 안고 있는 희(㼤)를 억지로 빼앗아 강화(江華)로 데려갔다가 갑인(甲寅) 2월에 부사(府使) 정항(鄭沆)이 임금의 뜻에 맞추어 사람으로 하여금 불을 때어 방을 덥게 하니 희(㼤)는 숨이 막혀 벽을 더듬다가 방 안으로 떨어져서 손톱이 다 타서 죽으니 듣는 자가 모두 비참하게 여기지 않는 자가 없었다.

항(沆)은 스스로 불에 타서 죽은 것으로 보고하자 사직(司直) 정온(鄭蘊)이 소(疏)를 올려 항(沆)을 베자고 청하였다. 이에 광해(光海)는 크게 노하여 대역(大逆)으로 의논하여 국문하자 온(蘊)은 사기(辭氣)가 꺾이지 않고 항언(抗言)하는 것이 더욱 간절하자 안치(安置)[1]하여 대정(大靜)[2]하게 했고, 정항(鄭沆)은 근심으로 병이 나서 죽었으며, 아들 호관(好寬)은 깊이 스스로 뉘우쳐서 말하기를,
"나는 죄인이다."
하며 날마다 술만 마시고 밥을 먹지 않았다. 〈소대기년(昭代紀年)〉

영안위(永安尉) 홍주원(洪柱元)이 영창대군(永昌大君)의 환장(還葬) 때 만사(挽詞)를 지어 말하기를,
"유교(遺敎)를 끝내 힘입을 것이 없으니, 깊은 원통함 누가 슬퍼하지 않으랴. 인생은 8세에 다하고, 천도(天道)는 10년에 돌아오네. 흰 해는 황천에 비치고, 푸른 산은 묘소에 열렸네. 천추(千秋)의 영락대(永樂臺)가 응당 망향대(望鄕臺)가 되리. (遺敎終無賴 深冤孰不哀 人生八歲盡 天道十年回 白日重泉照 靑山幽宅開 千秋永樂臺 應作望鄕臺)"

---

1) 安置 : 죄인을 한 곳에만 머물러 있게 하는 것.
2) 大靜 : 편안히 있어 몸을 수양(修養)함.

하니 이것을 읽는 자가 모두 눈물을 흘렸다. 〈해동시화(海東詩話)〉

영창(永昌)이 날 때는 사람들이 서로 하례하지 않는 자가 없는데 유독 연흥자(延興子) 청주목사(淸州牧使) 구(球)의 아내 정씨(鄭氏)는 근심하고 탄식하기를 마지않더니 그 뒤에 영창(永昌)이 억울하게 죽자, 김씨(金氏)의 일문(一門)이 거의 없어졌으니 이는 대개 그것이 화의 조짐이 될까 걱정했기 때문이다. 〈동평견문록(東平見聞錄)〉

능창대군(綾昌大君)이 죽자 나라 사람들이 불쌍히 여겼다

능창대군(綾昌大君) 전(佺)은 원종(元宗)의 셋째아들이다. 나이 15세에 대군(大君)의 봉함을 받았다.

사람들이 모반(謀反)한다고 고해서 해도(海島)에 가두고 지키는 자로 하여금 핍박하여 죽게 하니, 능창(綾昌)은 면하지 못할 것을 알고 옷을 갈아 입고 북쪽을 향하여 약을 먹고 자살(自殺)하면서 글을 써서 부모에게 결별(訣別)했다.

이때 옥사(獄事)가 엄하여 비록 친척이라도 서로 왕래하지 못해서 편지를 본 후에야 그 죽은 것이 어느날이었다는 것을 알고, 나라 사람들이 그를 불쌍히 여겨 동요(童謠)를 지어,

"바닷가에 모래는 아득하여, 해마다 봄은 오고 풀은 무성하건만, 왕손(王孫)은 한번 가고 다시 돌아오지 않네."
했다.

인조(仁祖)가 반정(反正)한 뒤에 시호를 효민(孝愍)이라 내렸다. 〈인물고(人物考)〉

김제남(金悌男)은 죽음에 임하여
신색(神色)이 변치 않았다

김제남(金悌男)은 연안(延安) 사람이니 자는 공언(恭彦)이다.

선조(宣祖) 을유(乙酉)에 진사가 되고 정유(丁酉)에 문과에 급제하여 선조(宣祖)의 국구(國舅)로 영돈령부사(領敦寧府事)에 임명되고 연흥부원군(延興府院君)에 봉해졌다. 광해(光海) 계축(癸丑)에 하옥(下獄)되었다가 성 서쪽 십자가(十字街)에 가서 해를 당했는데 죽음에 임하여 신색(神色)이 변치 않고 조용히 사람에게 이르기를,

"황천(皇天)이 위에 있으니 실로 내 마음을 볼 것이다."
했다.

병진(丙辰)에 화가 천양(泉壤)에까지 미쳐서 시체를 저자에 내다 버리고 그 부인 노씨(盧氏)는 제주(濟州) 먼 섬에 가두었다. 이때 불꽃이 바야흐로 드세어서 사람이 감히 들어가 보는 자가 없었으나 달성위(達城尉) 서경주(徐景霌)가 인가(姻家)의 정의로 한두 사람의 친척을 지휘하여 시체를 거두어 관(棺)에 넣고 밀실(密室)에 초빈했다가 문을 닫고 관(棺)에 옻칠을 해서 모지(某地)에 권도로 임시 장사지냈다.

부부인(府夫人) 노씨(盧氏)는 제주(濟州)에 10년 동안 귀양가 있어서 살아 돌아올 마음을 끊었더니, 어느날 까치가 처마 앞으로 날아와서 말을 소곤거려 마치 기쁜 소식을 전하는 것 같자 부인은 탄식하기를,

"집이 깨지고 사람이 죽었는데 무슨 기쁜 일이 있다고 까치가 이같이 알리는 것이냐."
했다. 대개 까치는 바다애는 있는 것이 아닌데 갑자기 생기자 사람들이 모두 이상히 여겨 모여서 슬퍼했다.

이윽고 인조(仁祖)가 반정(反正)한 것을 전하면서 승지(承旨)가

대비(大妃)의 좋은 소식을 받들고 와서 부인을 맞아 조천관(朝天館)에 와서 자니 온 섬이 기뻐했다. 이에 까치가 온 곳을 알아보니 사자(使者)를 태우고 온 뱃사람이 말하기를,

"배가 해남(海南)을 떠날 때 까치가 날아서 돛대 위에 앉더니 배가 장차 나루 머리에 가까워지자 갑자기 남쪽으로 날아서 어데로 갔는지 알지 못했다."

했다. 이리하여 비로소 까치가 사자(使者)보다 먼저 기쁜 소식을 이같이 전한 것을 알았다. 〈동평견문록(東平見聞錄)〉

귀양가 있을 때 생활(生活)할 수가 없어서 이웃 가가의 술지게미를 사다가 걸러서 팔아 이것으로 생활(生活)하니 섬 백성들이 이것을 모주(母酒)라고 불렀다. 지금의 모주(母酒)라는 칭호가 이로부터 시작되었다.

권필(權韠)이 사립문을 거두어다가 시상(屍牀)을 만들다

권필(權韠)은 안동(安東) 사람이니 자는 여장(汝章)이요 호는 석주(石洲)이다.

사람됨이 소탈하고 남의 속박을 받지 않아서 젊었을 때 정철(鄭澈)의 풍의(風誼)를 사모하더니 철(澈)이 강계(江界)로 귀양가자 이안눌(李安訥)과 함께 가뵈오니 철이 크게 기뻐하여 말하기를,

"이번 길에 천하의 두 적선객(謫仙客)을 보았다."

고 했다. 그게 누구냐고 묻자 말하기를,

"권필(權韠)·이안눌(李安訥)이다."

하니 이 사람에 이름이 더욱 장해졌다.

나이 21세에 동몽교관(童蒙敎官)을 제수받자 사양하지 않고 문득 문을 열고 생도(生徒)들을 받자, 어떤 사람이 말하기를,

"마땅히 띠를 띠고 예부(禮部)에 나가서 참알(參謁)해야 된다."

하자 필(韠)은 시무룩하게 말하기를,

"이는 내가 할 수 없다."
하고 드디어 사양하고 갔다.

이때 광해비(光海妃)의 형 유희분(柳希奮)이 권리를 맘대로 부리고 방자히 구는데, 어느날 필(韠)이 일찍이 족인(族人)의 집에 가서 술을 마시고 취해서 쓰러졌더니 유희분(柳希奮)이 마침 오자 주인이 필(韠)을 발로 차면서 말하기를,

"문창공(文昌公)이 왔다."
고 했다.

필(韠)이 눈을 부릅뜨고 익히 보다가 말하기를,

"네가 유희분(柳希奮)이냐? 네가 부귀를 누리기에 국가가 여기에 이르렀으니 나라가 망하면 네 집도 망할 것인데 도끼가 유독 네 목에는 이르지 않는단 말이냐?"
하자, 희분(希奮)은 아무 말 없이 참혹한 얼굴로 가니 사람들이 필(韠)의 화가 혹 이 일로 해서 일어난 것이 아닌가 의심했다.

일찍이 궁류시(宮柳詩)를 지었는데 거기에 말하기를,

"궁(宮)의 버들 푸르고 푸르러 꾀꼬리 어지러이 나는데, 성에 가득한 높은 사람의 수레가 봄빛에 아름답네. 조정이 다 함께 승평(昇平)의 즐거움 하례하니, 누가 위태로운 말을 보내어 포의(布衣)에서 나오게 했던가. (宮柳靑靑鶯亂飛 滿城冠盖娟春暉 朝廷共賀昇平樂 誰遣危言出布衣)"
했다. 이와 같이 필(韠)은 시사(時事)에 강개(慷慨)하여 시를 지어 풍자(諷刺)하고 또 능히 면대해서 권귀(權貴)를 욕하니 강한 자를 두려워하지 않는 것이 이와 같았다. 이에 희분(希奮) 등이 형벌을 주고 신문하다가 귀양보내어 감사(減死)[1]했는데 동쪽 성 밖에 이르러 졸(卒)했고 지평(持平)을 증직했다. 〈인물고(人物考)〉

그의 형 도(韜)도 역시 아우의 죄에 연좌되어 남해(南海)로 귀양가는데 떠나기에 임하여 시를 짓기를,

"신(臣)의 죄 산과 같아 죽는 것도 또한 달가운데, 성은(聖恩)이 너그러이 용서하여 강남(江南)으로 귀양가네. 떠나기에 임하여 별달리 무궁한 한이 있으니, 어머니의 지금 나이 83세일세.

─────────────
1) 減死 : 사형에 처할 사람을 감형(減刑)하여 귀양 보냄.

(臣罪如山死亦甘 聖恩寬貸謫江南 臨岐別有無窮恨 慈母時年八十三)"
했다. 〈소대기년(昭代紀年)〉

　형 협(鞈)의 호는 초루(草樓)이니 호서(湖西)에 사는데 대북(大
北) 한떼가 강 위에서 선유(船遊)를 하다가 그 집 울타리 밖을 지
나게 되어 같이 놀 것을 청하므로 협(鞈)이 가서 참석하여 손으로
술상 위에 있는 음식을 옮겨 어린이들에게 주면서 말하기를,
　　"이놈들은 나이가 어려도 능히 그 어미를 효도로 봉양할 것을
　　알기 때문에 이들을 사랑하노라."
했다.
　이때 대비(大妃)가 서궁(西宮)에 유폐(幽閉)되어 있는 터여서
이 말을 들은 여러 사람들이 노해서 죄주려 하자 말하는 자가 말
하기를,
　　"이미 그 아우를 죽이고 또 그 형을 죽이면 장차 우리들을 어떻
　　다 하겠는가."
하여 겨우 만류하여 중지시켰다. 협(鞈)이 기운을 숭상하고 말을
가려 하지 않는 것이 이와 같았다. 벼슬이 종부시정(宗簿寺正)에
이르렀다. 〈소대기년(昭代紀年)〉

　필(鞸)이 귀양갈 때 동문(東門) 밖에 나가서 쉬는데 어떤 사람
이 술을 주자 이것을 마시고 취하여 그 이튿날 졸(卒)하니 주인
집 사립문을 뜯어다가 시상(屍牀)을 만들었다. 그런데 그 사립문
위에 시를 쓰기를,
　　"때는 청춘인데 장차 해가 저무누나. 복숭아꽃 어지러이 떨어져
　　붉은 비와 같네. 권군(權君)이 종일 명정하게 취하게 하니, 술
　　이 유영(劉伶)[2]의 무덤 위의 흙에 이르지 못하네. (正時青春日
　　將暮 桃花亂落如紅雨 權君終日酩酊醉 酒不到劉伶墳上土)"
했다.
　이때는 3월 그믐이라 주인집 담 밖에 복숭아꽃이 절반이나 떨
어졌고, 권(勸)을 권(權)으로 써서 더욱 교묘히 맞는 것 같으니
어찌 먼저 정해진 것이 아니겠는가. 〈지봉유설(芝峰類說)〉

─────────
2) 劉伶 : 진(晋)나라 때 죽림칠현(竹林七賢)의 한 사람. 술을 몹시 좋아
　했다.

유몽인(柳夢寅)이 상부사(孀婦詞)를 외우다

유몽인(柳夢寅)은 흥양(興陽) 사람이니 자는 경문(慶文)이요 호는 어우재(於于齋)이다. 선조(宣祖) 임오(壬午)에 진사가 되고 기축(己丑)에 문과에 급제하여 이조참판(吏曹參判)이 되었다. 이이첨(李爾瞻)과 각립(角立)하여 폐모(廢母)의 의논에 참여하지 않아서 계해(癸亥) 반정(反正) 때 죄를 입지 않았다.

무진(戊辰)에 유효립(柳孝立)의 옥사(獄事)에 연루되어 체포하려 했으나 그 있는 곳을 알 수가 없었는데 어떤 사람이 이르기를 이미 망명(亡命)했다고 이르더니 오래 뒤에 체포되었다. 이때 옥관(獄官)이 묻기를,

"어디에 있었는가?"

하자 몽인(夢寅)은 말하기를,

"서산(西山)에 갔었다."

했으니, 서산(西山)이란 곧 양주(楊州) 마을 이름이다.

이때 오리 이상(梧里李相)·상촌 신상(象村申相)·청음 김상(淸陰金相)이 옥사(獄事)를 다스리다가 말하기를,

"너는 어찌해서 망명(亡命)했느냐?"

하자 몽인(夢寅)은 말하기를,

"광해(光海)가 반드시 망할 것은 여자나 어린이도 모두 아는 것이요, 신왕(新王)의 성덕(聖德)은 노예(奴隷)라도 역시 아는 것이니 어찌 다른 뜻이 있겠습니까?"

했다. 또 말하기를,

"주(周)나라 무왕(武王)이 주(紂)를 칠 때 만일 미자(微子)[1]를 세웠으면 백이(伯夷)는 역시 마땅히 서산(西山)으로 갔겠느냐?"

하자 몽인(夢寅)은 잠자코 있다가 말하기를,

---

1) 微子 : 주(紂)의 형. 이름은 계(啓). 주(紂)가 음란하자 자주 간했으나 듣지 않으므로 가버렸다.

"내 마땅히 상부사(孀婦詞)를 지어서 뜻을 보일 터이니 이것으로써 죄가 된다면 죽어도 할 말이 없노라."

하고 이내 외워서 말하기를,

"70세의 늙은 과부가, 단정히 살면서 빈 방을 자키네. 옆 사람이 사집가라고 권하는데, 좋은 남자의 얼굴이 무궁화 같네. 익히 여사(女史)의 시를 외우니, 차츰 임사(任姒)의 교훈을 알겠네. 흰 머리에 봄 모습 지으니, 어찌 분칠한 것 부끄럽지 않으랴. (七十老孀婦 端居守空壺 傍人勸之嫁 善男顏如槿 慣誦女史詩 稍知任姒訓 白首作春容 寧不愧脂粉)"

했다.

이에 상신(相臣)들이 그를 살리고자 했으나 훈신(勳臣)들이 말하기를,

"몽인(夢寅)을 죽이지 않으면 그를 본받아서 조정에 서고자 하지 않는 자가 반드시 많을 것이니, 둑을 막는 것을 엄하게 하지 않을 수 없다."

하고 마침내 역률(逆律)로써 아들 약(瀹)과 함께 모두 사형에 처했다.

정조(正祖) 갑인(甲寅)에 신원(伸寃)하여 이조판서를 증직하고 시호는 의정(義貞)이다. 〈매옹한록(梅翁閑錄)〉

김응하(金應河)가 나무에 의지해 죽다

김응하(金應河)는 철원(鐵原) 사람이니 자는 경의(景義)이다. 신장(身長)이 8척이 넘고 풍의(風儀)가 준위(俊偉)하고 기개가 헌앙(軒昂)하며 술을 두어 말 마셔도 어지럽지 않았다.

나이 25세에 무과(武科)에 급제했는데 백사 이항복(白沙李恒福)이 한 번 보고 기이하게 여겨 선천군수(宣川郡守)로 옮겼더니 부임하자 인재를 모으는 것으로 급무(急務)를 삼으니 사서(士庶)들이 그 의리에 감동하지 않는 자가 없어서 모두 응하(應河)를 위하

여 한 번 죽고자 했다.

기미(己未) 심하(深河) 싸움에 좌영장(左營將)으로 강홍립(姜弘立)의 절제(節制)를 받게 되었는데, 떠나기에 임하여 그 아우 응해(應海)가 따라가려 하자 응하(應河)는 말하기를,

"형제가 모두 죽는 것이 유익할 것이 없다."

하여 힘써 말리고 집사람과 결별(訣別)하고서 강을 건너 심하(深河)에 이르러 청(淸)나라 사람과 만나 힘써 싸우다가 기운이 다하여 나무에 의지하여 죽으니 명(明)나라 황제가 이 말을 듣고 요동백(遼東伯)을 증직하였다. 우리 조정에서는 영상(領相)을 증직하고 시호는 충무(忠武)이다. 〈명장전(名將傳)〉

김응해(金應海)는 아홉 화살이 가슴을 뚫었어도 다시 살아났다

김응해(金應海)는 응하(應河)의 아우이니 병자(丙子)에 원수(元帥)의 천거로 별장(別將)이 되어 정방산성(正方山城)을 지켰다. 12월에 청(淸)나라 군사가 바로 한성(漢城)으로 달려가자 응해(應海)가 경기(輕騎) 3백을 거느리고 대로(大路)를 막고 싸우니 청나라 군사가 두어 겹을 포위하였다.

응해(應海)는 스스로 벗어나지 못할 것을 알고 크게 외치기를,

"심하(深河) 싸움에서 버드나무 밑에서 눈을 부릅뜨고 활과 화살을 가지고 있던 자가 곧 내 형님이다. 이제 내가 힘이 다하여 능히 너를 섬멸하지 못하니 무슨 면목으로 살아서 우리 임금께 보답하며 죽어서 내 형을 본단 말이냐?"

하고 드디어 칼을 빼들고 적진으로 돌진(突進)하여 쳐서 죽인 것이 몹시 많았다.

이에 스스로 목을 찌르니 적들은 그가 죽은 줄 알고 비로소 물러갔다. 그러나 편패(偏裨)가 어지러운 시체 속에서 그를 찾으니 아홉 개의 화살이 가슴을 뚫었다. 이미 다시 살아나서 군사를 해산

하니 임금이 그를 포장(褒獎)했다. 여러 벼슬을 거쳐 벼슬이 어영대장(御營大將)에 이르렀고 70세에 글을 올려 물러갈 것을 빌었다. 〈명장전(名將傳)〉

계강(桂杠)은 못에 떠밀렸으나 뛰어올라오다

계강(桂杠)은 선천(宣川) 사람이니 용맹이 뛰어나고 힘이 남보다 뛰어나 주리(州里)를 횡행(橫行)해도 아무도 누구냐고 묻지 못했다.

이에 고을 사람들이 이를 근심하여 제거(除去)하려고 깊은 못 위 층암(層岩)에 자리를 베풀었다. 술이 반쯤 취하자 강(杠)을 바위 밑으로 떠밀었으나 강(杠)은 몸이 못에 닿기 전에 뛰어올라왔으므로 여러 사람들은 넋을 잃고 놀라고 두려워했다.

그러나 강(杠)은 말하기를,

"겁내지 말라. 이는 내가 착하지 못한 까닭에 그대들이 이와 같이 한 것이다."

하고 이내 마음을 다스리고 행동을 닦았다. 요동(遼東)으로 건너갈 때 김응하(金應河)와 함께 적을 무수히 죽이고 최후까지 힘껏 싸우다가 죽었다. 〈명장전(名將傳)〉

김철현(金鐵賢)은 자손 십세(子孫十世)를 회복시키다

김철현(金鐵賢)은 선천(宣川)의 통인(通引)이니 나이 19세에 새로 장가든 지 두어 달에 김응하(金應河)를 따라가서 항상 좌우에 있으면서 사환노릇을 하더니, 응하(應河)의 갑옷 속에 엎드려서 화살을 주다가 화살이 다해지자 응하(應河)는 긴 칼을 가지고 육전(肉戰)하다가 몸에 역시 수십 개의 창을 맞았다.

이에 철현(鐵賢)을 돌아다보니 말하기를,

"너는 달아나려느냐?"

했으나 대답하기를,

"소인은 의리에 사또와 같이 죽을 것이니 청컨대 사또와 함께 한 칼에 엎드려서 소인이 가지 않았다는 것을 밝히겠습니다."

하고 드디어 자살하니, 조정에서 철현(鐵賢)의 자손 10세(世)를 회복시키고 용만(龍灣)에 사당(祠堂)을 세워 그의 화상을 응하(應河)의 옆에 그렸다. 〈명장전(名將傳)〉

이익(李瀷)은 일곱 번 대답에 조금도 굽히지 않았다

이익(李瀷)은 경주(慶州) 사람이니 자는 형여(泂如)요 호는 간옹(艮翁) 또는 옥포(玉浦)이다. 광해(光海) 임자(壬子)에 생원·진사가 되고 문과에 급제하여 한원(翰苑)에 들어갔다.

무자(戊子)에 모후(母后)를 유폐(幽閉)하자 공이 시사(時事)를 지목해서 말하여 크게 기휘(忌諱)에 저촉되자 광해(光海)가 노하여 묻기를,

"태아(太阿)를 가진 자가 어떤 사람이며, 안팎이 체결(締結)한 것은 무슨 일이며, 또 어떤 사람의 지촉(指囑)을 받았느냐?"

하자 대답하기를,

"이는 곧 거리에서 항상 하는 말이온데 어찌 대관(臺官)이 남의 지촉을 받고 이런 일을 하겠습니까?"

하여, 일곱 번 물었는데 일곱 번 대답하여 조금도 꺾이지 않았다. 또 외척(外戚)들이 권리를 맘대로 한다고 말하자 광해(光海)가 크게 노하여 화가 장차 헤아릴 수 없었다.

이에 영상(領相) 기자헌(奇自獻)이 재삼 변호하여 병을 핑계하고 국문에 나가지 않았기 때문에 형벌을 면하고 조직(趙溭)·정온

(鄭蘊)과 함께 같이 갇혀 서로 경사(經史)를 강마(講磨)하고,

"아침에 도(道)를 들으면 저녁에 죽어도 좋다."

는 뜻을 취하여 '可矣窩' 세 글자를 옥문(獄門)에 써놓고 3년 동
안 갇혀 있다가 무오(戊午) 겨울에 이르러 제주(濟州)에 안치(安
置)되어 성리서(性理書)를 전공(專攻)하여 주경(主敬)으로 요점(要
點)을 삼았다. 이때 송상인(宋象仁)·정온(鄭蘊)이 같이 귀양살이
하면서 왕복하여 창수(唱酬)하는 것으로 세월을 보냈다.

계해(癸亥) 반정에 장령(掌令)으로 불렸으나 나가지 않았고 갑
자(甲子)에 졸(卒)하니 전한(典翰)을 증직했다. 〈인물고(人物考)〉

최기(崔沂)는 남에게 화(禍)를 옮기고
스스로 살려고 하지 않다

최기(崔沂)는 해주(海州) 사람이니 자는 청원(淸源)이요 호는 쌍
백당(雙栢堂) 또는 서촌(西村)이다. 선조(宣祖) 을유(乙酉)에 진
사가 되고 문과에 급제하여 검열(檢閱)과 충청감사(忠淸監司)를 거
쳤다.

광해조(光海朝) 때 해주목사(海州牧使)가 되었는데, 고을 사람
이희일(李希一) 등이 본래 무뢰(無賴)하여 권세에 아부하고 윗사
람의 뜻을 간사하게 이용하여 음모(陰謀)가 있으므로 기(沂)는 그
집 재산을 몰수하고 핍박하여 자살하게 하였다. 여러 간사한 무리
들이 이를 한스럽게 여겨 도백(道伯)을 위협하여 그 일을 위에 보
고하게 하고, 기(沂)의 아전을 옥에 가두고 간사한 꾀를 부리도록
시키니 기(沂)는 말하기를,

"죽고 사는 것은 운명이니 화를 남에게 옮겨 스스로 사는 일이
야 내가 어찌하겠느냐?"

했다.

이때 옥에 가서 직접 만나보게 되자 여러 간사한 무리들은 기
(沂)가 임금에게 사실을 아뢸까 두려워하여 사형수를 시켜서 기

(沂)가 실지로 모반(謀反)하려는 것을 희일(希一) 등이 그 계획을 알기 때문에 자기들을 죽여서 입을 막으려 한 것이라 고하게 하고, 여러 간사한 자들이 억지로 항복시키고자 하여 온갖 혹독한 형벌을 가하여 옥중에서 죽게 했다.

또 기(沂)의 외족(外族)으로 해주(海州)에 사는 자와 사위 유찬(柳燦)을 모두 잡아다가 증거를 만들려 했으나 끝내 사실이 없자 모두 고문을 당하다가 죽었고, 기(沂)의 대역(大逆)의 죄를 다시 의논하여 무덤을 파고 육시(戮尸)하여 저자에 흩었다.

계해(癸亥)의 반정(反正)에 가장 먼저 신원(伸寃)하고 이조판서를 증직했다. 〈인물고(人物考)〉

유찬(柳燦)이 마침내 옥중에서 죽다

유찬(柳燦)은 진주(晉州) 사람이니 자는 회보(晦甫)이다. 계축(癸丑)의 옥사(獄事)가 일어나자 개연(慨然)차 탄식하기를,
"삼강(三綱)이 끊어졌다."
하고 드디어 과거에 나가지 않았다.

한찬남(韓纘男)이 그 아들의 혼인을 청하자 찬(燦)은 말하기를,
"내 딸이 남마 찬남(纘男)의 자부(子婦)가 될 수 있느냐."
하니 찬남(纘男)이 이를 마음속에 품었다.

병진(丙辰)에 옥사(獄事)가 일어나자 목사(牧使) 최기(崔沂)는 곧 장인인데 여러 간사한 무리들이 죄수(罪首)로 지목하니 이때 찬남(纘男)이 형방승지(刑房承旨)로서 그 옥사(獄事)를 주장하여 함께 체포하자고 청하자 허균(許筠)이 편지를 보내 말하기를,
"서로 만나서 이야기하면 화가 도리어 복이 될 것이다."
했다.

이에 찬(燦)이 옥에 가서 만나 간인(奸人)들의 주민 일을 다 말하고 또 허균(許筠)의 편지도 내보이니 간인(奸人)들의 무리가 크게 놀라서 굳이 대질(對質)하기를 청하여 마침내 옥중에서 죽었

다. 계해(癸亥)에 반정(反正)하자 지평(持平)을 증직했다. 〈인물고
(人物考)〉

홍우정(洪宇定)이 천복(賤服)을 입다

홍우정(洪宇定)은 남양(南陽) 사람이니 자는 정이(靜而)요 호는
두곡(杜谷)이다. 갑인(甲寅)에 진사가 되었다.

해주목사(海州牧使) 최기(崔沂)가 그 재주를 사랑하여 자기 딸을
아내로 주었더니 해주(海州)의 옥사(獄事)가 일어나서 남아나는 사
람이 없어 우정(宇定)도 역시 체포되었다.

그러나 이이첨(李爾瞻)이 본래 그 이름을 소중히 여겨 그로 하
여금 자기를 따라서 화복(禍福)으로 움직이자고 하자 우정(宇定)은
탄식하기를,

“사람이 진실로 한 번 죽음이 있을 뿐인데 죄없이 모함에 걸린
　것이 또한 무엇이 부끄러우랴.”

하고 마음이 끝내 움직이지 않았다. 병진(丙辰)에 천안(天安)에 부
처(付處)했다가 계해(癸亥)에 방환(放還)되어 벼슬이 황간현감(黃
澗縣監)에 이르렀다.

병자(丙子) 후에는 벼슬하지 않고 매양 전립(戰笠)에 검은 옷을
입어 천한 자의 복색(服色)을 했다. 뒤에 대군(大君)의 사부(師傅)
가 되었으나 역시 나가지 않고, 한벽루(寒碧樓)에 올라 기둥 사이
에 쓰기를,

“우주의 한 남자가 청풍(淸風)의 한벽루에 올랐네. 난간을 의지
　하여 긴 휘파람 부니, 강 달이 오경(五更)의 가을일세. (宇宙一
　男子 淸風寒碧棲 憑欄發長嘯 江月五更秋)”

했다. 〈매옹한록(梅翁閑錄)〉

이상의(李尙毅)는 방울을 차고 스스로 경계하다

이상의(李尙毅)는 어렸을 때 성질이 몹시 경솔해서 앉았어도 오래 참지 못하고 말은 문득 아무렇게나 하니, 부형(父兄)들이 이를 근심하여 자주 책망하는 말이 있었다.

이에 이공(李公)은 조그만 방울을 차고 스스로 경계하여 매양 방울소리만 들으면 맹렬히 경계하고 바로잡아서 출입할 때나 앉거나 눕거나 할 때 일찍이 한 번도 방울을 버리지 않으니, 그 경솔하던 것이 오늘에 일푼(一分)이 감해지고 내일에 일푼이 감해져서 중년(中年)에 이른 뒤에는 너무 느린 것으로 오히려 남에게 조롱을 받았으나 혼연(渾然)히 천성(天性)을 이루어서 터럭만큼도 억지로 하는 태도가 없었다. 이에 뒷사람이 경박한 자제(子弟)를 경계하는 자는 반드시 이공(李公)을 들어 법칙(法則)을 삼았다고 한다. 벼슬이 이상(貳相)에 이르렀다. 〈동평견문록(東平見聞錄)〉

남무 복동(男巫福同)은 아랫수염과 콧수염이 없었다

남자 무당 복동(福同)은 광해(光海) 때 사람으로 아랫수염과 콧수염이 없어서 모양이 부인과 같고 음성도 또한 여자의 목소리였다. 이에 부인의 옷을 입고 궁중에 출입하여 중전(中殿)을 위하여 병을 낫게 해달라고 비는데 통명전(通明殿)에 음사(淫祀)를 세우고 가마(假馬)를 만들어 마치 국장(國葬) 때와 같이 마당 안에 벌여 세웠다. 중관(中官)이 조복(朝服)을 갖추고 그 앞에 서니 궁녀(宮女)들의 일을 맡은 자들은 복동(福同)과 서로 섞여서 기도를 행하는 일에 혼잡하게 어울려 분별이 없으니 이렇게 하기를 자주

했다.

그 뒤에 장차 다시 제사를 지내려는데 복동(福同)이 일이 있어 포도청(捕盜廳)에 잡혀가서 족장(足杖)의 형벌을 받는 것을 폐세자(廢世子)가 친히 포도대장에게 글을 보내어 석방되어 궁중으로 들어가 제사하기를 전과 같이 했다고 한다. 복동이 매양 교외(郊外)를 출입하려면 항상 내사(內司) 및 별궁(別宮)의 종들이 앞뒤에서 인도해서 갔다고 한다.

반정(反正)한 뒤에 복동은 사형에 처해졌다. 〈동평견문록(東平見聞錄)〉

김준(金峻)이 반정(反正) 때의 일을 의논하다

김준(金峻)은 광해(光海) 때 병조(兵曹)의 늙은 아전이다. 눈으로 계해(癸亥) 반정(反正) 때의 일을 보고 동평위(東平尉) 정재륜(鄭載崙)에게 이르기를,

"광해(光海)의 무도(無道)함이 날로 심하여 하늘이 노하고 백성이 원망하여 부인이나 아이들도 또한 모두 이 나라가 언제 망하느냐는 탄식이 있더니 거의(擧義)하는 날에 이르러 강화(江華)로 내쫓기는데 행색(行色)이 초라하여 보는 자가 비록 아는 것이 없는 천한 종이라도 모두 상심(傷心)하여 눈물을 흘리지 않는 자가 없었습니다. 그런데 이때 훈신(勳臣) 중에는 상심하여 슬퍼하는 자는 적고, 쾌락(快樂)히게 여기는 자는 많았는데 상심하여 슬퍼한 자는 뒤에 모두 어진 사대부(士大夫)가 되었고 쾌락해한 자는 모두 명(命)대로 산 사람이 없었습니다."

했다. 〈동평견문록(東平見聞錄)〉

김충렬(金忠烈)이 소(疏)를 올리다

김충렬(金忠烈)은 홍문관(弘文館)의 서리(書吏)이다. 광해(光海) 때 총희(寵姬) 김상궁(金尚宮)이 권세를 맘대로 부려 인심(人心)이 분하게 여기는 것을 보고 소(疏)를 올리기를,

"혁혁한 주(周)나라를 포사(褒姒)¹⁾가 망쳤다고 하더니 우리 조선의 3백 년 종사(宗社)를 김상궁(金尚宮)이 망치고 있사오니 신(臣)은 전하를 위하여 통곡하나이다."

했다.

이 소(疏)가 정원(政院)에 왔으나 의논이 통일되지 않아서 끝내 물리쳐졌지만, 충렬(忠烈)은 몸이 천한 데에 있으면서도 남이 감히 말하지 못하는 것을 말해서 충직(忠直)한 기상이 지금에 이르기까지 늠름하니, 이는 조종(祖宗)이 말하는 자를 숭장(崇獎)한 효과가 아닌 것이 없다.

충렬(忠烈)은 시율(詩律)을 좀 터득하여 스스로 호를 옥호(玉壺) 또는 설봉(雪峰)이라고 했다. 그 아들 보정(寶鼎)은 액정사약(掖庭司鑰)이 되어 현종(顯宗) 병오(丙午)에 임금을 모시고 온양(溫陽)에 갔고 무과(武科)에 급제했다. 〈동평견문록(東平見聞錄)〉

김상궁(金尚宮)의 천권(擅權)

김상궁(金尚宮)의 이름은 개시(介屎)로 선조(宣祖)의 사랑을 받았는데 사람됨이 흉하고 교활하여 선조(宣祖)가 세자(世子)를 바꿀 마음이 있다는 것을 알고 광해(光海)가 스스로 편안해하지 못하자, 그에게 긴밀히 붙어서 광해가 즉위하자 궁중의 일이 한결같

---

1) 褒姒 : 주(周)나라 유왕(幽王)의 총희(寵姬).

이 그의 손에서 나왔다.

광해(光海)가 어둡고 어리석어서 벼슬을 팔고 죄인을 용서해 주는 뇌물의 길을 열어 놓으니 방백(方伯)과 수령(守令)을 값에 따라서 임명하는데 김상궁(金尙宮)이 붓을 잡고 맘대로 처리하여 광해(光海)는 자유를 얻지 못했다. 이에 여섯 명의 시어(侍御)와 열 명의 소원(昭媛)이 머리를 모아 임명을 빌다가도 김상궁(金尙宮)이 들어오면 흩어져서 나갔다.〈일월록(日月錄)〉

허숙의(許淑儀)는 경(儆)의 딸이요, 윤숙의(尹淑儀)는 현령(縣令) 홍업(弘業)의 딸이요, 홍숙의(洪淑儀)는 군수(郡守) 매(邁)의 딸이요, 권숙의(權淑儀)는 여경(餘慶)의 딸이요, 임숙의(任淑儀)는 부학(副學) 몽정(蒙正)의 딸이요, 정숙의(鄭淑儀)는 지한(之罕)의 누이요, 이상궁(李尙宮)은 어떤 사람인지 모르는데 모두 위권(威權)을 맘대로 부려서 관작과 형옥(刑獄)이 은(銀)의 다소에 따라서 결정되었다.〈동평견문록(東平見聞錄)〉

광해(光海)는 힘이 있는 시녀(侍女)를 뽑아서 날마다 받는 은화(銀貨)를 지고 가게 했는데, 그 사람이 힘이 모자라면 문득 크게 기뻐하여 말하기를,

"이것은 나를 살릴 물건이다."

했으니, 이는 대개 그 뜻이 오랑캐를 두려워하여 만일 침입해 오면 뇌물을 써서 적을 물리치려 했던 것이다. 그러나 날마다 받는 수천금(數千金)을 지고 가는 자가 다만 당일 받은 것만 지고 가고 나머지는 상궁(尙宮)·숙의(淑儀)들이 모두 훔쳐가도 알지 못하기 때문에 궁인(宮人)들이 휴류왕(鵂鶹王)[1]이라고 일컬었다.

이때 한효순(韓孝純)은 인삼을 바치고 정승이 되었고, 이충(李沖)은 잡채(雜菜)를 바치고 호조판서(戶曹判書)에 승진되었는데 사람들이 말하기를,

"산삼각로(山參閣老)가 다투어 잡채상서(雜菜尙書)를 사모한다."

했다. 충(沖)의 서숙(庶叔) 문빈(文賓)도 역시 찬거리를 바치고 여러 번 고을을 얻어 했다.〈청야만록(青野漫錄)〉

즉위한 뒤로 말년(末年)에 이르기까지 민가(民家) 수십 채를 헐

---

1) 鵂鶹 : 수리부엉이.

어 인경궁(仁慶宮)과 경덕궁(慶德宮)을 짓고 또 장차 경복궁(景福宮)을 세우려 하여 백성들을 위협하여 벼슬을 팔아 은이나 금·철(鐵)·소금·나무·돌·집터를 바치면 모두 벼슬을 얻어서 금란자·옥란자가 길에 연속되니 당시 사람들이 이것을 오행당상(五行堂上)이라고 불렀다. 〈청야만록(靑野漫錄)〉

궁노(宮奴)를 동궁농장(東宮農庄)·중전농장(中殿農庄)이라 일컬었다. 권충남(權忠男)·지응곤(池應鯤)·김충보(金忠輔)·왕명회(王命會)·김순(金純)이란 자를 혹은 조도사(調度使)라 일컫고 혹은 차관(差官)이라 일컬어 외방에 흩어 내보내어 고신(告身)[1]을 파는데 갑절로 그 값을 받아서 한편으로는 궁중으로 들여보내고, 한편으로는 권간(權奸)에게로 들여보내고, 한편으로는 사사로이 주머니로 들여보냈다. 이리하여 충남(忠男)은 사천(私賤)으로서 함안군수(咸安郡守)에 임명되고, 충보(忠輔)는 최희남(崔希男)의 반노(叛奴)로서 장기군수(長鬐郡守)가 되고, 변충길(邊忠吉)은 사복시(司僕寺)의 종으로 횡성군수(橫城郡守)에 임명되고, 왕명회(王命會)·이안눌(李安訥)의 종으로 조도사(調度使)가 되었다. 계해(癸亥)에 반정(反正)이 되자 충남(忠男)과 명회(命會) 등은 모두 베임을 당했다. 〈청야만록(靑野漫錄)〉

명(明)나라 도사(都司)가 서울에 와서 시를 짓기를,
"맑은 향기 맛있는 술은 천 사람의 피요, 가늘게 썬 보배로운 음식은 만 사람의 기름일세. 촛불이 떨어질 때 사람 눈물 떨어지고, 노랫소리 높은 곳에 원망 소리 높으네. (淸香旨酒千人血 細切珍羞萬姓膏 燭淚落時人淚落 歌聲高處怨聲高)"
했으니, 이는 대개 광해(光海)의 어지러운 정치에 사람이 고생하는 것을 말한 것이다. 〈청야만록(靑野漫錄)〉

광해(光海) 때의 궁인(宮人)으로서 떠도는 자는 늙기에 이르기까지 모두 다음과 같은 시를 외웠다.
"복숭아꽃 오얏꽃 살구꽃 피니, 남쪽 마을 서쪽 마을 북쪽 마을의 봄일세. 춥지도 않고 덥지도 않은 좋은 시절에, 반은 취하고 반은 깬 일 없는 사람일세. (桃花李花杏花發 南里西里北里春

---

1) 告身 : 임관(任官)의 사령장.

不寒不熱好時節　半醉半醒無事人)"

동평(東平)이 묻기를,

"어떻게 외우느냐?"

했더니 말하기를,

"이것은 광해(光海)가 몹시 좋아하던 시로서 상림(上林)에서 꽃 구경을 할 때면 반드시 여러 계집으로 하여금 읊게 하고 들었기 때문에 오래도록 잊지 않는다."

하고 눈물을 흘려 옷깃을 적셨다. 〈동평견문록(東平見聞錄)〉

광해(光海)의 늙은 궁인(宮人)이 말하기를,

"광해(光海)는 궁중에서 항상 깊은 곳에 몸을 숨기고 사람으로 하여금 찾게 하여 찾지 못하면 기뻐하고 찾으면 기뻐하지 않으니 이는 대개 변이 있을 것을 걱정하여 몸 숨기는 법을 익힌 것이다."

또 항상 백금(白金) 수백 궤를 궁중에 쌓아두고 혹 왕위를 잃으면 중국 조정에 뇌물을 써서 복위(復位)할 것을 구하기 위해서였다. 동평(東平)이 이 말을 늙은 환관(宦官)에게 물었더니 오이공(吳以恭)이 대답하기를,

"진실로 이런 일이 있었다."

고 했다. 〈동평견문록(東平見聞錄)〉

이덕형(李德泂)이 구주(舊主)를
살리기를 원하다

이덕형(李德泂)은 한산(韓山) 사람이니 자는 원백(遠伯)이요 호는 죽천(竹泉)이다.

계해(癸亥)의 반정(反正)하던 날 밤에 입직(入直)한 여러 신하들이 창황(蒼黃)하게 달아나서 각자가 살기를 도모하는데, 그 부산한 속에 연거푸 인조(仁祖)에게 청하기를,

"원컨대 구주(舊主)를 살려주옵소서."

하고 눈물을 흘리면서 목이 메어 목소리를 제대로 이루지 못했다.

그 뒤에 인조(仁祖)가 하교하기를,

"이덕형(李德泂)의 충의(忠義)를 내가 거의(擧義)하던 날 알았노라."

했다. 벼슬이 이상(貳相)에 이르고 시호는 충숙(忠肅)이다. 〈동평견문록(東平見聞錄)〉

석경일(石擎日)이 잘못하여 그 첩(妾)의 붉은 장의(長衣)를 입다

석경일(石擎日)은 화원(花園) 사람이니 자는 성보(誠甫)로서 영남(嶺南)에 살았다. 명종(明宗) 갑자(甲子)에 훈도(訓導)로서 문과(文科)에 급제했다.

성품이 어리석고 곧아서 어려서부터 힘써 배우는데 하루에 글백 자로 한정하고 반드시 천 번을 읽은 다음에야 그만두어서 이렇게 10여 년 만에 사서삼경(四書三經)을 한 글자도 빠짐없이 머리에서 끝까지 관철하여 마음과 눈 속에 다 외우더니 과연 명경과(明經科)에 급제하여 벼슬이 전적(典籍)에 이르고 중학교수(中學敎授)를 겸했다.

어느날 새벽에 그가 타는 말이 달아나거늘 놀라 일어나서 그 첩의 잠옷을 잘못 입고 머리에는 침모(寢帽)를 쓰고서 몸소 말을 쫓아 나가서 중학(中學)으로 달려들어가니 날이 이미 새었다. 이에 나가지도 물러서지도 못한 채 문 밖에서 방황하는데 학리(學吏)가 우연히 보니 곧 석교수(石敎授)였다. 크게 놀라서 말하기를,

"진사(進賜)께서 어찌해서 여기에 오셨습니까? 밝은 날 길가에서 남이 보기에 해괴스러우니 청컨대 제 집으로 피하셨다가 의관이 오기를 기다려서 본댁(本宅)으로 모시고 가겠습니다."

했다.

이때 경일(擎日)은 잠옷에 침모 차림으로 바지도 벗고 맨발이어서 부끄러움을 이기지 못하여 머리를 움츠리고 얼굴을 떨구고

있으니 구경꾼이 모여들어 그를 미친 사람이라고 했다. 학리(學吏)가 의관을 가져와서 집으로 보냈는데 배우는 유생(儒生)들이 이 말을 듣고 그 광경을 그림으로 그려서 한때 전파시켜 웃음거리로 삼았다. 이 때문에 그는 드디어 세상에 쓰이지 못하고 불우하게 지냈다. 〈죽천만록(竹泉謾錄)〉

김시양(金時讓)이 첩(妾)의 아들을 충군(充軍)[1]하고 신포(身布)를 바치게 하다

김시양(金時讓)은 안동(安東) 사람이니 호는 하담(荷潭)이다.

일찍이 명령을 받고 영남(嶺南)을 순찰하는데 한 고을의 수령(守令)이 잘못하여 세금의 기일을 어기자 향소(鄕所)로 잡아다가 형판(刑板)에 결박해 놓고, 궁둥이를 벗기고 장차 장형(杖刑)을 치려 하는데 갑자기 밖에서 한 사람이 뛰어 들어오더니 몸으로 그 사람을 가리는데 보니 그는 곧 하담(荷潭)의 사위요 결박을 당한 사람은 곧 사위의 숙부(叔父)이다.

그러나 하담(荷潭)은 꾸짖기를,

"내 어찌 사위로 인하여 국법(國法)을 폐할 수 있단 말이냐?"

하고 나졸(羅卒)에게 명하여 끌어내고 그대로 매를 때렸으니 공의 사사로운 정리를 돌아다보지 않는 것이 이와 같았다.

시양(時讓)이 종성(鍾城)으로 귀양갔다가 북쪽 기생을 가까이했더니 풀려 돌아올 때 데리고 와서 아들을 낳아 정당한 군대에 소속시키고 해마다 신포(身布)를 바치게 하자 사람들이 말하기를,

"재상의 아들은 법에 군대에 나가는 것이 아닌데 스스로 신포(身布)까지 바치는 것은 무슨 까닭인가?"

하자 하담(荷潭)은 말하기를,

"북쪽 기생이 본토(本土)를 떠나지 못하는 것은 국법(國法)이다.

---

1) 充軍 : 범죄자(犯罪者)에 대한 처벌의 하나로서 군역(軍役)에 충정(充定)하는 것.

내가 법을 어기고 데려다가 또 자식까지 낳았기에 마음으로 항
상 불안히 여겨왔으니 군적(軍籍)에 소속시키고 신포(身布)를 바
치는 것은 내 죄를 면하기 위한 것이다.”

하니 듣는 자들이 탄복했다.

벼슬이 판중추(判中樞)에 이르고 청백리(淸白吏)에 뽑혔으며 시
호는 충익(忠翼)이다.〈동평견문록(東平見聞錄)〉

김치(金緻)가 수성(水姓)을 만나서
화를 면하다

김치(金緻)는 안동(安東) 사람이니, 호는 남봉(南峰)이다. 젊어
서부터 추수(推數)에 정밀하여 신이(神異)한 일이 많았다. 혼조
(昏朝)에 벼슬하여 이이첨(李爾瞻)과 친구 사이여서 홍문관 교리
(弘文館校理)가 되었으나 뒤에 가서 깨닫고 병을 칭탁하여 나가지
않고 용산(龍山)으로 물러가 문을 닫고 자취를 감추고서 사귀어
노는 것을 사절(謝絕)했다.

어느날 모시고 있던 자가 고하기를,

“남산동(南山洞)에 사는 심생(沈生)이 뵙기를 청합니다.”

했다. 공은 병이 있다고 사절해 보냈다가 갑자기 생각하니 평일에
자기의 평생 운수를 보니 마땅히 수성(水姓)의 사람을 얻어야 가
히 화를 면한다고 했으니, 손이 이미 수성(水姓)의 사람이면 한번
만나 보는 것이 무방하다 하고, 종을 시켜 그 사람을 쫓아가서 중
로(中路)에서 청해 왔으니 그는 곧 심기원(沈器遠)이었다.

심생(沈生)이 종을 따라 돌아오니 김공(金公)은 바쁘게 일어나
맞으면서 말하기를,

“노부(老夫)가 인사(人事)를 폐한 지가 오래여서 존객(尊客)이
오신데 예(禮)로 맞지 못했으니 몹시 부끄럽고 송구합니다.”

했다. 손이 말하기를,

“일찍이 뵈온 일도 없는데 일이 있어서 찾아뵙고 청하오니 미안합

니다. 그윽이 듣자오니 장자(長者)께서 추수(推數)에 정통(精通)
하다고 하기에 외람됨을 무릅쓰고 감히 와서 청하는 바입니다."
하고 사주(四柱)를 내보인다. 이에 공은 일일이 추산(推算)하고 나
서 몹시 칭찬하기를,

"부귀가 앞에 당했으니 모름지기 다시 물을 것이 없소."
했다.

심생(沈生)이 또 사주(四柱) 하나를 내놓으면서 말하기를,

"내가 오려는데 어떤 친구가 부탁하는 것을 뿌리칠 수가 없어서
감히 묻는 것이온데, 이 사람은 부귀는 바라지 않고 다만 평생
에 병이 없기를 원할 뿐입니다."
했다. 그러나 사주를 한번 보더니 즉시 사람에게 명하여 자리를
깔고 상을 내다 놓더니 일어나서 의관을 정제하고 무릎을 모두고
말하기를,

"귀한 것을 이루 말할 수 없으니 어찌 공경하지 않겠습니까."
하니, 이는 곧 능양군(綾陽君)의 사주였다.

심생(沈生)이 즉시 돌아가려 하자 공은 말하기를,

"노부(老夫)가 움츠리고 있어서 회사(回謝)할 수가 없으니 청컨
대 존객(尊客)께서는 하룻밤을 머무시어 병든 회포를 위로해 주
시면 어떻겠습니까?"
하고 이야기를 하다가 장차 밤이 깊어 사방을 돌아보아도 사람이
없자 공은 이에 무릎을 마주 대고 말하기를,

"노부(老夫)가 이때에 발자취를 세상에 나타내지 않으려고 일
찍이 병을 칭탁하고 손님을 사양했으나 조정이 오래지 않아 뒤
집힐 것이라, 그대가 와서 물을 것을 내 이미 알고 있었으니 아
예 숨기지 말라."
했다.

이에 심생은 크게 놀라 스스로 생각하기를, 저 사람이 이미 알
고 있으니 숨겨도 유익할 것이 없도다 하고, 이에 사실대로 고하
자 공이 말하기를,

"이 일은 쉽게 이루어질 것이니 만에 하나도 의심하거나 근심할
것이 없소이다. 그러나 장차 어느날 거사(擧事)하려 하시오?"

하자,

"모일(某日)로 정했습니다."

했다. 공은 한참 동안 생각하더니 말하기를,

"이 날도 좋기는 하지만 이러한 큰일은 살파(殺破)의 날을 가려서 해야만 하는 것이오. 노부(老夫)가 마땅히 길일(吉日)를 골라줄 것이니 어떻소?"

했다.

심생이 좋다고 하자 공은 말하기를,

"3월 16일이 대길(大吉)한데 만일 거사(擧事)할 때 비록 고변(告變)하는 사람이 있어도 반드시 해를 입을 일은 없을 것이니 꼭 이 날에 거사를 하시오."

했다. 심생은 크게 이상히 여겨 말하기를,

"만일 그렇다면 공도 역시 우리의 명부에 넣는 것이 좋지 않겠습니까?"

했으나 공은 말하기를,

"이는 내가 원하는 바가 아니고, 다만 일이 이루어진 뒤에 나에게 화가 미치지 않게 하는 것이 내 소원이오."

하자 심(沈)은 쾌히 승낙하고 갔다.

반정(反正)하던 날에 이르러 김치(金緻)의 죄는 용서할 수 없다고 말하는 자가 많았으나 심(沈)이 힘을 다하여 구원했는데 뒤에 계급을 뛰어넘어 영백(嶺伯)이 되었다가 졸(卒)했다.

공이 일찍이 자기의 사주(四柱)를 중원(中原)의 술사(術士)에게 묻자 시(詩) 한 구를 지어 주었는데 말하기를,

"화산(華山)의 소 탄 나그네가 머리에 일지화(一枝花)를 이고 있네. (華山騎牛客 頭戴一枝花)"

했다. 그 뒤에 영남 관찰사(嶺南觀察使)가 되어 안동부(安東府)에 이르렀는데 갑자기 학질에 걸려 두루 이를 물리칠 방법을 물어보니 어떤 사람이 말하기를, 검은 소를 거꾸로 타면 즉시 낫는다 하였다. 이에 그 말에 의해서 길 위를 타고 다니다가 방으로 돌아오니 두통이 심해서 사람을 시켜 머리를 누르게 하고 그 이름을 물었더니 일지화(一枝花)라고 대답했다. 이에 공은 갑자기 중국 사람

의 시를 생각하고 탄식하기를,

"죽고 사는 것이 명(命)이 있구나."

하고 명하여 새 자리를 깔게 하고 베개를 바로하고 졸(卒)했다.

이 날 삼척 태수(三陟太守) 모(某)가 관아(官衙)에 한가로이 앉았는데 갑자기 보니 공이 사람들을 많이 데리고 들어왔다. 놀라서 묻기를,

"공께서 어찌 여기에 오시어 하관(下官)을 찾으십니까?"

하자 공은 웃으면서 말하기를,

"내가 염라대왕(閻羅大王)이 되어 이제 부임길에 오르다가 한 번 그대를 만나보고 청하고자 하는 바가 있으니 그대는 평일의 정의를 생각하여 새로 만들 옷감 한 벌만 빌려줄 수 있겠는가?"

했다. 태수(太守)는 비록 허탄하다는 것을 알면서도 강청(强請)하는 것을 어기기 어려워서 채단(綵緞) 한 필을 내주니, 공은 기뻐하면서 받아 가지고 작별하고 갔다. 이에 태수(太守)는 크게 놀라고 의심하여 사람들을 보내어 알아보니 과연 이 날이 공의 몰(歿)한 날이었다.

구당(久堂) 박장원(朴長遠)은 공의 아들 백곡(栢谷)과 절친한 친구였다. 일찍이 북경(北京)에서 운명(運命)을 점쳐 보았더니 모월(某月) 모일(某日)에 반드시 죽는다 하므로 백곡(栢谷)을 청해다가 편지를 청하기를,

"그대의 편지 한 통을 얻어서 존장(尊丈)께 드리고 싶다."

했다.

그러나 백곡(栢谷)이 주저하고 쓰지 않자, 구당(久堂)은 말하기를,

"그대는 나를 허탄하다고 생각지 말고 나를 위하여 편지를 쓰라."

하고 재삼 간청하자 백곡은 부득이 붓을 잡았다. 이에 구당(久堂)이 입으로 불러 쓰게 하기를,

"저의 친구 박모(朴某)의 수한(壽限)이 장차 모일(某日)로 박두했사오니, 특별히 불쌍히 여기시어 그 수(壽)를 늘려 주시옵소서."

하고 봉투에는 부주전(父主前)이라 쓰고, 편지 속에는 '子某上白

是'라고 썼다.

쓰기를 마치자 구당(久堂)은 방 하나를 깨끗이 소제한 다음 백곡과 함께 앉아서 그 편지를 불태우면서 고하기를,

"이제는 죽음을 면할 것을 알았습니다."

했는데, 과연 그 말과 같이 수십 년이 지난 뒤에 졸(卒)했다.

그런 일이 있은 후로 밤마다 공은 위의(威儀)를 성하게 갖추고 낙동(駱洞) 길을 왕래하면서 혹 옛 친구를 만나면 말에서 내려 회포를 풀더니 어느날 밤에 한 소년이 새벽이 가까워서 낙동(駱洞)을 지나다가 길에서 김공(金公)을 만나 묻기를,

"영감께서는 어데서 오십니까?"

하니 공은 말하기를,

"오늘 밤이 곧 나의 기일(忌日)이어서 가서 흠향하고 오는 길이다."

했고, 그 뒤에 또 한 사람이 길에서 만났는데 공은 말하기를,

"내가 일찍이 남의 강목(綱目)을 빌려다 보고서 미처 돌려주지 못했는데, 몇 째권 몇 째장에 금박(金箔) 종이를 끼어 두었으니 일후에 돌려줄 때 혹 증거가 없어서 의심이 생길지 모르니 모름지기 이 말을 우리 집에 전해 주도록 하라."

하고는 간 곳이 없었다. 이에 그 사람이 그 집에 가서 말을 전하자 백곡(栢谷)이 강목(綱目)을 찾아보고 과연 금박 종이가 있으므로 사람들이 모두 이상히 여겼다.

공이 일찍이 아들 득신(得臣)에게 이르기를,

"너는 반드시 모년(某年) 모월일(某月日)에 횡사(橫死)할 것이니, 그 날 3일 전부터 아무리 급박하고 참기 어려운 일이 있더라도 아예 입을 열지 말라. 만일 말을 하면 큰 화를 면치 못할 것이다."

했다.

득신(得臣)이 그 말을 기억하고 잊지 않더니 나이 80여 세에 이르러 그 날 3일 전에 의관을 정제하고 단정히 중당(中堂)에 앉았는데 제3일에 강한 도둑이 쳐들어와서 가산(家産)을 모두 약탈하고 득신(得臣)을 몹시 호되게 결박하는데, 그 도둑떼 속에는 옛

종이 있었다. 이에 득신은 분하고 노여움을 참지 못하여 졸지에 입을 열어 말하기를,

"네가 감히 이럴 수가 있느냐?"

하자 그 종은 단칼에 쳐죽였다. 〈청구야담(靑邱野談)〉

김천석(金天錫)이 옹주(翁主)의 치마 밑에 숨다

김천석(金天錫)은 연안(延安) 사람이니, 그 조부 제남(悌男)이 서시(西市)에서 극형(極刑)을 받을 때 옛날의 친척이나 문생(門生)들이 화를 두려워하여 감히 시체를 거두는 자가 없는데 달성위(達城尉) 서경주(徐景霄)가 홀로 가서 염습해서 장사지냈다.

이때 천석(天錫)의 나이 겨우 한 돌이 지났는데 그 유모(乳母)가 남몰래 업고 도망하여 달성위(達城尉)의 궁(宮)으로 갔더니 광해(光海)가 이를 알고 궁비(宮婢)를 시켜 그 뒤를 쫓아가서 찾게 했는데 정신옹주(貞愼翁主)가 급히 유아(乳兒)를 치마 밑에 감추고 단정히 앉아서 움직이지 않고 속으로 하늘에 빌기를,

"하늘이 만일 김씨(金氏)로 하여금 혈맥(血脈)이 끊어지지 않게 하려거든 이 아이가 울지 않게 하소서."

하니 아이가 과연 울지 않았다.

궁비(宮婢)들이 두루 궁중(宮中)을 찾았으나 얻지 못해서 옹주(翁主)의 신변(身邊)을 뒤지자 옹주(翁主)는 정색(正色)하고 말하기를,

"너희들이 어찌 감히 이처럼 무례하게 구느냐?"

하자 궁비들은 송구해서 물러갔다. 이에 어린아이를 골방에 감추어 두고 좌우에 명하여 누설하지 못하게 하니 사람들이 아는 자가 없었다.

계해(癸亥)에 반정(反正)하자 비로소 천석(天錫)을 제 집으로 보냈는데 뒤에 벼슬이 광흥수(廣興守)에 이르고 그 자손이 드디어 크게 창성했다. 〈연려실기술(燃藜室記述)〉

《仁祖朝》

이정구(李廷龜)가 변무(卞誣)하는 글을
올려 이름이 천하에 가득하다

　이정구(李廷龜)는 연안(延安) 사람이니 자는 성징(聖徵)이요, 호는 월사(月沙)이다. 선조(宣祖) 을유(乙酉)에 진사가 되고 경인(庚寅)에 문과에 급제했다. 무술(戊戌)에 주청사(奏請使)로 명(明)나라에 가서 변무(卞誣)의 소(疏)를 올려서 이름이 천하에 가득했다.
　부인 권씨(權氏)는 판서(判書) 극지(克智)의 딸로서 덕행(德行)이 있었다. 두 아들 백주(白洲)·현주(玄洲)가 모두 현달(顯達)했고, 집 다스리는 것이 검소하여 화려한 옷을 일찍이 몸에 가까이 하지 않았다.
　이때 정명공주(貞明公主)의 집에 며느리를 맞는데, 임금이 명하여 온 나라의 명부(命婦)들이 모두 잔치에 나가게 했는데, 여러 재상의 부녀(婦女)들이 다투어 화려한 옷차림으로 잔치에 나가 푸른 구슬과 화려한 옷이 사람들의 눈을 어지럽게 했다. 그러나 뒤늦게 교자 하나가 들어오는데 보니 한 늙은 부인이 칡으로 짠 옷과 무명 치마로 몹시 거칠고 좋지 못한 옷으로 장차 마루에 오르자 주인인 공주(公主)가 신을 거꾸로 신고 내려가 맞으니 나이 젊은 몇몇 부인들이 웃지 않는 사람이 없이 모두 놀라고 의아해하였지만 뉘 집 부인인지 몰랐다.
　그러나 공주(公主)가 그를 맞아 상좌(上座)에 앉히고 예(禮)를 갖추기를 매우 공손히 하니 사람들이 더욱 의아해했다. 음식을 다 들고 나자 그 늙은 부인이 먼저 일어나서 돌아가겠다고 인사하자 공주(公主)는 해가 아직 이르다고 만류했다. 그러나 늙은 부인은

말하기를,

　"제 집 대감은 약원도제조(藥院都提調)로 새벽에 대궐에 나갔고, 큰아들은 이조판서(吏曹判書)로 정석(政席)에 나갔고, 둘째아들은 승지(承旨)로 입직(入直)하고 있으니 늙은 몸이 집에 돌아가서 저녁밥을 준비해야 합니다."

하니, 좌중이 크게 놀라서 비로소 그가 월사(月沙)의 부인임을 알았다.

　월사(月沙)가 명(明)나라에 갔을 때 엄주(弇州) 왕세정(王世貞)과 문장의 사귐을 맺었더니, 어느날 가보니 촉군태수(蜀郡太守)가 그 아버지를 위하여 월사(月沙)에게 비문(碑文)을 청했다. 이에 그 글에 말하기를,

　"아비는 충성에 죽고 아들은 효도에 죽었으니 그대의 부자(父子)는 가위 죽을 자리에 죽었도다."

했다.

　그는 이에 크게 기뻐하여 뒤에 예단(禮單)으로 촉금(蜀錦) 1 수레와 황금 백 냥을 보냈으니 중국이 보내주는 물건이 이와 같이 풍성했다. 〈인물고(人物考)〉

이서(李曙)가 지참(地讖)이 되다

　이서(李曙)는 효녕대군(孝寧大君) 자손이니 자는 인숙(寅叔)이요 호는 일봉(日峰)이다. 무과(武科)에 급제하여 장단부사(長湍府使)가 되어 군사를 모집하여 의병을 일으키는데 인조(仁祖)가 친히 연서역(延曙驛)에 나와 맞으니 사람들이 지참(地讖)이라고 했다. 정사 원훈(靖社元勳)에 기록되고 완풍부원군(完豊府院君)에 기록되었다.

　총융사(摠戎使)로서 남한산성(南漢山城) 쌓는 것을 감독하는데 너무 피로가 겹쳐서 수염과 머리털이 모두 세었다. 병자(丙子)에 북문(北門)을 지키다가 갑자기 땅에 쓰러져서 임시 있는 집으로

데려갔는데 사위 채유후(蔡裕後)에게 이르기를,

"내가 눈을 감지 못하는 것은 회계(會稽)의 부끄럼[1] 때문이다."

했다. 시호는 충정(忠定)이다. 〈소대기년(昭代紀年)〉

김류(金瑬)가 벽 위에 말을 그려 붙이다

김류(金瑬)는 순천(順天) 사람이니 자는 관옥(冠玉)이요 호는 북저(北渚)로서 목사(牧使) 여물(汝吻)의 아들이다. 순절(殉節)한 집 아들로서 음사(蔭仕)로 참봉(參奉)이 되고 선조(宣祖) 병신(丙申)에 문과에 급제했다. 계해(癸亥)에 이귀(李貴)·장유(張維) 등과 함께 거의(擧義)하여 인목대비(仁穆大妃)의 명으로 인조반정(仁祖反正)을 성공하여 정사공일등(靖社功一等)에 기록되고 승평부원군(昇平府院君)에 봉해졌으며 대배(大拜)하여 영상(領相)에 이르렀다.

갑자(甲子) 괄(适)의 난에 임금이 공주(公州)로 거둥했는데 유(瑬)는 왕옥(王獄)에 들어가서 칼을 가지고 괄(适)의 체포된 무리를 어지러이 베었다. 병자(丙子)에 체찰사(體察使)가 되고 문형(文衡)을 맡았으며 기사(耆社)에 들어가니 나이 78세였다. 인조(仁祖)의 사당에 배향(配享)되고 시호는 문충(文忠)이다.

선조(宣祖)가 말년에 여러 손자들을 불러 놓고 혹 글씨도 쓰게 하고 혹 그림도 그리게 하는데 인조(仁祖)는 어렸을 때 말을 그렸다. 선조(宣祖)가 그 그림을 백사 이항복(白沙李恒福)에게 주었더니 백사(白沙)가 북쪽으로 귀양갈 때 김류(金瑬)에게 주자, 김류는 이것을 가지고 돌아가 벽 위에 붙여 놓았다.

인조(仁祖)가 잠저(潛邸)에 있을 때 마침 외출했다가 비를 만나서 길가 집에 들어가 비를 피하는데 이윽고 계집종이 나와서 고

---

1) **會稽之恥**: 패전(敗戰)하여 받은 잊을 수 없는 **수치**. 오왕(吳王) 부차(夫差)와 회계산(會稽山)에서 싸우다가 지고 잡혀서 받은 **굴욕을 잊지 않기** 위하여 월왕(越王) 구천(句踐)이 와신상담(臥薪嘗膽)한 끝에 마침내 부차(夫差)와 싸워 이겨서 설치(雪恥)한 고사(故事)에서 나온 말.

하기를,

　"어데서 오신 손님인지 모르지만 비가 오랫동안 그치지 않으니
　청컨대 외사(外舍)로 들어와 앉으시옵소서."

했다. 인조(仁祖)는 이를 사양했으나 계집종이 여러 번 들어가 앉
으라고 청하는데 보니 벽 위에 말그림이 있으므로 익히 보니 이는
그가 어렸을 때 그린 그림이었다. 마음속으로 이를 이상히 여기
더니 이윽고 유(瑬)가 돌아왔으나 처음에는 서로 알지 못하였다.
인조(仁祖)가 비를 피한 연고를 갖추어 말하고, 그 그림이 어디서
온 것이냐고 묻자 유(瑬)는 말하기를,

　"어찌해서 물으시오?"

하니 인조(仁祖)가 말하기를,

　"이는 내가 어렸을 때 그린 그림이오."

했다.

　이때 갑자기 안에서 음식을 정성껏 갖추어 내오니 유(瑬)는 마
음으로 매우 의심하여 뒤에 부인에게 그 까닭을 묻자 대답하기를,

　"어젯밤 꿈에 임금의 행차가 우리 집 문에 왔기로 깨고 나서 이
　상히 여겼는데 오늘 낮에 계집종이 한 관원이 비를 피해서 문에
　들어왔다 하므로 내가 그의 얼굴을 엿보았더니 꿈에 본 사람과
　같기로 힘껏 대접한 것입니다."

했다. 유(瑬)는 이로부터 왕래하기 시작하여 드디어 중흥(中興)의
업(業)을 이루었다. 〈서곽잡기(西郭雜記)〉

　인조(仁祖)가 술자리를 마련하고 조용히 말하기를,

　"저번에 본 벽의 그림은 누구에게서 얻었는가?"

하니 승평(昇平)이 대답하기를,

　"이항복(李恒福)에게서 얻었습니다."

했다. 유(瑬)가 나가자 이공(李公)의 아들 정남(井男)을 찾아 그
그림을 얻은 연유를 묻자 말하기를,

　"이는 곧 선조(宣祖)께서 말년에 선인(先人)을 불러 사사로이 만
　나보시고 여러 왕자(王子)·왕손(王孫)으로 하여금 나와 보게 하
　고, 아울러 서화(書畵)를 내보이시니 선인(先人)께서는 여러 서
　화(書畵)를 두루 보시다가 특별히 이 그림을 가지고 돌아오셨는

데 그것은 곧 말 한 필을 버드나무에 매어놓은 그림이었습니다."

했다. 이에 승평(昇平)은 공이 그림을 전한 것이 뜻하는 바가 있다는 것을 크게 깨달았다. 〈남계집(南溪集)〉

공은 7세에 시를 짓기를,

"군사의 소리가 천지를 움직인다. (軍聲動天地)"

했으니 반정(反正)의 조짐이 이미 보였다. 유(塗)는 유근(柳根)의 사위인데, 근(根)이 대제학(大提學)이 되고 또 임진(壬辰)의 호성공(扈聖功) 2등에 참여하여 진원부원군(晉原府院君)에 봉해졌다.

본래 칭찬하기를 좋아하고 헐뜯는 것을 싫어했는데 일찍이 그 사위의 단문(短文)한 것을 미워하여 항상 말하기를,

"유(塗)는 반드시 역적질을 할 것이다."

하니, 유(塗)는 자기의 반정(反正) 계획이 누설될 것을 두려워 하여 비밀히 그 시(詩)를 두시(杜詩) 밑에 써넣었다.

근(根)이 이것을 유(塗)에게 묻자 말하기를,

"전에는 잘못했으나 지금은 실로 두시(杜詩)만 못지 않습니다."

하니 근(根)은 크게 기뻐하여 여러 사람들에게 두루 칭찬했다. 근(根)은 곧 그 당시의 권간(權奸)의 당(黨)이기에 유(塗)가 드디어 그 계획을 진행시킬 수가 있었다. 근(根)은 신실(信實)한 군자라, 그럴듯한 말로 속인다는 것이 거짓이 아니라는 것을 믿을 수 있겠다. 〈청구야담(靑邱野談)〉

이귀(李貴)를 소마(疏魔)라고 지목하다

이귀(李貴)는 연안(延安) 사람이니 자는 옥여(玉汝)요 호는 묵재(默齋)이다. 선조(宣祖) 무오(戊午)에 생원이 되고 율곡(栗谷)의 문하에서 공부했다. 변무(卞誣)의 소(疏)를 짓는 데는 세상에 그 짝이 없었다.

계묘(癸卯)에 문과에 급제하고 계해(癸亥)에 김류(金塗) 등과 거

의(擧義)하여 정사공(靖社功) 1등에 기록되고 연평부원군(延平府院君)에 봉해졌으며, 벼슬이 찬성(贊成)에 이르고 시호는 충정(忠定)이며, 인조(仁祖)의 사당에 배향되었다. 두 아들 시백(時白)·시방(時昉)과 동시에 책훈(策勳)되었다.

귀(貴)의 딸이 김자점(金自點)의 아우 자겸(自兼)에게 시집갔다가 일찍 과부(寡婦)가 되어 참찬(參贊) 오겸(吳謙)의 아들 언관(彥寬)과 함께 도망해서 거창(居昌)의 석굴(石窟)로 들어갔다가 일이 발각되자 언관(彥寬)은 매맞아 죽었고, 이씨(李氏)는 중이 되어 자수궁(慈壽宮)에 있으면서 김상궁(金尙宮)과 사귀어 모녀(母女)가 되기를 약속하고 일찍이 말하기를,

"아버지와 남편의 형 자점(自點)이 대북(大北)에게 미움을 받는다."

하여 날마다 원통함을 하소연했다.

계축(癸丑) 정월에 한유익(韓惟翊)이 이귀(李貴)·김자점(金自點)의 일을 계청(啓請)하여 화가 장차 멀지 않다고 하자 귀(貴)가 두 아들을 데리고 명령을 기다리면서 자명소(自明疏)를 올리기를,

"이천(伊川)이 음식을 준 것과 곡산(谷山)이 술을 준 것과 장성(長城)이 포목을 상으로 준 것과 숙천(肅川)이 명주를 준 것에 있어서 신(臣)을 낳은 것은 아비요, 신(臣)을 살린 것은 성명(聖明)이니, 이제 악명(惡名)을 입었으니 가마솥의 형벌을 받기를 원합니다."

했다.

이에 김상궁(金尙宮)이 광해(光海)에게 고하기를,

"이평산(李平山 : 貴)은 온 세상이 버린 사람이요 김서방(金書房 : 自點)은 가련한 인생이온데 무슨 권력이 있어서 능히 이상한 계획을 하겠습니까?"

하자 광해는 머리를 끄덕였다.

자점(自點)의 외숙 유대건(兪大建)이 대사간(大司諫)이 되어 힘을 써서 드디어 정계(停啓)하니 광해가 비답을 내리기를,

"서서히 결정지으려 한다."

하니, 이에 제공(諸公)들이 마음놓고 일을 했다.

공은 젊어서부터 강개(慷慨)하여 자주 글을 올려 일을 말하니 사람들이 그를 소마(疏魔)라고 지목했다. 〈일월록(日月錄)〉

홍서봉(洪瑞鳳)이 연꽃을 꺾어 시(詩)로 대답하다

홍서봉(洪瑞鳳)은 남양(南陽) 사람이니 자는 휘세(輝世)요 호는 학곡(鶴谷)이다. 선조(宣祖) 경인(庚寅)에 진사가 되고 갑오(甲午)에 문과에 급제하고 무신(戊申)에 중시(重試)에 급제하여 호당(湖堂)에 들어갔다.

아버지는 천민(天民)이요 조부는 춘경(春卿)이니 모두 호당(湖堂)에 뽑혀서 세상에서 삼세호당(三世湖堂)이라고 일컬었다. 인조(仁祖) 계해(癸亥)에 정사공(靖社功) 3등, 영사공(寧社功) 2등에 기록되어 익녕부원군(益寧府院君)에 봉해지고 대제학(大提學)이 되었다가 대배(大拜)하여 영상(領相)에 이르렀고, 기사(耆社)에 들어가니 나이 74세였고 시호는 문정(文靖)이다.

공이 어렸을 때 여러 아이들과 함께 홍상국(洪相國) 섬(暹)의 집에 가서 놀다가 못 위에서 다투어 연꽃을 꺾자 홍공(洪公)이 노하여 매를 때리려 하자 여러 아이들은 모두 흩어져 달아났으나 공은 홀로 가지 않고 있었다. 이에 홍공(洪公)은 이를 기이히 여겨 불러서 말하기를,

"네가 만일 시를 지으면 내가 매를 때리지 않겠다."

하니, 공은 좋다고 한다.

이에 홍공(洪公)이 추(秋)·유(游)·우(牛)라고 운을 부르자, 공은 이내 대답하기를,

"상공(相公)의 못에 있는 누각이 차기가 가을과 같은데, 동자가 벗을 데리고 달 아래에 놀았네. 승평(昇平)한 큰 사업에 무슨 일을 알랴. 다만 연꽃만 묻고 소는 묻지 않네. (相公池閣冷如秋 童子携朋月下遊 昇平大業知何事 但問蓮花不問牛)"

했다. 홍공이 그를 자리에 앉게 하고 말하기를,

"이 아이가 반드시 내 자리에 앉을 것이다."

했다. 〈조야집요(朝野輯要)〉

윤훤(尹暄)의 죽음은 대개 말이 격한 때문이었다

윤훤(尹暄)은 해평(海平) 사람이니 자는 차야(次野)요 호는 백사 《白沙)이다. 오음(梧陰) 두수(斗壽)의 넷째아들로서 젊어서는 우계(牛溪)의 문하(門下)에서 공부했다. 선조(宣祖) 경진(庚辰)에 진사시(進士試)에 장원급제하고 정유(丁酉)에 문과 제2인에 합격하니 심의겸(沈義謙)이 그 딸을 아내로 주었다.

정묘(丁卯)에 부체찰사(副體察使)로 평안도 관찰사(平安道觀察使)를 겸했는데, 이때 금(金)나라 사람이 많이 침입해 오자 훤(暄)의 부하 병졸이 성 안의 사민(士民)을 몰아 대오(隊伍)를 편성(編成)해 가지고 성을 지키다가 안주(安州)가 패했다는 말을 듣고 모두 놀라서 도망해 흩어졌다. 이에 훤(暄)은 하늘을 우러러 통곡하고 화약(火藥)을 앞에 놓고 타죽으려 하자 여러 장좌(將佐)들이 간하기를,

"체찰사(體察使)는 직책이 한 성을 지키는 데 있지 않고, 또 공이 죽으면 백성들이 어떻게 살겠습니까? 흩어진 군사를 수습하면 적을 막을 수 있을 것이오니 원컨대 공은 친히 가서 쓰다듬어 달래시옵소서."

했다.

훤(暄)이 드디어 나가서 강 위에 흩어져 있는 군사를 달래어 다시 모았으나 끝내 지키지 못하니 대간(臺諫)이 지키지 못한 죄를 바로잡자고 하자 인조(仁祖)는 오랫동안 윤허치 않아서 대계(臺啓)가 장차 중지되려 했다.

이때 마침 정혜옹주(貞惠翁主)가 일이 있어서 대궐에 들어갔는

데 옹주(翁主)는 곧 훤(暄)의 아들 신지(新之)의 부인이요 인조(仁祖)의 고모이다. 그가 훤(暄)의 목숨을 빌자 인조(仁祖)는 말하기를,

"조정의 일은 마땅히 공론(公論)에 맡겨야 할 것인데 내가 어찌 감히 맘대로 하겠소. 고모님이 대궐에 들어온 후에 만일 훤(暄)의 죽음을 용서한다면 사람들이 반드시 내가 사사로운 일을 했다고 할 것이오."

하고, 이튿날 드디어 대계(臺啓)를 윤허했다.

그러니 훤(暄)이 죽은 것은 대개 옹주(翁主)의 말에 격(激)한 것이었다. 〈동평견문록(東平見聞錄)〉

강석기(姜碩期)는 은연중 격옹(擊瓮)의 고사(故事)와 맞았다

강석기(姜碩期)는 금천(衿川) 사람이니 자는 복이(復而)요 호는 월당(月塘)이다. 젊어서 사계(沙溪)의 문하에서 공부했고, 광해(光海) 임자(壬子)에 생원이 되고 병진(丙辰)에 문과에 급제하여 삼사(三司)를 거치고 인조(仁祖)가 장릉(章陵)을 추숭(追崇)할 때 힘써 다투다가 문 밖으로 내쫓기는 벌을 받았으며, 폐모(廢母)의 의논에도 참여하지 않았다.

인조(仁祖) 경진(庚辰)에 우상(右相)에 배하고 계미(癸未)에 졸하니 시호는 문정(文貞)이다. 공이 겨우 7세 때에 여러 아이들과 함께 집 뒤 언덕에 올라갔더니 마침 한 아이가 잘못하여 깊은 웅덩이에 떨어지자 여러 아이들이 모두 놀라서 흩어졌다. 이때 공은 이들을 타일러서 모이게 하여 여러 아이들의 허리띠를 연결하여 그 아이가 이것을 잡고 나오니 사람들이 은연중 독을 깨친 고사(故事)와 같다고 했다.

8세 때에 조모의 상사를 당하여 아버지가 외사(外舍)에서 수제(守制)하고 있는데 밤에 불이 나자, 공은 홀로 상복(喪服)을 가지

고 밖으로 나갔다가 돌아온 뒤에 그 아버지가 그의 뜻을 시험하기 위하여 어찌해서 상복을 가지고 나갔느냐고 묻자 공은 대답하기를,

"상복은 다시 지을 수가 없기 때문에 먼저 구제했습니다."

하니 그 아버지가 놀라고 기뻐했다. 이미 자라자 예학(禮學)에 정통(精通)하여 의례문해(儀禮問解) 한 권이 세상에 전한다. 〈이명한저 시상(李明漢著諡狀)〉

그 딸이 소현세자(昭顯世子)에게 시집가니 그가 강빈(姜嬪)으로서 병술(丙戌)에 사사(賜死)되고 드디어 큰 옥사(獄事)를 이루었다. 인조(仁祖) 정축(丁丑)에 소현세자(昭顯世子)와 봉림(鳳林)·인평(麟坪) 두 대군(大君) 및 빈궁(嬪宮)이 심양(瀋陽)에 인질(人質)로 갔다가 8년 만인 갑신(甲申)에 본국으로 돌아왔다. 이듬해인 을유(乙酉) 4월에 세자(世子)가 붕했는데, 빈궁(嬪宮)이 심양(瀋陽)에 있을 때 비밀히 세자의 자리를 바꿀 계획을 꾸며 미리 꿩의 털로 옷을 만들어 참람되이 내전(內殿)의 칭호라 일컫고, 또 어선(御膳)에 독을 넣었으며 또 노한 목소리로 큰소리를 가까운 곳에서 내고, 또 심양에 있을 때 그 아들을 오랑캐에게 구혼(求婚)하여 군부(君父)를 위협하고, 또 흉한 저주(詛呪)하는 것을 묻었다는 말을 꾸며서 김자점(金自點)과 조귀인(趙貴人)이 안팎에서 모함을 꾸며 빈(嬪)의 형 강문성(姜文星)·문명(文明)·문두(文斗)·문벽(文璧)을 먼 섬으로 귀양보냈다가 이내 잡아다 장형(杖刑)으로 죽였다.

또 금부(禁府)의 나졸(羅卒)과 포졸(捕卒)과 군문(軍門)의 병졸(兵卒)로 하여금 빈(嬪)의 궁(宮)을 포위하고 빈(嬪)을 본가(本家)로 내쫓았다가 병술(丙戌) 3월 15일에 사사(賜死)하여 강산(姜山)에 권도로 장사지내고, 빈(嬪)의 어머니 신씨(申氏)도 역시 장사(杖死)했다.

이때 홍무적(洪茂績)·이경여(李敬輿)·심로(沈魯)가 소를 올려 구원하다가 멀리 귀양갔고, 윤희(尹檀)·조복양(趙復陽)·민응협(閔應協)·이경석(李景奭)·장응일(張應一)·최명길(崔鳴吉)·박안제(朴安悌)·강백년(姜栢年)·엄정구(嚴鼎耉)·조경(趙絅)·이행원

(李行遠)·민응형(閔應亨)·조한영(曺漢英)· 이응기(李應蓍)는 말을 올리거나 소(疏)를 올리다가 혹 내쫓기고 혹 파면당하기도 했으며, 끝내는 강석기(姜碩期)를 추탈(追奪)하는 일까지 있었다.

효종(孝宗) 갑오(甲午)에 이르러 김홍욱(金弘郁)이 황해도 관찰사(黃海道觀察使)로서 구언응지소(求言應旨疏)를 올려 강옥(姜獄)의 억울한 것을 몹시 말하다가 마침내 장사(杖死)당했다. 기해(己亥)에 우암 송시열(尤庵宋時烈)이 복수(復讐)하여 설치(雪恥)할 것과 강빈(姜嬪)의 억울한 일을 신원(伸冤)할 두 가지 일을 가지고 나가 벼슬하여 희정당(熙政堂)에서 독대(獨對)하고 아뢰기를,

"선왕(先王)의 전교에 말씀하시기를, 흉한 물건을 묻고 독을 넣은 것은 필시 이 사람의 소위이다 하셨는데 대체로 이 필시란 두 글자는 분명히 정해진 말이 아니옵니다. 송(宋)나라 고종(高宗)이 莫須有 세 글자로써 악비(岳飛)를 죽여서 천하가 지금까지 원통히 여기는 것이오니, 이제 이 필시라는 두 글자는 무슨 뜻인지 잘 알아야 할 것입니다."

하니 임금이 아무 말도 없었다.

숙종(肅宗) 정유(丁酉)에 이르러 대신(大臣) 김창집(金昌集)·이이명(李頤命)의 아뢴 바에 의해서 이듬해인 무술(戊戌)에 강빈(姜嬪)의 복위(復位)를 명하고 아울러 강석기(姜碩期) 등의 관작(官爵)을 회복시켰다. 〈병정기사(丙丁記事)〉

능원대군(綾原大君)은 능히 한 끝의 포목(布木)도 갖추지 못했다

능원대군(綾原大君) 보(俌)는 원종(元宗)의 둘째아들이요 인조(仁祖)의 아우이다.

집에 한 늙은 계집종이 있는데 이는 원종(元宗)을 섬기던 자였다. 평생에 가슴을 몹시 앓아서 죽을 때까지 고치지 못하고 있었다. 항상 말하기를,

"원종(元宗)이 잠저(潛邸)에 있을 때 새로 과거에 급제한 자가
와서 뵙자 배우(俳優)들에게 한 필의 포목을 주라고 명했으나
궁중에 예비한 것이 없어서 두루 이웃 집에 꾸어 보았으나 역시
얻지 못해서 자연히 늦어지니 원종이 여러 번 이를 재촉했다. 이
에 나는 문 밖에서 서성거리면서 얻어 오기를 오래 기다리다가
겨우 얻어서 비밀히 담 밑 수채로 들여보내서 배우에게 주게
했었다. 그런데 그때 조바심한 것으로 병이 생겨서 지금에 이
르기까지 고생한다."
고 했다.

원종(元宗)이 왕자(王子)의 지극히 존귀(尊貴)한 몸으로서도 오
히려 한 필 포목을 준비하지 못했으나 오히려 탄식하는 일이 없었
는데, 지금의 나이 젊은 공자(公子)의 무리는 미곡(米穀)이나 금
포(金布)가 창고에 가득한데도 오히려 스스로 만족할 줄 모르니 능
히 장릉(章陵 : 元宗)에게 부끄럽지 않은가.

능원군(綾原君)의 집은 음식 솜씨가 좋아서 인조(仁祖)가 일찍
이 복어를 보내어 요리를 만들게 하고 내일 아침에 먹게 하라고
하자, 능원(綾原)은 친히 불을 피우고 그 부인은 요리를 만드는데
밤을 새워 솥을 지키고 잠시도 떠나지 않았으니, 대체로 대궐 안
에 관계되는 일은 크고 작은 일을 의논할 것 없이 예를 지키는 것
이 모두 이와 같았다. 〈동평견문록(東平見聞錄)〉

병자(丙子)에 임금을 모시고 남한(南漢)에 갔는데 울면서 강개
(慷慨)하여 말하기를,

"군신(君臣)과 부자(父子)가 마땅히 각각 충의(忠義)를 다하여
종묘 사직을 위하여 배성 결전(背城決戰)할 것이다."
하니 듣는 자들이 두려워했다. 〈인물고(人物考)〉

금림군(錦林君)은 그 딸을 보내어
나라의 근심을 풀었다

금림군(錦林君) 개윤(豈胤)은 종실(宗室)이다. 효종(孝宗) 경인

(庚寅)에 청(淸)나라 사람이 급히 혼인을 청하자 조정에서는 민간의 여자를 골라서 보내려 했으나 저들이 알까 두려워했다. 이때 개윤(愷胤)이 자청해서 그 딸을 보내어 나라의 근심을 해소시키니 조정에서는 그 딸을 의순공주(義順公主)라 일컫고 시녀(侍女) 12인을 주어 청나라 구왕(九王) 다이곤(多爾袞)에게 보냈다.

이때 원두표(元斗杓)·신익전(申翊全)으로 호행사(護行使)를 삼아 보냈는데 일행이 도착하자 구왕(九王)은 크게 기뻐하여 그로 비(妃)를 삼았더니 그 뒤에 이행진(李行進)이 금림군(錦林君)과 함께 사신이 되어 연경(燕京)에 갔다가 그 여자를 데리고 왔다. 〈국당배어(菊堂俳語)〉

소현세자(昭顯世子) 빈(嬪)을 간택하는데
처자가 풍병(風病)을 앓다

소현세자(昭顯世子)의 휘(諱)는 조(淏)이니 인조(仁祖)의 첫째 아들이다. 세자(世子)를 위하여 빈(嬪)을 고르는데, 한 처자(處子)가 용모가 풍성하여 한번 보면 그가 덕이 있는 사람이라는 것을 알겠으나 앉고 서는 것이 예의가 없고 말하고 웃는 것이 절도가 없으며, 음식을 주면 밥이나 국을 가릴 것 없이 모두 손가락으로 주위다가 먹으니 궁인(宮人)들이 그를 지목하여 미쳤다 하고 임금도 역시 그가 풍병(風病)에 걸렸다 하여 돌보지 않았다.

그러나 뒤에 출가한 뒤에는 몹시 부덕(婦德)이 있자 인조(仁祖)가 그 말을 듣고 탄식하기를,

"내가 그 속임수에 떨어졌도다."

했다. 그때 세자빈(世子嬪)을 고르는 일을 강빈(姜嬪)이 담당하여 드디어 병술(丙戌)의 옥사(獄事)가 있었다.

회저(回姐)란 자는 성(姓)이 최씨(崔氏)이니 중국 산동성(山東省) 청주부(靑州府) 수광현(壽光縣) 사람이다. 같은 현(縣) 사기창

(四基倉)에 사는 수재(秀才) 장구소(張九簫)의 아내가 되었더니 숭정(崇禎) 임오(壬午) 12월 22일에 청나라 사람에게 잡혀서 이듬해 6월에 소현질관(昭顯質舘)에 들어갔다가 을유(乙酉)에 세자(世子)를 따라서 동쪽으로 돌아왔다.

그는 매양 명(明)나라 말년의 재이(災異)에 대하여 이와 같이 말했다. 일찍이 흰 개가 산에서 내려와서 사람처럼 서서 말하기를
"하늘이 어지럽다, 하늘이 어지럽다."
하자 사람들이 이것을 보고 찾았으나 보이지 않았다는 것이다. 또 남자가 사람의 집으로 날아 들어와서 스스로 일컫기를 선인(仙人)이라 하고 차(茶)를 찾아 마시고서 이내 다시 날아갔는데 그 나는 것이 비록 능히 놀란 오리처럼 빠르지는 못하나 닭보다는 빨랐으며, 머리털은 세 가닥으로 땋았는데 회저(回姐)가 직접 보았다고 한다.

회저(回姐)의 아비는 운보(雲溥)이니 홍통(紅通)의 지현(知縣)이 되었다가 집에 돌아가서 저(姐)가 비로소 났기 때문에 이름을 회저(回姐)라 했으니 곧 천계(天啓) 을축(乙丑) 11월 17일이었다. 조부는 명길(鳴吉)이요, 외조(外祖)는 지명산(支命山)이요, 구소(九簫)의 아비 이름은 수사(洙泗)이다. 적자(嫡子) 3인이 있는데 구소(九簫)는 그 막내이다.

회저(回姐)는 그림을 잘 그리고 수를 잘 놓고 사람됨이 명투(明透)하여 해득하지 못하는 일이 없으니 우리 나라 사람이 미치지 못할 바가 많았다. 또 유저(柔姐)·긴저(緊姐)가 있는데 모두 갑신(甲申)에 연도(燕都)가 패할 때 회저(回姐)와 함께 한때에 동쪽으로 갔다. 긴저(緊姐)는 명(明)나라 조정의 재상 후처(後妻)로서 얼굴이 곱고 빼어났으며, 화장을 잘해서 사족(士族)의 풍미(風味)가 있었으나 정해(丁亥)에 죽었고, 유저(柔姐)는 다만 수놓는 것에만 능했는데 경신(庚申)에 죽어서 유언(遺言)에 의하여 화장(火葬)했다. 여러 저(姐)는 모두 궁중에 있었으나 글을 알지 못하여 그 성명과 관적(貫籍)을 무슨 글자로 쓰는지 알지 못해서 다만 그 입으로 말하는 것에 의해 방음(方音)으로 기록했다.

회저(回姐)는 을유(乙酉)에 죽으니 나이 81세였다. 양주(楊州)

향화촌(香花村)에 장사지냈다. 굴저(屈姐)란 자는 중국 소주부(蘇
州府) 소주현(蘇州縣) 사람이니 명나라 궁녀(宮女)이다. 연도(燕
都)가 패했을 때 우리 동쪽으로 와서 항상 말하기를,

"명나라 말년에 기강(紀綱)이 크게 무너지고 뇌물이 크게 행해
져서 여자가 재주가 있고 얼굴이 고우면 모두 고을 수령(守令)
에게 빼앗겨서 권귀(權貴)에게 바치거나 혹은 저들이 차지했으
므로 그 어미가 딸을 낳으면 문득 죽여버리니, 그가 처음 났을
때 그 외조(外祖)가 마침 왔다가 데려다 길러서 죽지 않을 수
있었다."

했다.

저(姐)가 소주(蘇州)에 있을 때 한 마을이 모두 같은 성(姓)이
었는데 궁인(宮人)의 반늠기(頒廩記)에 성자(姓字)를 쓰기를 글자
머리를 척자(尺字)의 모양과 같이 하고 그 음(音)은 규(圭)라고 하
니, 우리 나라 사람들이 그 말에 의해서 방음(方音)과 서로 가까
운 것으로 규저(圭姐)라 부르면서 무슨 글자인지 알지 못하고 다
만 그 말만 기록하여 연도(燕都)에 가는 역관(譯官)으로 하여금
중국 사람에게 물어 보았더니 굴씨(屈氏)라고 했다.

저(姐)가 몰(歿)하자 묘지문(墓誌文)이 있었는데 쓰기를,

"황명궁인조선국상기소주굴씨묘(皇明宮人朝鮮國尙記蘇州屈氏墓)"
라 했고, 묘지(墓誌)의 서문(叙文)에 다음과 같이 썼다.

"저(姐)의 성은 굴씨(屈氏)이니 중국 소주부(蘇州府) 소주현(蘇
州縣) 사람이다. 7세에 뽑혀서 궁(宮)에 들어와서 효순유태후(孝
純劉太后)를 모셨는데 태후(太后)는 곧 회종황제(懷宗皇帝)의 생
모(生母)이다. 숭정(崇禎) 갑신(甲申) 3월에 마적이 황성(皇城)
을 함락하더니 이윽고 청나라 사람들이 들어와서 마적을 멸하고
그곳을 점령하여 도읍으로 삼았다.

이때 우리 소현세자(昭顯世子)가 인질(人質)로 심양(瀋陽)에 가
있었는데 청나라 사람이 저(姐)를 세자관(世子舘)에 보내어 드디
어 사랑을 받았으니 이때 나이가 22세였다. 이 해 10월에 세자
빈(世子嬪)이 우리 선고(先考) 경안군부군(慶安君府君)을 질관(質
舘)에서 낳자, 저(姐)는 힘써 부지런히 돌보았고 을유(乙酉)에

세자가 돌아오자 저(姐)도 따라왔다. 4월에 세자가 졸(卒)하자
저(姐)는 궁중에 머물러 있어 장렬왕후(莊烈王后)를 섬겨 여러 번
벼슬을 받아 상기(尙記)에 이르렀으니 곧 여관(女官)의 종육품
(從六品)이다. 왕후(王后)가 훙(薨)하자 저(姐)는 나와서 내 집
에 거처하면서 내 자녀를 보호하기를 몹시 부지런히 했다.

병자(丙子) 겨울에 내가 명령을 받고 연경(燕京)에 갔다가 정
축(丁丑)에 돌아왔는데, 저(姐)가 원일(元日)에 몰(歿)하자 임
금이 관(棺)과 기물(器物)을 하사하여 선고(先考)의 장산(葬山)
안에 장사지냈으니 곧 경기도(京畿道) 고양군(高陽郡) 대자동(大
慈洞)이다. 정축(丁丑) 단양일(端陽日)에 흥록대부 종친부 임창
군 겸 오위도총 부도총관(興祿大夫宗親府臨昌君兼五衛都摠府都摠
管) 곤(焜)은 쓴다."〈동평견문록(東平見聞錄)〉

인평대군(麟坪大君)에게 관비(官婢)가
천침(薦枕)하다

인평대군(麟坪大君) 요(㴭)는 인조(仁祖)의 셋째아들이다. 일찍
이 사신이 되어 연경(燕京)에 갔는데 증산(甑山)의 관비(官婢)가
객관(客舘)에서 천침(薦枕)한 자가 있어서 그 달 초하루로부터 월
경(月經)이 없자 아들을 낳기에 이르러 그 어미가 대군(大君)의 아
들이라고 하여 대군(大君)이 데려다가 집에서 길렀다.

이때 효종(孝宗)이 하교하기를,

"비록 종이나 천한 지아비라도 집의 짐승이 난 것이 아니면 오
히려 제 자식이라고 인정하지 않는데 왕실(王室)의 지친(至親)의
집에 어찌 이런 일이 있단 말인가. 비록 자식이라 해도 내 집의
선원록(璿源錄)은 더럽히지 말라."

했다. 이에 대군(大君)이 황공하고 두려워하여 즉시 그 본토(本
土)로 돌려보내고 그 길로 끊어버렸다. 뒤에 과연 진짜 아비가
있었으니 지금의 김가(金哥) 성이라고 한다.〈동평견문록(東平見

聞錄)〉

대군(大君)이 난 지 3세에 사냥꾼이 산 꿩을 잡은 것을 보고 급히 명령하여 놓아주라고 하고, 5세에 거지 아이가 울면서 문 앞으로 지나가는 소리를 듣고 불쌍히 여겨 옷을 주고 먹을 것을 먹였다. 임금이 옥연(玉硯)을 하사한 것을 모시고 있던 자가 잘못하여 깨쳤는데 대군은 자기의 잘못이라고 했으니 그 어질고 남을 용서하는 것이 이와 같았다.

심양(瀋陽)에 들어간 것이 세 번이요, 연경(燕京)에 사신간 것이 아홉 번인데 수백 리 밖의 시골에 사는 관비(官婢) 한 사람이 갑자기 미쳐서 길을 재촉하여 와서 비밀히 높은 담을 넘어 바로 대군(大君)의 사당 중문(中門) 안에 들어가 큰 소리로 울었다. 집 사람들이 가보니 그 여인은 옷을 벗어서 문 밖 나뭇가지에 걸고 뜰 위에 앉아서 사당을 엿보면서 몹시 슬프게 울고 있었다.

이에 인평(麟坪)의 아들 정(楨)과 염(枏)이 이 소리를 듣고 와 보고 결박하려 하자 그 여자는 정색(正色)하고 말하기를,

"나는 대군(大君)의 부인 오씨(吳氏)이니 곧 너의 어미이다. 너희들의 살 길을 지시하려 하는데 어찌 나를 결박한단 말이냐?"

했다.

정(楨)과 염(枏)이 말하기를,

"그게 무슨 말이냐?"

하고 쫓아내게 했더니 이튿날 어데서 왔는지 알 수 없으나 또 사당 앞에 앉아서 울기를,

"나는 네 어미인데, 조정에서 바야흐로 너희를 베일 계획을 하건만 너희들은 이것을 알지 못하는도다. 내가 일찍이 열성(列聖) 및 하늘에 계신 효종(孝宗)의 영혼에게 청하여 그 화를 면하도록 빌었더니 효묘(孝廟)께서 이르기를, 일이 이미 완성되었으므로 구제할 수가 없다고 하기 때문에 내가 황황히 와서 말하는 것이다."

하고 말을 마치자 또 울고, 울기를 마치면 또 말하여 소리가 입에서 끊어지지 않았다. 담 위에 걸터앉아서 형벌을 받는 시늉을 하면서 말하기를,

"너희들이 오래지 않아 장차 이러한 형벌을 당할 것이니 어찌하
랴."
하고 말을 마치자 울면서 땅에 쓰러졌다.

정(楨)과 염(柟)이 이 말을 듣고 또 쫓아내게 했더니, 그 후 수
일에 염(柟)은 정원로(鄭元老)의 고변(告變)에 의해서 죽음을 당하
고, 정(楨)은 사약(賜藥)을 먹고 죽었으며 아우와 조카들도 모두
귀양갔다. 그 뒤에 그 종이 완인(完人)이 되어서 병이 없을 때와
같았는데 그날의 일을 물으면 모두 모른다고 했다 한다.〈청구야
담(靑邱野談)〉

이시백(李時白)이 비단자리를 버리고
부들자리를 깔았다

이시백(李時白)은 연평부원군(延平府院君) 귀(貴)의 아들로서 자
는 돈시(敦詩)요 호는 조암(釣巖)이다.

인조(仁祖) 반정(反正) 때에 대장(大將) 이흥립(李興立)이 많은
군사를 거느리고 대궐 안에 있으므로 제공(諸公)이 이를 근심하니
그 사위 장신(張紳)을 시켜서 달래게 했다. 흥립(興立)은 말하
기를,

"이시백(李時白)도 또한 같이 계획했느냐?"
하자 신(紳)이 말하기를,

"그렇다."
하니, 흥립(興立)이 말하기를,

"그렇다면 이것은 의거(義擧)이니 반드시 성공할 것이다."
하고 드디어 허락했으니 남에게 믿음을 보인 것이 이와 같았다.
정사공(靖社功)으로 연양부원군(延陽府院君)에 봉해졌다.

소현세자(昭顯世子)가 졸(卒)하고 원손(元孫)이 어리므로 임금이
효종(孝宗)을 세워 세자(世子)로 삼으려 하여 여러 신하들에게 물
었을 때 시백(時白)은 이경여(李敬輿)와 함께 홀로 세손(世孫)을

세자로 세울 의논을 주장했다. 효종(孝宗) 경인(庚寅)에 대배(大拜)하여 영상(領相)에 이르렀다.

집에 이름 있는 꽃이 있었는데 어느날 어떤 사람이 내지(內旨)라 일컫고 장차 옮겨 가려 하자 시백(時白)은 손으로 그 꽃나무를 꺾으며 눈물을 흘리면서 말하기를,

"방금 나라 형세가 누란(累卵)과 같은데 상께서 무슨 마음으로 이런 것을 좋아하시는가?"

했다. 〈인물고(人物考)〉

공은 대(代)마다 맑고 검소한 것을 지키더니 어느날 그 부인이 자기 처소에 비단 방석을 깐 것을 보고 크게 놀라서 부들자리를 뜰 아래에 깔도록 명하고 부인을 청하여 같이 앉아서 말하기를,

"이것이 내가 옛날에 깔던 것이오. 그 동안 풍운(風雲)을 겪다가 외람되이 공경(公卿)의 자리에 오르자 두려워하고 위태롭게 여겨 언제 자빠지고 기울어질지 몰라하는데, 어찌 사치스럽게 지낸단 말이오. 이 부들자리도 오히려 불안한데 하물며 비단자리를 깐단 말이오?"

하고 준절하게 책망하니 부인은 부끄러워하면서 사과하고 즉시 걷어서 버렸다. 〈동평견문록(東平見聞錄)〉

계해(癸亥)에 반정(反正)의 의논이 비밀히 나왔을 때 오리(梧里) 이원익(李元翼)이 여주(驪州)에 귀양가 있었는데 공이 아버지의 명령으로 가서 오리(梧里)의 의견을 물어보게 되었다. 인사를 마치고 저녁밥을 먹은 뒤에 오리(梧里)는 공의 온 뜻을 알고 잠깐 자리를 피했다. 그 동안에 공은 주인이 쓰는 문방구(文房具)와 요강·타구 등 물건을 모두 자리를 옮겨 놓았다. 조금 후에 오리가 돌아와서 이것을 보더니 잠잠히 아무 말도 하지 않았다. 이에 공은 그의 뜻을 짐작하고 드디어 반정(反正)의 의논을 결정했다.

이시방(李時昉)이 음식을 깨끗이 해서
광해(光海)에게 바치다

이시방(李時昉)은 시백(時白)의 아우이니 자는 계명(季明)이다. 인조(仁祖) 계해(癸亥)의 정사(靖社) 때 그 아버지 귀(貴)는 1등 원훈(元勳)에 기록되고 공은 형 시백(時白)과 함께 2등훈에 기록 되어서 3부자가 같은 날 봉군(封君)되었다.

정묘(丁卯)의 호란 때 임금이 장차 강도(江都)로 거동할 때 시 방(時昉)으로 순검사(巡檢使)를 삼아서 먼저 가서 군사(軍事)를 정 제(整齊)하도록 하였다. 수상(首相) 김하(金下)가 체찰사(體察使) 로 왔다가 군문(軍門)에 들어가지 못해서 몹시 노여워하였다. 이에 시방(時昉)이 말하기를,

"스스로 장수의 약속이 있으니 비록 대가(大駕)가 이르러도 반 드시 부신(符信)이 와야 문을 연다."

하여 체찰사는 끝내 들어가지 못했다. 〈인물고(人物考)〉

제주목(濟州牧)이 되었을 때 광해(光海)가 먼저 귀양가 있었다. 이에 주방 사람에게 신칙해서 음식을 깨끗이 만들게 하여 바쳤 다. 광해(光海)가 음식이 전보다 다른 것을 보고 기뻐하여 말하기 를,

"이는 반드시 나에게 은혜를 받은 자일 것이다."

했다. 이때 따라가 있던 늙은 궁인(宮人)이 말하기를,

"아닙니다."

했다.

광해가 말하기를,

"네가 어떻게 아느냐?"

하자 궁인은 말하기를,

"전에 신하들을 올려 쓰거나 내쫓을 때 한결같이 궁인들의 말에 따르셨으니, 이 수령이 만일 잘못된 길로 은혜를 받은 자라면 반

드시 옛 임금을 박대해서 전일의 비밀된 혼적을 은폐할 것이오
니 어찌 감히 이렇게 정성을 다하겠습니까?"
했다. 그 뒤에 광해가 시방(時昉)이 올린 음식이라는 것을 알고
눈물을 흘리고 머리를 수그리고 그 궁인 보기를 부끄러워했다.
　신사(辛巳) 7월에 광해가 몰(歿)하자 바닷길이 험하고 멀어 임
금께 아뢰기가 어렵자 시방(時昉)은 섬 속의 여러 관원을 데리고
소복(素服)을 입고 들어가서 친히 염습(殮襲)하고 후하게 일을 처
리하여 결점이 없게 했다. 이때 대간(臺諫)이 맘대로 행한 죄를
청했으나 당시 의논들이 모두 처변(處變)을 잘했다고 했다. 시호
는 충정(忠靖)이요 연성군(延城君)에 봉해졌다.〈동평견문록(東平
見聞錄)〉

원두표(元斗杓)가 오리(梧里)를 가뵙고
밤에 헛소리를 하다

　원두표(元斗杓)는 원주(原州) 사람이니 자는 자건(子建)이요 호
는 탄수(灘叟)이다. 인조(仁祖) 계해(癸亥)에 정사훈(靖社勳) 2등
에 책록(策錄)되고 원평부원군(原平府院君)에 봉해졌다.
　갑자(甲子) 괄(适)의 난리에 임금이 장차 남쪽 공주(公州)로 거
둥하려 하여 묻기를,
　"한강(漢江)에 배가 있느냐?"
하니 이때는 나룻길이 이미 끊어진 때였다. 그러나 두표(斗杓)는
여러 사람들의 마음이 동요될까 두려워하여 대답하기를,
　"밤이 캄캄하여 아무도 없습니다."
하고 사람을 시켜서 마을집에 불을 놓고 높은 곳에 올라가 배 수
십 척을 불러 모아서 건너게 했다.
　임금은 일찍이 재물을 탐한 관리를 의논하는데 말씨가 몹시 사
납자 두표(斗杓)가 나와서 말하기를,
　"임금은 소리가 음률(音律)이 되고 몸이 법도가 되는 것이오니

비록 노여운 일이 있어도 크게 소리를 내거나 성난 얼굴빛을 나
타내는 것은 마땅치 않습니다."
하니 임금이 깊이 사례했다. 〈인물고(人物考)〉

공이 처음에 계해(癸亥)의 반정(反正) 계획을 듣고 앙덕리(仰德
里)로 오리 이공(梧里李公)을 가뵈었는데, 이때 이공(李公)은 겸
손하게 야(野)에 묻혀 있어서 만나주지 않자 공은 힘써 청해서 비
로소 들어가 뵙고 곁에서 자게 되었다. 이때 공은 스스로 말하기
를,

"잠버릇이 고약하여 항상 미친 헛소리를 합니다."
하고 자다가 잠꼬대처럼 말하기를,

"임금의 덕이 날로 어둡고 천명(天命)과 인심이 모두 능양군(綾
陽君)에게 돌아갔다."
고 하여 이렇게 세 번 거듭했으나 이공(李公)은 듣고도 못 들은 척
했다.

원상(元相)이 일찍 일어나서 말하기를,

"어젯밤에 필경 잠꼬대를 했을 것입니다."
하고 돌아가겠다고 작별하자 이공(李公)은 말하기를,

"다시는 딴 곳에 가서 그런 말을 하지 말라."
했다. 이렇게 하여 이공(李公)은 원상(元相)의 말로 인해서 이미
반정(反正)의 일이 있을 것을 알고 특별히 권하거나 막는 일이 없
었다. 〈송자대전(宋子大全)〉

효종(孝宗) 병신(丙申)에 대배(大拜)하여 좌상(左相)에 이르고,
시호는 충익(忠翼)이다.

김예봉(金禮奉)이 말을 길들여 주인을 구하다

김예봉(金禮奉)은 경평군(慶平君)의 궁노(宮奴)이다. 능히 말을
길들여서 팔아가지고 이익을 얻어서 살았다.

인조(仁祖) 병자(丙子) 겨울에 말 한 필을 전창위(全昌尉) 유공

정량(柳公廷亮)의 집에 팔아 많은 값을 받았더니 열흘이 못되어 호란(胡亂)이 있다는 소식을 듣고 예봉(禮奉)은 먼저 받은 말값을 가지고 유공(柳公)에게 가서 말을 돌려달라고 청하기를,

"우리 주인이 장차 난리를 피해야겠는데 타고갈 말이 없어서 이 말로 모시고 가려 하오니 값을 더하더라도 그 말을 돌려 주시기를 원합니다."

했다.

이에 유공(柳公)은 그의 노주(奴主)의 분의(分議)를 아는 것을 기특하게 여겨 급히 돌려주었다. 예봉(禮奉)은 과연 그 말로 경평(慶平)을 모시고 고삐를 잡고 앞서거니 뒤서거니 하여 능히 난리를 면하고 돌아오니 그 당시의 의논들이 모두 그의 충성을 칭찬하고 더욱이 유공(柳公)의 아름다움을 일컬었다. 예봉(禮奉)은 그 노고로 인해서 면천(免賤)되어 뒤에 무과(武科)에 올랐다고 한다. 〈동평견문록(東平見聞錄)〉

윤후길(尹厚吉)이 이(利)를 구하다가 형(刑)을 받다

윤후길(尹厚吉)은 천예(賤隷)이다. 일찍이 사헌부(司憲府)의 나장(邏長)이 되었다가 죄를 지어 내쫓겼다. 뒤에 정부(政府)의 겸종(傔從)이 되었는데 항상 더울 때면 두 다리를 드러내는데 흉터가 엉겨 있고 뼈가 부서졌다가 다시 이어져 있었다. 동평위(東平尉)가 어렸을 때 그 까닭을 물었더니 후길(厚吉)은 말하기를,

"전에 나장(邏長)이 되었을 때 헌부(憲府)의 관원이 한 죄인을 체포해 오라고 했는데, 그 죄인이 백금(白金) 30냥(兩)을 뇌물로 주기에 나는 그것을 보고 욕심이 나서 드디어 그 죄인과 함께 도망하면서 비록 나장의 자리는 잃더라도 이 돈을 얻으면 따뜻하고 배부르게 평생을 살 수 있으리라고 생각했다. 그러나 헌부(憲府)의 관원이 기어코 찾아내어 마침내 체포되어 엄하게

신문하고 형벌을 지독하게 하여 거의 죽었다가 두어 달 만에 비로소 깨어났는데, 그때 받은 30냥의 돈은 모두 약값과 치료하는 비용으로 다 쓰고 병은 나았지만 집은 한갓 벽만 남았다. 그러니 끝내 터럭만큼도 이(利)가 되는 것은 없고 얻은 것은 다만 형벌뿐이었다."

하고 계속해서 매맞은 형벌 흔적을 보이면서 말하기를,

"사람의 마음 가짐이 한번 그 바른 것을 잃으면 이익을 구하다가 해를 얻어서 이와 같은 데에 이르게 된다."

고 했다. 〈동평견문록(東平見聞錄)〉

조막동(趙莫同)이 주식(酒食)을 마련해서 관원(官員)에게 바쳤다

조막동(趙莫同)은 천예(賤隷)이다. 관청 밥을 먹고 그 몸을 마쳤다.

일찍이 말하기를,

"젊었을 때 오부(五部)의 사령(使令)이 되었을 때 부관(部官)이 길 닦는 것을 감독나왔을 때는 반드시 따라가서 이웃에 사는 사람들에게서 주식(酒食)을 빼앗아 맘대로 취하고 배부르게 먹고 그 나머지는 두었다가 해가 늦기를 기다려 관원이 배가 고플 때에 내다 주면서 말하기를, '마침 음식이 좀 있기에 감히 한번 맛보시라고 가져왔습니다.' 하면 크게 기뻐하여 다 먹지 않는 자가 없었다. 그런 후로는 내가 비록 맘대로 하고 법을 어기는 일이 있어도 감히 책망하는 부관(部官)이 없고, 그 중에 내가 주는 음식을 먹지 않은 자는 수십 년 동안에 겨우 하나나 둘이 있었다."

하고 또 말하기를,

"관청에 있으려면 반드시 먼저 자기 몸을 다스린 뒤에라야 능히 아랫사람을 다스리는 것이니 저들이 진실로 빙옥(氷玉)과 같다면 우리들이 어떻게 감히 백성들을 해롭게 할 수 있겠는가. 나에게 주식(酒食)을 준 자는 모두 곡경(曲逕)으로 벼슬을 얻은 자들이다."

했다. 〈동평견문록(東平見聞錄)〉

이유필(李幼弼)은 첩(妾)이 부모보다 소중하다고 논하다

이유필(李幼弼)은 지관(地官)으로 벼슬이 장원서 별제(掌苑署別提)에 이르렀다.

일찍이 사람에게 말하기를,

"부모와 첩이 누가 소중한가?"

하니 듣는 자가 무슨 말인지 알아듣지 못했다. 이에 유필(幼弼)이 다시 말하기를,

"사대부(士大夫)들이 첩을 사는 데는 백금(百金)을 쓰지만 그 부모를 장사지내는 땅에 있어서는 반드시 그대로 빼앗아서 쓰고 묘사(墓舍)를 짓는 데도 역시 그대로 빼앗아서 지으니, 내가 보기에는 소중한 것은 첩에게 있고 부모에게 있지 않다."

했다.

이는 유필(幼弼)이 반드시 눈으로 보고 마음으로 그르게 여긴 것이 있었기에 이런 말을 한 것이니 그 사대부(士大夫)를 업신여긴 것이 이와 같았다. 〈동평견문록(東平見聞錄)〉

정후계(鄭後啓)는 최유태(崔有泰)의 상(相)을 잘 보았다

정후계(鄭後啓)는 의술(醫術)로 임금의 사랑을 받고 또 복서(卜

笈)와 상인(相人) 등의 잡기(雜技)에도 능통했으며, 바야흐로 내국
(內局)의 수의(首醫)가 되어 의관(醫官)을 내쫓고 올려쓰는 권리를
갖고 있었다.

이때 침의(針醫) 최유태(崔有泰)가 나이는 어린데 재주를 믿고
후계(後啓)에게 공손치 못하게 굴었다. 후계(後啓)는 이를 미워하
여 반드시 죽이고자 백 가지 계교로 모해(謀害)하니 사람들이 모
두 유태(有泰)를 위하여 두려워했다.

그러나 얼마 되지 않아서 후계(後啓)는 먼저 일과는 반대로 그
를 천거하고 찬양하기에 힘썼다. 이에 사람들이 그 까닭을 묻자
후계는 말하기를,

"그 재주를 겪어 보니 딴 의원의 비교가 아니요, 그 용모를 보
고 그 운명을 점쳐 보니 귀(貴)해서 하늘이 내린 운명이 있으니
한 후계가 어찌 능히 죽일 수 있겠는가? 차라리 잘 대우하는
것만 못하다."

하니 사람들이 말하기를, 후계가 능히 이치에 통달했다고 했
다.

뒤에 유태(有泰)가 일품(一品)의 계급에 올라 지중추(知中樞)에
임명되었고 여러 번 수령(守令)을 겪어서 나라의 명의(名醫)가 되
었는데 마음으로 후계가 먼저 안 것을 탄복하여 매양 그 일을 사
람들에게 말했다. 〈동평견문록(東平見聞錄)〉

정효준(鄭孝俊)이 자의부인(紫衣夫人)을 꿈꾸다

정효준(鄭孝俊)은 해주(海州) 사람이니 자는 효우(孝友)요, 늦게
진사(進士)가 되었다.

이때 흉당(凶黨)이 모후(母后)를 폐할 것을 계획하자 효준(孝
俊)은 어몽렴(魚夢濂)·정택뢰(鄭澤雷) 등과 함께 소(疏)를 올려
힘써 간했다. 또 박안제(朴安悌) 등 여러 사람들과 함께 성균관
(成均舘)에 들어가서 흉론(凶論)을 하는 자를 내쫓고 계속해서 소

(疏)를 올려 이이첨(李爾瞻)을 귀양보내라고 청하였다. 이에 이첨(爾瞻)이 그 성명을 벽에 써놓고 무서운 화를 입히고자 했다. 이에 효준(孝俊)은 북관(北關)으로 나가 놀아서 이를 피하여 낙척(落拓)하고 곤궁하게 지냈다. 아들을 비록 늦게 얻었으나 사랑으로 해서 가르침을 폐하지 않았다.

이리하여 네 아들과 한 손자가 계속해서 문과에 급제하여 모두 맑은 벼슬에 오르니 진신(縉紳)이 모두 탄복했다. 임인(壬寅)에 막내아들이 또 과거에 급제하자 김수항(金壽恒)이 여러 대신(大臣)들과 함께 합사(合辭)하여 임금에게 아뢰기를,

"국조(國朝)에 다섯 아들이 과거에 급제한 자는 고금에 드문 일입니다. 동지돈령(同知敦寧) 정효준(鄭孝俊)은 늙은 신하로서 순후하고 깊은 교훈이 있어서 아들 필선(弼善) 식(植), 승지(承旨) 익(楫), 사간(司諫) 석(晳), 장령(掌令) 박(樸), 신급제(新及第) 적(積)이 모두 문과에 올라서 한때 사람으로 하여금 눈을 씻게 하고 있사오니 마땅히 특전(特典)을 내려야 합니다."

했다.

이때 익(楫)과 석(晳)이 모두 입시(入侍)하고 있어 임금이 익(楫)을 돌아다보고 그 아비의 나이를 묻자 익(楫)은 대답하기를,

"신(臣)의 아비의 나이는 지금 87세입니다."

하니 임금은 아름답게 여겨 한참 동안 탄식하다가 명하여 한 계급을 뛰어 승진시켜 해풍군(海豊君)에 습봉(襲封)시키고, 지사(知事)의 벼슬을 주었다. 현종(顯宗) 을사(乙巳)에 졸(卒)하니 나이 89세였다. 시호는 제순(齊順)이다. 〈인물고(人物考)〉

효준(孝俊)이 아직 장가들기 전에 꿈에 어떤 사람이 데리고 한 곳에 가더니 자줏빛 옷을 입은 부인을 가리키면서 말하기를,

"이 사람이 너의 아내가 될 것이니 마땅히 네 집을 복되게 해줄 것이다."

했다. 효준이 깨어서 마음속으로 이상히 여겼는데, 이미 세 번이나 상처(喪妻)를 했고 모두 자식이 없었다.

이때 나이 47세로서 이병사(李兵使) 진경(眞慶)과 함께 같은 마

을에서 왕래하며 바둑과 장기로 소견하더니 이(李)에게 딸이 있어 아직 시집가지 않았는데 어느날 꿈에 장기 좋아하는 정생원(鄭生員)이 알 다섯 개를 던져 주기에 이것을 치마에 쌌더니 모두 용으로 화했다.

꿈에서 깨자 부모에게 이 말을 고했더니 이(李)는 그 말을 듣고 이상히 여겼다. 어느날 또 장기를 같이 두며 네번째 장가들 일에 대해서 이야기하다가 말하기를,

"그대가 장가들려면 내 딸을 데려가는 것이 어떻겠는가?"

하니 공은 말하기를,

"나이 50에 궁한 선비가 어찌 능히 그럴 수 있겠는가?"

했으나 이(李)는 드디어 자기 딸을 그에게 주었다.

시집가던 날 밤에 여인이 남자의 얼굴과 모양과 옷차림과 사는 방의 창과 벽을 보니 완연히 옛날 꿈에 보던 바와 같았다. 이윽고 과연 다섯 아들을 낳아 모두 문과에 급제하고, 손자 중휘(重徽)도 또한 문과에 급제하여 벼슬이 참판(參判)이 되니 과연 꿈 속의 일과 같았다. 부인은 공보다 3년 먼저 몰(歿)했다. 〈한거만록(閒居漫錄)〉

김신국(金藎國)은 산원(算員)이 금(金)을 훔친 것을 알면서도 그 죄를 나타내지 않다

김신국(金藎國)은 청풍(淸風) 사람이니 호는 후추(後瘳)이다. 신미(辛未)에 생원이 되고 계사(癸巳)에 문과에 급제하여 사관(史舘)에 뽑혀 들어갔다.

임진(壬辰)에 임금이 서쪽으로 파천하는데 신국(藎國)은 영남(嶺南)에 있다가 달려서 충주(忠州)에 이르렀으나 길이 막혀 더 앞으로 가지 못하였다. 아우가 적에게 해를 입었다는 말을 듣고 격문(檄文)을 초잡아 의사(義士) 천여 인을 모집하여 적을 많이 죽이자 조정에서는 이를 듣고 가상히 여겼다.

인조조(仁祖朝)에 호조판서(戶曹判書)가 되었을 때 중국·조정에
보낼 은(銀)을 가져오는 일이 있었는데 공은 그 일을 소중히 여겨
하료(下僚)에게 맡기지 않고 친히 감독하여 봉해 두었다. 이때 산
원(算員) 한 사람이 곁에 있다가 공이 보지 않는 틈을 타서 은 한
덩어리를 꺼내가지고 즉시 일어나서 변소에 가는 척하고 비밀히
딴 곳에 두고 돌아와서 전에 앉아 있던 자리에 앉았다.

이때 아무도 아는 자가 없었으나 공은 홀로 보아 알면서도 거
짓 모르는 체하고 즉시 사무를 끝내기를 명하면서 말하기를,

"산증(疝症)이 또 생기려 하니 오래 앉아 있을 수 없다."
하고 그 은을 딴 방에 두게 한 다음 그 산원(算員)으로 하여금 지
키게 하여 내일 관청이 열기를 기다려 바치겠다고 했다.

이에 산원(算員)은 스스로 생각하기에 은의 수가 맞지 않으면
허물이 장차 나에게 돌아올 것이다, 하고 부득이 훔친 은을 도로
갖다 두어서 이튿날 은을 바치는데 조금도 수가 줄지 않았다. 그
후 10여 일이 지나서 공은 그 사람의 죄를 발표하지 않았다 하여
조그만 일로 그 자리가 바뀌었으나 사람들은 그 아량에 탄복하지
않는 자가 없었다. 〈동평견문록(東平見聞錄)〉

박시량(朴時亮)은 처자(妻子)가 명(命)을
빌어도 소용이 없었다

박시량(朴時亮)은 정부의 장악관(掌樂官)으로 일찍이 조회(朝會)
때 마침 길이 질어서 대분투(大分套)를 더 신어 신을 보호하게 했
으니 이 대분투란 곧 큰 가죽신의 속명(俗名)이다. 또 역관(驛官)
장현(張炫)은 집을 지을 때 부연(附椽)을 썼는데 이는 모두 국가에
서 금하는 일이었다.

이때 청음(淸陰) 김상헌(金尙憲)이 대사헌(大司憲)으로 있었는
데 두 사람을 가두어 장차 죄로 다스리려 하였다. 시량(時亮)이 본
래 추탄 오윤겸(楸灘吳允謙)과 친하게 지냈고 또 오공(吳公)은 김공

(金公)과 교분이 두터운 터라, 이에 시량(時亮)의 처자가 오공(吳
公)에게 가서 목숨을 빌자 오공(吳公)은 말하기를,

"비록 내 자식이 법을 범했어도 김공(金公)은 반드시 용서해 주
지 않을 것인데 어찌 감히 내가 부탁할 수 있겠는가?"

하고, 마음으로는 몹시 불쌍히 여기면서도 끝내 감히 한 마디도
하지 못하여 구원해 주지 못해서 두 사람은 끝내 형벌을 받았으
니, 김공(金公)이 동배(同輩)들의 꺼리는 바가 된 것이 이와 같
았다.

한 공자(公子)가 산정(山亭)을 짓는데 둥근 기둥을 썼더니 김공
(金公)이 대사헌(大司憲)이 되었다는 말을 듣고 깎아서 모지게 했
으니, 대개 전각(殿閣)에 둥근 기둥을 썼기 때문에 사가에는 감
히 쓰지 못했던 것이다. 〈동평견문록(東平見聞錄)〉

김수현(金壽賢)은 종이모자로 성복(成服)하다

김수현(金壽賢)은 너그럽고 느슨하여 까다롭지 않았다. 임신(壬
申)에 모조(某曹)의 참판(參判)으로 있는데 인목대비(仁穆大妃)의
국상(國喪)을 당했다.

이때 각사(各司)에서 예(例)에 의하여 흰 무명으로 모자를 만
들어 나누어 주었으나 기일은 촉박하고 손은 모자라서 미처 다 만
들지 못했다. 이때 조리(曹吏)가 김공(金公)은 우리를 죄주지 않
을 것이라 하고 그 먼저 만든 것을 모두 좌료(左僚) 및 하관(下官)
중에 매 잘 때리는 자들에게 바치고 나서 김공(金公)은 홀로 종이
모자로 성복(成服)하게 되었다.

이때 그는 웃으면서 동료들에게 이르기를,

"부드럽고 착한 자가 무슨 죄이겠는가."

하니, 양파 정태화(陽坡鄭太和)가 친히 이것을 보고 항상 장자(長
者)의 행동이라고 칭찬하고 자제들에게 교훈했다. 〈동평견문록(東
平見聞錄)〉

이해(李澥)는 공신(功臣)이 예(例)로 받는 전택(田宅)을 도로 바쳤다

이해(李澥)는 함평(咸平) 사람이니 자는 자연(子淵)이요 호는 농옹(聾翁)이다. 광해조(光海朝) 때 아버지 효원(效元)이 정인홍(鄭仁弘) 등을 탄핵하다가 화를 입어서 먼 섬으로 귀양갔고, 형 한림(翰林) 정(瀞)은 근심하고 분해서 죽었다.

공이 이귀(李貴) 등 여러 사람과 함께 협찬(協贊)하여 정사(靖社)하고 궁금(宮禁)을 숙청(肅淸)했는데, 뒤에 공이 홀로 앉았으려니 심기원(沈器遠)이 고하기를,

"궁중에서 거둔 물건을 임금이 여러 공신(功臣)으로 하여금 나누어 갖게 하는데 그대는 어찌 나와 같이 가서 나누어 갖지 않으려는가."

했으나 공은 사양하고 가지 않았다. 이에 기원(器遠)이 소매를 잡아 억지로 일으키자 공은 분연(奮然)히 말하기를,

"어찌 이것이 그대의 외가(外家)에서 재물을 나누는 것인가, 본가(本家)에서 재물을 나누는 것인가. 그대는 스스로 갈 것이지 또 어찌해서 나를 잡아 끄는 것인가?"

했다.

기원(器遠)이 무연(憮然)해하자 공은 말하기를,

"내가 의거(義擧)에 참가한 것은 다만 국가를 위해서 한 것이지 처음부터 이익이나 녹(祿)을 바란 것이 아니다."

하고, 이로 인해서 공신(功臣)의 예수전택(例受田宅)을 모두 도로 바치고 하나도 받지 않았다. 정사(靖社) 2등훈(二等勳)에 기록되고 함릉부원군(咸陵府院君)에 봉해졌다. 〈조야집요(朝野輯要)〉

동평위(東平尉) 정재륜(鄭載崙)이 말하기를,

"이함릉(李咸陵)은 높은 벼슬을 부러워하지 않고 스스로 방일(放逸)하기를 힘써서 몸을 드러내놓고 단속하기를 일삼지 않았

다. 내가 어렸을 때 그 하는 짓을 이상히 여겨 일찍이 아버지 양파공(陽坡公)에게 물었더니 아버지는 웃으면서 말씀하시기를, '이공(李公)이 짐짓 뜻이 있어서 하는 일인데 아희들이 어찌 알 겠느냐.' 하셨다. 내가 조금 자라서 이 일을 다시 물었더니 아 버지는 말씀하시기를, '처음 반정(反正)을 의논하던 날에는 여 러 사람들이 모두 종묘와 사직을 편안히 하고 생민(生民)을 보 호한다고 말했기 때문에 이공(李公)도 즐거이 참여했던 것이요, 훈업(勳業)이 이미 이루어지기에 이르러서는 그 말을 실천하지 않는 자가 많고 심지어 남의 집 재산과 기명(器皿)·의복 따위 를 몰수하기 위하여 날마다 모여서 친히 스스로 나누어 가니, 이 공(李公)은 이 자질구레하고 비루한 꼴을 보고 부끄러워하여 죽 고자 하다가 스스로 몸이 마칠 때까지 벼슬을 폐하여 자기의 본 래의 뜻을 밝혔던 것이니 어찌 그가 하는 행동을 가지고 그 마 음을 의논할 수 있겠느냐.' 하시니, 여기에서 나는 비로소 의심 이 풀렸다."

했다. 〈동평견문록(東平見聞錄)〉

이명한(李明漢)은 삼세대제학(三世大提學)

이명한(李明漢)은 연안(延安) 사람이니 자는 천장(天章)이요 호 는 백주(白洲)이다. 나이 16세인 광해(光海) 경술(庚戌)에 진사 에 합격하고, 22세인 병진(丙辰)에 문과에 급제했다. 인조조(仁祖 朝)에 대제학(大提學)이 되고 이조판서(吏曹判書)가 되었다. 아버 지는 정구(廷龜)요, 아들은 일상(一相)이니 모두 문형(文衡)이 되 어 삼세대제학(三世大提學)이라고 세상에서 칭찬했다.

계해(癸亥)의 반정(反正)하던 날에 공이 지제교(知製敎)로 부름 을 받고 대궐에 들어갔더니 한 훈신(勳臣)이 피곤해서 대궐 뜰 벽 돌 위에 누웠다가 공의 자를 부르면서 말하기를,

"천장(天章)아! 어떠한가."

하므로 공이 한 곳으로 갔더니 계곡 장유(谿谷張維)가 나와 손을 잡고 말하기를,

"종묘와 사직이 망해가는 것을 차마 앉아서 볼 수가 없어서 부득이 이 일을 하기는 하지만 천지를 저버리는 것이 부끄러워서 얼굴을 들 수가 없다."

하고 서로 눈물을 흘리고 탄식했다. 〈동평견문록(東平見聞錄)〉

시호는 문정(文靖)이다.

이소한(李昭漢)이 입으로 이백 명(二百名)의 진사(進士)를 외우다

이소한(李昭漢)의 자는 도장(道章)이요 호는 현주(玄州)이니 명한(明漢)의 아우이다. 한때에 신동(神童)으로 이름이 났었다.

나이 15세인 광해(光海) 임자(壬子)에 진사에 합격하자 고관(考官)이 한번 보고자 하여 불러서 앞으로 나오게 하였다. 그로 하여금 방(榜)을 쓰게 하자 소한(昭漢)은 그 자리에 서서 다 쓰고 돌아오자 입으로 2백 명의 이름과 그들의 아버지의 이름과 주소를 다 외웠다.

신유(辛酉)에 문과에 급제하여 벼슬이 형조참판(刑曹參判)에 이르렀다. 〈인물고(人物考)〉

이안눌(李安訥)이 회재(晦齋)의 묘비(廟碑)를 껴안고 울다

이안눌(李安訥)은 덕수(德水) 사람이니 자는 자민(子敏)이요 호는 동악(東岳)이니 기(芑)의 증손(曾孫)이다. 선조(宣祖) 기해(己亥)에 문과에 급제했다.

공이 청백리(淸白吏)에 뽑히자 일찍이 사람에게 말하기를,
"고을살이를 하는데 어찌 티가 없겠는가. 다만 내 부인이 본래
질박하고 순수하여 의복과 음식, 거처와 쓰는 물건을 능히 남이
보고 아름답게 여기지 못하기 때문에 보는 자들이 나를 청백
(淸白)하다고 인정했으니 내 몹시 부끄러워한다."
했다. 선배(先輩)들의 순실(純實)하고 명망을 좋아하지 않는 것이
이와 같았다.

공이 경원(慶源)에 귀양가 있다가 홍천(洪川)으로 옮겼는데 이
웃의 천비(賤婢) 중에 소경이 하나 있어 항상 사람에게 말하기
를,
"나이 40이 넘었는데도 아직 음양(陰陽)의 이치를 알지 못하니
만일 남자와 하룻밤만 지냈으면 죽어도 한이 없겠다."
했다.

이때 공의 문하(門下)에 있던 제자가 10여 인인데 그 중에 한
소년이 여색(女色)을 즐기는 무인(武人)을 속여 그 여자가 소경
이라는 것을 숨기고 자기를 권했다. 이튿날 공이 그 말을 듣고
그 소년을 책망하여 말하기를,
"일을 마땅히 바로 말하여 그가 하는 대로 맡겨둘 것인데 이제
너는 그가 소경이라는 것을 숨기고 같이 자게 했으니, 자못 곧지
못한 데에 가까우니 이 습관을 길러서는 안 된다."
했다.

정묘(丁卯)에 임금이 강도(江都)에 거동하는데 공이 강화(江華)
에 있을 때 청백(淸白)했던 사적이 있다 하여 귀양살이를 풀어 행
재소(行在所)로 나오게 하여 다시 유수(留守)를 제수하고 임기(任
期)가 지나도 그대로 유임(留任)하게 했다. 임신(壬申)에 사신이
되어 연경(燕京)에 갔다 와서 계급이 정헌(正憲)으로 올랐고 시호
는 문혜(文惠)이다. 〈동평견문록(東平見聞錄)〉

공은 조부 기(芑)의 과오를 마음 아파하여 항상 허물을 덮을
것을 생각하고 매양 남의 잔치 모임에 갈 때는 먼저 갔다가 뒤
에 물러났으니 이는 혹 그 조부의 말을 할까 두려워한 때문이었
다.

경주부윤(慶州府尹)이 되어 장차 회재서원(晦齋書院)에 가뵙기 위하여 옥산(玉山) 동문(洞門)을 들어서자 회재(晦齋)의 서손(庶孫) 중에 서원(書院) 옆에 사는 자가 맨발로 나와서 막으면서 말하기를,

"성주(城主)는 우리 조부(祖父)의 서원(書院)에 들어갈 수 없다."

고 했다.

이에 동악(東岳)도 역시 맨발로 사과하고 나서 묘비(廟碑)를 안고 울었으니 비명(碑銘)은 곧 고봉(高峰)이 지은 것으로 이기(李芑)를 벤 자이다. 이때 동악(東岳)은 스스로 말하기를 만일 이 비석을 고쳐 세운다면 비록 원복(院僕)의 문서에 이름을 쓴대도 또한 감히 사양하지 못할 것이라 하고, 이내 서원(書院) 및 고택(故宅)을 수리하는 데 하나도 정성껏 하지 않은 것이 없었다. 〈매산집(梅山集)〉

이후기(李厚基)는 두 아들을 경계하여 술잔을 가까이하지 말라 하다

이후기(李厚基)는 전의(全義) 사람이니 청강(淸江) 제신(濟臣)의 손자요 이조참판(吏曹參判) 행진(行進)과 부제학(副提學) 행우(行遇)의 아버지이다.

두 아들이 모두 조정의 현직(顯職)에 있는데도 단속하기를 종과 다름없이 하여 항상 경계하여 술잔을 가까이하지 못하게 했다.

어느날 재상 하나가 술을 가지고 부제학(副提學)의 집에 와서 같이 마시는데 공이 이 말을 듣고 종으로 하여금 부제학을 부르게 했다. 이에 부제학이 오자 공은 상투를 잡고 들어가서 장차 종아리를 때리려 했다. 이때 술을 마시고 있던 재상은 할 말이 있어 부제학을 따라왔는데, 문지기가 들어와서 고하기를,

"재상이 교자를 타고 문에 도착했습니다."

했다.

이에 공은 큰 소리로 말하기를,

"내 자식이 내 말을 어겼기로 매를 때리는데, 재상은 아버지가 없는가?"

하자 그 재상은 놀라서 감히 들어오지 못하고 밖으로 도로 나갔으니, 선배(先輩)들의 자손을 엄하게 단속하는 것이 이와 같았다. 〈동평견문록(東平見聞錄)〉

벼슬은 사복시정(司僕寺正)에 이르렀다.

정호신(鄭好信)이 기생(妓生)을 요물(妖物)이라 하다

정호신(鄭好信)은 무관출신(武官出身)의 수령이 되었을 때 좋아하는 기생이 있었다. 이때 평안병사(平安兵使) 김모(金某)도 역시 이 기생을 좋아했는데 기생은 항상 호신(好信)에게 머물러 있어 능히 잊지 못했다.

어느날 호신(好信)이 공사(公事)로 영문(營門)에 갔더니 기생은 틈을 엿보아 비밀히 나와서 좋게 만났는데, 병사(兵使)에게 밀고(密告)하는 자가 있어 병사가 묻자 기생은 완강히 아니라고 거절하며 심지어 칼을 들어 맹세하니 보는 자가 민망히 여기고 탄식하지 않는 자가 없었다.

호신(好信)은 이 말을 듣고 분히 여겨 말하기를,

"이는 요물(妖物)이라 숨길 수가 없다."

하고 병사를 뵙기를 청하여 자세히 사실을 말하고 중한 죄로 다스리기를 청하니 사람늘이 모두 갸륵히 여겼다. 벼슬이 부총관(副摠管)에 이르고 향년(享年)이 70여 세였다.

유몽인(柳夢寅)의 《어우야담(於于野談)》에 이런 말이 있다. 남곤(南袞)이 방백(方伯)이 되었을 때 좋아하는 기생이 있더니 이미 돌아간 뒤에 생각하여 잊지 못하므로 수령이 행장을 차려 주어 보내자 드디어 첩으로 받아들였다. 어느날 곤(袞)이 술에 취하여 한 사람을 시켜 뒤를 따라 갑자기 들어가게 했더니 한 미남자(美男子)가 뒷문으로 나가더라는 것이었다. 곤(袞)이 자리에 앉지 않고 말하기를,

"저 문으로 나간 사람이 누구냐?"

하자 기생은 거짓 놀라면서 눈물을 흘리고 말하기를,

"대감께서 내가 싫으시면 버리셔도 좋고 죄를 주셔도 좋지만 뒷문으로 나간 사람이란 무슨 말씀입니까?"

하고 드디어 조그만 칼을 빼어 손가락을 치니 손가락이 땅에 떨어졌다.

곤(袞)이 크게 놀라서 말하기를,

"창기(娼妓)가 두 마음을 갖는 것은 모름지기 많은 책망을 할 것이 없으나 그 흔적을 숨기고자 하여 사람이 차마 못하는 일을 하니 되겠는가."

하고 드디어 소매를 떨치고 나가서 그 이튿날 짐을 실어 제 집으로 보냈다.

이는 평안도 기생의 일과 서로 같기 때문에 아래에 기록하는 바이다. 〈동평견문록(東平見聞錄)〉

김경여(金慶餘)는 이시백(李時白)이 반드시 죽일 것을 알고 도망가다

김경여(金慶餘)는 경주(慶州) 사람이니 자는 유선(由善)이요 호는 송애(松崖)이다. 어머니 송씨(宋氏)가 일찍이 꿈에 백학이 방으로 들어오는 것을 보았는데 그 아버지가 기뻐하여 말하기를,

"마땅히 이상한 아이를 얻을 것이다."

하더니 과연 경여(慶餘)를 낳았다. 계유(癸酉)에 문과에 급제하여 삼사(三司)를 거쳤다.

경여(慶餘)가 이귀(李貴)의 사위가 되었는데 귀(貴)가 김류(金

蟄)와 반정(反正)의 모의를 하다가 경여(慶餘)에게 묻자 대답하기
를,

"이윤(伊尹)의 뜻이 있으면 좋지만 이윤(伊尹)의 뜻이 없으면 옳
지 못합니다. 하온대 장인(丈人)께서는 이윤의 뜻이 있습니까?"

하니, 귀(貴)는 잠자코 있다가 그 말을 아들 시백(時白)에게 하니
시백이 말하기를,

"이런 말이 있었으니 반드시 일을 누설할 것이므로 죽여서 입
을 막는 것만 못합니다."

하자 귀(貴)는 말하기를,

"이 사람도 역시 네가 반드시 죽일 것을 알고 도망하고 집에 있
지 않으리라."

했다.

그러나 시백이 듣지 않고 칼을 뽑아들고 그 집에 갔으나 이미
비어 있고 아무도 없었다. 벼슬이 부제학(副提學)에 이르렀다.

심기원(沈器遠)이 화를 입은 것은
무신(武臣)에게서 빌미가 생겼다

심기원(沈器遠)은 청송(靑松) 사람이니 자는 수지(遂之)로서 석
주 권필(石洲權韠)에게서 공부했다. 계해(癸亥)에 정사훈(靖社勳)
1등에 책록(策錄)되고 임오(壬午)에 대배(大拜)하여 좌상(左相)에
이르렀다.

갑신(甲申)에 수어사(守禦使)가 되어 광주부윤(廣州府尹) 권억
(權憶)과 함께 모반(謀反)하여 장차 군사를 일으켜 대궐을 침범하
려 하는데, 그 하루 전에 그 당(黨)의 황헌(黃瀗)·이원로(李元老)
등이 훈장(訓將) 구인구(具仁垕)에 의해서 상변(上變)하여 베임을
당했다. 〈소대기년(昭代紀年)〉

동평(東平)에 이르기를, 그가 금상(今上) 을묘년간(乙卯年間)에
온천(溫泉)에 목욕을 가다가 마을 집에서 말에게 꼴을 먹이는데

나이가 80이 지난 그 집의 주인 손태웅(孫泰雄)이 스스로 말하기를 일찍이 기원(器遠)의 배리(陪吏)로 있었다고 했다. 이에 그가 묻기를,

"기원(器遠)이 패하기 전에 능히 그가 반드시 패할 것을 알았던가?"

하니 태웅은 말하기를,

"소인이 원식(遠識)이 없는데 어떻게 능히 선견(先見)의 명(明)이 있었겠습니까. 다만 보건대 세상의 소위 무사(武士)라는 자는 재상의 문에 청탁해서 출세(出世)하려 하지 않는 자가 없어 나그네로 나왔다가 나그네로 물러가는 데 지나지 않을 뿐입니다. 그러나 기원(器遠)은 그렇지 않아서 오면 만나보고 친히 대접하여 몹시 가깝게 하기 때문에 무사(武士)들이 그 집에 머물러 낮부터 밤까지 계속 머무르는 자가 매우 많으며 모두 용맹을 자랑하고 기이한 꾀를 말하여 저마다 잘 보이려고 애쓰니, 문정(門庭)의 어지럽기가 이와 같고서 어찌 능히 화가 없겠습니까? 그가 모역(謀逆)할 마음을 품고 있는 것을 비록 사람마다 다 알지는 못했지만 그 당시의 사대부들은 그 끝이 좋지 못할 것을 안 사람이 많았습니다."

했다.

그가 보기에 갑인(甲寅) 이후로 재신(宰臣)들이 화를 입은 자가 무사(武士)들이 문에 가득한 데에 빌미한 일이 많으니 태웅(泰雄)의 말이 가히 세상을 일깨우는 말이었다.

그의 나이 젊었을 때 우연히 김자점(金自點)의 옛 종을 시골 마을에서 만나 그 집이 화를 입은 빌미에 대해 물었더니 말하기를,

"우리 주인은 어린 아들을 몹시 사랑하여 그를 귀하게 만들기 위하여 하지 않는 일이 없더니 요새 이름난 사대부(士大夫)를 만나서 그 붕당(朋黨)을 나누게 하여 자기가 괴수(魁首)가 되었으니 어찌 보전할 수 있겠는가. 우리 주인이 패한 원인은 명사(名士)를 만나고 권세를 좋아했기 때문이다."

했다. 〈동평견문록(東平見聞錄)〉

자점(自點)이 정사(靖社)의 훈신(勳臣)으로 몸이 장상(將相)을

겸해서 부귀가 높고 혁혁한데도 오히려 스스로 만족하지 못하였
다. 이에 그 아들 식(鉽)으로 하여금 과과(魁科)에 오르게 하기
위하여 많은 돈을 시골 선비 중에 글 잘하는 자에게 뇌물로 주
어 대신 글을 지어다가 과거에 급제하여 홍문관(弘文舘)에 들어가
서 전랑(銓郎)의 자리를 차지하니 문지방이 갑절이나 뜨거워졌다.
그런데 또 그 손자 세룡(世龍)으로 하여금 옹주(翁主)에게 장가
들게 하기를 도모하여 점쟁이를 유인하고 꾀어서 그 거짓 운명
을 거짓 찬양하게 하여 왕명(王命)을 속여서 왕가(王家)와 혼인
을 하니 그 기세(氣勢)가 누르는 곳에 꺾여지지 않는 물건이 없었
다.

　효종(孝宗)이 잠저(潛邸)에 있을 때 역시 그에게 미움을 받을까
두려워하여 깨닫지 못하더니 끝내 몸이 베임을 당하여 집에 살아
남은 사람이 없었으니 그 화의 근원을 캐보면 모두 자식을 위하여
영화를 구하고, 손자를 위하여 혼인을 계획한 데에 말미암은 것이
다. 강빈(姜嬪)의 옥사(獄事)에 소현(昭顯)의 집 및 강빈(姜嬪)의
본계(本系)가 하나도 남지 않았으니 이 무슨 마음이었던가. 〈동평
견문록(東平見聞錄)〉

김자점(金自點)은 선왕(先王)의 유교(遺敎)에 대하여 홀로 슬픈 감회가 없었다

　김자점(金自點)은 안동(安東) 사람이니 자는 성지(成之)요 호는
낙서(洛西)이다. 좌상(左相) 질(礩)의 5세손(五世孫)이요 좌상(左
相) 유홍(柳泓)의 외손(外孫)으로서 우계 성혼(牛溪成渾)의 문하
〈門下)에서 공부했다.
　계해(癸亥)에 이귀(李貴)·김류(金瑬) 등과 함께 거의(擧義)하는
데 인목대비(仁穆大妃)의 명을 받들어 인조(仁祖)를 책립(策立)했
으니 이는 모두 자점(自點)의 꾀었다. 〈소대기년(昭代紀年)〉
　동평(東平)에 이르기를, 옛날 정부의 녹사(錄事)로서 자점(自點)

의 집에 출입하던 자가 하루는 말하기를, 효묘(孝廟)가 세자(世子)
로 있을 때 대궐 안에 있는 자 중에 자점(自點)의 집에 옛 은혜가
있는 자가 와서 말하는데 대궐 안 사람이 그윽이 말하기를, 상공
(相公)이 세자(世子)에 대해서 신하노릇을 하지 않을 뜻이 있다고
하니 상공(相公)께서 능히 이런 때에 권리를 놓고 형세를 피한다
면 혹 1푼의 구원을 얻을 수 있거니와 그렇지 않으면 그 위태로
움을 서서 기다릴 수 있다고 했다는 것이다.

　자점의 집에서는 이 말을 듣고 큰 아들 연(鍊) 이외에는 하나도
놀라는 자가 없더니 신묘(辛卯)의 국옥(鞠獄)에 이르러 효종(孝宗)
이 하교하기를,

　"자점이 나에게 신하로 섬기려 하지 않는다는 것은 내가 안 지
　이미 오래이더니 이때에 이르러 비로소 대궐 안 사람에게서 들
　은 것이 헛되지 않았다는 것을 알게 되었다."
했다.

　신묘(辛卯)의 국옥(鞠獄) 때 효종(孝宗)이 하교하기를,

　"선왕(先王)께서 나를 세자(世子)의 자리에 올린 뒤로 후원(後
　苑)의 어수당(魚水堂)에 거둥하시고 나에게 명하여 옆에 모시게
　하고 사사로이 정사(靖社)의 여러 원훈(元勳)을 불러 보시고 타
　이르기를, '내 몸에 중한 병이 있으니 반드시 세상에 오래 있
　지 못할 것이니 경(卿) 등은 다음 날에 세자를 잘 섬기라.' 하
　니, 여러 신하들은 모두 울면서 명령을 받았으나 자점은 홀로
　슬퍼하는 뜻이 없이 현저하게 크게 기뻐하는 빛이 있었으니 그
　마음을 이미 알 수가 있었다. 또 선왕(先王)이 적은 병환으로
　미령(未寧)할 때 나에게 명하여 서연(書延)을 폐하지 말라고 했
　기 때문에 감히 때를 어기지 못했는데 자점이 수상(首相)으로서
　세자사(世子師)를 겸하여 강원(講院)의 아전들을 불러 시질(侍
　疾)하는 중에 개강(開講)했다고 책망하고 나를 대신하여 아전을
　옥에 가두었으니 나는 이로써 자점이 나에게 신하로 섬기지 않
　으려 한다는 것을 알았다."
했다.〈동평견문록(東平見聞錄)〉

　자점의 손자 세룡(世龍)이 인조(仁祖)의 옹주(翁主)에게 장가들

었는데, 그는 곧 조귀인(趙貴人)의 소생이다. 신묘(辛卯)에 세룡(世龍)이 안팎과 체결(締結)하여 대궐 안에서 저주(咀呪)의 변이 생겼다. 상(上)께서는 일이 자의대비(慈懿大妃)에 관계되었기 때문에 다만 그 어머니에게 사사(賜死)하였다. 계속하여 상변(上變)하는 일이 있어 자점이 수원부사(水原府使) 변사기(邊士紀)와 함께 역모(逆謀)한다고 고하여 징(澂)과 숙(潚)을 추대한다고 하자, 임금이 친국(親鞫)하여 자백을 받고 자점의 아들과 세룡(世龍)이 모두 베임을 당하고 세룡(世龍)의 아내 및 징(澂)·숙(潚)도 모두 벌을 받았다. 〈송자대전(宋子大全)〉

구굉(具宏)은 명령을 받은 사람을 알았다

구굉(具宏)은 능성(綾城) 사람이니 자는 인보(仁甫)요 호는 군산(群山)이다. 처음에 감목관(監牧官)이 되었다가 무신(戊申)에 무과(武科)에 올라 선전관(宣傳官)이 되었다.

광해(光海)의 폐모(廢母)에 대한 의논이 일어나자 이서(李曙)가 굉(宏)에게 이르기를,

"이때에 어찌 명령을 받은 사람이 없겠는가."

하자 굉(宏)이 능양군(綾陽君)을 들어,

"이분이 참으로 그 사람이다."

하고 드디어 의논을 정하고 관서(關西)로 달아나서 편비(偏裨)로서 체찰사(體察使) 장만(張晚)을 섬기다가 그 계획을 말했으나 만(晚)은 옳게 여기면서도 위태롭게 여겨서 끝내 듣지 않으므로 드디어 작별하고 갔다.

이서(李曙)가 장단부사(長湍府使)로서 근기(近畿)에 있었는데 굉(宏)이 날마다 가서 서로 의논하더니 이때 말이 누설되어서 일이 헤아릴 수 없게 되었다. 그러나 굉(宏)은 두려워하지 않고 더욱 호걸스러운 선비들과 사귀었다. 계해(癸亥)에 홍제원(弘濟院) 거사(擧事)에 참여하여 이미 훈업(勳業)을 세우자 바야흐로 상중(喪

中)에 있었으므로 다만 공신호(功臣號)만 주고 가의대부(嘉義大夫) 능성군(綾城君)으로 돌아가서 상차(喪次)를 지켰다.

이괄(李适)이 서수(西帥)가 되자 굉(宏)은 그가 반드시 반(反)할 것을 알고 비밀히 임금에게 고하여 남모르게 도모했었다. 괄(适)이 반(反)했을 때 임금은 굉(宏)에게 명하여 벼슬에 나오게 하여 공주(公州)에 거둥하는 데 따르가게 했다. 이때 몸이 임금의 외숙(外叔)이어서 인헌왕후(仁獻王后)가 바야흐로 운수를 여는 경사를 누리게 되었으나 절대로 출입하는 말이 없었다.

그가 형조판서(刑曹判書)가 되었을 때 어떤 사람이 남의 자식을 유인해다가 기르면서 아모 계집종이 낳은 자식이라고 했다. 이에 그 아비가 소송한 지가 오래인데도 판결이 나지 않자 굉(宏)이 그 어미와 딴 아이들 중에 나이와 얼굴이 비슷한 자 5,6명을 불러다가 뜰 가운데에 앉히고 그 아들을 그 속에 두어 두었더니 그 아들은 바로 기어서 그 어미에게 안겼다. 이리하여 드디어 아이를 돌려주었다. 벼슬이 형조판서(刑曹判書)에 이르렀고 시호는 충목(忠穆)이다. 〈인물고(人物考)〉

김원량(金元亮)이 옷을 찢어 소(疏)를 쓰다

김원량(金元亮)은 경주(慶州) 사람이니 자는 명숙(明叔)이요 호는 미촌(麋村)이다.

연양(延陽) 이시백(李時白)과 함께 대의(大義)를 찬성하자 우재(迂齋) 이후원(李厚源)이 말하기를,

"유생(儒生)이 이 일에 어떠할까."

하니 원량(元亮)이 말하기를,

"조여우(趙汝愚)가 태후(太后)의 명령으로 영종(寧宗)을 옹립(擁立)할 때 주자(朱子)가 그와 함께 일을 했다."

했다. 우재(迂齋)가 또 말하기를,

"책을 실어 뜰에 가로 놓고 소반을 받들어 피를 마신 것이 옛날

에도 또한 이러한 유생(儒生)이 있었는가. "

하니 원량이 말하기를,

"이것은 면할 수 있다. "

했다.

계해(癸亥) 반정(反正)하던 날에 함께 위교(渭橋)에서 맞지 않고 논공 행상(論功行賞)하던 날에 이르러 몹시 힘껏 사양하여 삼등정사훈(三等靖社勳)에 책록되고 지평(持平)에 임명되었다.

갑자(甲子)에 정찬(鄭燦)이 이괄(李适)의 반(反)하는 것을 고하자, 원량(元亮)이 본래 괄(适)로 더불어 깊이 믿는 터라, 많은 말로 청하여 보존하였다. 이윽고 괄(适)이 반(反)하자 자점(自點)이 아뢰어서 그를 가두니, 원량(元亮)이 옷을 찢고 피를 찍어 소(疏)를 썼으나 올려지지 못했다.

임금이 장차 남쪽으로 거둥할 때 김류(金瑬)에게 묻기를,

"원량(元亮)을 어떻게 처리할까 ? "

하니 유(瑬)가 미처 대답하기 전에 자점(自點)이 말하기를,

"머물러 두어 적에게 이용당하게 할 수 없습니다. "

하고 드디어 사람을 보내어 베었더니 현종(顯宗) 2년에 훈작(勳爵)을 회복하고 호조판서(戶曹判書)에 월성군(月城君)을 증직했다. 〈인물고(人物考)〉

김류(金瑬)가 기자헌(奇自獻)·김원량(金元亮) 등 49인을 베기를 청하자 이귀(李貴)가 힘껏 반대하기를,

"이들은 지위가 높은 재신(宰臣)들이니 반드시 괄(适)과 같이 반(叛)했을 리가 없다. "

했다. 이때 권첩(權帖)이 물러나와서 사람들에게 이르기를,

"승평(昇平)은 반드시 무후(無後)할 것이요 연평(延平)은 뒤에 반드시 창성하리라. "

하더니 뒤에 그 말이 과연 맞았다. 〈일월록(日月錄)〉

유구(柳頔)가 나무 속에 병기(兵器)를 섞어 싣다

유구(柳頔)는 진주(晋州) 사람이니 자는 면경(勉卿)이요 근(根)의 손자이며 구굉(具宏)의 사위이다.

계해(癸亥) 정월에 양주(楊州)에 가서 굉(宏)을 만나니 굉(宏)이 은미하게 뜻을 보이자 구(頔)는 팔뚝을 걷어올리면서 말하기를,

"이는 내가 본래부터 마음에 가지고 있던 바입니다."

했다.

이에 굉(宏)이 인조(仁祖)의 잠저(潛邸)로 가뵙게 하니, 임금이 그의 충신(忠信)을 칭찬하고 같이 일을 하기로 했다. 그러나 기약한 날이 되자 일이 누설되어 광해(光海)가 사람으로 하여금 흥인문(興仁門)을 지키게 하고 병기(兵器)를 가진 자를 수색했다. 그러나 구(頔)는 병기를 많이 싣고 거기에 나무를 섞어가지고 이 문으로 들어왔다. 정사훈(靖社勳)에 책록(策錄)되고 진천군(晋川君)에 봉해졌으며, 벼슬이 부총관(副摠管)에 이르고 시호는 영희(榮僖)이다. 〈인물고(人物考)〉

임회(林檜)는 잡혔어도 굴(屈)하지 않았다

임회(林檜)는 평택(平澤) 사람이니 자는 공직(公直)이요 호는 관매(觀梅)이다. 임오(壬午)에 생원이 되고 광해(光海) 신해(辛亥)에 문과에 급제했다.

같은 마을에 사는 김우성(金佑成)이 흉한 짓을 하자 회(檜)가 아주 그를 끊었더니 우성(佑成)이 이를 뼈에 사무치도록 분하게 여겨 날마다 인홍(仁弘)과 이첨(爾瞻)에게 아첨하더니 그 뒤에 무옥

(誣獄)이 일어났는데 그 문서 속에 임호(林浩)라는 이름이 나오자
이첨은 그 음이 서로 비슷하다 하여 회(檜)를 잡아서 지독하게 고
문했으나 회는 조금도 굽히지 않았다. 이에 적신(賊臣)의 무리는
억지로 항복받지 못할 것을 알고 양산(梁山)으로 귀양보냈다.

인조(仁祖) 계해(癸亥)에 광주목사(廣州牧使)가 되었더니 갑자
(甲子)에 괄(适)이 반하자 회(檜)는 부로(父老)를 불러모아서 대
의(大義)로 달래서 군사 수백 명을 얻었다. 이때 임금이 공주(公
州)에 거둥하자 회(檜)는 남쪽을 바라보고 통곡하기를,

"지금 급히 여울을 막지 않아서 적들이 맘대로 달려나오게 내버
려두면 흉봉(凶鋒)이 미치는 곳에 차마 말할 수 없는 일이 생
길 것이다."

하고 드디어 부오(部伍)를 정돈하여 강의 여울을 끊어 막았다.

이 날에 적은 안령(鞍嶺)에서 패해가지고 홀로 그 심복 수백 인
과 함께 이미 여울을 건너게 되었다. 이때 회가 외로운 군사
로써 졸지에 경안역(慶安驛) 다릿가에서 적을 만났는데 하루아침
에 오합(烏合)으로 모인 군사인지라 싸우지 않고 흩어졌다. 회
가 잡히자 위협하여 굴복시키려 했으나 회는 큰 소리로 꾸짖기
를,

"국가에서 너를 훈로(勳勞)로 책록하고, 너의 벼슬을 높여 주었
는데 네가 어찌 감히 반한단 말이냐. 너를 만 토막으로 베지 못
하는 것이 한스럽다."

하니 괄(适)이 노하여 칼로 찔러서 몸에 완전한 살이 없었으나 오
히려 입으로 꾸짖기를 그치지 않자 이내 혀를 잘라 죽기에 이르렀
다. 일이 위에 알려지자 정려(旌閭)를 내렸다. 〈인물고(人物考)〉

이윤서(李胤緒)가 자문(自刎)하다

이윤서(李胤緒)는 초계(草溪) 사람이니 자는 선승(善承)이다. 선
조(宣祖) 갑오(甲午)에 무과(武科)에 올라 귀성부사(龜城府使)가 되

었더니 이때 모문룡(毛文龍)이 용천(龍川)에 주둔하고 있는데 군사의 기율(紀律)이 엄하지 못해서 읍재(邑宰)들이 욕을 당하는 자가 많은데도 장교(將校)가 귀성(龜城)에 이르면 서로 예를 갖추어 존경하고 감히 업신여기지 못했다.

이괄(李适)이 영변(寧邊)에 부(府)를 열자 윤서(胤緒)를 청해다가 중군(中軍)을 삼았는데 막부(幕府)에 있으면서 그의 교만하고 방자한 것을 보고 항상 불쾌히 여기고 기뻐하지 않았다. 괄(适)이 반(叛)하여 군사를 몰아가니, 윤서(胤緒)는 창자가 찢어지고 머리가 곤두서며 입에 곡식을 끊고 비밀히 글을 써서 초관(哨官) 왕유영(王有榮)에게 주어서 샛길로 해서 원수(元帥)에게 보내어 죽기로 보고하는 뜻을 고하고, 그 첩 및 두 아들도 또한 수부(帥府)로 보내어 죽기로 보고하는 뜻을 고하였다. 별장(別將) 유순무(柳舜懋)와 함께 괄(适)을 베려고 계획하다가 성공하지 못해서 순무(舜懋)에게 이르기를,

"내 장차 군사를 무너뜨리고 달아나리라."

하고 드디어 서로 약속하고 먼저 납서(蠟書)[1]를 원수부(元帥府)에 보내고 나서 이신(李愼)·이탁(李珤) 등과 함께 포(砲)를 쏘고 일제히 흩어져 사영(四營)의 군졸(軍卒)이 여기에 따르니 적의 기운이 흩어졌다.

윤서(胤緒)는 원수(元帥) 장만(張晚)을 보고 크게 울면서 말하기를,

"내 능히 괄을 베지 못하여 길게 몰고 오게 만들었으니 무슨 면목(面目)으로 천지 사이에 서겠는가."

하고 그 종으로 하여금 돌아가서 집에 보고하기를,

"내 이제 죽을 곳을 얻었으니 이로써 선조의 사당에 고하라."

하고 즉시 스스로 자기의 목을 잘라 죽었다. 좌찬성(左贊成)을 증직했다. 〈인물고(人物考)〉

---

1) 蠟書 : 밀납 속에 넣은 밀서(密書).

박영신(朴榮臣)을 죽이지 않으면 뒤에
해가 있을까 두렵다

　박영신(朴榮臣)은 밀양(密陽) 사람이니 자는 인보(仁輔)요 선조(宣祖) 을사(乙巳)에 무과에 급제했다.

　광해(光海) 때 모후(母后)를 유폐(幽閉)하자 항상 큰 소리를 하고 팔을 걷어올리는 등 거리낌이 없었다. 또 광해(光海)가 영창대군(永昌大君) 의(㼁)를 강화(江華)에 가두고 죽이려 하여 정항(鄭沆)을 시켜 이를 지키게 하자 영신(榮臣)이 분연(奮然)히 말하기를,

　"차마 하지 못할 이러한 일을 하면 뒤의 역사에 어찌하려느냐."

했다.

　이첨(爾瞻)이 이 일을 광해에게 고하여 위원(渭原)으로 귀양보냈는데 간당(奸黨)은 또 말하기를,

　"영신(榮臣)은 장사(壯士)인데 지금 있는 곳이 오랑캐의 변방에 가까우니 변이 있을까 두렵다."

하여 드디어 진도(珍島)로 옮겼다.

　인조(仁祖)가 반정(反正)하여 광해가 폐함을 당하자 통곡하기를 그치지 않으므로 사람들이 혹 이를 웃자 그는 대답하기를,

　"일찍이 신하로서 섬겼으니 어찌 그렇지 않겠는가."

하니 듣는 자가 의롭게 여겼다.

　갑자(甲子)에 풍천부사(豊川府使)가 되었더니 이괄이 반(反)하자 영신(榮臣)이 기탄(岐灘)을 지키다가 괄의 군사가 충돌해 오자 여러 장수들은 적을 바라보고 먼저 도망하여 그들에게 밀쳐서 모두 강물로 떨어졌으나 영신(榮臣)은 홀로 언덕에 의지하여 적을 쏘다가 화살이 다하고 활이 꺾이어 드디어 사로잡히게 되었다.

　이때 괄이 본래 그의 용맹을 알고 산 채로 얻은 것을 기뻐하

여 같이 일을 하자고 꾀어 만단(萬端)으로 이야기했으나 영신은
눈을 부릅뜨고 꾸짖기를,

"어찌해서 나를 속히 죽이지 않느냐? 나는 끝내 너에게 쓰이지
않을 것이다."

했으나 괄은 그래도 죽이지 않았다.

이때 적장(賊將) 이수백(李守白)이 말하기를,

"이 사람은 혼조(昏朝) 때에 절개를 지켜 본래부터 강직하다고
이름이 났으니 끝내 우리가 쓸 수 없을 것이다. 죽이지 않으면
뒤에 해가 있을까 두렵다."

하고 드디어 칼을 빼어 베니 죽기에 이르기까지 꾸짖는 말이 입에
서 끊어지지 않았다. 참판(參判)을 증직하고 정려(旌閭)를 내렸으
며 시호는 충장(忠壯)이다. 〈인물고(人物考)〉

이중로(李重老)는 드디어 깊은 못에 빠져 죽었다

이중로(李重老)는 청해(靑海) 사람이니 청해군(靑海君) 지란(之
蘭)의 6세손(六世孫)이요 송계(松溪) 인기(麟奇)의 아들이다. 나
면서부터 이상한 바탕이 있어서 겨우 6세에 말을 하여 사람을 놀
렸고, 7세에 어머니 상사를 당했는데 상측(喪側)을 떠나지 않는
것이 성인(成人)과 같았다.

임진(壬辰) 난리에 온 집이 산골짜기로 도망하는데 도둑이 길을
막았다. 이에 공이 칼을 지고 이해(利害)로 달래고 꾸짖으니 적이
가까이 오지 못했는데 이때 나이 16세였다.

을사(乙巳)에 무과에 오르고 을묘(乙卯)에 포도종사관(捕盜從事
官)이 되었다. 이때 이이첨(李爾瞻)이 바야흐로 인륜(人倫)을 어
길 것을 주장하여 오히려 날로 부족해하니, 기자헌(奇自獻)이 수
상(首相)으로서 자기에게 붙지 않는 것을 미워하여 백 가지 계교
로 자헌(自獻)을 없애는 것으로 일을 삼아서 익명서(匿名書)를 만

들어 가지고 비단 주머니에 넣고 꿰매서 자헌(自獻)이 비밀히 모후(母后)를 추대하는 것이라 하고 자기의 수족인 이수백(李守白)을 움직여 비밀히 포도랑(捕盜郞)의 직소(直所)에 보내 두었는데, 오랜 뒤에 수백(守白)이 이첨(爾瞻)의 부탁을 받고 와서 공을 위협하기를,

"네가 흉서(凶書)를 얻고서도 발표하지 않은 것은 무슨 까닭인가?"

했다.

이에 공이 웃으면서 말하기를,

"속담에 여우는 의심이 많아서 한번 묻은 것을 또 파본다 했는데 내가 이 사람이로다. 어찌 흉서(凶書)를 얻었단 말인가?"

하자, 수백(守白)은 노해서 돌아가더니 이첨이 듣고 크게 노하여 도승지(都承旨) 한찬남(韓纘男)에게 부탁하여 공을 불러 책망하는데 목소리와 얼굴빛이 모두 사납자 공은 서서히 대답하기를,

"익명서(匿名書)는 비록 부자(父子) 사이라도 전하지 말 것이요 그 법이 몹시 엄한 것인데 내 비록 어리석지만 어찌 감히 스스로 나라의 죄에 빠지겠는가."

하니 찬남이 말이 막혀 중지했다. 이때 대옥(大獄)이 일어나지 않은 것은 공의 힘이었다.

계해(癸亥) 3월에 이천부사(伊川府使)로서 기강(紀綱)이 있는 종 몇 명을 데리고 장단부사(長湍府使) 이서(李曙)와 함께 중흥(中興)의 사업을 도와 세워서 정사훈(靖社勳) 2등에 책록되고 청흥군(靑興君)에 봉해졌다.

이듬해인 갑자(甲子)에 평안병사(平安兵使)가 되었다. 괄이 반(反)하자 이윽고 경기·강원좌방어사(京畿江原左防禦使)로 옮겨 길을 재촉하여 기탄(岐灘)에 도착하였다. 괄과 명련(明璉)이 그 예봉(銳鋒)을 나하여 쇠우로 가로 충돌하니 방어진(防禦陣)의 군사가 이미 길을 빨리 걸어 피곤하고 또 새벽밥을 먹지 못한데다가 또 평산(平山) 연안(延安)의 군사가 무너지는 것을 보고 사람마다 낙담하여 얼굴에 사람의 빛이 없이 놀라고 떠들 뿐이어서 공이 비록 군전(軍前)에 서서 독전(督戰)하기를 더욱 급하게 해도

북소리도 일어나지 않았다.

이에 공은 스스로 일이 되지 않을 것을 헤아리고 단병(短兵)을 가지고 접전하여 홀로 적 6, 7인을 죽이고 힘을 다하여 남음이 없은 후에 돌아다보고 여러 장수에게 말하기를,

"나는 왕신(王臣)이라 적으로 하여금 도로 돌아가게 할 수 없다."

하고 드디어 깊은 못에 빠져 죽으니 이성부(李聖符)·이사수(李師洙) 등 공을 따라 죽은 자가 6, 7인이었다. 병조판서(兵曹判書)를 증직하고 시호는 충장(忠壯)이다. 〈비명(碑銘)〉

이수백(李守白)이 괄의 심복 장수로 여러 장수의 머리를 베어서 도원수(都元帥) 장만(張晩)에게 보내어 기운을 뺄 계획으로 중로(重老)의 시체를 물 속에서 찾아서 맘대로 잘라 몹시 잔혹하게 했다. 이때 풍천부사(豊川府使) 박영신(朴榮臣)이 적에게 잡혀 꾸짖는 소리가 입에서 끊어지지 않는데 미처 손을 쓰기 전에 수백(守白)이 갑자기 나와서 앞으로 나가 채찍으로 어깨와 등을 난타(亂打)하고 또 칼로 혀를 베고 돌로 이를 친 다음 머리를 잘라 죽였다.

난리가 평정된 뒤에 수백(守白)이 용서를 받아 여주(驪州)로 돌아와 있었다. 공의 아들 문웅(文雄)·문위(文偉)와 박영신(朴榮臣)의 아들 지병(之屛)·지원(之垣)·지번(之藩)이 함께 미역과 소금장수 행세를 하고 여주(驪州)에 머물고 있으나 계획을 낼 수가 없었다. 어느날 수백이 서울에 가자 이(李)·박(朴) 다섯 사람이 비밀히 따라서 제생원동(濟生院洞) 전병사(前兵使) 이항(李沆)의 집에 이르자 바로 들어가 때려 죽여 원수를 갚았다. 〈이씨복수의(李氏復讐議)〉

신경진(申景禛)이 귀인(貴人)의 운명으로
배 안의 사람이 살았다

신경진(申景禛)은 평산(平山) 사람이니 자가 군수(君受)요 충장

공(忠壯公) 입(砬)의 아들이다.

무과에 급제하여 선전관(宣傳官)으로 있을 때 일찍이 벽란도(碧瀾渡)를 건너다가 배가 거의 뒤집히는데 어떤 소경 한 사람이 울면서 말하기를,

"혹 귀인(貴人)이 같은 배에 타면 그의 힘으로 살 수가 있을 것이다."

하자 그 옆에 있던 사람이 말하기를,

"조정관원이 같은 배에 타고 있다."

했다.

이때 소경이 그 사람의 사주(四柱)를 풀어 보더니 큰 소리로 말하기를,

"이 운명은 곧 부원군(府院君)에 영의정(領議政)이니 우리들은 마땅히 살 수가 있겠다."

하자 공은 웃으면서 말하기를,

"내가 선전관(宣傳官)이지만 어찌 능히 이것을 하겠는가."

했다.

그는 그 뒤에 훈련대장(訓練大將)이 되고, 계해(癸亥) 반정(反正)에 정사공(靖社功)에 책록되고 평성부원군(平城府院君)에 봉해졌으며, 병자(丙子)에 임금을 모시고 남한(南漢)에 갔다가 정축(丁丑)에 대배(大拜)하여 영상(領相)에 이르렀다. 시호는 충익(忠翼)이며, 인조묘(仁祖廟)에 배향되었다. 〈인물고(人物考)〉

최명길(崔鳴吉)은 세상에서 줍는 자도 없을 수 없다고 했다

최명길(崔鳴吉)은 전주(全州) 사람이니 자는 자겸(子謙)이요 호는 지천(遲川)이다. 선조(宣祖) 을사(乙巳)에 생원시(生員試)에 장원으로 합격하고 같은 해에 문과에 급제하여 문형(文衡)을 맡고 벼슬이 영상(領相)에 이르렀으며, 완성부원군(完城府院君)에 봉해

지고 시호는 문충(文忠)이다.

젊었을 때 그 외숙(外叔) 유색(柳穡)이 안동부사(安東府使)가 되었을 때 인사하러 가는데 조령(鳥嶺)을 지나게 되었다. 그런데 한 여인이 자줏빛 옷에 엷은 화장을 하고 혹 앞서기도 하고 혹 뒤서기도 하면서 같이 가서 수일이 지나도 잠시도 떠나지 않았다. 명길(鳴吉)은 괴상히 여겨 어데 사느냐고 묻자 그녀는 조용히 이르기를,

"나는 조령(鳥嶺)의 성황신(城隍神)인데 어떤 사람이 나를 위해서 치마 하나를 만들어 사당 안에 걸어 두었다오. 그런데 안동 좌수(安東座首) 아모가 훔쳐다가 제 딸에게 주었으므로 내가 몹시 노해서 이제 가서 그녀를 죽이고 치마를 찾아오려 하는 것이오."

했다.

명길(鳴吉)이 말하기를,

"안동(安東)은 우리 외숙(外叔)이 다스리는 고을인데 그 죄가 비록 크더라도 함부로 그녀를 죽이는 것은 옳지 못하니 내가 그대를 위하여 찾아 주리라."

하니 그 여자는 사례했다.

안동(安東)에 들어갔을 때는 그녀가 보이지 않았다. 명길(鳴吉)이 급히 좌수의 집에 이르러 물었더니 과연 그 딸이 갑자기 죽어서 온 집안이 울고 야단이었다. 이에 명길(鳴吉)이 그 일을 말하고 들어가 보니 과연 그녀가 좌수의 딸의 가슴을 누르고 있는 것이었다. 명길이 그 치마를 가져다가 불에 태우자 그녀는 사례하고 가버렸고 좌수의 딸도 역시 살아나니 온 고을 사람이 이상한 일이라고 말했다.

명길이 돌아오는 길에 조령(鳥嶺)에 이르자 그녀가 나와서 말머리에서 맞아 말하기를,

"내가 볼일이 있어서 공과 이야기를 못했습니다."

하므로 명길이 그 까닭을 묻자 그녀는 말하기를,

"지금 천자(天子)가 만주(滿洲)에서 태어났는데 천제(天帝)께서 천하의 성황신(城隍神)에게 명하여 호위하라고 했기 때문에 명령을 받들어 행한 것이오."

했다.

명길이 말하기를,

"천자가 누구인가?"

하니 그녀는 말하기를,

"애신(愛新)인데 이 사람이 세상에 나면 명(明)나라 조정이 반
드시 망할 것이오. 아모 해에 이르러 천자가 반드시 조선을 칠
것인데, 그때 오로지 화의(和議)를 주장하여 국가를 편안케 할
자는 반드시 공일 것이니 원컨대 힘쓰시오."

하고 말을 마치자 보이지 않았다.

병자(丙子) 겨울을 당하여 호병(胡兵)이 크게 이르러 임금이 남
한산성(南漢山城)에 거동했을 때 적이 포위하기를 몹시 급하게 하
자 임금이 여러 신하들을 불러 의논하였다. 이때 유신(儒臣)들이
모두 척화(斥和)를 주장하여 예조판서(禮曹判書) 김상헌(金尙憲)이
아뢰기를,

"사람으로 죽지 않는 신하가 없고 나라는 망하지 않는 나라가 없
는 것이니 청컨대 한번 죽기로 결단하고 싸워서 사직(社稷)을
위하여 죽을 것이지, 어찌 개나 양 앞에 무릎을 굽혀 스스로 만
고(萬古)의 욕(辱)을 취한단 말입니까?"

했다.

명길은 이때 이조판서(吏曹判書)로서 홀로 조정에서 다투기를,

"이미 적을 대적하지도 못하고 또 화의(和議)도 이루지 못하면
스스로 그 망하기를 재촉하는 것인데, 조정에 있는 여러 신하들
은 모두 척화(斥和)를 맑은 의논으로 여기지만 신(臣)은 스스로
탁한 이름을 받아 적과 강화(講和)하기를 주장합니다."

했다.

이에 임금이 우상(右相) 이홍주(李弘胄)를 보내어 명길과 함께
국서(國書)를 가지고 떠나려 하는데 상헌(尙憲)이 이를 보고 찢어
버리고 통곡하기를 마지않자 명길은 말하기를,

"부득이한 일이니, 내 마땅히 찢은 것을 주우리라."

하고 이에 그것을 주워 모으니 당시 사람들이 말하기를,

"찢는 자도 없을 수 없고 줍는 자도 없을 수 없다."

했다. 이리하여 화의(和議)가 드디어 이루어졌다. 〈남한일기여제
사합록(南漢日記與諸史合錄)〉

한홍조(韓弘祚)가 최상(崔相)이 중 독보(獨步)를 보낸 일에 대해
서 묻자 수암(遂庵)은 말하기를,

"최상(崔相)이 임경업(林慶業) 장군(將軍)과 함께 독보(獨步)를
중국 조정에 보내는데 또 주문(奏文)에 의하여 병자(丙子)에 부
득이했던 정상(情狀)을 호소하고 본국 군신(君臣)의 마음을 밝히
자 황제(皇帝)가 비로소 우리 나라가 죄가 없다는 것을 알게 되
었다. 또 도독(都督) 주종예(朱宗藝)로 하여금 답계(答啓)를 하게
했는데 거기에서도 몹시 칭찬하고 아름답게 여겼으니 이는 최상
(崔相)의 마음이 본래 진회(秦檜)[1]가 처음부터 오랑캐를 위하
여 송(宋)나라를 달래어 금(金)과 화친한 것과는 같지 않은 것
이다."

또 독보(獨步)의 일에 이르러서는 오랑캐에게 발각되어 오랑캐
가 우리를 책망하여 그때에 독보(獨步)를 보낸 신하를 잡아 보내
라 하자 조정에서 부득이 임장군(林將軍)을 잡아 보내는데 장군
(將軍)이 평산(平山)에 이르러 망명(亡命)하여 일이 헤아릴 수 없
게 되었다.

이에 최상(崔相)이 스스로 감당하여 말하기를,

"독보(獨步)를 보낸 일은 임모(林某)와 신(臣)이 실상 그 계획
을 낸 것이오니 신(臣)이 마땅히 가겠습니다."

하고 드디어 그 아들 후량(後亮)과 같이 스스로 그들에게로 갔으
니 대개 이 길은 죽고 사는 것에 관계가 되기 때문에 최상(崔相)
의 집에서는 초종(初終)의 제구(諸具)를 모두 갖추어 가지고 갔으
며, 또 여러 부(府)와 친한 친구들이 은(銀)을 보낸 것이 몇천 냥
이 되었다.

그때 청음(淸陰)도 또한 오랑캐에게 가서 한 방에 갇혀 있어
다만 벽 하나가 격해 있었다. 후량(後亮)이 그 은(銀)을 뇌물로

---

1) 秦檜 : 남송(南宋) 고종(高宗) 때의 재상. 악비(岳飛)를 무고하여 죽이
고 주전파(主戰派)를 탄압하여 금(金)나라와 굴욕적인 화약(和約)을 체결
했음.

써서 그 아버지를 용서받고 싶으나 다만 청음(淸陰)이 혹 그 일을
알까 두려워서 청음(淸陰)에게 가서 묻기를,

"산의생(散冝生)은 어떤 사람입니까?"

하니 청음은 말하기를,

"옛날의 어진 사람이다."

했다. 또 묻기를,

"그러면 산의생이 한 일은 옳지 못한 일이 없습니까?"

하자 청음은 말하기를,

"그런 것 같다."

했다. 이에 후량(後亮)은

"근심 없다."

하고 드디어 그 은을 정명수(鄭命壽)에게 주어서 그 화를 늦추
었다.

또 최상(崔相)이 처음에는 청음이 참으로 춘추(春秋)의 의리를
붙드는 것이 아니고 이름을 낚는 마음으로 그러는 것이라고 의심
했더니 함께 오랑캐에게 갇혀 있으면서 그가 죽고 사는 일이 박두
한데도 확실하게 뽑을 수 없는 마음이 있는 것을 알고 드디어 그
의리를 믿고 그 마음에 복종하게 되었다. 한편 청음도 처음에는
역시 최상(崔相)이 진회(秦檜)와 같은 사람이라고 생각했더니 오
랑캐에게 가 있으면서도 스스로 죽기로 하고 오랑캐에게 굽히지
않는 것을 보고 역시 그 마음이 본래 오랑캐를 위한 것이 아니
라는 것을 알아서 같이 갇혀 벽 하나를 격해 있는 중에 서로 창수
(唱酬)한 시화(詩話)가 있었다.

그 중 청음의 시에,

"그를 따라 두 세상 좋은 것을 찾아서, 백년 동안의 의심이 깨
끗이 풀렸네. (從尋兩世好 頓釋百年疑)"

했고, 최상(崔相)의 시에는,

"그대의 마음 돌과 같아서 끝내 굴릴 수 없고, 우리 도는 고리
와 같아서 따르는 바를 알겠네. (君心似石終難轉 吾道如環信所
隨)"

했으니 이것은 그 오해를 푼 한 가지 일이다.

민성(閔垶)의 한 집 13인이 모두 죽다

민성(閔垶)은 여흥(驪興) 사람이니 자는 재만(載萬)이요 호는 용암(龍巖)이다.

광해조(光海朝) 때 생원이 되었고 병자(丙子) 난리에 온 집안을 데리고 강도(江都)로 들어가서 여러 아들과 함께 의병(義兵)에 들어갔다. 정축(丁丑) 정월 21일에 적이 배를 육지로 끌고 와서 갑곶(甲串) 동쪽 언덕에 이르자 재만(載萬)이 여러 아들 및 종들을 데리고 이곳을 지키더니 적이 장차 건너오자 유수(留守) 장신(張紳)이 배를 버리고 달아났다.

이때 어떤 사람이 말하기를,

"일이 어찌할 수 없이 되었으나 내가 보니 배 한 척이 언덕 옆에 걸려 있으니 힘껏 끌어서 강으로 들여보내면 달아날 수가 있을 것이다."

했다. 그러나 재만(載萬)은 말하기를,

"사부(士夫)가 의병(義兵)이란 이름을 가지고 일이 급하다고 먼저 도망하는 것이 옳단 말인가?"

했다.

군사가 무너지자 세 아들을 돌아보고 이르기를,

"이미 조정의 소식을 들을 수가 없고 온 나라가 모두 비린내나는 적의 땅이 되었을 것이니 비록 목숨을 보전한들 장차 어디로 돌아가겠는가."

하고 이에 집 식구를 데리고 덕포(德浦)에 이르러 말하기를,

"오늘의 의리로는 오직 깨끗한 곳으로 가서 조용히 죽을 뿐이다."

하고 드디어 함께 천등사(天登寺)로 향하여 법당(法堂)으로 올라가 벌여 앉고 처자(處子) 세 사람으로 하여금 모두 비녀를 꽂게 하고 각각 그 옷을 입게 했다.

그러나 이때 난리를 만난 사람들이 궐 안에 가득하므로 재만 (載萬)은 시끄러운 것이 싫어서 종에게 일러서 조용한 곳 하나를 찾아보라고 했더니 종이 말하기를,

"궐 뒤에 3, 4간 되는 흙집이 있습니다."

했다. 즉시 그곳으로 옮겨 모두 앉자 여러 아들들이 말하기를,

"이 어린 것들은 어떻게 하오리까?"

하니 재만이 그 서자(庶姊)에게 이르기를,

"우리들은 곧 죽겠거니와 누님은 나이가 들어 필시 더러움을 당하지 않을 것이니 모름지기 종들과 함께 이 어린것들을 업고 나가서 다행히 온전함을 얻으면 누님의 공이 어찌 크지 않겠습 니까?"

했으나 누이는 말하기를,

"의리에 마땅히 같이 죽을 일이지 어찌 홀로 살리요."

하고 굳게 거절하고 듣지 않는 것을 억지로 그렇게 시켰다.

이에 즉시 아이들의 부모로 하여금 각각 할아버지의 생년월일 시(生年月日時)와 그 이름을 써서 그 허리띠에 채워서 누이에게 주 고 또 첩 우가(禹哥)에게 이르기를,

"너는 사족(士族)이 아니니 반드시 죽을 필요가 없다. 누님을 따라서 가도록 하라."

했으나 첩은 말하기를,

"제가 어떻게 주인을 버리고 살기를 도모하겠습니까?"

하고 드디어 각각 띠고 있던 흰 비단 수건을 끌러 집 안에서 자살 했다.

재만(載萬)이 죽기에 임하여 종에게 이르기를,

"어찌 시체를 거두어 선영(先塋)에 장사지내기를 바라랴. 즉시 이 집을 헐어서 묻고 너희들은 각각 살기를 도모하는 것이 좋 나."

했다. 이에 누이와 늙은 계집종이 선원리(仙源里)에 이르러 들으 니 한 집이 모두 죽었다 하므로 드디어 업고 가던 아이를 늙은 계 집종에게 주고 통곡하다가 역시 자결(自決)하니 한 집의 죽은 자 가 13 인이나 되었다.

이때 조정에서 성(垶) 및 여러 자녀와 며느리·첩 등 모두 12인에게 정려(旌閭)를 내렸으나 홀로 그 누이에게는 주지 않았으니 애석한 일이다. 〈우암송시열저 용암전(尤菴宋時烈著龍巖傳)〉

김경징(金慶徵)이 신장(神將)을 불렀으나 오지 않다

김경징(金慶徵)은 순천(順天) 사람이니 자는 선응(善應)이요 북저(北渚) 김류(金瑬)의 아들이다. 인조(仁祖) 계해(癸亥)에 문과에 급제하여 벼슬이 판윤(判尹)에 이르고 순흥군(順興君)에 훈봉(勳封)되었다.

인조(仁祖)가 강도(江都)의 성을 쌓고 대신(大臣)들에게 명하여 이 성을 지킬 인재를 천거하라 하자 우상(右相) 이홍주(李弘冑)가 경징(慶徵)을 천거했다. 이에 임금이 유(瑬)에게 이르기를,

"경(卿)의 아들이 무슨 재능(才能)이 있어서 이 큰일을 감당할 수 있겠는가?"

하자 유(瑬)는 말하기를,

"신(臣)의 자식이 나이는 비록 젊으나 능히 육정 육갑(六丁六甲)의 신장(神將)을 부릅니다."

했다.

이에 임금이 말하기를,

"내 한번 시험해 보리라."

하고 밤에 유(瑬)와 경징(慶徵)과 독대(獨對)해서 육정 육갑(六丁六甲)을 부르니 과연 허리의 크기가 열 아름이요 키가 수십 척인 사람들이 모두 갑옷을 입고 칼을 차고 왔다. 이에 임금이 크게 놀라서 이를 물러가게 하고 이미 경징(慶徵)이 신통 광대(神通廣大)한 술법(術法)이 있는 것을 알아 드디어 도체찰사(都體察使)에 임명하고 전권(全權)을 맡기니 종친(宗親)과 백관(百官)이 경징(慶徵)을 의앙(依仰)하기를 간성(干城)과 같이하여 강도(江都)로 가족

을 보내는 자가 몹시 많았다.

경징(慶徵)이 이미 강도(江都)에 이르자 연무(鍊武)하고 수병(修兵)하는 것은 생각지 않고 매일같이 음악을 베풀고 잔치를 하여 술에 취하자 여러 장수늘이 위태롭고 누렵게 여겨 말이 많았으나 경징(慶徵)은 웃으면서 말하기를,

"그대들의 범 같은 위엄을 수고롭히지 않고서도 적을 하나도 남 김이 없이 섬멸할 수가 있다."

했다.

이때 종묘(宗廟)와 후빈(后嬪)·종친(宗親)·외척(外戚)이 모두 강도(江都)에 있었는데 적이 이르자 경징(慶徵)이 육정 육갑(六丁 六甲)을 불렀으나 신장(神將)이 하나도 오지 않더니 한참 만에 제 일 끝의 장수 하나가 저는 다리를 이끌고 왔다. 이에 경징이 노해 서 그 늦게 온 것을 꾸짖자 신장(神將)은 웃으면서 말하기를,

"지금 천자(天子)의 군사가 오기 때문에 만신(萬神)이 옹호하고 있는데 어느 겨를에 그대의 부름에 올 수가 있겠는가? 감히 묻 거니와 그대가 부른 것은 무슨 까닭인가?"

했다.

경징이 말하기를,

"너희들을 써서 전구(前驅)를 삼아 청병(清兵)을 물리치려 한 것 이다."

하자 그 장수는 웃으면서 말하기를,

"우리들이 지금 천자를 옹호하고 있는데 천자의 군사를 누가 감 히 물리친단 말인가?"

하고 말을 마치자 표연(飄然)히 가버렸다. 이때 청병(清兵)이 크 게 이르러서 강도(江都)가 드디어 함락하니 마침내 사사(賜死)되 었다. 〈청구야담(青邱野談)〉

유충걸(柳忠傑)은 성질은 급했지만
사진(仕進)은 더디었다

유충걸(柳忠傑)은 진주(晋州) 사람이니 인조(仁祖)의 고모부(姑母夫)이다.

인조(仁祖)가 젊었을 때 몹시 가까웠는데, 유(柳)는 성질이 급해서 인조(仁祖)가 어렸을 때 여러 번 매를 맞았는데 즉위한 뒤에 여러 번 벼슬의 망(望)에 올랐으나 끝내 결정을 받지 못했다.

만년(晩年)에 경연(經筵)에서 하교하기를,

"유모(柳某)가 나이 들었으니 강강(强剛)한 기운이 조금 꺾였는가?"

하고 비로소 정산현감(定山縣監)을 시켰다. 이는 대개 젊었을 때 그의 준급(峻急)하고 험한 성질을 익히 알아서 목민(牧民)의 정치에 해로움이 있겠으므로 그 기(氣)가 꺾이기를 기다려서 쓴 것이다.

그 조카 혁연(赫然)이 수원부사(水原府使)로 있을 때 유(柳)가 수원(水原)을 지나가는데 그곳은 서울에 가까워서 백성들의 습관이 사납고 악하여 손님이 오는 것을 보면 문을 닫고 굳게 거절하지 않는 자가 없었다. 유(柳)가 촌가(村家)를 찾아 주인을 불렀으나 사람마다 모두 굳게 거절하여 한 마을을 두루 돌아다녀도 끝내 들어갈 수가 없었다.

이때 눈은 한 자가 넘게 쌓이고 또 날은 어두운데 필마 단동(匹馬單僮)으로 길에서 방황하다가 드디어 산모퉁이에 앉아서 소동(小僮)을 불러 말하기를,

"너는 급히 수원부사(水原府使)를 잡아오라."

하니 듣는 자가 모두 웃고 광객(狂客)이라고 했다.

그 마을은 관문(官門)에서 10리가 되는데 이윽고 혁연(赫然)이 말을 달려왔다. 이에 유(柳)는 크게 꾸짖고 잡아다가 수죄(數罪)

하기를,

"네가 만일 잘 다스렸으면 백성들의 습관이 어찌 여기에 이르겠느냐?"

했다. 혁연(赫然)은 부복하고 명령을 듣고 나서 관아(官衙)로 들어가기를 간청했으나 유(柳)는 말하기를,

"내가 어찌 감히 어진 태수(太守)가 잘 다스리는 고을에 들어갈 수 있는가."

하고 분노하여 깊은 밤도 돌아다보지 않고 말을 달려가니 어찌할 수 없었다. 혁연(赫然)은 드디어 한 마을 백성을 죄로 다스리고 돌아가니 그 뒤로는 자못 징계가 되어 백성들의 습관이 조금 고쳐졌다고 한다.

유(柳)가 일찍이 그 아들 경연(瓊然)과 내연(內宴)에 들어갔다가 경연의 노래하는 소리를 듣고 잠연(潛然)히 눈물을 흘리자 앉아 있던 손들이 괴이히 여겨 물으니 대답하기를,

"아희의 노랫소리가 오래지 않아서 죽을 것이어서 이 때문에 슬퍼한다."

했다. 그런 후 열흘에 경연이 과연 죽으니 그 지정(至情)이 있는 바에 혹 감통(感通)의 이치가 있는 것인가. 〈청구야담(靑邱野談)〉

임광(任絖)이 법(法)을 지키고 꺾이지 않았다

임광(任絖)은 풍천(豊川) 사람이니 자는 자정(子瀞)이다. 선조(宣祖) 계묘(癸卯)에 진사가 되고 인조(仁祖) 갑자(甲子)에 문과에 급제하여 참판(參判)이 되었다. 임신(壬申) 이후로 을해(乙亥)에 이르기까지 아침에 벼슬을 제수했다가 저녁에 옮겨서 삼사(三司)에서 벗어나지 못했으나 한결같이 법을 지키고 꺾이고 빼앗는 바가 없으니 그 마을에서 서로 경계하여 모공(某公)의 이름을 범하지 말라고 했다.

병자(丙子)에 수신사(修信使)로 일본(日本)에 갔는데 상사(上使)

로 뽑혀 일본에 도착하여 아침 저녁으로 모두 건량(乾糧)과 박한 반찬만 먹었다. 일본 사람이 거탁(巨卓)을 갖추어 보냈으나 수저를 대지 않았다. 이리하여 일행 상하가 먹고 남은 쌀 530여 부대 및 술·간장·기름을 문안 오는 일본 사람들에게 나누어 주었더니 그 사람들이 이 일을 관백(關伯)에게 고하였다. 관백은 이것을 금 170근으로 바꾸어 보냈더니 공이 이것도 받지 않자 그들이 크게 노하므로 부득이 받았다가 돌아올 때 바닷속에 던져 버리니 지금 까지 그곳을 투금해(投金海)라고 불렀다.

대마도(對馬島)로 돌아와서 관백(關伯)이 준 예물(禮物)로 당시 에 준 공세미(供稅米)를 갚으려 하자 도주(島主)는 그의 맑은 지 조를 알고 또 바다에 던질까 두려워서 그대로 좇으니, 부사(副使) 김세염(金世濂)과 종사(從事) 황계(黃棨)는 매양 말하기를,

"임공(任公)은 지금 세상의 백이(伯夷)이다."
했다.

계미(癸未)에 소현세자(昭顯世子)가 심양(瀋陽)에 있을 때 공으로 우부빈객(右副賓客)을 삼아 심양(瀋陽)에 이르자 세자(世子)는 서 연(書筵)에 거둥하기를 드물게 하고 사냥하는 오랑캐를 따라 나가 노는데, 공은 비밀히 와신상담(臥薪嘗膽)의 대의(大義)를 말하여 몸 을 닦고 삼가여 남에게 업신여김을 당하지 말라고 간하고 심지 어 말머리를 두드리면서 울면서 간했으나 세자(世子)는 듣지 않고 말을 달려 앞으로 나가서 공은 말에게 채어 드디어 본래의 병이 더하여 사관(舍舘)에서 졸(卒)했다. 〈신계영문집(申棨榮文集)〉

공의 아들 윤석(允錫)은 개녕현감(開寧縣監)으로 있었는데 어느 날 공이 엄연(儼然)히 아헌(衙軒)에 와 앉았다. 언어(言語)와 동 지(動止)가 완연히 평상시와 같은데 말하기를,

"명부(冥府)에서 나에게 안찰(按察)의 책임을 맡겼는데 이제 마 침 이곳을 지나게 되었기로 부자의 정리는 생사(生死)가 다를 것이 없는 터라, 너를 보고자 해서 왔다."
하고 동복(僮僕)들을 불러 이르기를,

"마음을 다해서 주인을 섬기고 혹시라도 게을리하지 말라."
하고 저녁밥을 재촉하여 먹더니 얼마 안되어 밥상을 치우라 하고

말하기를,

"신기(神氣)가 이미 배가 불러서 산 사람과 같지 않다."

하고 즉시 일어나서 두어 발자국을 걷더니 그 모양이 보이지 않았다.

　이때는 이미 심양(瀋陽)에서 졸(卒)한 뒤요 부음(訃音)을 듣기 이전의 일이었다. 〈청구야담(靑邱野談)〉

박지계(朴知誡)는 시질(侍疾)하고 지침(支枕)하기에 두 눈썹이 모두 빠졌다

　박지계(朴知誡)는 함양(咸陽) 사람이니 소요당(逍遙堂) 세무(世茂)의 손자로서 자는 인지(仁之)요 호는 잠야(潛冶)이다.

　난 지 겨우 5세에 어머니가 손가락을 마침 칼날에 다쳤는데 그는 이것을 보고 놀라서 소리쳐 울고 비밀히 칼을 가져다가 스스로 제 손가락을 베어서 그 아픔을 징험했다.

　괴산(槐山)에 가서 임시로 살 때 어머니가 여러 해 동안 병을 앓자 지계(知誡)는 밤낮으로 간호하여 앉아서 졸면서 목침(木枕)으로 이마를 괴니 두 눈썹이 다 빠졌다.

　선조(宣祖) 병오(丙午)에 왕자사부(王子師傅)가 되고 지평(持平)·사업(司業)·승지(承旨)에 임명되었으나 모두 나가지 않았다. 인조(仁祖) 갑자(甲子)에 임금의 뜻에 의하여 소(疏)를 올려 원종(元宗)을 추숭(追崇)하고 존칭할 것을 의논했고 문인(門人) 이의길(李義吉)의 소(疏)에도 역시 이것으로 주장을 삼았다.

　현종(顯宗) 무신(戊申)에 아산(牙山)의 오현서원(五賢書院)에 배향되고 이조판서(吏曹判書)에 증직되었으며, 시호는 문강(文康)이다. 〈인물고(人物考)〉

백수회(白受繪)가 왼쪽 어깨에
십자(十字)를 새기다

백수회(白受繪)는 부여(扶餘) 사람이니 자는 여빈(汝彬)이다.

임진(壬辰)에 산재(山齋)에서 글을 읽는데 적이 졸지에 이르러 무릎을 굽히라고 몹시 협박하자 수회(受繪)는 분하게 여겨 꾸짖는 말이 입에서 끊어지지 않고 죽기로 스스로 맹세하니 적은 노해서 3일 동안 깊은 굴 속에 가두었으나 끝내 꺾이지 않고 왼쪽 어깨에 새기기를,

"차라리 이씨의 귀신이 될지언정, 짐승의 신하는 되지 않겠다. (寧爲李氏鬼 不作犬羊臣)"

했다.

적이 또 칼로 위협하자 수회(受繪)는 목을 내밀면서 말하기를,

"속히 나를 치라."

고 했다. 적이 또 가마솥에 물을 끓여 장차 삶아 죽이려 하자 수회(受繪)는 웃으면서 나와서 말하기를,

"이것은 나의 소원이다."

했다. 그러나 이때 적의 괴수가 중지시키면서 말하기를,

"이는 천하의 의사(義士)인데 어찌 명색도 없이 죽인단 말이냐?"

하니 여러 적들이 경복(敬服)하지 않는 자가 없었다.

이때 수회(受繪)의 나이 19세인데 적에 가서 있은 지 9년에 마침내 절개를 완전히 하고 돌아오니 원근(遠近)이 모두 모아들어서 글자 새긴 것을 구경하면서 혀를 차고 탄식했다.

광해(光海)의 정치가 어지러울 때를 당하여 여러 추한 무리들이 김용(金墉)의 의논을 꺼내어 온 나라에 통유(通諭)하여 기일을 정하여 소(疏)를 올리려 하자 수회(受繪)가 통곡하기를,

"천하에 어찌 어머니 없는 나라가 있단 말이냐."

하고 찢어서 던지니 보는 자가 얼굴빛이 변했다.

　인조(仁祖)가 반정(反正)하자 칭찬을 더하고 사옹참봉(司饔參奉)에 임명했으나 나가지 않자 자여찰방(自如察訪)을 제수했다. 나이 69세에 졸(卒)하니 호조참의(戶曹參議)를 증직하고 정려(旌閭)를 내려 충신지문(忠臣之門)이라 했다. 〈매산집(梅山集)〉

윤지경(尹知敬)은 인조반정(仁祖反正)에 그대로 서서 쟁변(爭辯)하다

　윤지경(尹知敬)은 파평(坡平) 사람이니 자는 유일(幼一)이요 호는 창주(滄洲)이니 좌상(左相) 개(漑)의 증손이다. 어릴 때 신채(神采)가 명랑하여 보는 자가 모두 말하기를,

　"윤씨(尹氏)의 대(代)에 사람이 있다."
했다.

　광해(光海) 계묘(癸卯)에 생원이 되고 기유(己酉)에 문과에 급제하여 삼사(三司)를 거쳤다. 인조(仁祖)가 거의(擧義)하여 창덕궁(昌德宮)에 들어가자 광해주(光海主)는 도망하고 궁중이 물끓듯 했다.

　이때 지경(知敬)은 바야흐로 직중(直中)에 있더니 무사(武士) 두어 사람이 지경(知敬)을 이끌고 군중(軍中)으로 들어가 임금의 앞으로 나아가 절하게 했으나 지경(知敬)은 그 자리에 서서 말하기를,

　"밤중이어서 얼굴을 알 수 없는데 임금이라고 일컫는 자는 누구인가?"
하자 심뉴(金瀏)가 봄을 빼어 말하기를,

　"능양군(綾陽君)이 선조(宣祖)의 손자로서 종묘와 사직을 위하여 이 계획을 낸 것이다."
하자 지경(知敬)은 비로소 내려가서 절한 다음에 동상(東廂)으로 나가서 가두기를 청하니 임금이 흠탄(欽歎)하여 응교(應敎)에 임

명했다.

그러나 지경(知敬)은 소(疏)를 올려 사양하기를,

"신(臣)이 혼조(昏朝)에 있을 때 여러 번 임금 가까운 자리로 옮겨져서 앉아서 나라가 망하는 것을 보고 말 한 마디도 구하지 못했으니 그 죄 하나요, 의병(義兵)이 들어오는데 능히 들어오기 전에 임금의 명령에 응하지 못하고 감히 얼굴빛을 거슬러 집사(執事)와 다투었으니 그 죄 둘이요, 폐해진 동궁(東宮)의 사랑을 받았는데 그가 망하자 그 있는 곳을 알지 못하니 그 죄 셋이 온데 신(臣)이 무슨 면목으로 사람의 세상에 서겠습니까?"

했으나 임금은 허락하지 않았다.

병인(丙寅)에 신흠(申欽)이 시관(試官)이 되었는데 그 아들 약손(若孫)이 과거에 급제하자 지경(知敬)이 이를 탄핵하여 파방(罷榜)시켰다. 벼슬이 공청도 관찰사(公淸道觀察使)에 이르고 나이 51세에 졸(卒)했는데 임종(臨終) 때에 그 원고를 모두 불태웠다. 〈인물고(人物考)〉

하진(河溍)이 안장을 잃었으나
묻지 말라고 하다

하진(河溍)은 진주(晋州) 사람이니 자는 진백(晋伯)이요 호는 대계(台溪)이다.

어릴 때 같이 공부하는 아이가 한 가지 분한 일로 인해서 다투어 그의 신을 빼앗아 찢어서 던졌으나 진(溍)은 노여워하는 빛이 없었다. 이에 사람이 까닭을 묻자 말하기를,

"이렇게 해야 일이 없다."

고 했다.

갑자(甲子)에 진사가 되고 계유(癸酉)에 문과 제3인으로 급제했으며, 경인(庚寅)에 홍문관(弘文舘)의 관원이 되었다. 대성(臺省)에 있을 때 어떤 사람이 그의 안장을 훔쳐갔으므로 종자(從

者)가 그 의심나는 사람을 들어서 다스리기를 청하자 진(溍)은 웃으면서 말하기를,

"내가 잃은 것은 적지만 그것을 들추면 그것은 큰 것이니 묻지 말라."

하니 그 훔쳐간 자가 듣고 그 안장을 돌려 주었다. 벼슬이 집의(執義)에 이르렀다. 〈인물고(人物考)〉

권면(權勉)이 죄수(罪囚)를 석방하고
보은(報恩)을 받다

권면(權勉)은 안동(安東) 사람이니 자는 사형(思瑩)이요 호는 치암(恥庵)이다. 광해(光海)의 정치가 어지럽자 문을 닫고 모든 일을 사양하고서 참판(參判) 회(憻), 판서 협(悏)과 함께 아침 저녁으로 서로 만났다. 인조(仁祖)가 반정(反正)하자 나이 이미 80인데 계급을 높이고 비단옷을 하사했다.

마전현(麻田縣)에 죽을 죄수 천여 명이 있었는데 그의 힘으로 살아난 일이 있었다. 병자(丙子)의 난리를 당하여 집식구를 데리고 강도(江都)로 들어갔다가 성이 함락되자 사녀(士女)들이 나룻가에 구름처럼 모여 있었는데 갑자기 어떤 사람이 공을 그 시끄러운 속에서 찾아서 껴안고 앞으로 나가자 집사람도 거기에 따라갔다.

한 곳에 이르자 의선(艤船)이 있으므로 까닭을 묻자 말하기를,

"저희들은 곧 마전(麻田)에 갇혔던 죄수(罪囚)이온데 공의 힘을 입어 목숨을 보전해서 죽기로 맹세하고 은혜를 갚으려 하여 여기에 와서 기다린 것입니다."

했다.

벼슬이 지중추(知中樞)에 이르고 졸(卒)할 때의 나이는 99세였다. 〈인물고(人物考)〉

임숙영(任叔英)은 인간(人間)으로 귀양 내려온 지가 이미 오래였다

임숙영(任叔英)은 풍천(豊川) 사람이니 자는 무숙(茂叔)이요 호는 소암(踈庵)이다. 천성(天性)이 어려서부터 슬기롭고 재주가 뛰어나서 신축(辛丑)에 진사에 합격하고 독실한 뜻으로 옛 일을 널리 알아 과거보는 것으로 뜻을 갖지 않았다.

월사(月沙) 이정구(李廷龜)가 동몽교관(童蒙敎官)을 제수했으나 나가지 않았다. 신해(辛亥)의 별시(別試)에 대책(對策) 수천언(數千言)을 지어 바로 궁중에서 정치에 간섭하고 외척(外戚)이 교만하고 방자한 것을 배척하니 고관(考官) 심희수(沈喜壽)가 이를 기이히 여겨 제1에 두고자 했으나 동렬(同列)의 시관(試官)들이 반대해서 병과(丙科)의 끝에 두었다.

그러나 광해주(光海主)가 이 말을 듣고 크게 노하여 시관(試官)들을 몹시 책망하고 그 이름을 삭제하라고 명한 것을 영상(領相) 이덕형(李德馨) 등이 입대(入對)하여 간절히 간하자 광해주가 부득이 이에 따랐다. 나이 48세에 병이 없이 죽었고 벼슬은 수찬(修撰)에 이르렀다.

이웃 할미가 말하기를,

"어젯밤 꿈에 이인(吏人)이 푸른 간지(簡紙)를 가지고 임지평(任持平)의 집을 찾으니 이는 바로 운명할 때였다."

했다. 또 호서(湖西) 유생(儒生)의 꿈에 어떤 사람이 말하기를,

"임숙영(任叔英)은 인간에 귀양내려온 지 이미 오래인데 천상(天上)으로부터 마땅히 소환(召還)할 것이다."

했다. 이에 그 유생(儒生)이 행장을 재촉하여 서울에 이르러 보니 소암(踈庵)은 이미 죽어 있었다. 〈인물고(人物考)〉

이명(李溟)이 일을 헤아려 칼을 감추다

이명(李溟)은 전주(全州) 사람이니 호는 상촌(象村)이다. 문과
에 급제하여 호조판서(戶曹判書)가 되었다.

이때 임참판(任參判) 의백(義伯)이 낭청(郎廳)이 되었을 때 청
(淸)나라 장수가 진품(珍品)의 왜검(倭劍)을 찾자 공이 임공(任公)
으로 하여금 저자 사람을 독려(督勵)하여 찾아 바치게 했더니 여
러날 만에 비로소 칼 하나를 얻어서 바쳤다.

공은 이것을 받아서 사실(私室)에 감추어 두고 또 명령하여 다
시 한 자루를 올리라 하니 저자 사람은 크게 원망하고 임공(任公)
도 역시 해괴하고 망녕되다고 의심하여 여러 사람들이 모인 자리
에서 욕을 했으나, 감히 명령을 어기지 못하여 다시 한 자루를 얻
어서 바쳤으나 크기가 먼저 것만은 못했다. 공은 명하여 이것을
청장(淸將)에게 보냈더니 청장은 기뻐하고 받았다.

얼마 안되어 청나라 황제가 보검(寶劍)을 구하기를 몹시 급하게
하자 공은 감추어 두었던 것을 내주고 웃으면서 말하기를,

"낭청(郎廳)이 오늘도 또 나를 욕하는가?"

했다. 대개 그는 먼저 반드시 청나라 황제가 요구할 것을 예측하
고서 감추어둔 것이요, 관부(官府)에 두면 혹 남이 바꿔갈까 염려
하여 그대로 사실(私室)에 두고 기다린 것이니 그 실정을 헤아린
것이 남의 미칠 바가 아니었다. 〈인물고(人物考)〉

윤정준(尹廷俊)의 종 결이(玦伊)가 차마 홀로 살 수 없다고 하다

윤정준(尹廷俊)은 파평(坡平) 사람이니 자는 수백(秀伯)으로서

임(任)의 증손이다.

광해(光海) 무신(戊申)에 무과에 급제했는데 신장(身長)이 9척이요 몸이 크고 훌륭했다. 남을 사랑하고 악한 것을 미워했으며, 술 마시기를 좋아하면서도 떠들지 않아서 같이 노는 사람이 모두 호협(豪俠)하고 기절(氣節)이 있는 선비들이었다.

김응하(金應河)·박영신(朴榮臣)이 가장 친하게 지내고 기개(氣慨)로 서로 허여(許與)했다. 선전관(宣傳官)이 되었을 때 박승종(朴承宗) 부자(父子)가 세의(世誼)가 있다 말하고 부르자 정준(廷俊)은 말하기를,

"나는 화를 당한 집 자손이어서 마음으로 항상 두려워하고, 박상(朴相)은 권세가 몹시 성한데 어찌 감히 그 집에 간단 말인가?"

하고 끝내 가지 않았다.

백사(白沙) 이항복(李恒福)이 북쪽으로 귀양갔을 때 임금을 그리워하는 뜻으로 노래 10여 장(章)을 지은 것을 비첩(婢妾)들을 시켜 노래하게 했는데, 족형(族兄) 안검(安儉)은 이이첨(李爾瞻)의 사람으로서 마침 같이 술을 마시다가 그 노래를 듣고 말하기를,

"그대가 어찌 감히 이 노래를 아희들에게 가르치는가?"

하자 대답하기를,

"형이 광창(廣昌)을 알고 내가 오성(鰲城)을 사모하는 것은 각각 그 뜻일 뿐이오."

하고 또 노래하라고 명하자 안검(安儉)은 노해서 갔는데, 계해(癸亥) 반정(反正)에 옹진현감(甕津縣監)에 제수되었다.

갑자(甲子) 괄(适)의 난리에 부원수(副元帥) 이수일(李守一)이 정준(廷俊)으로 하여금 마탄(馬灘)을 지키게 했는데 괄(适)이 와서 습격하여 여러 장수는 모두 죽고 정준(廷俊)은 잡혔다. 괄(适)이 한명련(韓明璉)과 걸상에 걸터앉아서 말하기를,

"네가 외로운 군사를 가지고 감히 나를 항거하느냐?"

하자 정준은 큰 소리로 말하기를,

"대의(大義)가 있는 바에 많고 적은 것을 어찌 의논하는가? 너는 빨리 죽이라."

했다.

명련(明璉)이 소리를 높여 말하기를,

"너는 포로가 되었는데 어찌 감히 당돌히 구느냐?"

하자 정준은 말하기를,

"네가 문화수군(文化水軍)으로서 지위가 순변(巡邊)에까지 이르 렀으니 너에게는 극진한데 감히 나라를 저버리느냐?"

하고 말을 바야흐로 이으려 하는데 적의 칼이 이미 내리쳐졌다.

정준의 종 결이(玦伊)는 담력(膽力)이 있어서 정준이 그를 사랑 하여 항상 곁을 떠나지 않더니 정준이 죽는 것을 보고 정준이 타 던 말을 옹진(甕津)의 관원에게 부탁하여 말하기를,

"내가 이 말만 있으면 넉넉히 도망가서 살 수가 있지만 우리 주 인이 여기에 이르렀으니 어찌 차마 홀로 살겠는가. 너는 이 말 을 갖다가 부인께 드려라."

하고 드디어 통곡하다가 물에 빠져 죽었다. 괄의 난리가 평정되자 정준에게 병조참판(兵曹參判)을 증직하고 파녕군(坡寧君)에 봉했 으며 시호는 충민(忠愍)이다. 〈인물고(人物考)〉

이목(李穆)은 정강이가 부러져도
더욱 사나웠다

이목(李穆)은 한산(韓山) 사람이니 자는 명원(明遠)이다.

외숙(外叔) 이완풍(李完豊) 서(曙)가 경기관찰사(京畿觀察使)가 되어 군사를 거느리고 개성(開城)에서 괄(适)을 막을 때 목(穆)으 로 하여금 스스로 군사를 따라 막차(幕次)에 있게 했더니 완풍(完 豊)이 이 사실을 조정에 아뢰었다.

괄(适)이 이미 서울을 점령하자 목(穆)은 허실(虛實)을 정탐하 고자 하여 새벽에 소의문(昭義門)을 거쳐 들어가다가 적에게 발각 되어 괄(适)에게 잡혀갔다.

괄(适)이 병기를 가지고 말하기를,

"네 외숙이 있는 곳을 말하면 살려주리라."

했으나 목이 대답지 않자 괄은 노하여 쇠몽치로 목의 무릎과 정강이를 치는데 한 번 때릴 때마다 한 번씩 위협하자 목이 눈을 부릅뜨고 크게 꾸짖어 정강이가 부러졌는데도 목소리와 기운이 더욱 사나워서 죽음에 이르니 한원군(韓原君)을 증직했다. 〈인물고(人物考)〉

이수일(李守一)이 왕자(王子)에게 관속(官粟)을 주지 않았다

이수일(李守一)은 경주(慶州) 사람이니 자는 계순(季純)이다.

선조(宣祖) 계미(癸未)에 무과에 급제하고 선전관(宣傳官)으로서 장기현감(長鬐縣監)이 되어 동지(同志)와 함께 무리와 맹세하고 왜(倭)를 맞아 힘껏 싸우니 전후에 적을 벤 것이 몹시 많았다. 일이 조정에 알려지자 경상북도도병마사(慶尙北道都兵馬使)에 임명되고 글을 주어 칭찬하기를,

"비로소 순국(殉國)하는 선비가 반드시 많은 녹(祿)을 먹는 신하에게서 나오는 것이 아니요, 본래 어떻게 생긴지도 모르는 사람에게서 나온다는 것을 알았다."

했다.

계해(癸亥) 반정(反正)에 선전관(宣傳官)이 성 밖에 이르자 수일(守一)이 깃대를 세우고 북을 놓고 앉아서 장사(將士)를 모아 성문을 닫고 있다가, 자전(慈殿)이 복위(復位)되고 구주(舊主)를 강화(江華)로 내보냈다는 말을 듣고 비로소 갑옷을 벗고 명령을 받았다.

갑자(甲子)에 이괄(李适)이 반(反)하자 수일(守一)이 사도부원수(四道副元帥)로서 적을 서흥(瑞興)에서 막았다. 적이 지름길로 급히 서울로 달아나자 수일(守一)이 원수(元帥)와 함께 장단(長湍)에 이르렀다. 원수가 여러 장수들을 모아 앞으로 할 일을 의논하는데 수

일이 눈물을 뿌리고 먼저 나와서 부하들을 독려하여 먼저 떠나자 원
수도 역시 뒤를 쫓아 선봉(先鋒) 정충신(鄭忠信)·남이흥(南以興)
을 보내어 함께 안현(鞍峴)을 점령했다. 날이 밝자 적이 모두 와
서 침범하는 것을 한참 동안 함께 싸우는데, 수일이 거느리고 있는
경졸(輕卒)을 모두 놓아 적진을 껶고 첩보(捷報)를 올렸다. 이에
계급을 보국(輔國)으로 올리고 선무(宣武)·진무(振武) 양훈(兩勳)
을 책록하고 계림군(鷄林君)에 봉했다.

수일이 수원부사(水原府使)가 되었을 때 왕자(王子)가 관속(官
粟) 백포를 빌려 달라고 청하자 수일은 말하기를,

"외신(外臣)이 어찌 왕자(王子)와 사사로이 사귈 것이며 나라 곡
식을 어찌 맘대로 줄 수 있단 말입니까?"

하니 왕자도 역시 감히 꾸짖지 못했다. 〈인물고(人物考)〉

아들 완(浣)이 일찍이 공에게 말하기를,

"무관(武官) 모(某)가 창녀(娼女)를 위하여 그 집 울타리를 하고
있으니 저는 그 사람과 같이 있고 싶지 않습니다."

하자 공은 말하기를,

"나에게 그른 일이 없은 후에라야 비로소 남을 그르다고 할 수
있는 것이니, 네 아비도 젊었을 때 또한 그런 일이 있었다."

하니 완(浣)이 감히 다시 말하지 못했다.

그 용서하는 것을 미루어 경계한 말이 참으로 장자(長者)의 풍
도가 있었다. 〈동평견문록(東平見聞錄)〉

남이웅(南以雄)이 여럿이 앉은 자리에서
이첨(爾瞻)을 꾸짖다

남이웅(南以雄)은 의령(宜寧) 사람이니 자는 적만(敵萬)이요 호
는 시북(市北)이다. 선조(宣祖)가 왕자사부(王子師傅)를 삼았고 광
해(光海) 계축(癸丑)에 문과에 급제하여 수찬(修撰)이 되었다.

이이첨(李爾瞻)이 권세를 맘대로 부릴 때 이웅(以雄)을 보기를

요구했으나 이웅은 돌아다보지 않았고 또 여러 사람이 앉아 있는 자리에서 큰 소리로 꾸짖자 이첨은 노해서 끝내 이웅에게 언관(言官)을 시키지 않았다.

갑자(甲子)에 괄(适)이 반(反)하자 이웅(以雄)이 관향사(管餉使)가 되었는데 이때 적이 군량을 약탈해 가서 우리 군사가 먹는 것을 걱정하게 되었다. 이에 이웅(以雄)이 법도로써 일깨우자 궁벽한 산골 고을에서도 모두 분주하게 양식을 운반하지 않는 자가 없이 이고 지고 와서 군사들이 배부르게 먹어서 관군(官軍)이 이기게 되었다. 괄이 평정되자 진무훈(振武勳) 3등에 책록되고 춘성부원군(春城府院君)에 봉해졌다가 병술(丙戌)에 대배(大拜)하여 좌상(左相)에 이르고 기사(耆社)에 들어갔다.

정해(丁亥)에 강옥(姜獄)이 일어나자 임금이 몹시 노하여 여러 재상들에게 묻기를,

"이경여(李敬輿)와 강석기(姜碩期)가 사사로운 마음이 있느냐."

하자 여러 재상들이 놀라서 대답하지 못하는데 이웅(以雄)이 홀로 말하기를,

"신(臣)이 경여(敬輿)의 마음을 아옵는데 경여(敬輿)가 두 마음이 있다면 신(臣)도 또한 두 마음이 있습니다."

하니 임금의 뜻이 비로소 풀렸다.

공이 이조판서(吏曹判書)로 있을 때 사람을 천거하는 데 반드시 서남북(西南北)의 색목 있는 사람을 섞어서 삼망(三望)[1]을 올리니 당시 사람들이 삼색도(三色桃)라고 일컬었다. 마침 필선(弼善)이 궐(闕)이 있어서 임명해 가지고 장차 심양(瀋陽)에 보내려는데 사람들이 모두 심양(瀋陽)에 가기를 싫어하여 피했다.

이때 남노성(南老星)이 좌랑(佐郞)으로서 붓을 잡았는데 처음에 한 사람을 천거하자 노성(老星)이 말하기를,

"이 사람은 노친 시하(老親侍下)여서 갈 수가 없습니다."

하고 다시 한 사람을 천거하자 노성은 말하기를,

---

1) 三望 : 세 후보(候補)라는 말로써, 관리의 임명을 정하는데 임금에게서 수점(受點)하기 위하여 전형(銓衡)을 맡은 아문(衙門)에서 합당하다고 여기는 세 사람을 적어 올리는 것.

"이 사람은 오랜 병이 있습니다."

했다. 이에 공이 말하기를,

"이 길은 역질(疫疾)과 같아서 사람마다 한 번은 면할 수가 없는 것인데 좌랑(佐郎)은 늙은 부모도 계시지 않고 몸에 병도 또 없으니 마땅히 수망(首望)으로 천거한다."

하니 노성은 감히 한 마디도 못하고 그 이름을 썼다. 〈연려실기술(燃藜室記述)〉

이경여(李敬輿)는 임금이 말하기를 지극한 아픔이 마음에 있다고 하다

이경여(李敬輿)는 전주(全州) 사람이니 자는 직부(直夫)요 호는 백강(白江) 또는 봉암(鳳巖)이다. 선조(宣祖) 신축(辛丑)에 진사가 되고 광해(光海) 기유(己酉)에 문과에 급제했다.

인조(仁祖)가 효종(孝宗)을 책봉하여 세자(世子)로 삼자, 경여(敬輿)는 힘써 세손(世孫)을 마땅히 세워야 한다는 의논을 주장하다가 미움을 받아 멀리 귀양갔더니 효종(孝宗)이 즉위하자 맨 먼저 경여(敬輿)를 불러 말하기를,

"해는 저물고 길은 먼데 지극한 아픔이 마음에 있다."

했으니 군신(君臣)의 제우(際遇)가 이와 같았다.

일찍이 강빈(姜嬪)의 옥사(獄事)로 해서 멀리 귀양갔다가 인조(仁祖) 계미(癸未)에 대배(大拜)하여 영상(領相)에 이르고 기사(耆社)에 들어갔다. 나이 75세에 졸(卒)하니 시호는 문정(文貞)이다. 〈국조방목(國朝榜目)〉

홍진도(洪振道)는 능양군(綾陽君)의 집을
지키고 피하지 않았다

　홍진도(洪振道)는 남양(南陽) 사람이니 자는 자유(子由)이다. 계축(癸丑)에 별제(別提)가 되었는데 개연(慨然)히 나라를 광복(匡復)할 뜻이 있어 내외종(內外從)인 구굉(具宏)·신경진(申景禛)과 아우 진문(振文)과 함께 비밀히 모의(謀議)하더니 광해(光海)가 능양군(綾陽君)의 집에 왕기(王氣)가 있다고 의심하자 능양군은 곧 그 집을 바치고 갈 곳이 없자 진도(振道)는 자기 집을 바쳤다.

　이때 원종(元宗)이 사저(私邸)에서 승하(昇遐)하자 광해가 또 조객(吊客)들을 조사하니 진도(振道)는 밤낮으로 집을 지켰다. 이에 능양(綾陽)이 울면서 이르기를,

　"부모가 계신데 어찌 잠시라도 피하지 않는가?"

했으나 진도는 말하기를,

　"화복(禍福)은 운명이 있는데 어찌 피한다고 되겠습니까?"

했다.

　계해(癸亥) 3월에 서교(西郊)에 모여서 대훈(大勳)이 이미 모아지자 우두머리로 공조좌랑(工曹佐郞)에 임명되고 정사공(靖社功)에 책록되어 남양군(南陽君)에 봉해졌으며, 벼슬이 판중추부사(判中樞府事)에 이르고 시호는 충목(忠穆)이다. 〈인물고(人物考)〉

권도(權濤)는 먼저 병을 앓다가 뒤에 나았다

　권도(權濤)는 안동(安東) 사람이니 호는 동계(東溪)이다. 대대로 단성(丹城)에 살았는데 승지(承旨)가 되었을 때 장릉(章陵)을 추숭(追崇)할 의논이 일어나자 도(濤)는 처음에는 옳다고 하다가 나중

에는 청의(淸議)의 버림을 받을까 걱정하여 굳게 반대하기를 그치지 않았으니 이는 먼저는 옳다가 뒤에 가서 나온 것이요, 이성구(李聖求)는 처음에는 바를 것을 지키려 하다가 끝에 가서는 임금의 뜻에 거슬릴까 걱정하여 갑술(甲戌)에 부묘(附廟)하는 일에 영합(迎合)하여 대배(大拜)를 얻었으니 이는 처음에는 곧다가 뒤에 가서는 아첨한 것이니 선비는 마땅히 늦게 보존하는 것으로 옳은 것을 삼는다. 〈매산집(梅山集)〉

신흠(申欽)은 면(冕)이 마땅히
죽을 것을 알았다

신흠(申欽)은 평산(平山) 사람이니 자는 경숙(敬叔)이요 호는 상촌(象村) 또는 현옹(玄翁)이다. 선조(宣祖) 을유(乙酉)에 진사하고 병술(丙戌)에 문과에 급제했다. 광해의 정치가 어지럽자 문을 닫고 물러가서 춘천(春川)의 소양강(昭陽江) 위에 있더니 인조(仁祖)가 반정(反正)하자 불러서 이조판서(吏曹判書)에 임명했다.

완남(完南) 이후원(李厚源)이 젊었을 때 와서 선공(先公)의 비명(碑銘)을 공에게 청하자 공은 처음 보고 맞아서 상좌(上座)에 앉히고 기꺼이 대하기를,

"내일모레 오시면 마땅히 명(銘)을 지어 놓고 기다리겠습니다."

했다.

완남(完南)은 그가 관대(款待)하는 것을 보고 마음속으로 괴상히 여기고 약속한 날에 가보니 공은 과연 명(銘)을 지어 놓았다가 주면서 말하기를,

"그대는 다음날에 마땅히 재상이 될 것이요 나에게 손자 면(冕)이 있는데 그 죽고 사는 것이 반드시 그대의 손에 달렸으니 감히 그대에게 부탁하노라."

했다.

그 후 24년에 자점(自點)이 역모(逆謀)로 인해서 베임을 당하는데 면(冕)이 연좌되어 죽게 되자 완남(完南)이 그 옥사(獄事)를 다스리다가 공이 면(冕)을 부탁하던 말을 임금에게 아뢰고 용서해 주자고 청하였다. 임금은 상촌(象村)이 사람을 알아본다고 탄식하기를 마지않고 그 죽음을 면해주려 했으나 홍기천(洪沂川)이 면(冕)의 누이의 사위로서 굳이 반대하여 마침내 죽었다. 〈송자대전수차(宋子大全隨箚)〉

공은 문형(文衡)을 맡고 벼슬은 영상(領相)에 이르렀으며, 인조(仁祖)의 묘정(廟庭)에 배향되고 시호는 문정(文貞)이다.

신익성(申翊聖)이 문형(文衡)의 글을 고시(考試)하다

신익성(申翊聖)은 평산(平山) 사람이니 상촌(象村) 흠(欽)의 아들로서 자는 군석(君奭)이요 호는 낙전(樂全) 또는 동회(東淮)이다. 나이 12세에 선조(宣祖)의 딸 정숙옹주(貞淑翁主)에게 장가들어서 동양위(東陽尉)가 되었다.

해서(楷書)와 팔분(八分)·전(篆)·주(籒)에 능했는데 신사(辛巳)에 이유(李烓)가 청(淸)나라에 무고(誣告)한 일로 해서 청음(淸陰) 김상헌(金尙憲)과 함께 심양(瀋陽)에 들어가 갇혔으나 태연히 조금도 얼굴빛이 변치 않았다.

공은 문장과 재주와 학문이 한 세상에 뛰어났는데 항상 몸이 부마(駙馬)가 된 관계로 경상(卿相)의 자리에 오르지 못하는 것을 한스럽게 여겨 매양 옹주(翁主)를 대해서 희롱삼아 말하기를,

"내가 도위(都尉)가 아니면 이 세상의 문형(文衡)이 나를 버리고 누구에게 가겠는가."

했다. 매양 출입하는데 일찍이 초헌을 타고 큰길로 다니지 않고 반드시 나귀를 타고 얼굴을 가리고 샛길로 가면서 항상 울적해하고 뜻을 얻지 못했다.

지극히 친한 집에 혼사(婚事)가 있어서 교자를 빌리려 하여 공이
빌려가게 하자 나인(內人)이 말하기를,

"이 교자는 옹주(翁主)께서 타시는 것이어서 남에게 빌려줄 수
가 없습니다."

하자 공은 노해서 말하기를,

"교자가 있는데도 사람이 타지 못하게 한다면 이것을 장차 어데
에 쓴단 말이냐?"

하고 명하여 부숴 버렸다.

선조(宣祖)는 그가 문형(文衡)을 얻지 못해서 한스럽게 여기는
것을 알고 문형(文衡)을 승인한 후에 글 제목을 내어 시험하는데
동양위(東陽尉)로 하여금 문형(文衡)의 시권(試券)을 고사(考査)하
게 하고 말하기를,

"이것이 도리어 문형(文衡)보다 낫다."

고 했다. 시호는 문경(文敬)이다. 〈조야집요(朝野輯要)〉·〈금계필
담(錦溪筆談)〉

이기축(李起築)은 소자(小字)가 기축(己丑)이어서 음(音)이 같으므로 고쳐서 내렸다

이기축(李起築)은 전주(全州) 사람이니 자는 희열(希說)인데 완
풍(完豊) 이서(李曙)와 종형제로 지기(志氣)가 서로 맞았다.

임술(壬戌)에 서(曙)가 장단부사(長湍府使)가 되었을 때 기축(起
築)이 따라가서 그 계획에 참여하여 인조(仁祖)의 잠저(潛邸)에 왕
래하면서 품(稟)해서 정하였다. 기축이 모두 자기 몸으로 당하여
매양 장단(長湍)으로부디 밤새워 성안으로 들어갔다가 새벽에 떠
나서 돌아오는데 그렇게 하기에 1년 동안에 말이 세 번이나 쓰러
졌다.

3월에 거의(擧義)할 때 기축으로 선봉(先鋒)을 삼았는데, 인조
(仁祖)는 군기(軍期)가 좀 늦었다 하여 친히 스스로 앞으로 나가서

연서(延曙)에 이르러 서로 만나자 기축이 말에서 내려 길가에서 절하고 장단(長湍)에서 군사를 데리고 온다는 것을 아뢰었다. 이에 임금은 입었던 도포를 벗어 입히고, 반정(反正)한 뒤에 정사훈(靖社勳)을 책록하고 완계군(完溪君)에 봉해졌다.

임금이 말하기를,

"내가 기축과 함께 어렸을 때 같이 놀아서 그 아명(兒名)을 부르는 것이 습관이 되었더니 지금 이 기록에 기축(起築)의 소자(小字)가 기축(己丑)이기 때문에 그 자(字)의 음(音)이 같으므로 고쳐서 이름을 내린다."

했다.

이성부(李聖符)가 손수 금권(金圈)을 풀어서 종제(從弟)에게 주다

이성부(李聖符)는 전주(全州) 사람이니 자는 존중(存中)이다. 무신(戊申)에 무과(武科)에 급제하여 즉시 선전관(宣傳官)에 임명되어 비변랑(備邊郞)이 되었더니 한음(漢陰)과 백사(白沙)가 공첩(公牒)을 부탁했다. 이는 대개 그가 민첩하고 필한(筆翰)에 능했기 때문이었다.

계해(癸亥) 봄에 우연히 기평군(杞平君) 유백증(兪伯曾)을 찾았다가 완성(完城) 최명길(崔鳴吉)과 만나서 시사(時事)를 이야기하다가 감분(感憤)하여 울자 두 공이 의거(義擧)할 일을 말하니 성부(聖符)는 개연(慨然)히 같이 일하기로 약속했다.

반정(反正)이 되자 수원부사(水原府使)에 임명되었더니 갑자(甲子)에 괄(适)이 반(反)하자 조정에서는 성부(聖符)로 방어사(防禦使)를 삼고 군사 2백 명을 주어 좌방어(左防禦) 이중로(李重老)와 함께 군사를 거느리고 저탄(猪灘)에 이르러 괄(适)의 군사와 싸웠으나 중과(衆寡)로 대적할 수가 없어서 군사들이 모두 죽게 되었다.

이때 성부(聖符)는 손수 금권(金圈)을 풀어서 종제(從弟) 덕영
(德英)에게 주면서 말하기를,

"나는 의리에 마땅히 죽어야 할 것인데 외아들로서 효도를 다하
지 못하니 눈을 감을 수 없도다. 이것은 곧 대대로 전해온 옛
물건이니 마땅히 가져다가 종조(從祖)께 드리라."

하고 말을 마치자 물에 빠져 죽었다.

방흡(方瀔)은 성부(聖符)의 옛 비장(裨將)으로서 방어사(防禦使)
가 전쟁에 나갈 때 흡(瀔)이 따라가기를 청하여 함께 저탄(猪灘)
에 이르렀는데 마침 멀리 나갔다가 돌아와 보니 군사가 무너진지
라, 성부(聖符)가 죽은 것을 알고 울면서 말하기를,

"내가 홀로 구차히 살면 다음날에 무슨 면목으로 지하(地下)에
서 주장(主將)을 보랴."

하고 또한 물에 빠져 죽으니 정려(旌閭)를 내렸다. 〈인물고(人物
考)〉

함응수(咸應秀)는 군중(軍中)에서 글을 외우다

함응수(咸應秀)는 양근(楊根) 사람이니 자는 사미(士美)로서 선
조(宣祖) 임진(壬辰)에 무과에 급제했다.

성품이 글읽기를 좋아하여 군중(軍中)에도 또한 책을 가지고 따
르는데, 주장(主將)이 달밤에 글 외우는 소리를 듣고 불러서 물어
그 재주와 학문을 알고 군수(軍需)의 일을 맡게 하여 군대의 먹는
것을 처리했다.

무오(戊午)의 요동으로 건너는 싸움에 팔도도교련관(八道都敎鍊
官)이 되었고 정묘(丁卯) 호란에 안주성(安州城)에 들어가는데 동
영장(東營將)이 되었으니 이때 나이 67세였다.

방어사(防禦使) 김준(金浚)이 그 늙은 것을 민망히 여겨 나가 피
하게 하자 응수(應秀)는 개연(慨然)히 눈물을 흘리면서 말하기를,

"살아서 이미 은혜를 받았으면 죽어서라도 마땅히 갚아야 하는

것인데, 하물며 주장(主將)이 있는데 내가 어데로 돌아간단 말이오."

하고 3일을 머무르고 가지 않으니 의춘군(宜春君) 남이흥(南以興)이 참모군사(參謀軍事)를 시켰더니 성이 함락될 때 칼날을 무릅쓰고 힘써 싸우다가 죽으니 정려(旌閭)를 내리고 좌랑(佐郎)을 증직했다. 〈인물고(人物考)〉

양진국(梁晋國)이 가매(假寐)하다가
꿈에 적의 무리를 보다

양진국(梁晋國)은 남원(南原) 사람이니 자는 백경(伯卿)이다.

시골 좌수(座首)로 있을 때 집에 80세의 노모(老母)가 있는데 몸이 관청에 매어서 일찍이 옷도 벗지 않고 앉아서 졸다가 꿈에 보니 적의 무리 수십 명이 자기 집으로 들어가고 있었다. 놀라 꿈에서 깨었으나 마음이 불안하여 즉시 단기(單騎)로 활과 칼을 가지고 밤을 무릅쓰고 달려가니 과연 적의 무리가 집 재산을 약탈하고 있었다. 그러나 저쪽은 수가 많고 이쪽은 혼자이므로 홀로 숲속에 숨어 있다가 적이 나오면 계속해 활을 쏘아서 죽이니 적의 무리가 놀라서 흩어졌다.

나이 30세에 무과에 급제하여 가선(嘉善)이 되고 정묘(丁卯)에 안주성(安州城)을 지키는 중군(中軍)이 되었더니 청나라 군사가 성을 포위하여 함락되자 오영(五營)의 여러 장수와 함께 성루(城樓)에 올라가 동쪽을 향해서 향을 피우고 두 번 절한 다음 동시에 모두 타죽었다. 〈인물고(人物考)〉

송덕영(宋德榮)이 꿈에 가짜 해가
깨지는 것을 보았다

　송덕영(宋德榮)은 연안(延安) 사람이니 고려조 공민왕(恭愍王) 때에 싸우다가 죽은 광언(光彦)의 후손이다.

　무과에 급제하여 맹산현감(孟山縣監)이 되었더니 괄(适)의 난리 소식을 듣고 좇아서 안현(鞍峴)에 이르러서 원수(元帥)에게 소속 되어 정충신(鄭忠信)과 함께 마음을 같이하여 힘을 내었다.

　밤에 꿈을 꾸는데 두 해가 한꺼번에 나와서 서로 다투다가 가짜 해가 마침내 깨어졌다. 이에 척질(戚姪) 이희건(李希建)에게 이르 기를,

　"몽조(夢兆)가 좋으니 오늘에 죽도록 싸우지 않을 수 없다."
하고 활을 들고 앞으로 나가니 화살이 하나도 맞지 않는 것이 없 어서 적병이 모두 시위 소리를 따라 쓰러졌다. 적이 평정된 뒤에 진무(振武) 3등훈에 책록되고 연창군(延昌君)에 봉해졌다. 이에 드디어 관서(關西) 군사를 거느리고 임기가 차서 돌아오니 병사 (兵使) 남이흥(南以興)이 데려다가 중군(中軍)에 두었다.

　정묘(丁卯)에 오랑캐가 크게 오자 덕영(德榮)이 남성(南城)을 지 키더니 성이 장차 함락되자 이흥(以興)이 영루(營樓)에 앉아서 스 스로 타서 죽었다. 이에 조카 송급(宋汲)이 군관(軍官)으로서 창 황히 와서 고하기를,

　"공은 장차 어찌하시렵니까?"
하니 덕영(德榮)이 꾸짖기를,

　"주장(主將)이 비록 너로 하여금 버리고 가게 한대도 너에게 있 어서는 의리에 홀로 살 수 없는 것인데 너는 살기를 도둑질하려 하니 또 어찌 여기에 머물러 두겠느냐?"
하고 칼을 빼어 쫓아 버렸다.

　성이 함락되자 덕영(德榮)은 그래도 오히려 적을 쏘기를 그치지

않아서 적이 쏜 화살이 몸에 가득하여 죽었다. 〈인물고(人物考)〉

정려(旌閭)를 내리고 병조판서(兵曹判書)를 증직했다. 시호는 충민(忠愍)이요 스스로 호를 사정(四貞)이라고 했다.

김준(金浚)이 소황(焇黃)을 놓고 불을
던져 스스로 불태웠다

김준(金浚)은 언양(彦陽) 사람이니 자는 징언(澄彦)이다.

나이 24세에 을사(乙巳) 무과에 올라 선전관(宣傳官)을 거쳐서 죽산부사(竹山府使)로서 괄(适)의 변을 막더니 이윽고 의주부윤(義州府尹)에 임명되었다. 안주목사(安州牧使)에 승진했으나 수하(手下)에 군사가 없는지라, 일찍이 조정에 청하여 승병(僧兵)을 모집하여 천 명이 되었는데 자못 정예(精銳)했다. 이때 의논하는 자가 불편하다고 생각하여 이를 해산했다.

이에 준(浚)이 친한 빈개(儐价)에게 말하기를,

"지금 북쪽 오랑캐가 아침저녁으로 틈을 엿보고 있는데 두 성문(城門)에서는 능히 군사를 다스리지 못하고 나는 목사(牧使)의 이름을 헛것으로 띠고 있으니 오랑캐가 오지 않으면 좋지만, 오랑캐가 만일 오면 막고 지킬 군사가 없으니 우리는 한갓 죽을 뿐이로다."

했다.

오랑캐가 오자 준(浚)이 민병(民兵)을 모아서 성을 지키더니 절도사(節度使) 남이흥(南以興)의 휘하 군사 수백 기(騎)가 성으로 달려들어오므로 준(浚)이 그들과 함께 19일 동안 지키는데 오랑캐가 성으로 쳐들어와서 넷 겹으로 포위하고 사면에서 두루 공격했다. 준(浚)은 힘을 다하여 막으면서 밤낮으로 힘써 싸우니, 오랑캐는 세 번 나왔다가 세 번 물러가서 기운이 좀 꺾였다. 이에 편지를 보내어 화친하기를 구하고 또 항복한 장수 박난영(朴蘭英) 등을 보내어 주장(主將)을 만나기를 요구했다.

그러나 준(浚)은 여기에 응하지 않고 성에 올라 꾸짖어 사기(辭氣)가 격렬(激烈)하니 적이 크게 노하여 공격하기를 더욱 급하게 하여 21일 아침에 성이 함락되었다. 이때 준(浚)은 성루(城樓) 위에서 기둥에 의지하여 적을 쏘다가 화살이 다하고 힘도 없어졌다. 적이 몰려들자 준(浚)은 이미 소황(焇黃)을 자리 밑에 놓아두었다가 즉시 불을 던져서 스스로 타죽으니 오랑캐군사도 역시 타죽은 자가 많았다. 이때 포로로 잡힌 이민(吏民)들이 비밀히 준(浚)의 시체를 찾아서 묻었다가 오랑캐가 물러간 뒤에 비로소 반구(返柩)해서 장사지냈다.

이때 공의 아들 유성(有聲)과 16세에 시집가서 나씨(羅氏)의 며느리가 된 딸과 준(浚)의 첩 김씨(金氏) 및 그 어린 딸이 모두 따라가서 준(浚)의 임소(任所)에 있었는데, 변방의 보고가 급하게 날아왔다. 이때 나씨(羅氏)의 아버지가 바야흐로 봉산(鳳山)을 지키고 있다가 종 두 사람을 보내어 그 며느리를 보내라고 했으나 공은 말하기를,

"군사가 이미 변방에 들어왔으니 내가 사속(私屬)으로 해서 민심(民心)을 어지럽힐 수가 없다."

하고, 딸도 또한 울면서 보내주기를 청했으나 끝내 허락지 않았다.

남이흥(南以興)이 성이 반드시 함락된다는 것을 알고 유성(有聲)을 시켜 장계(狀啓)를 가지고 서울에 가게 하려 했으나 준은 말하기를,

"장사(將士)들이 바야흐로 적의 칼날을 받게 되었는데 내 자식을 보내어 성을 나가게 하는 것은 사사로운 일이다."

하고 역시 듣지 않았다.

성이 함락되자 유성(有聲)이 말하기를,

"신하가 나라를 위해서 죽고, 자식이 아비를 위하여 죽는 것은 각각 그 직책이다."

하고 드디어 전사(戰死)했다. 김씨(金氏)는 적을 꾸짖고 굴하지 않다가 그 어린 딸과 함께 해를 입었고 나씨(羅氏)의 며느리는 자결(自決)했는데 즉시 숨이 끊어지지 않자 그대로 먹지 않고 죽었다.

본도(本道) 체찰사(體察使) 김기종(金起宗)이 조정에 보고하기를,

"한 집안에 삼강(三綱)이 갖추어졌다."

하고 좌찬성(左贊成)을 증직했으며 시호는 장무(莊武)이다. 〈인물고(人物考)〉

박명룡(朴命龍)은 싸움만이 있을 뿐이요 화친(和親)은 없다고 했다

박명룡(朴命龍)은 죽산(竹山) 사람이니 병진(丙辰)에 무과로 급제하여 선전관(宣傳官)을 지냈다.

갑자(甲子) 괄(适)의 난리가 평정되자 원종공(原從功)에 책록(策錄)되었다. 을축(乙丑)에 북쪽 변보(邊報)가 계속해서 오는데, 이때 고부군수(古阜郡守)로서 소(疏)를 올려 말하기를,

"무부(武夫)가 강장(强壯)한 나이에 국가의 근심 있는 날을 당해서 홀로 편안히 가까운 땅에 있을 수 없으니, 청컨대 사직하고 변방 장수의 편비(偏裨)가 되어 행오(行伍) 속에 뛰어다니게 하옵소서."

하자, 조정에서는 장하게 여겨 허락하고 평안 우후(平安虞侯)를 삼았다.

이에 병사(兵使) 남이흥(南以興)에게 소속되어 그 막하(幕下)에 있게 되었는데 남공(南公)이 병무(兵務)를 모두 맡기니 그는 마음을 다하여 일을 처리하고 병기를 수선하고 군사들을 신칙하여 항상 적을 대한 것같이 했다. 또 예로 주는 녹봉(祿俸)을 모두 받지 않으니 병사(兵使)가 따로 창고 하나를 만들고 이름을 우후고(虞侯庫)라 했으니 이는 대개 그 청렴하고 깨끗함을 표창하기 위한 것이다.

정묘(丁卯)에 오랑캐가 침입해 오자 항장(降將) 홍립(弘立) 난영(蘭英)이 앞에서 인도하여 안주(安州)로 진격하여 주장(主將)을 보기를 청하였다. 원수(元帥)가 명룡(命龍)을 가게 하려고 하는데 이때는 용단(龍灣)이 함락되어 그 형 성룡(成龍)이 먼저 죽었으므로

원수는 민망히 여겨 차마 입을 열지 못했다.

그러나 명룡(命龍)은 가기를 청하여 오랑캐의 영(營)에 이르자 맞기를 무례하게 하므로 명룡(命龍)이 그 자리에 서서 책망하였다. 오랑캐가 얼굴을 고치고 사례한 다음 화의(和議)를 맺자고 달래자 명룡은 말하기를,

"변방을 지키는 신하는 싸움이 있을 뿐이요 화의는 없다."

하고 드디어 말을 달려 돌아오려 하자 난영(蘭英)이 그 손을 잡으면서 말하기를,

"의주(義州)가 패할 때 그대의 형이 죽었고 내일 성이 함락되면 그대 또한 죽음을 면키 어려운데 형제가 다 죽는 것이 무엇이 유익하단 말인가?"

하자 명룡(命龍)은 꾸짖기를,

"어지러움에 임해서 목숨을 바치는 것은 직책이니 어찌 너희가 하는 일을 본받는단 말이냐? 형이 이미 삶을 버렸으니 아우가 어찌 죽음을 두려워하랴."

하고 다시 말도 나누지 않고 돌아왔다.

이튿날 오랑캐 군사가 몰려와 성을 포위하자 홀로 성 위에 서서 활을 쏘아 적 수백 명을 죽였는데 활을 당기다가 엄지손가락이 끊어지자 드디어 칼을 뽑아들고 힘껏 싸우다가 죽었다. 병조판서(兵曹判書)를 증직하고 시호는 충민(忠愍)이다.〈인물고(人物考)〉

윤성필(尹聖弼)이 자기 옷을 그 종에게 주다

윤성필(尹聖弼)은 ○○사람이니 자는 ○○이다. 무과에 급제하여 일찍이 정주(定州)에서 수자리를 살더니 정묘(丁卯)의 난을 만나서 목사(牧使) 김진(金搢)이 포로가 되어 오랑캐에게 항복하자 성필(聖弼)은 말하기를,

"성이 함락되었으니 내 어찌 살기를 바라겠는가."

하고 고향으로 돌아가 급히 감영(監營)으로 달려가서 다시 한번

싸우는 것이 옳다 하고, 정월 14일에 나가 싸우다가 죽었다.

이 싸움에 시체를 잃었는데 그가 싸움에 나갈 때 자기의 옷을 벗어서 종에게 주자 종이 적진 속에서 옷을 가지고 돌아와서, 또 한 평일에 머리를 잘라둔 것이 있어서 이것을 거두어 헛장사를 지냈다. 〈노봉집상우재서(老峰集上尤齋書)〉

김완(金完)은 아비의 원수 갚기를
하루도 잊지 않았다

김완(金完)은 김해(金海) 사람이니 자는 자구(子具)이다. 정유(丁酉)에 무과에 올랐다.

아버지 극조(克祧)가 한덕수(韓德修)의 고발에 의하여 옥에서 나오지 못하고 죽었는데 완(完)은 아버지의 원수 갚기를 맹세하고 하루도 마음속에서 잊지 못하더니 어머니 상사를 당하여 아우 우(宇)에게 이르기를,

"우리 형제가 억지로 참고 지금에 이른 것은 늙은 어머니가 계시기 때문이었지만 이제 다시 무엇을 기다리겠는가."

하고 영암(靈巖)에서 4일을 걸어서 서울로 들어와 명례동(明禮洞) 어귀에서 덕수(德修)를 쏘니 말에서 떨어지기는 했으나 오히려 죽지 않았다. 이는 덕수(德修)가 항상 경계하는 마음이 있어 옷 속에 갑옷을 입고 있었기 때문이다. 이로부터 방비하기를 몹시 치밀하게 하였기 때문에 끝내 뜻을 이루지 못했다.

갑자(甲子)에 창성방어사(昌城防禦使)가 되었을 때 이괄이 모반(謀反)하여 완(完)이 샛길로 원수부(元帥府)에 나가자, 원수(元帥) 장만(張晩)이 손을 잡고 눈물을 흘리면서 말하기를,

"만일 잘못해서 죽였더라면 어찌 공의 오늘이 있겠는가."

했다. 이는 대개 만포(滿浦)에 있을 때 장만(張晩)이 거짓 참소하는 말을 듣고 거의 완(完)을 죽일 뻔했기 때문이다.

이에 묻기를,

"장차 무슨 계교를 써야 하겠는가?"

하자 완(完)은 말하기를,

"적의 기세가 바야흐로 날카로우니 반드시 바로 왕성(王城)으로 행할 것이오. 우리들은 마땅히 밤낮으로 진군하여 저들의 형세를 나누어야 할 것이오."

했다. 장만(張晩)은 이 말을 그렇게 여겨 완(完)에게 명하여 좌선봉(左先鋒)을 삼아 군사를 합하여 나가서 안현(鞍峴)을 점령하고 적을 깨쳤다. 이에 진무훈(振武勳) 3등에 책록하고 학성군(鶴城君)에 봉했다. 〈인물고(人物考)〉

안몽윤(安夢尹)이 경운궁(慶運宮)에
꽃을 옮기는 것을 금하다

안몽윤(安夢尹)은 순흥(順興) 사람이니 자는 상경(商卿)이다.

임진(壬辰)에 전주(全州)의 분조(分朝)에서 무과에 급제하여 선전관(宣傳官)을 거치고 부장(部將)으로 창덕궁(昌德宮)에서 입직(入直)할 때 선조(宣祖)가 태복인(太僕人)에게 거듭 명하여 창덕궁(昌德宮)의 화초를 경운궁(慶運宮)에 옮겨 오라고 하였다. 공은 그가 표적(標籍)을 가져오지 않았다 하여 못 가져가게 했는데 임금은 이 말을 듣고 옳게 여겼다.

갑자(甲子)에 장만(張晩)을 좇아 공이 있어서 진무훈(振武勳) 3등에 책록되고 순양군(順陽君)에 봉해졌다. 〈인물고(人物考)〉

김상헌(金尚憲)이 손으로 국서(國書)를 찢다

김상헌(金尚憲)은 안동(安東) 사람이니 자는 숙도(叔度)요 호는 청음(淸陰) 또는 석실산인(石室山人)으로서 도정(都正) 극효(克孝)

의 아들인데 현감(縣監) 대효(大孝)에게 출계(出繼)했다. 선조(宣祖) 경인(庚寅)에 진사가 되고 병신(丙申)에 문과에 급제했다. 무신(戊申)에 중시(重試)에 합격하여 인조조(仁祖朝) 때 문형(文衡)이 되고 예조판서(禮曹判書)가 되었다.

병자(丙子)에 임금을 모시고 남한산성(南漢山城)에 갔을 때 화의(和議)가 바야흐로 정해지려 하여 여러 재상들을 빈청(賓廳)에 모아 상의하는데 공은 손으로 국서(國書)를 찢고 통곡하니 최명길(崔鳴吉)이 말하기를,

"이는 의인(義人)이다."

하고 부축해서 나갔는데, 성이 함락된 뒤에 태백산(太白山) 속으로 들어갔다.

공은 유희분(柳希奮)과 이종형제가 되는데 계해(癸亥) 반정(反正) 후에 유(柳)가 사형(死刑)을 받자 공이 포대(布袋)를 가지고 시체가 있는 곳에 가서 성복(成服)하려 하였다. 이때 어떤 사람이 말리면서 말하기를,

"이때에 가서 곡하는 것이 옳지 못한 일이 아닌가?"

하자 공은 말하기를,

"유(柳)가 형(刑)을 받은 것은 악역(惡逆)에 관계되는 것이 아니라 권리를 탐하고 세력을 좋아하면서 깨닫지 못한 것에 지나지 않는 것이니 비록 살았을 때는 그 문에 발을 끊었지만 죽은 뒤의 친척은 끊을 의리가 없는 것이니 이미 끊지 않았다면 가서 곡하고 성복(成服)하는 것은 당연한 일이다."

했다. 〈동평견문록(東平見聞錄)〉

아버지 도정공(都正公)은 본래 호기(豪氣)가 있고 해학(諧謔)을 좋아하자 청음(清陰)이 일찍이 간하니, 도정공(都正公)은 청음(清陰)이 밖에서 오는 것을 알면 비록 친구들과 해학하고 즐기다가도 반드시 손을 저어 중지시키면서 말하기를,

"우리 집 어사(御史)가 온다."

했다. 〈남계기문(南溪記聞)〉

병자(丙子)에 성이 함락될 때 자살(自殺)하다가 남의 구한 바 되어 죽지 못했고 경진(庚辰)에 유석(柳碩)의 고발로 인하여 청나라

에서 척화신(斥和臣) 김사양(金斜陽)을 찾는데, 우리 나라에는 김사양(金斜陽)이 없다고 대답했으나 신득연(申得淵)이 공의 이름을 써보여 드디어 잡혀서 북쪽으로 가게 되었다.

청나라에 도착하자 공은 무명옷으로 갈아 입고 관을 쓰고 지팡이를 짚고 사람에게 부축을 받고 들어가서 읍(揖)하지 않고 미친 노래를 부르면서 누워 사기(辭氣)가 늠연(凜然)했다. 돌아오자 소현세자(昭顯世子)가 사람을 보내어 술을 내렸다.

또 계미(癸未)에 청나라가 이유(李烓)의 무고(誣告)에 의하여 다시 공을 잡아 심양(瀋陽)으로 들어가서 최명길(崔鳴吉)과 함께 유북관(幽北館)에 갇혀 있다가 갑신(甲申)에 본국으로 돌아왔다. 〈남계기문(南溪記聞)〉

일찍이 월정(月汀) 윤근수(尹根壽)의 문하(門下)에서 공부하여 학업과 문장이 세상의 유종(儒宗)이 되었다. 그가 심양에 가 갇혀 있을 때 이름이 천하에 알려졌다. 병술(丙戌)에 대배(大拜)하여 좌상(左相)에 이르렀고 청백리(淸白吏)에 뽑혔으며 기사(耆社)에 들어갔다. 졸(卒)할 때의 나이가 83세였다. 시호는 문정(文正)이요 효종(孝宗)의 사당에 배향되었다. 〈국조방목(國朝榜目)〉

김장생(金長生)은 반드시 문묘(文廟)에 들어가리라

김장생(金長生)은 광주(光州) 사람이니 자는 희원(希元)이요 호는 사계(沙溪)이다. 율곡(栗谷) 이이(李珥)의 문하에서 공부하여 널리 예학(禮學)에 통하여 사문(師門)의 적전(嫡傳)이 되었다.

정묘(丁卯) 호란(胡亂)에 양사호소사(兩司護召使)로서 거의(擧義)했다. 시호는 문원(文元)이요 문묘(文廟)에 배향되었다. 〈동국유현록(東國儒賢錄)〉

정산현감(定山縣監)이 되어서 임진란(壬辰亂)을 당했는데 책응(策應)하고 무원(撫援)하는 것을 각각 마땅한 것을 얻었고, 들어

와서 호조정랑(戶曹正郞)이 되었는데 명(明)나라 군사가 남쪽으로 내려올 때 공이 양향(糧餉)을 호남(湖南)으로 조도(調度)하여 일을 마치고 돌아가서 황주(黃州)와 봉산(鳳山) 사이에 살면서 날마다 문생(門生)들과 함께 송독(誦讀)하기를 게을리하지 않았다.

광해(光海) 계축(癸丑)에 박응서(朴應犀)가 영창(永昌)의 옥사(獄事)를 얽어 만들자 공의 서제(庶弟) 경손(慶孫)·평손(平孫) 등이 모두 잡혀서 고문을 받다가 죽었다. 이때 광해가 친히 응서(應犀)에게 묻기를,

"김모(金某)도 역시 이 일을 아는가?"

하니 응서는 대답하기를,

"김모(金某)는 어진 자여서 저희들도 오히려 알까 두려워했습니다."

해서 이로 인해서 면할 수 있었다. 〈행장(行狀)〉

공은 일찍부터 장한 인망(人望)을 차지하고 있어서 이름과 실상이 순수하더니, 백주 이공(白洲李公)이 그 아버지 월사(月沙)에게 묻기를,

"지금 살아 있는 자 중에서 가히 문묘(文廟)에 배향할 자를 구하면 누구입니까?"

하자 월사(月沙)는 말하기를,

"오직 김철원(金鐵原)이다."

했다.

사계(沙溪)가 또 일찍이 석전(釋典)에 참여하여 주선하고 진퇴(進退)하는 것이 스스로 법도에 맞으므로 성균관 종들이 서로 돌아보고 칭찬하며 탄식하여 말하기를,

"이와 같은 자는 뒤에 반드시 문묘에 배향될 것이다."

하더니 마침내 그 말과 같았다. 계해(癸亥)의 반정공신(反正功臣)이 모두 사계(沙溪)의 문하에서 나왔으나 사계의 자손이나 종족(宗族)은 한 사람도 여기에 참여한 자가 없으니 또한 가히 사계의 성덕(盛德)을 알 만하다 하겠다. 〈매산집(梅山集)〉

벼슬이 형조참의(刑曹參議)에 이르렀는데 나이가 84세였다. 우암(尤庵)이 말하기를,

"사계가 젊었을 때부터 한 번도 집 밖의 범색(犯色)을 한 일이 없는데 황강공(黃岡公)이 관서백(關西伯)이 되었을 때 평양(平壤)에 따라갔더니 도사(都事)가 창기(娼妓) 하나를 들여보내는데 그가 범하도록 여러 가지 수단을 썼으나 끝내 범하지 않았다. 선생이 나이 84세에 하세(下世)했는데 스스로 말하기를 '내가 지금 내 힘을 헤아려 보면 하루에 30리는 걸을 수 있겠다.'"
고 했다. 사람들이 말하기를,

"황강(黃岡)의 재주는 능하지 못한 것이 없으나 글씨는 쓰지 못해서 글자가 없는 데에 다섯 점을 찍었다고 하니 괴이한 일이다."
했다. 또 말하기를,

"선생이 젊었을 때 귀봉(龜峰)에게 가서 공부를 하는데 밥먹는데 간장이 없어서 소금을 먹고 지냈다. 1년이 지나서 돌아오는 길에 한 계집종의 집을 지나다가 비로소 아욱국을 얻어 먹었는데 그 국맛은 늙어서도 또한 잊지 못한다."
했다. 〈최신저 화양문견록(崔愼著華陽聞見錄)〉

김집(金集)의 집에서 도둑이 나귀를
훔치지 않았다

김집(金集)의 자는 사강(士剛)이요 호는 신독재(愼獨齋)이니 사계(沙溪)의 중자(仲子)이다. 18세에 진사가 되고 37세에 수재랑(授齋郎)에 제수되었는데 광해(光海)의 정치가 어지러운 것을 보고 어버이를 모시고 고향으로 돌아갔다. 서제(庶弟) 고(杲)가 어떤 사람의 무고(誣告)를 받아 일이 장차 헤아리지 못하게 되어 집(集)은 아우 반(槃)과 함께 명령을 기다리고 있더니 임금이 말하기를,

"고(杲)가 진실로 말을 잘못했으나 그 부형(父兄)이 어진 사람이다."
하고 특별히 용서했다. 이웃 고을에 도둑이 있었는데 저희들끼리

이르기를,

"김승지(金承旨)의 나귀는 훔칠 수가 없다."

했는데 임금이 이 말을 듣고 말하기를,

"흉한 무리들도 역시 두려워하고 공경할 줄은 아는고나."

했다. 〈인물고(人物考)〉

신독재(愼獨齋)가 평생 동안 사계(沙溪)를 모시고 자면서 40년 동안 응대(應待)하고 공급(供給)하는 것을 일찍이 조금도 게을러하지 않았고, 사계가 혹 묻는 것이 있으면 반드시 일어나서 대답하고 매양 음식을 드는데 수저 놀리는 소리가 들리지 않았으며 또 수저를 정당한 곳에 두어 혹시라도 바르지 않은 일이 없었다. 〈조야집요(朝野輯要)〉

부인 유씨(兪氏)는 송당(松堂) 홍(泓)의 딸인데 똑똑지 못하여 능히 부부(夫婦)의 도리를 갖추지 못하므로 드디어 율곡(栗谷)의 서녀(庶女)를 얻어 소실(小室)로 삼았더니 유부인(兪夫人)이 죽자 사계가 신독재(愼獨齋)를 불러 말하기를,

"집(集)아! 네 이제 아내가 죽었으니 후취(後娶)를 하는 것이 어찌 종사(宗社)를 위하여 다행한 일이 아니겠느냐?"

했으나 신독재는 일어나서 절하고 말하기를,

"명령은 비록 옳지 않은 것은 아니오나 먼저 사람으로 해서 몸이 마치도록 고생을 했사온데 이제 비록 다시 장가들어도 어찌 반드시 먼저 사람보다 나을지 알 수 있겠습니까?"

했으니 이는 대개 소실의 어진 것에 편안하여 딴 뜻이 없었던 것이다. 사계는 오랫동안 말이 없었다. 〈남계기문(南溪記聞)〉

벼슬이 판중추(判中樞)에 이르고 시호는 문경(文敬)이며, 문묘(文廟)에 배향되었다.

선우협(鮮于浹)은 난적(亂賊)이 사사로이
바치는 것을 받지 않다

선우협(鮮于浹)은 태원(太原) 사람이니 자는 중윤(仲潤)이요 호는 돈암(遯庵)이다. 어릴 때부터 정명(精明)하고 단결(端潔)하며, 말과 행동을 항상 삼갔다. 8세에 능히 도보(徒步)로 수백 리를 걸었으니 그 강하고 힘있는 것이 이와 같았다.

일찍이 학문을 하는 데 고심(苦心)하고 곤함이 지극하여 게을리 하지 않아서, 아무것도 얻는 것이 없으면 심지어 배고프고 목마른 것도 모두 잊고 얻는 것이 있으면 이것을 글로 썼다. 밤에는 베개를 베고 잠시 자다가 이미 깨면 이불을 두르고 앉아서 혹 아침까지도 그대로 있으니 울연(蔚然)히 서토(西土)의 유종(儒宗)이 되었다.

드디어 동남쪽으로 놀제 두루 산천(山川)을 구경하고 도산서원(陶山書院)에 이르러 퇴계(退溪)가 남긴 책들을 두루 보고 그 길로 인동(仁同)으로 가서 장여헌(張旅軒)을 뵙고 또 신독재(愼獨齋)를 스승으로 삼았다. 〈인물고(人物考)〉

신미(辛未)에 관서(關西)의 적 홍경래(洪景來)가 군사를 일으켜 반(叛)하는데 장차 태천(泰川) 오천사(鰲川祠)에 제사를 지내려 하자, 밥이 끝내 **익지 않고** 향불이 끝내 피워지지 않아서 마침내 제사를 지내지 못하니 돈암(遯庵)의 영령(英靈)이 양양(洋洋)해서 난적이 사사로이 **주는** 것을 받지 않은 것이다. 〈매산집(梅山集)〉

벼슬이 사업(司業)에 이르렀다.

강원(姜瑗)이 아버지의 부끄러움을 씻을 것을 맹세하다

강원(姜瑗)은 진주(晋州) 사람이니 홍립(弘立)의 서자(庶子)로서 문장에 능하고 말타기와 활쏘기를 잘했다.

나이 13세에 심하(深河)의 변을 당했는데, 처음에 홍립(弘立)이 명(明)나라 조정에서 기미(己未)에 징병(徵兵)에 응하여, 원수(元帥)로서 심하(深河)에 들어가 오랑캐에게 항복했는데 오랑캐를 인도하여 강화(講和)가 이루어진 뒤에는 오랑캐들이 홍립(弘立)을 버리고 갔다.

처음 홍립(弘立)이 장수로 나갈 때 어머니 정씨(鄭氏)의 나이 80여 세인데 눈물을 흘리고 팔뚝을 깨물면서 말하기를,

"녀의 집은 대대로 나라의 은혜를 받았으니 바라건대 가성(家聲)을 떨어뜨리지 말고 이 늙은 어미의 까닭으로 해서 딴 마음을 갖지 말라."

했었다.

홍립(弘立)이 돌아오자 숙부(叔父) 곤(綑)이 꾸짖기를,

"너는 형수(兄嫂)가 작별할 때 한 말을 생각지 않았느냐? 무슨 면목(面目)으로 부모의 묘소(墓所)에 올라가려느냐?"

했다. 그리하여 홍립(弘立)은 부끄러워하다가 죽었는데 원(瑗)은 아버지가 의롭지 못하게 죽은 것이 원통하여 아침저녁으로 울부짖으면서 살고 싶은 생각이 없어 30세가 되도록 장가들지 않고 일찍이 격앙(激昂)하여 스스로 맹세하기를,

"오랑캐는 나의 원수이니 마땅히 그 머리의 피를 마시고 그 귀로 젓을 담가서 우리 아버지의 부끄러움을 씻어야 한다."

했다.

정축(丁丑) 난리에 평안절도사(平安節度使) 유림(柳琳)의 막하(幕下)가 되어 김화(金化)의 백전(栢田)에서 오랑캐를 막는데 기운을

날카롭게 하고 먼저 올라가서 발꿈치를 돌리지 않고 죽으니 사람들이 이를 슬퍼하지 않는 자가 없었다. 〈매산집(梅山集)〉

홍명구(洪命耈)가 시참(詩讖)으로 요절(夭折)하다

홍명구(洪命耈)는 남양(南陽) 사람이니 자는 원로(元老)요 호는 나재(懶齋)이다.

어렸을 때 시(詩)를 짓기를,

"꽃이 떨어지니 천지가 붉네. (花落天地紅)"

하니 종조모(從祖母) 유씨(柳氏)가 말하기를,

"이 아이가 반드시 귀(貴)하게 되기는 하지만 요절(夭折)할 것이다. 만일 '꽃이 피니 천지가 붉다. (花發天地紅)' 라고 했더라면 복록(福祿)이 한이 없었을 것인데 '落'자가 먼 복의 기상(氣像)이 없으니 애석하다."

했다.

광해조(光海朝) 때 문과에 급제했으나 물러가 있으면서 뜻을 지키다가 반정(反正)한 후에 청현(淸顯)의 벼슬을 거쳐 병자(丙子)에 평안감사(平安監司)로서 자모산성(慈母山城)에 들어갔다. 유림(柳琳)과 함께 들어가 구원하는데 임(琳)이 권하여 경솔히 나가지 말라고 하자 명구(命耈)는 칼을 빼어 땅을 치면서 말하기를,

"군부(君父)가 위태로우신데 감히 이런 말을 하는가?"

하고 김화(金化)에 이르렀는데 졸지에 청나라 군사를 만나 휘하(麾下) 사람들이 공을 부축해서 피하고자 하자 공은 웃으면서 말하기를,

"내가 어데로 간단 말인가. 달아나도 역시 죽을 바에야 차라리 싸우다가 죽는 것이 옳다."

하더니 드디어 해를 당했다. 시호는 충렬(忠烈)이다. 〈인물고(人物考)〉

이민환(李民寏)이 오랑캐의 병진(兵陣)에 굴하지 않다

　이민환(李民寏)은 영천(永川) 사람이니 자는 이장(而壯)이요 호는 자암(紫巖)이다. 임진(壬辰)에 아버지 광준(光俊)을 따라서 강릉(江陵)의 임소(任所)에 갔더니 왜병이 졸지에 오자 민환(民寏)이 말을 놓아 나가서 적 몇 사람을 죽이니 적이 두려워하여 감히 가까이 오지 못했다. 이때 그의 나이 20세였다.

　선조(宣祖) 경자(庚子)에 문과에 급제하고, 광해 무오(戊午)에 원수(元帥) 강홍립(姜弘立)의 막하(幕下)에 들어갔다. 이듬해 2월에 군사가 압록강(鴨綠江)을 건너는데, 홍립(弘立)은 임금의 뜻을 받고 망설이고 있는데 운향사(運餉使) 박엽(朴燁)은 양곡 운반하는 것을 느리게 하자 민환(民寏)이 향비(餉裨)를 베자고 청하고 글을 보내어 엽(燁)을 책망했다.

　4월에 군사가 부거(富車)로 나갔을 때 진(陣)을 이루기 전에 군사가 무너지자 민환(民寏)은 죽으려 하다가 다시 뒤에 도모하도록 하자 하였다. 홍립을 따라가니 오랑캐가 만단(萬端)으로 위협하여 17개월을 구류시켰으나 굽힐 수 없다는 것을 알고 의주(義州)로 돌려보냈다. 박엽(朴燁)은 자기를 책망한 앙갚음으로 관서(關西)에 머물러 두기를 4년 동안 하다가 인조(仁祖) 반정(反正) 후에 비로소 돌아와서 서용(敍用)되었다. 갑자(甲子)·정묘(丁卯) 난리에 모두 임금을 따라 행재소(行在所)에 갔다. 벼슬이 형조참의(刑曹參議)에 이르렀다. 〈인물고(人物考)〉

송홍연(宋弘淵)은 군신(君臣)이 서로 하례하는 것을 그려서 빛내고 사랑했다

송홍연(宋弘淵)은 여산(礪山) 사람이니 자는 형숙(泂叔)이다. 젊어서부터 용맹과 지략(智略)이 남보다 뛰어났다.

선조(宣祖) 임진(壬辰)에 전라병사(全羅兵使) 선거이(宣居怡)의 군관(軍官)으로 군사를 거느리고 진주(晋州)에 가서 전공(戰功)이 자못 많았다. 뒤에 무과에 올랐으며, 병신(丙申)에 전부장(前部將)으로 유성룡(柳成龍)·이항복(李恒福)·신흠(申欽)과 함께 이몽학(李夢鶴)의 난리를 평정할 계획을 세우고, 여러 고을을 맡아 다스렸다.

인조(仁祖) 갑자(甲子)에 조정이 명하여 명나라의 요심(遼瀋)의 난리에 나가니 명나라 천자가 그 씩씩하고 용맹스러운 것을 가상히 여겨 발탁하여 도독부(都督府)에 두었다가 개선하고 돌아오자 천자가 특별히 상으로 은패(銀牌)와 붉은 비단을 주었다. 그 글의 대략에 말하기를,

"백성을 어루만지고 군사를 써서 조정(調停)하는데 업적이 많고, 양곡을 운반하여 군사를 구제하는데 공이 많았다."
했다.

본국으로 돌아오자 인조(仁祖)가 손을 잡고 대궐로 올라가 명하여 군신(君臣)이 서로 하례하는 것을 그리게 하여 빛내 주어 사랑하고 나서 승진시켜 어영장(御營將)을 삼았다.

정운희(丁運熙)의 만시(挽詩)에 말하기를,

"세상에 둘도 없는 선비가 면벽되게 마음 상하니 이것이 운명인가. 소경이 되어 장한 뜻 이루니 갑옷을 거두고 거친 땅으로 들어갔네. (絶代無雙士 偏傷命矣夫 爲盲竟壯志 捲甲入荒蕪)"
했다. 〈가장(家狀)〉

황근중(黃謹中)이 소매 속에 삼남(三南)의 양곡 총수(摠數)를 기록하다

황근중(黃謹中)은 창원(昌原) 사람이니 자는 일지(一之)요 호는 월탄(月灘)이다. 선조(宣祖) 기축(己丑)의 생원시에 장원으로 합격하고 음사(陰仕)로 호조좌랑(戶曹佐郎)이 되어 직책을 잘 수행한다고 알려졌다.

이때 임금이 급히 불러서 삼남(三南) 양곡의 총수(摠數)를 묻자 근중(謹中)은 소매 속에서 첩기(帖記)를 꺼내어 몹시 자세하게 말하자 임금은 기뻐하여 즉시 정랑(正郎)에 승진시켰다.

병오(丙午)에 문과에 급제하여 백사(白沙) 이항복(李恒福)의 추천으로 안변부사(安邊府使)에 제수되었고 업적이 가장 좋다고 하여 동백(東伯)으로 승진되었다. 이때 아버지 현감공(縣監公) 수(琇) 및 대부인(大夫人)이 모두 7,80에 이르렀는데 공이 그 아우 경중(敬中)과 함께 계속하여 관동(關東)의 관찰사(觀察使)가 되어 영화와 봉양을 극진히 누렸다. 〈인물고(人物考)〉

오백령(吳百齡)이 효도를 다하고 잘 처리하여 국가를 편안히 하다

오백령(吳百齡)은 동복(同福) 사람이니 자는 덕구(德耈)요 호는 묵재(默齋)이다. 선조(宣祖) 무자(戊子)에 생원 진사에 합격했다. 장옥(場屋)에 있을 때 친구 하나가 먹을 흘려서 시지(試紙)를 더럽히자 보는 자들이 모두 실색(失色)했으나 공은 태연하기 짝이 없이 그 사람에게 이르기를,

"나는 어찌할 수 없으니 너를 위해서 대신 너의 시권(試卷)에

써라."

하니 그 사람이 크게 감복했다.

임진(壬辰)에 배를 타고 군사를 피하는데 도둑이 칼을 들고 그 아버지를 치려 하자 백령(百齡)이 자기 몸으로 아버지를 가렸다. 그 아내 고씨(高氏)가 또 백령(百齡)의 몸을 가리니 도둑은 칼을 거두고 말하기를,

"효자(孝子)·열부(烈婦)를 해치는 것이 상서롭지 못하다."

하니 온 배 안 사람이 그 힘으로 온전했다.

갑오(甲午)에 문과에 급제했고, 광해(光海) 계축(癸丑)에 김제남(金悌男)이 화를 입자 공이 예조참판(禮曹參判)으로 서궁(西宮)의 상복(喪服)을 올리니, 한음(漢陰) 이덕형(李德馨)이 울면서 이르기를,

"공이 말하는 바가 사람의 기강(紀綱)을 부식(扶植)시키지만 지금 만일 예(禮)에 의거하여 상품(上稟)한다면 뒤에 가서 어찌할 수 없게 될 것이니 마땅히 의논을 거두기를 청하노라."

했으나 그때는 이미 대신(大臣)들의 의논이 행해진 뒤였다. 이리하여 한음(漢陰)은 항언(抗言)했다고 해서 내쫓기고 공은 역시 탄핵을 받아 6년 동안 귀양살이를 했다.

무오(戊午)의 폐모론(廢母論)에 대하여 백료(百僚)들의 조정 의논이 일어나자 백령(百齡)은 말하기를,

"오직 효도를 다하고 잘 처리하여 국가를 편안케 할 뿐이다."

했다. 이에 조정 신하들이 삭호(削號)와 폄존(貶尊)할 것을 현저하게 청했으나 백령(百齡)은 굳게 누워 일어나지 않다가 이내 멀리 귀양가고 드디어 성 밖으로 자취를 감추고 말았다.〈인물고(人物考)〉

이경석(李景奭)이 문자(文字) 배운 것을 후회하다

이경석(李景奭)은 전주(全州) 사람이니 자는 상보(尙輔)요 호는

백헌(白軒)이니 계축(癸丑)에 진사가 되고 인조(仁祖) 계해(癸亥)에 문과에 급제하고 병인(丙寅) 중시(重試)에 장원으로 급제했다.

정축(丁丑)에 청나라 사람이 삼전(三田)에 비석을 세웠다. 비문(碑文)을 구하는데 장유(張維)·조희일(趙希逸)의 글이 모두 저들의 뜻에 만족지 못하여 노하고 꾸짖는 것이 날로 심해지자 임금이 경석(景奭)을 보고 명하기를,

"구천(句踐)이 신첩(臣妾)이 되는 것을 부끄럽게 여기지 않고 스스로 강해지기를 도모했으니 오늘날 우리도 오직 저들의 뜻을 맞추고 혹시라도 격동시키지 말라."

했다. 경석(景奭)은 명령을 받고 그 형에게 글을 보내기를,

"문자(文字) 배운 것이 후회입니다."

했다.

임오(壬午)에 청나라 사람이 경석(景奭)을 봉황성(鳳凰城)으로 잡아가더니 을유(乙酉)에 대배(大拜)하여 영상(領相)에 이르렀다. 경인(庚寅)에 청나라 사신이 와서 노협(盧協)·이만(李曼)의 일로 공경(公卿)을 대궐 뜰로 모아서 힐책하는데 문득 책임을 임금에게로 돌리자 경석(景奭)은 말하기를,

"이는 과실이 신(臣)에게 있고 임금에게 있지 않다."

하니 청나라 사신이 소리를 높여 말하기를,

"누가 아뢰었는가?"

하자 경석(景奭)은 말하기를,

"나요."

했다.

이 날에 모두 화가 금시에 있다고 하여 초조하여 사람의 낯빛이 없었으나 경석(景奭)은 홀로 편안히 응대(應對)하니 보는 자가 놀라지 않는 자가 없었다. 이것을 보고 청나라 사람도 역시 말하기를,

"이 나라에는 오직 이상국(李相國) 한 사람뿐이다."

했다.

임금이 이 말을 듣고 말하기를,

"영상(領相)이 나라를 위하여 자기 몸을 잊었다."

하고 이튿날 사관(使舘)에 거둥하시어 힘써 오해(誤解)를 풀어주
자 청나라 사신은 임시로 백마산성(白馬山城)으로 귀양보내라고 말
했다. 이에 임금은 경석(景奭)에게 손수 편지를 내려 말하기를,

"만나본 지가 여러날 되었는데 스스로 몸을 아끼도록 하라."
했다.

신묘(辛卯)에 백마산성(白馬山城)으로부터 비로소 고향으로 돌
아가는 것을 허락했다. 기사(耆社)에 들어가고 궤장(几杖)과 회근
(回卺)을 하사했다. 신해(辛亥)에 졸(卒)하니 시호는 문충(文忠)이
다. 〈인물고(人物考)〉

이성구(李聖求)는 대관(大冠)과 융의(戎衣)로
큰 깃대 아래에 우뚝 서다

이성구(李聖求)는 전주(全州) 사람이니 자는 자이(子異)요 호는
분사(汾沙)이다. 무신(戊申)에 진사가 되고 문과에 급제하여 헌납
(獻納)이 되었을 때 아버지 수광(晬光)은 대사헌(大司憲)이요 아우
민구(敏求)는 홍문관(弘文舘)에 있어 한 집 세 사람이 모두 삼사
(三司)에 있었다.

나가서 영평판관(永平判官)이 되었을 때 포천현감(抱川縣監)을
겸임(兼任)했다. 이때 백사상공(白沙相公)이 적소(謫所)에서 졸
(卒)하여 포천(抱川)에 장사지내고 고을 사람들이 서원(書院)을
세워 받들게 되었다. 그런데 성구(聖求)를 좋아하지 않는 자가 그
때문에 크게 떠들었으나 성구(聖求)를 그 고을의 수령(守令)으로
삼아야 그들의 의견을 추려서 일을 처리할 수 있다 하여 끝내 그
렇게 결정했다.

병자(丙子)에 남한산성(南漢山城)에 임금을 모시고 가서 여러 장
수들과 함께 성을 나누어 지키는데, 큰 관(冠)에 융의(戎衣) 차림
으로 큰 깃대 아래에 서서 말하기를,

"나는 명백히 죽을 것이다."

했다. 혹 화의(和議)를 말하는 자가 있자 성구(聖求)는 말하기를,
　"왕사(王師)가 한 번도 적과 싸우지도 않았고 외진(外鎭)이 다행
　히 온전한데 어찌 급히 이런 의논을 한단 말이냐."
했다.

성에서 나오자 세자(世子)가 심양(瀋陽)에 인질(人質)로 가는데
여러 대신(大臣)들은 늙어서 그 소임을 감당할 수 없으므로 이에
성구(聖求)를 천거하여 우상(右相)으로서 세자를 모시고 가게 했
다가 돌아오자 영상(領相)이 되었다. 이때 시를 지어 말하기를,
　"밭 가운데 쓴 채소는 오히려 쓸개를 맛보고, 담 밖의 띠집에는
　마땅히 섶에 누웠네. (田中苦菜猶嘗膽 郭外茅茨當臥薪)"
했다.

신사(辛巳)에 의주(義州) 사람 최효일(崔孝一)이 자기 스스로 명
나라로 간 일이 있었다. 이때 청나라 장수가 부윤(府尹) 황일호
(黃一皓)가 그 가족을 도와주었다 하여 장차 그에게 형벌을 주어
베려하자 성구(聖求)가 다투기를 몹시 힘껏 하였다. 이에 청나라
장수가 노해서 말하기를,
　"진실로 이와 같이 하면 사흘 동안도 정승노릇을 하지 못하리
　라."
했다.

이때 동료 정승들이 저 사람의 뜻이 굳은 것을 보고 중지하고
변명하지 말게 하려 하자 성구(聖求)는 말하기를,
　"비록 하루도 정승노릇을 못한다 하더라도 사람이 죄없이 죽을
　땅에 들어가는 것을 보고 어찌 힘껏 구하지 않는단 말인가?"
했다. 갑신(甲申)에 졸(卒)하니 시호는 정숙(貞肅)이다.

강도(江都)의 화에 성구(聖求)의 부인 권씨(權氏)와 아들 상규
(尙揆), 그 아내 구씨(具氏), 두 딸인 이일상(李一相)의 아내와 한
오상(韓五相)의 아내가 모두 순절(殉節)하여 정려(旌閭)를 내렸다.
〈인물고(人物考)〉

이민구(李敏求)는 웅호(雄虎)라 일컫다

이민구(李敏求)는 전주(全州) 사람이니 성구(聖求)의 아우이다. 자는 자시(子時)요 호는 동주(東洲)이다.

젊었을 때 이여황(李汝璜)·조휴(趙休)와 함께 절에 가서 글을 읽는데 어느날 늙은 중이 와서 말하기를,

"길하고 상서로운 것이 보이는구려. 지난 밤 꿈에 수펌과 암펌이 한 마리 어린 범을 데리고 방으로 들어갔으니 여러 수재(秀才)들은 반드시 과거에 급제할 것이오."

했다.

이때 동주(東洲)가 먼저 말하기를,

"나는 수펌이다."

하자 여황(汝璜)은 말하기를,

"나는 암펌이다."

하고 휴(休)는 말하기를,

"나는 새끼범이다."

하고 서로 우스갯소리를 했는데, 그 뒤에 동주(東洲)는 광해 기유(己酉)에 진사에 장원으로 합격하고 임자에 문과에 장원으로 급제하여 벼슬이 이조참판(吏曹參判)에 이르고, 여황(汝璜)도 역시 문과에 오르고, 휴(休)는 오래도록 급제하지 못하여 한갓 새끼범의 이름만 얻을 뿐이었다.

인조(仁祖) 정축(丁丑)에 동주(東洲)가 심(沁) 땅에 머물다가 성이 함락되자 군사를 독려(督勵)하느라고 배 위에 있다가 다행히 면했는데 조정으로 돌아온 뒤에 책망을 듣고 영변(寧邊)에 귀양갔다가 영구히 폐해진 채 몸을 마쳤다. 〈인물고(人物考)〉

목첨(睦詹)이 50에 합근(合卺)하다

목첨(睦詹)은 사천(泗川) 사람이니 문과에 급제하여 벼슬이 이조 참판(吏曹參判)에 이르렀다.

첨(詹)이 나이 50에 부인이 죽었는데 친구인 동래(東萊) 정건 (鄭謇)이 그 딸의 혼인날 그 신랑이 말에서 내리다가 말이 차서 즉사(卽死)하자 주인집에서 황황하여 어찌할 바를 몰라하니 모인 사람들 중에 한 사람이 정(鄭)에게 이르기를,

"목령공(睦令公)이 그대의 딸을 맞고 싶어도 감히 말을 내지 못했었는데 이제 이런 변을 당하고 보니 반드시 하늘의 뜻이로다."

하니 사람들이 모두 좋다고 말했다.

이에 즉석에서 혼인을 지내어 세 아들을 낳으니 큰아들은 서흠 (叙欽)으로서 문과에 급제하여 지중추(知中樞)에 을랐는데 호는 매계(梅溪)이다. 다음은 장흠(長欽)이니 문과에 급제하여 참판(參判) 에 이르고 호는 고석(孤石)이다. 다음은 대흠(大欽)이니 문과에 급제하여 승지(承旨)에 이르고 호는 다산(茶山)이다. 손자와 증손 도 모두 크게 나타났다. 〈조야집요(朝野輯要)〉

전식(全湜)은 사리(事理)에 통달하다

전식(全湜)은 옥천(沃川) 사람이니 자는 정원(淨遠)이요 호는 사서(沙西)이다. 얼굴이 희고 키가 컸으며 나이 겨우 18세에 효동 (孝童)이라고 일컬어졌다. 서애(西厓) 유성룡(柳成龍)의 문하에서 공부했다.

선조(宣祖) 기축(己丑)에 진사가 되고 임진(壬辰)에 창의(倡義)

하여 군사를 모집하여 적 수십 명을 죽이자 천거되어 연원찰방
(連源察訪)이 되었다. 계묘(癸卯)에 문과에 급제하여 삼사(三司)를
거치고 임자(壬子)에 전라도사(全羅都事)가 되었더니 광해의 정치
가 어지러운 것을 보고 벼슬하는 것을 즐거워하지 않아서 물러가
고향에 숨어서 우복 정경세(愚伏鄭經世)・창석 이준(蒼石李埈)과 함
께 산수(山水) 사이에 노니 세상에서 상사삼로(商社三老)라고 일컬
었다.

인조(仁祖)가 반정(反正)하자 옥당(玉堂)으로 불러들였다. 소암
임숙영(疎庵任叔英)이 항상 말하기를,

"경연관(經筵官) 중에 고금(古今)에 통한 이는 정경세(鄭經世)요,
사리(事理)에 통달한 이는 전식(全湜)이다."

했다.

갑자(甲子)의 괄(适)의 난리에 사복시정(司僕寺正)으로서 임금을
모시고 천안(天安)에 가서 집의(執義)에 임명되었다. 을축(乙丑)
에 상사(上使)로서 수로(水路)로 명나라에 들어가니 중국 사람들
이 모두 덕기(德器)라고 일컬었다. 부제학(副提學)・이조참판(吏曹
參判)을 거쳐 벼슬이 지사(知事)에 이르고, 좌상(左相)을 증직했으
며, 시호는 충간(忠簡)이다. 〈인물고(人物考)〉

新完譯 大東奇聞 中

初版 印刷 ● 2000年　12月　15日
初版 發行 ● 2000年　12月　20日

編著者 ● 姜 斅 錫
譯　者 ● 李 民 樹
發行者 ● 金 東 求

發行處 ● 明 文 堂
　　　　서울특별시 종로구 안국동 17~8
　　　　대체　010041-31-001194
　　　　전화　(영) 733-3039, 734-4798
　　　　　　　(편) 733-4748
　　　　FAX 734-9209
　　　　등록　1977. 11. 19. 제1~148호

값 12,000원
ISBN 89-7270-458-X 94910
ISBN 89-7270-031-2(전3권)

明文堂의 漢書는 格調가 높습니다.